ANALYSE SOCIALE DE
L'ÉDUCATION

ANALYSE SOCIALE DE L'ÉDUCATION

Un projet du Département d'administration et politique scolaires, de la Faculté des sciences de l'éducation de l'Université Laval, sous la direction de

RENÉE CLOUTIER – JEAN MOISSET
ROLAND OUELLET

Équipe de rédaction :

Antoine Ambroise

Antoine Baby

Renée Cloutier

Pierre Dandurand

Louise Laforce

Raymond Laliberté

Alain Massot

M'hammed Mellouki

Louis Méthé

Jean Moisset

Roland Ouellet

Manuel Ribeiro

Claude Trottier

BORÉAL

Diffusion pour le Québec :
Dimédia, 539, boul. Lebeau,
Ville Saint-Laurent, Québec

Diffusion pour la France :
Distique : 9, rue Édouard-Jacques
75014 Paris

ISBN 2-89052-061-7

Dépôt légal : 1ᵉʳ trimestre 1983
Bibliothèque nationale du Québec

Avant-propos

Il est difficile de rendre justice à toutes les personnes qui ont contribué à l'avancement du projet d'Analyse sociale de l'éducation. Mentionnons cependant la participation des professeurs du Département d'administration et politique scolaires qui, à un titre ou à un autre, ont permis la production de ce volume. Pour leur part, les membres du comité de direction de cette publication estiment que leurs contributions ont été équivalentes, de sorte que l'ordre alphabétique a été utilisé sur la page couverture.

Un certain nombre d'étudiantes et d'étudiants nous ont permis d'accélérer ce travail et nous les en remercions également. Nous pensons spécialement ici à M'hammed Mellouki, étudiant au doctorat. Il en est de même de Liliane Giguère et de Dyane Villeneuve, secrétaires au département, qui nous ont apporté un appui appréciable jusqu'à la version finale du manuscrit.

En outre, nous ne pouvons passer sous silence le support du Service de pédagogie universitaire de l'Université Laval, qui a collaboré en particulier à la formulation de nos objectifs et à diverses évaluations de notre projet. Dans la phase de rédaction, nous avons bénéficié du soutien financier du Fonds FCAC.

Enfin, nous remercions les étudiantes et étudiants du cours Analyse sociale de l'éducation, ainsi que les chargés de cours et assistants qui ont participé à l'évaluation de la matière.

Le comité de direction

Introduction

Cet ouvrage est le fruit d'un travail collectif réalisé par une équipe de professeurs en sciences sociales oeuvrant au Département d'administration et politique scolaires de la Faculté des sciences de l'éducation de l'Université Laval. La préoccupation centrale des spécialistes en sciences sociales au sein d'une faculté d'éducation consiste à intervenir dans la formation des enseignants*, des administrateurs scolaires, des conseillers en orientation et d'autres éducateurs professionnels afin de mettre en relief les aspects sociaux, économiques, politiques et culturels dans le champ d'application de ces divers domaines de formation.

À l'origine, le contenu de ce volume a été élaboré, mis au point et rédigé pour répondre à des fins strictement pédagogiques : il s'agissait de concentrer dans un ouvrage, le matériel pertinent pour initier les diverses clientèles de la Faculté des sciences de l'éducation aux sciences sociales appliquées à l'éducation. Le défi était de taille puisque, dans un certain sens, il fallait affronter les difficultés du travail interdisciplinaire avec tout ce que cela comporte comme barrières théoriques et idéologiques. À cet égard, ce volume manifeste une certaine diversité d'approches et ne prétend pas afficher une orientation unique ; il vise plutôt à familiariser le lecteur avec une multiplicité de modèles d'analyse et de perspectives à partir desquels on peut examiner les problèmes d'éducation.

La réalisation de ce volume est apparue pertinente pour plusieurs raisons. La première est qu'une telle source de réflexions à caractère multidisciplinaire et adaptée au contexte québécois des années quatre-vingt

---

* Pour ne pas alourdir les textes, nous avons la plupart du temps employé le genre masculin, comme par exemple «étudiant», «administrateur», «enseignant», etc. On comprendra cependant que le genre féminin est compris sous ces termes génériques. Nous espérons qu'on saura trouver très bientôt un moyen de résoudre ce problème de représentation féminine dans la langue française, d'autant plus que les femmes sont très présentes et très actives dans le monde de l'éducation.

n'existait pas. D'autre part, on ne trouve pas, à notre connaissance, d'ouvrage didactique de cette nature qui puisse servir d'outil à la formation et enrichir la réflexion des spécialistes en éducation. En ce sens, un effort particulier a été fait afin de produire des textes adaptés et d'un niveau de langage accessible pour les non-initiés au vocabulaires des sciences sociales. C'est dans cet esprit que les auteurs des différents textes se sont efforcés de définir leurs concepts et d'utiliser des exemples, des cas, des situations vécues pouvant en faciliter la compréhension. Si le contenu des divers chapitres reste au niveau de l'initiation et de l'introduction, il faut ajouter par ailleurs que de nombreuses pistes sont indiquées dans les références bibliographiques pour celui ou celle qui chercherait à approfondir un aspect ou l'autre.

La pertinence d'un tel ouvrage repose aussi sur le fait que, la plupart du temps, les spécialistes des sciences sociales intéressés par les questions d'éducation ont travaillé et écrit de manière parallèle, sans toujours chercher à mettre en commun leurs efforts et à concerter leur pensée. Les résidus d'un certain impérialisme disciplinaire et le développement encore relativement jeune de certaines branches du savoir et du savoir-faire en sciences sociales expliquent en bonne partie cette absence d'approche intégrée et de réflexion commune sur un domaine d'application particulier.

À la lecture des textes, on pourra se rendre compte que, tout en gardant un langage universel, les auteurs réfèrent fréquemment au contexte québécois et à des données de recherches effectuées au Québec. Ce choix n'est pas sans lien avec les préoccupations des auteurs de fournir des instruments d'analyse et de critique sur le système d'éducation du Québec. À bien des égards, cependant, le système québécois a vécu et expérimenté bon nombre des problèmes qui ont caractérisé les mouvements de remise en cause des systèmes scolaires des années 1960-70, de sorte qu'avec un minimum d'adaptation, il nous semble que cet ouvrage pourrait aussi éclairer les spécialistes qui travaillent dans un autre contexte.

Venons-en maintenant aux différents objectifs qui ont guidé l'élaboration de la matière présentée ici. Il importe de rappeler que le contenu de ce volume a été pensé et rédigé en fonction d'un cours destiné à faire découvrir aux étudiants les liens entre l'école et la société à l'aide de certains concepts, théories et méthodes propres aux sciences sociales. S'adressant plus spécifiquement à des étudiants d'une faculté des sciences de l'éducation, ce cours a pour but de leur faire saisir le rôle de complémentarité nécessaire que peuvent jouer les sciences sociales dans l'explication des phénomènes scolaires par rapport à d'autres disciplines des sciences humaines avec lesquels les étudiants sont plus familiers. En effet, traditionnellement la formation des maîtres, des administrateurs scolaires et autres spécialistes du domaine de l'éducation s'est surtout alimentée à partir de disciplines telles que la psychologie, la philosophie, la morale et la pédagogie. L'insertion des sciences sociales dans le domaine de l'éducation demeure un phénomène récent, souvent perçu sinon comme peu pertinent du moins comme insolite.

Par ailleurs, ce cours d'initiation aux sciences sociales appliquées à l'éducation cherche à permettre aux étudiants d'intégrer les connaissances qu'ils ont du système scolaire et les expériences psycho-pédagogiques qu'ils y ont vécues, à un ensemble plus vaste de faits et phénomènes sociaux dans lesquels s'inscrit l'école. Nous croyons que la réflexion que peuvent apporter les sciences sociales permet de relativiser la façon de voir les problèmes scolaires en les replaçant dans un contexte social plus large.

Il est évident qu'au-delà du contenu d'un cours, les formules pédagogiques, la personnalité du professeur, les modes d'évaluation et le type de rapport professeur-étudiants demeurent essentiels à l'atteinte des objectifs proposés. Dans le cadre de ce cours, les objectifs peuvent être regroupés en trois grandes catégories. Tout d'abord, des objectifs relatifs à l'acquisition et à l'application de connaissances. Le contenu du cours vise la transmission de certains concepts, théories ou généralisations propres aux sciences sociales. Une deuxième catégorie d'objectifs porte sur l'application au domaine de l'éducation de certains processus analytiques privilégiés par les sciences sociales. Un dernier ensemble d'objectifs généraux réfère à l'application de certains critères d'évaluation critique, c'est-à-dire à la capacité pour l'étudiant d'établir la valeur scientifique de certains travaux, ou de faire l'analyse de certains programmes d'actions, d'interventions ou de décisions à partir de critères proposés par la démarche scientifique en sciences sociales.

Quant au contenu, le volume se divise en cinq parties comportant chacune une aire de réflexion relativement spécifique :
— Les sciences sociales appliquées à l'éducation,
— La transmission de la culture,
— La sélection sociale,
— Les aspects économiques de l'éducation,
— L'éducation et la politique.

La première partie vise à mettre le lecteur en contact avec la problématique des sciences sociales appliquées au domaine de l'éducation. Ainsi, le chapitre 1 (A. Baby) présente l'éclairage particulier des sciences sociales, qui complète celui d'autres disciplines traditionnellement reconnues comme étant plus spécifiques à l'étude de l'éducation. Le second chapitre (R. Ouellet) précise l'importance du processus de la recherche scientifique et fournit certains points de repère sur les méthodes de recherche en sciences sociales.

La deuxième partie présente le rôle de l'école dans la transmission de la culture. Alors que le troisième chapitre (R. Cloutier) identifie l'école comme un des lieux où s'exprime la culture d'un peuple, le quatrième (C. Trottier) met en relief la position stratégique de l'école dans la socialisation des jeunes.

Le thème de la troisième partie soulève la question de la sélection sociale à l'école. Au chapitre 5, les auteurs (M. Mellouki et M. Ribeiro) s'interrogent sur le rôle de l'éducation comme facteur de mobilité, ou de production et reproduction sociales. Jusqu'à quel point l'éducation permet-elle aux individus et aux groupes de modifier ou non leur statut social? Le chapitre suivant (M. Mellouki) propose une analyse du rôle de l'école dans la sélection sociale en examinant la question sous les angles de l'approche fonctionnaliste et de celle du matérialisme historique. Les auteurs du chapitre 7 (L. Laforce et A. Massot) rassemblent un certain nombre de données empiriques sur les inégalités scolaires au Québec et fournissent des pistes d'interprétation. Enfin, cette troisième partie est complétée par le chapitre 8 (L. Méthé), qui expose des stratégies d'action face aux inégalités sociales à l'école.

Les aspects économiques de l'éducation font l'objet de la quatrième partie de ce livre. Les chapitres 9 et 10 (J. Moisset) constituant cette partie traitent respectivement des principaux concepts utiles à la compréhension de l'école comme agent économique (perspective micro-économique) et des relations entre le système d'éducation et le système économique (perspective macro-économique). La question de la rentabilité sociale et économique de l'éducation ainsi que certains aspects de la relation entre le système d'éducation et le marché du travail font l'objet d'un développement particulier.

La dernière partie de l'ouvrage aborde les rapports entre l'éducation et le système politique. Le chapitre 11 (R. Laliberté) montre que l'école s'inscrit toujours dans un contexte politique et qu'elle sert de véhicule privilégié aux idéologies prônées par le système en place. Le contenu du chapitre 12 (P. Dandurand) explicite les rapports entre l'éducation et le pouvoir en montrant en quoi l'activité pédagogique présente les caractéristiques d'une relation de pouvoir. Enfin, le chapitre 13 (A. Ambroise) nous propose une grille d'analyse des affrontements politiques en éducation.

De l'ensemble des textes se dégage une idée convergente fondamentale, à savoir que le système d'éducation, au Québec comme ailleurs, constitue une composante importante de l'édifice social, un levier puissant, un enjeu majeur et un lieu d'affrontements pour les individus et les groupes, face aux contraintes de l'existence et aux finalités mal assurées de l'évolution.

Nous voilà donc armés d'au moins une «certitude», à savoir que l'éducation n'est pas une réalité autonome et encore moins isolée, elle ne peut en tout cas être comprise qu'en référence aux totalités sociales, économiques, politiques et culturelles dans lesquelles elle se trouve insérée.

Allant plus loin, on peut se demander quel est le rôle que joue l'éducation par rapport à ces totalités? Si notre première «certitude» est juste, il apparaît que l'éducation, au mieux, est dans une situation d'interdépendance par rapport aux autres composantes de la société, sur lesquelles son action est forcément limitée. De manière peut-être paradoxale, c'est là une autre idée vers laquelle convergent l'ensemble des textes. Mais elle n'indique pas le sens dans lequel s'opère cette action : celui du maintien ou celui du changement de ces totalités?

Là-dessus, on ne trouvera pas de réponse unique ou unanime dans ce livre. Mais peut-il en être autrement? Qui peut réellement croire que des réalités aussi complexes se laissent enfermer dans des termes globaux alternatifs aussi exclusifs? En fait, au-delà des divergences idéologiques, à cette question il ne peut y avoir de réponse théorique, généralisable dans le temps et dans l'espace. Chacun le sait : l'éducation peut jouer dans le sens du maintien aussi bien que du changement des structures sociales. Nous osons dire que ce «sens» dépend des individus et des groupes qui sauront investir ce formidable instrument de possible progrès qu'est l'éducation et le dégager des «déterminismes» de son environnement.

Renée Cloutier
Jean Moisset
Roland Ouellet

Première partie :

LES SCIENCES SOCIALES APPLIQUÉES À L'ÉDUCATION

1
Sciences de l'éducation et sciences sociales

Antoine Baby

En règle générale, l'étudiant en sciences de l'éducation se destine à intervenir auprès d'individus. Cette intervention peut être de type « face-à-face » ou s'insérer dans le cadre d'une relation dite de groupe, mais cela ne change rien au fait qu'il s'agit dans tous les cas (enseignement, relation d'aide, développement ou croissance personnelle, éducation psychologique, etc.) de mettre une compétence spécifique *à la disposition d'individus* cheminant vers certains objectifs à atteindre ou en voie de résoudre des problèmes particuliers. Conséquemment, celui ou celle qui entend oeuvrer à l'intérieur du vaste champ d'application que constituent les sciences de l'éducation, doit pouvoir comprendre et expliquer, dans toute leur complexité, l'origine et l'évolution des conduites et réactions individuelles et pouvoir intervenir efficacement. Il ne s'étonne donc pas outre mesure que son programme de formation comporte un grand nombre d'activités d'apprentissage issues du domaine de la psychologie, de la pédagogie, de la psycho-pédagogie ou de la didactique proprement dite. Cela paraît aller de soi.

Par contre, quand il voit surgir à son horaire des cours et des activités d'apprentissage de sciences sociales (sociologie, économique, science politique ou même psychologie sociale), sa réaction n'est plus la même. Il s'étonne souvent et s'interroge sur l'utilité et l'opportunité de telles activités. Il reste, dans la majorité des cas, assez sceptique et se demande souvent si l'obligation d'étudier ces disciplines a d'autres justifications que celle de combler des vides à l'horaire! L'effet de surprise passé, il reste habituellement assez *imperméable* à ce qu'on pourrait appeler la perspective propre aux sciences sociales et se résigne à attendre la fin de l'épreuve.

C'est dans cet état d'esprit qu'un grand nombre d'étudiants en sciences de l'éducation entreprennent des cours tels que : Analyse sociale de l'éducation, Sociologie de la famille, Science économique et éducation, Politique et éducation, Démographie scolaire, Système scolaire du Québec, etc. Ils se retrouvent en présence de professeurs, spécialistes des sciences sociales appliquées au domaine de l'éducation, qui postulent, au contraire, *qu'une réflexion et une pratique psychologiques, psychopédagogiques, n'ont de sens et de portée véritables, ne sont complètes et achevées que dans la mesure où elles prennent racine et reposent sur des acquis du domaine des sciences sociales appliquées à l'éducation.*

Voilà la première contradiction à laquelle est confronté tout cours d'introduction aux sciences sociales appliquées a l'éducation : d'une part des étudiants qui, étant donné la dominante de leur formation et leurs aspirations, doutent de l'utilité de telles activités ; d'autre part, de professeurs qui les estiment indispensables.

Dans les pages qui vont suivre, nous allons tenter de réduire cette contradiction et de démontrer le bien-fondé du postulat énoncé plus haut. Pour y arriver, nous allons d'abord préciser la nature du *fait social*, celui qui intéresse au premier chef le spécialiste en sciences sociales. Nous allons tenter de le distinguer du *fait individuel* et du *fait de conscience*, qui intéresse davantage le spécialiste en sciences de l'éducation. Puis, après avoir rappelé brièvement les principales distinctions que certains spécialistes font entre diverses disciplines qui sont ici confrontées, nous analyserons, à l'aide de situations concrètes, *les rapports de complémentarité* qui existent, en dépit des apparences, entre sciences sociales et sciences de l'éducation.

L'objet des sciences sociales : le fait social

À propos du fait social, nous tenterons de voir à travers des situations de la vie courante, réelles ou imaginées, en quoi il consiste exactement. Une bonne façon d'y arriver, c'est de mettre le fait social en parallèle avec ce que Émile Durkheim[1] appelle « le fait individuel ou de conscience» qui, lui, entre davantage dans le champ de préoccupations du spécialiste en sciences de l'éducation, qu'il soit enseignant, conseiller d'orientation, orthopédagogue, administrateur scolaire ou autre.

Une question de perspective

Imaginons que nous plaçons en situation d'observation dans une classe un enseignant et un sociologue (ni l'un ni l'autre ne connaissent cette classe). Nous leur demandons d'observer ce qui s'y passe pendant une journée et de nous soumettre un rapport d'observation au terme de cette expérience. Essayons de voir ce que contiendraient ces rapports : quelles seraient les rubriques, les sous-rubriques, les titres et les sous-titres de leur compte-rendu respectif. Cela reviendrait à essayer de comprendre ce qui, dans une journée de classe, retiendrait l'attention de l'un et l'autre spécialistes, étant donné leur formation respective et surtout, l'univers de leur pratique professionnelle respective.

On peut penser que le rapport de l'enseignant centrerait toute la cueillette d'observations autour de l'axe suivant : *l'intervention pédagogique* proprement dite dans *une structure définie d'interaction* maître-élèves. À ce titre, son rapport pourrait comporter vraisemblablement les rubriques suivantes :

— *Le cadre physique de l'intervention :* le local de classe et ses caractéristiques ; l'ameublement et sa disposition ; le matériel didactique disponible, etc.

— *Les stratégies d'intervention :* participation respective du maître et de l'élève dans le processus d'apprentissage ; utilisation des ressources individuelles, du travail de groupe ; utilisation du matériel ; nature et rôle des interventions verbales et autres faites par le maître ; identification des processus de contrôle de l'apprentissage, etc.

— *L'interaction maître-élève :* observations sur la «personnalité pédagogique» du maître : style d'autorité mis de l'avant ; accessibilité du langage et de la communication ; réponse des élèves, variations individuelles, passivité, activité, indifférence, turbulence, etc.

— *La dynamique du groupe-classe :* collaboration / compétition ; leadership et réseaux de communication ; cohésion / tensions manifestées par le groupe, etc.

On pourrait allonger considérablement la liste *des repères d'observations* qu'un enseignant se donne quand il observe une classe en action. Il n'en resterait pas moins que, pour l'essentiel, tout tournerait sommairement autour de l'idée suivante : *ce qui se passe chez l'enseignant, ce qui se passe chez l'élève, ce qui se passe dans le groupe-classe,* quand ils sont mis en présence les uns des autres dans un cadre défini, celui de l'action pédagogique. En ce sens, nous pourrions dire que le rapport d'observation d'un enseignant serait caractérisé par une focalisation sur les conduites individuelles, sur les faits individuels relatifs aux acteurs mis en présence. Cela ne veut pas dire qu'il négligerait pour autant les faits d'observation relatifs à la classe comme collectivité. C'est une question d'accent. À ce titre, il n'y a pas de doute que ce qui l'intéresse spontanément et par-dessus tout, c'est *l'action pédagogique*, côté élève aussi bien que côté maître.

En revanche, sans négliger cet aspect de la réalité-classe, il est sûr que le sociologue observant une classe en action ne sera pas frappé par les mêmes choses, par les mêmes faits et par les mêmes phénomènes. Étant donné sa formation et ses habitudes de travail, le sociologue mettra davantage l'accent sur *l'interaction pédagogique* et sur *le cadre général* de l'action pédagogique comme telle. Omettant volontairement les éléments communs des deux rapports d'observation de nos collègues, nous verrions apparaître alors dans celui du sociologue des rubriques telles :

— *La classe comme collectivité* : structure et fonctionnement ; indicateurs des objectifs et finalités poursuivis, des normes, des valeurs, des contrôles et des sanctions assortis ; indicateurs des rôles et des statuts des acteurs en présence, etc.

— *La relation pédagogique comme relation de pouvoir* : éléments de la structure de pouvoir dans la classe. Qui définit les finalités ? Comment est assuré le contrôle de l'atteinte de ces finalités ? Autorité, leadership, légitimité, etc.

— *La classe et l'école* : nature des rapports entre l'enseignement et la direction ; entre l'enseignant et ses pairs ; nature des rapports du groupe-classe avec les autres groupes-classes, etc.

— *La classe et le milieu* : repérage des indicateurs d'appartenance sociale du maître, des élèves ; impact sur la nature de l'intervention pédagogique, sur les contenus et sur le choix du matériel ; identification des éléments susceptibles de révéler la nature des rapports entre l'enseignant et les familles : collaboration / oppositions, etc.

— *La classe, les idéologies et les valeurs* : observations sur le contenu des communications verbales, des attitudes et du matériel pédagogique comme révélateurs des idéologies, etc.

— *La classe comme agence de sélection / reproduction / distribution des agents* : observations sur les systèmes de contrôle et de sanctions explicites et implicites en usage dans la classe, etc.

Et on pourrait, ici encore, ajouter à la liste. Cela ne ferait que confirmer ce qui est évident à l'examen sommaire des rapports d'observation soumis par nos deux experts : deux personnes observant une même réalité n'ont pas *les mêmes repères d'observation* parce qu'elles n'ont pas le même univers de préoccupation. Nous dirions en définitive : *parce qu'elles n'ont pas la même perspective.* La première se concentre sur la dimension individuelle et psychologique des faits et phénomènes humains ; l'autre, sur la dimension sociale des mêmes faits et phénomènes. L'une sur le fait individuel ; l'autre, sur le fait social, sans nier qu'elles puissent avoir par ailleurs des éléments de préoccupations communes que nous avons placés en intersection dans le schéma ci-dessous.

Schéma des repères d'observation d'un enseignant et d'un sociologue placés en situation d'observation d'une classe

Repères de l'enseignant	Repères communs	Repères du sociologue
• Le cadre physique • Les stratégies d'intervention • L'interaction maître-élève • La dynamique du groupe-classe...	• Les interactions • Les réseaux de communication • Le leadership • L'autorité et le pouvoir...	• La classe-collectivité • Structure et relation de pouvoir • La classe et l'école • La classe et le milieu • Idéologie et valeurs • Reproduction-sélection...

Dans cette affaire de perspectives différentes, le problème n'est pas de savoir laquelle est la bonne, laquelle est la mauvaise ! Il serait plus sage d'en rester pour l'instant à un constat : en adoptant une « perspective » particulière, celle de leur discipline respective, il est clair que nos deux spécialistes se privent inévitablement d'un volet important de la réalité qui les intéresse. En corollaire, nous pourrions convenir aisément qu'ils auraient tout avantage à « s'échanger » leurs observations et leurs analyses, puisqu'en définitive elles portent sur une même réalité vécue de façon globale et indivise par les divers agents de l'école.

Une question d'attitude

Si le fait social ressort d'abord comme caractéristique de la *perspective* de certaines sciences dites sciences sociales, nous pouvons par ailleurs établir qu'il entre aussi dans le champ de préoccupations de certains praticiens et chercheurs en raison de l'attitude qu'ils adoptent face aux faits et phénomènes qui les entourent. Deux individus oeuvrant dans le même domaine à travers la même discipline pourront se distinguer nettement à cet égard.

Pour les besoins de la démonstration, quittons le domaine de l'éducation et imaginons cette fois deux médecins pratiquant dans la même région, qui se mettent à recevoir un nombre anormalement élevé de cas de dysenterie. L'un est préoccupé quasi exclusivement par la maladie du patient-individu; l'autre, sans perdre de vue cette dimension du problème, est aussi préoccupé par la dimension sociale de la maladie ou, ce qui serait plus juste, par la maladie *comme fait social*. Le premier, sans quitter son cabinet, continuera à traiter des patients-individus jusqu'à épuisement (de la maladie, des malades ou du médecin!). Le second sera, à un moment donné, frappé par certaines caractéristiques générales du phénomène, au-delà des symptômes que présente chaque patient: la soudaineté de l'apparition de la maladie; sa généralisation à un sous-ensemble social spécifique (disons les gens d'un quartier de la ville); le fait que d'autres sous-ensembles ne soient pas affectés; les événements récents ayant affecté cette communauté urbaine et qui pourraient être mis en relation avec l'apparition de la maladie, etc. À la différence du premier médecin, celui-ci (le «bon», dans notre exemple!) aura tôt fait de quitter son cabinet pour alerter les «autorités compétentes» et, de concert avec elles (comme dans toute histoire qui finit bien), constatera finalement que l'apparition de la maladie est attribuable à la contamination, causée par d'importants travaux d'excavation et de dynamitage, des sources d'approvisionnements en eau potable du quartier de résidence des gens affectés!

Revenant à l'éducation, on peut dire que c'est *cette attitude sensible à la dimension sociale, économique et politique des faits et phénomènes relatifs à l'apprentissage scolaire* qui a amené Paulo Freire à développer une pédagogie propre aux classes opprimées du Tiers-Monde, ou même les membres de la Centrale de l'enseignement du Québec (CEQ) à proposer une «pédagogie de masse», ou encore les gens du groupe de «La maîtresse d'école» de l'Université de Montréal à proposer une pédagogie progressiste[2].

Bien sûr, tout cela peut paraître un peu dense à ce point-ci de notre réflexion. D'autres chapitres de ce volume permettront d'approfondir ces questions. Pour l'instant, il vaut mieux se contenter d'extraire l'essentiel de la démonstration qui précède. Ce qu'il faut retenir de tout cela se résume aux deux points suivants:

1) Mettre l'accent sur le fait social comme substrat «socio-économique» des conduites individuelles est caractéristique mais non exclusif des sciences sociales, par opposition à la psychologie ou à la pédagogie, par exemple. Dans ce premier sens, c'est une question de «perspective».

2) Mais ce fait est aussi le propre de certains individus par rapport à d'autres à l'intérieur d'une même discipline. Dans ce deuxième sens, nous dirons que c'est une question « d'attitude ».

L'ambition principale de cet ouvrage est précisément d'amener les étudiants en sciences de l'éducation à partager cette préoccupation. Mais ils ne le feront pas dans le seul but de faire plaisir à leurs professeurs ! Ils le feront dans la mesure où ils auront acquis la conviction qu'en incorporant le fait social et la perspective des sciences sociales au champ de leurs préoccupations habituelles, ils déboucheront, à coup sûr, sur une réflexion et une pratique psychologiques ou psycho-pédagogiques plus achevées. C'est donc à cette tâche que nous allons consacrer la deuxième partie de ce chapitre.

Quelques distinctions utiles

Avant de préciser l'aspect complémentaire des deux perspectives qui nous intéressent, celle des sciences de l'éducation d'une part et celle des sciences sociales d'autre part, nous allons terminer cette première partie en rappelant brièvement un dernier ensemble de distinctions à établir, théoriquement du moins, entre les diverses disciplines qui sont mises en présence dans la discussion qui nous intéresse. On dit souvent que pour comprendre en quoi et comment deux choses, deux phénomènes se complètent, il faut d'abord établir en quoi ils diffèrent, en quoi ils se distinguent l'un de l'autre.

Pour résumer les positions et préoccupations respectives de la psychologie, de la psychologie sociale et de la sociologie, O. Klineberg[3] disait à peu près ceci : ce qui préoccupe la psychologie, c'est l'individu ; ce qui intéresse la psychologie sociale, c'est l'individu dans la situation du groupe, alors que dans le cas de la sociologie, c'est le groupe. Entendons par là « collectivités, petites ou grandes », « ensembles » et « sous-ensembles sociaux ». Pour lapidaire qu'elle soit, cette formule donne un assez bon tableau d'ensemble de la situation. On peut la compléter en y ajoutant ce que d'aucuns considèrent d'ores et déjà comme une discipline autonome, la psycho-sociologie, qui est en fait le résultat du fractionnement de certains courants de psychologie sociale et de sociologie. On dira alors ceci :

1) *La psychologie* comme telle, a pour objet central le comportement humain individuel (ce qu'on appelait plus haut le fait individuel ou le fait de conscience), expliqué en fonction et par la dynamique propre de l'individu, ses caractéristiques particulières, les divers stades de son développement et ses expériences de vie accumulées ;

2) *La psychologie sociale* aussi se préoccupe principalement du comportement humain individuel, mais cette fois dans la mesure où il est affecté/déterminé par des facteurs sociaux et culturels. C'est au fond l'étude des déterminants sociaux des conduites individuelles.

3) *La sociologie* de son côté s'intéresse aux ensembles et sous-ensembles sociaux, aux collectivités petites ou grandes, de même qu'aux rapports sociaux qui s'y établissent et dont elle tente d'expliquer la nature, le fonctionnement et l'évolution en référence uniquement à des facteurs sociaux, culturels, politiques ou économiques.

4) *La psycho-sociologie* aurait sensiblement le même objet que la sociologie, à cette différence près cependant qu'elle se permet d'enfreindre la célèbre règle de Durkheim suivant laquelle « un fait social ne peut être expliqué que par un autre fait social »[4] et conséquemment, s'autorise à expliquer le fait social par le fait individuel, par le fait psychique. Dans cette perspective, un comportement ou une attitude propre à un groupe, un mouvement social, par exemple, pourrait être expliqué par la somme des comportements ou attitudes des individus qui le composent. Ce qui n'est généralement pas l'approche privilégiée par la sociologie.

Après avoir rappelé que « l'objet d'étude de la sociologie, c'est l'action sociale, c'est-à-dire l'action humaine dans les différents milieux sociaux », G. Rocher proposait d'établir ainsi la ligne de partage entre les préoccupations de la psychologie et celles de la sociologie : « Si on demande au sociologue quelle est la plus petite unité concrète d'observation dans sa discipline, il ne peut pas répondre que c'est l'individu ou l'unité-membre d'une collectivité. On ne l'affirme jamais trop catégoriquement : le point de départ de la sociologie ne réside pas dans la personne individuelle. Si celle-ci est le tout de la psychologie, elle n'en est pas pour autant la ligne de départ de la sociologie. La plus petite unité concrète d'observation du sociologue, c'est la relation entre deux personnes, c'est le rapport qui existe entre elles, c'est plus exactement encore l'interaction qui résulte de leurs relations[5]. »

La seule des sciences sociales dont nous avons parlé explicitement jusqu'ici est la sociologie, même si un cours d'introduction aux sciences sociales appliquées à l'éducation devrait présenter la perspective de toutes les sciences sociales. La raison de ce choix est double : 1) de toutes les sciences sociales, la sociologie est celle qui est le plus souvent confrontée aux sciences des comportements individuels ; 2) les diverses sciences sociales ne diffèrent pas tellement les unes des autres quant à leur objet qui demeure, selon nous, le fait social, mais bien plus quant à l'aspect particulier suivant lequel cet objet commun est considéré, de même que suivant l'éclairage spécifique que chacune d'elles apporte à cet objet.

Dans cette perspective, l'économique devient l'étude du fait social en tant qu'activité de l'homme «à la recherche de biens limités pour satisfaire des besoins illimités»[6], ou encore à l'étude du fait social en tant que «façon dont l'homme utilise les ressources tant humaines que matérielles». On pourrait aussi dire que l'économique envisage les faits sociaux sous l'angle de la production, de la distribution et de l'allocation de biens et de services, des ressources propres à satisfaire les besoins d'une collectivité donnée. À ce titre, il est permis d'avancer que l'économique s'intéresse aux faits sociaux «de base», aux faits «fondamentaux», ceux qui déterminent, dans une large mesure, l'existence même des collectivités, de même que la nature des rapports sociaux qui s'y établissent. Elle étudie en somme la raison d'être première de l'association des hommes entre eux, c'est-à-dire la production et la distribution des biens nécessaires à leur survie et à leur reproduction.

De son côté, la science politique met en lumière, dans l'ensemble des faits sociaux relatifs à une collectivité donnée (peu importe sa dimension : une école ou un État national), ceux qui se rapportent plus directement au processus de définition des objectifs généraux qu'elle s'assigne, de même qu'à l'ensemble des moyens qu'elle se donne et des décisions qu'elle prend en vue de s'assurer que l'action de chacun de ses membres soit orientée vers ces objectifs.

Que vient donc faire dans la formation d'un enseignant, d'un conseiller d'orientation ou d'un administrateur scolaire, un univers de connaissances aussi peu familier, voire aussi rébarbatif? C'est ce que nous allons tenter d'établir en analysant cette fois les rapports de complémentarité qui existent, en dépit des apparences, entre les sciences de l'éducation et les sciences sociales.

Rapports de complémentarité : trois cas types

Pour aborder cette question, nous allons procéder à l'étude sommaire de cas types. Nous utiliserons trois cas : 1) la classe de français, 2) la question des rythmes d'apprentissage ou «voies» utilisés au niveau secondaire, 3) le problème des difficultés pédagogiques d'apprentissage. Chaque fois, nous résumerons d'abord sommairement la «lecture particulière» que fait la pédagogie, la psycho-pédagogie ou la psychologie de chacun des cas. Nous verrons ensuite la «lecture» différente quoique complémentaire que peuvent en faire les sciences sociales. Nous tenterons d'établir enfin en quoi *le second type de lecture complète le premier* et constitue ce que nous avons appelé l'ultime étape d'une réflexion et d'une pratique psychologiques ou psycho-pédagogiques achevées et complètes.

La classe de français

Il est généralement admis que les exigences de la classe de français excèdent, et de beaucoup, les besoins immédiats de l'élève. Cela est d'autant plus vrai lorsque l'on s'adresse à des enfants de conditions économiques et culturelles modestes, à des enfants de la classe ouvrière, par exemple. En d'autres termes, l'école demande toujours plus à l'élève au chapitre de la maîtrise de sa langue maternelle que ce dont il a effectivement besoin pour comprendre et être compris de ses camarades, de ses amis, de ses parents et des autres personnes qui constituent son entourage immédiat. Cet écart apparaît encore plus disproportionné si le professeur modifie ses exigences en fonction des situations. Il n'est pas rare de voir un professeur de français entendre sans sourciller, dans la cour de récréation, des tournures qu'il fustigerait et stigmatiserait presque rageusement au crayon rouge, durant la classe de français; des tournures du type: «La fille que mon frère sort avec!» — «La compagnie que mon père travaille pour!» — «Les enfants sontaient partis»!

Devant ce constat de discordance entre les exigences du programme et les besoins immédiats de l'élève, on peut imaginer trois orientations possibles de l'action pédagogique: diminuer les exigences du programme, accroître les besoins immédiats de l'élève, imposer d'autorité les exigences du programme. Mais comme l'enseignant ne peut intervenir sur les programmes et encore moins sur les besoins de ses élèves (exiger autant dans les communications quotidiennes que dans les cours de français impliquerait l'accord au moins tacite des camarades, des parents et des autres enseignants), c'est sur l'imposition d'autorité qu'il se rabattra habituellement. Ce qui ne comporte pas nécessairement une garantie de succès.

C'est ici que l'analyse sociologique peut apporter une modeste contribution au niveau de la problématique et, indirectement, au niveau des stratégies d'action. Imaginons que notre enseignant décide de discuter de la question avec un ami sociologue. La problématique des classes sociales permettra à ce dernier de traduire les écarts constatés plus haut entre les exigences du programme de français et les besoins quotidiens immédiats des élèves, en termes d'appartenance à une classe sociale. Dans la mesure où les élèves appartiennent ou n'appartiennent pas à la classe dominante ou aux fractions de classe qui lui fournissent les agents de sa domination, dans la même mesure les écarts seront plus ou moins grands, plus ou moins irréversibles. C'est qu'ici la formulation même des exigences du programme de français n'est plus l'affaire d'un présumé consensus impliquant toutes les couches de la société, mais bien celle d'une classe qui cherche à travers ce moyen (et bien d'autres encore), à maintenir sa domination sur les autres et à reproduire ainsi, à travers les générations qui montent, cet ordre social dont elle tire largement profit. Ce qu'elle défi-nit alors comme « exigences du programme de français » renvoie à un univers mental culturel et symbolique avec lequel elle (et elle seule à tra-vers ses enfants) est familière.

On comprendra donc aisément que le fameux problème des écarts ne puisse se poser de la même façon pour l'enseignant, selon qu'il travaille avec des enfants de la bourgeoisie, de la petite bourgeoisie, de la classe ouvrière ou de petits producteurs agricoles. Autant l'univers auquel ren-voient ces « exigences de programme » est, dès le départ, complètement étranger aux derniers, autant il a de fortes chances de le demeurer, voire de le devenir de plus en plus, au fur et à mesure que s'opèrent la sélection et les affectations / mutations à travers les diverses filières du système sco-laire (voir à ce sujet le chapitre 7). La formule boîteuse signalée plus haut : « La fille que mon frère sort avec » ne s'explique pas de la même façon selon que l'élève qui l'utilise appartient à telle ou telle couche de la société. L'enfant de la bourgeoisie sait *d'avance* que cette tournure est fautive puisqu'il appartient à la classe sociale qui la définit comme fau-tive. Il existerait donc *une sorte de pré-requis* à l'accès que peut donner l'école à la culture, au langage et à la formation dont les contenus sont définis exclusivement par les classes privilégiées. Ce pré-requis doit être acquis antérieurement à l'entrée à l'école et seules les familles apparte-nant aux classes privilégiées sont en mesure de le fournir à leurs enfants. En ce sens, ceux-ci sont, au départ, beaucoup plus près, de par leur mi-lieu familial, des exigences du programme de français que les autres. Et ce phénomène ne fait que s'amplifier au fur et à mesure que ces exigences deviennent plus grandes et plus complexes.

Ce type d'analyse sociologique paraît lourd de conséquences sur l'intervention pédagogique. Si l'enseignant, ignorant ou feignant d'igno-rer ces réalités, opte pour une sorte de *didactique universelle* du français, même au nom d'une prétendue objectivité / neutralité idéologique et poli-tique, il a déjà pris parti (cette idée est davantage développée au chapitre 11). Une didactique « universelle » veut placer sur un pied d'égalité des coureurs qui prennent pourtant le départ à des endroits très inégalement distants du fil d'arrivée. Qui plus est, elle risque de transformer en mara-thon, pour certains, ce qui ne sera qu'un sprint de 100 mètres pour les autres !

Si, au contraire, l'enseignant opte pour ce que nous appellerons une didactique « ad hoc », une didactique qui se moule aux circonstances par-ticulières, notamment à la composition sociale des effectifs de la classe, il devra disposer d'un arsenal souple et varié de stratégies pédagogiques. Si, par exemple, il doit travailler avec des enfants de la classe dominante, il peut prendre pour acquis que l'univers mental, verbal et culturel auquel renvoient le cours de français et ses exigences, est un univers familier en raison même de l'appartenance de classe de leur famille. Par conséquent, les difficultés d'apprentissage qui pourraient survenir chez ces enfants seront, dans la plupart des cas, des difficultés d'ordre pédagogique ou psychologique, c'est-à-dire essentiellement des difficultés d'ordre individuel. Par contre, s'il travaille avec des enfants de la classe ouvrière, il devra recourir non seulement à des stratégies d'ordre psycho-pédagogique, mais aussi et surtout à des stratégies que nous appellerons socio-pédagogiques, c'est-à-dire des stratégies qui postulent que les difficultés rencontrées par ce type d'enfants en cours d'apprentissage prennent leur origine d'abord aux frontières des classes sociales.

Cela veut dire concrètement :
1) *Élaboration d'un matériel et de situations pédagogiques* ayant comme point de départ un univers culturel et symbolique plus familier que celui que représentent les outils pédagogiques officiels, qui est en fait, comme nombre d'études l'ont démontré, celui de la classe dominante ;
2) *Mise au point de types d'interventions pédagogiques* qui amènent ces enfants : a) à prendre conscience de leur situation de classe ; b) à localiser le point de départ exact et spécifique de leur apprentissage scolaire ; c) à évaluer la distance qu'ils auront à parcourir de même que les obstacles spécifiques qu'ils auront à franchir ; d) à reconnaître les limites imposées par des facteurs objectifs et extérieurs, notamment par des facteurs qui tiennent au type particulier d'économie dans lequel nous vivons, c'est-à-dire l'économie capitaliste, à leurs ambitions et à leurs aspirations.

Ces interventions ne doivent pas pour autant les enfermer dans une sorte de ghetto scolaire qui n'aurait pour effet que d'aggraver leur situation sociale et initiale.

Les divers courants de l'analyse sociologique de ce genre de situations scolaires suggèrent, selon les orientations idéologiques qui les soustendent, divers types de mesures. Dans certains cas, on suggérera *des mesures dites «compensatoires»* qui consistent grosso modo, à faire en sorte que l'école en donne plus aux enfants qui en ont moins au départ. Plus de temps, plus d'attention, plus d'expertise, plus de ressources pédagogiques, matérielles et humaines. Dans d'autres cas, on suggérera d'ajouter aux mesures compensatoires à l'école, *des mesures d'animation du milieu* (voir chap. 8). Ces mesures s'inscrivent davantage dans la perspective d'un travail pluri-disciplinaire puisqu'elles impliquent la collaboration de divers agents : enseignants, animateurs, travailleurs sociaux, etc. Par contre, ces mesures ont en commun avec les premières de réduire le problème à *une question de quantité*. Elle postulent en définitive qu'il suffit de fournir à chacun les ressources variées dont il a besoin pour «qu'il s'en sorte». Il serait facile de démontrer qu'elles s'inscrivent toutes les deux dans l'idéologie de la mobilité sociale et qu'à ce titre, elles contribuent largement à maintenir une zone d'imprécision et d'ambiguïté autour de l'objectif lui-même qui consiste à «s'en sortir». Si cela veut simplement dire «améliorer ses conditions générales d'existence» ou encore «se les rendre à soi-même plus acceptables», ces stratégies ont des chances d'atteindre leurs objectifs même à l'échelle de larges fractions des couches sociales défavorisées. Mais si cela veut dire «transformer sa condition sociale» en modifiant, par exemple, son appartenance de classe, rien n'est moins sûr. Contrairement aux croyances populaires largement publicisées à travers le mythe du *self-made man*, la clé du passage d'une classe sociale à l'autre n'est pas d'abord et avant tout psycho-sociologique, en ce sens qu'il ne suffit pas d'avoir un peu de chance et beaucoup d'ambition et de ténacité pour y arriver. Cette clé est d'abord et avant tout économique, en ce sens qu'elle est d'abord et avant tout affaire de postes disponibles dans la division du travail et qu'indépendamment des aspirations des individus, les taux de passage d'une classe sociale à l'autre sont rigoureusement contrôlés par l'état de l'économie en un moment donné (ces questions seront reprises plus en détail dans les autres chapitres de cet ouvrage).

Poussons le raisonnement jusqu'à l'absurde et faisons l'hypothèse qu'à un moment donné de l'histoire du Québec, tous et chacun des ouvriers de l'entreprise privée accèdent à force de courage, d'ambition, de ténacité et de chance, à la petite bourgeoisie ou à la bourgeoisie. On ne saurait alors perdre de vue : a) que cela ne serait possible que dans une conjoncture de croissance et d'expansion économiques absolument invraisemblable; b) que cela n'éliminerait pas pour autant la nécessité d'une classe ouvrière comme telle puisqu'elle est partie intégrante et essentielle d'une structure économique comme la nôtre, non plus que la nécessité de combler sans délai et par tous les moyens possibles (immigration, politiques de natalité, ouverture plus grande du marché du travail aux femmes, etc.) les postes vacants.

Depuis quelques années, les milieux syndicaux nous ont familiarisés avec un troisième type de mesures consécutives à une analyse sociale de l'éducation. Elles s'articulent autour de ce qu'on a appelé *une pédagogie de «conscientisation»*. Issue d'une problématique des rapports sociaux qui est diamétralement opposée à celle des deux premiers types de mesures mentionnées plus haut, cette pédagogie établit comme premier objectif la nécessité d'amener les enfants de la classe ouvrière à prendre conscience des conditions objectives/externes d'existence qui leur sont imposées par l'ordre social capitaliste, conditions qui leur sont en même temps cachées par l'effet de l'idéologie dominante. Elle reproche à l'école capitaliste traditionnelle de contribuer largement à la diffusion d'une vision « harmoniciste » et « consensuelle » d'une réalité sociale reposant essentiellement sur les rapports d'exploitation et de domination.

Dans le contexte actuel, il apparaît essentiel d'attirer l'attention des spécialistes de l'éducation sur le débat suscité par l'émergence de cette vision diamétralement opposée de la réalité scolaire et finalement de la réalité sociale globale. Nous sommes en présence de ce que Mao Tsé-Toung appelle « deux conceptions du monde », c'est-à-dire deux représentations contradictoires d'une même réalité sociale. La première avec laquelle notre éducation nous a rendus familiers s'appelle la conception « métaphysique » ; l'autre, la conception « dialectique » des choses et des phénomènes [7]. L'impact qu'elles ont l'une et l'autre à l'échelle de la planète commande en quelque sorte que l'éducateur en formation s'y arrête quelques heures, ne serait-ce que pour comprendre un peu mieux l'évolution historique si différente des peuples et des nations modernes. (Les chapitres qui suivent fourniront les éléments principaux de ce débat).

Voilà donc que certaines réflexions sociologiques nous ont conduit apparemment bien loin de notre propos initial, c'est-à-dire la classe de français! Et pourtant elles n'en sont pas si éloignées dans la réalité, si on considère qu'elles ne font que mettre en évidence les fondements, la signification et la portée « Hors-les-quatre-murs-de-la-classe » de l'action pédagogique d'un professeur de français. Désemparé et souvent perdu face à l'univers de préoccupations des sciences sociales, l'enseignant peut, bien sûr, se rassurer en se disant qu'elles sont « déconnectées » du réel. Mais alors, il est difficile de résister à la tentation de lui demander si ce ne serait pas plutôt lui qui, à la longue, se serait « déconnecté » du réel en s'enfermant dans l'univers clos des quatre murs de sa classe où il lui est possible, une fois la porte fermée, de se considérer « seul-maître-après-Dieu » de ce qui s'y passe!

Les rythmes d'apprentissage au secondaire

Poursuivant notre réflexion sur les rapports de complémentarité qui unissent, en dépit des apparences, les sciences sociales et les sciences de l'éducation, nous utiliserons la question des rythmes ou voies d'apprentissage encore en usage dans l'enseignement secondaire. On sait en effet que les structures de l'enseignement secondaire québécois offrent à l'élève la possibilité de suivre l'une ou l'autre des trois voies suivantes en ce qui concerne le français (langue maternelle), les mathématiques et l'anglais (langue seconde) : la voie enrichie, la voie régulière et la voie allégée. Cette possibilité est réduite à deux voies pour la chimie et la physique. L'analyse d'une question comme celle-là, quand elle se limite aux quatre murs de la classe et aux «meilleurs-intérêts-de-l'élève-dans-l'immédiat» ne peut être envisagée autrement que comme une mesure «permissive» par rapport à la situation qui prévalait avant la réforme. Elle est, en tout cas, plus «respectueuse des rythmes individuels d'apprentissage», pour employer une expression qui a connu et connaît encore une vogue certaine. À court terme (et j'allais ajouter : suivant une courte vue des choses), elle «ouvre» des possibilités nouvelles à l'élève.

On peut toutefois se demander, comme on l'a fait dans l'analyse de la question précédente, ce qu'il en advient dès lors qu'on replace une telle mesure dans un contexte social plus vaste qui déborde les quatre murs de la classe et qui dépasse l'intérêt du moment présent.

En raison même du caractère cumulatif et séquentiel des étapes de la carrière scolaire de l'élève, de même que des liens directs qui lient celle-ci à sa carrière professionnelle, on peut dire que cette mesure «permissive» à court terme, est en fait une mesure «restrictive» qui réduit les possibilités de l'élève à moyen et à long terme.

De nombreuses recherches faites en sociologie de l'éducation[8] permettent en effet de croire que le classement hâtif de l'élève dans une voie d'apprentissage quelconque, détermine dans une large mesure : 1) la suite de sa carrière scolaire, 2) l'ampleur de ses horizons professionnels réels, 3) et finalement, le point d'insertion de cet élève dans la division du travail. La relation jouerait alors dans le sens suivant : plus la voie de classement est lente et allégée, plus elle réduit les possibilités de l'élève à moyen et à long terme. Mais ce n'est pas tout. D'autres études[9] ont démontré que la plupart des craintes que l'on entretient à l'endroit du système opposé (qu'on appelle au Québec le classement «parallèle») ne sont pas fondées. Quand on place dans la même unité des élèves forts, moyens et faibles : 1) les élèves forts font *autant de progrès* que s'ils étaient placés dans une unité plus homogène ; 2) les élèves moyens et faibles font *plus de progrès* que s'ils étaient placés dans une unité plus homogène. Signalons enfin que ces études ont permis d'établir que, dans un système de classement homogène comme celui que nous connaissons au secondaire, les écarts entre les forts et les faibles ont tendance à s'accroître avec les années, alors que dans la situation contraire, ces écarts demeurent à peu près constants.

Cette dernière série d'observations s'ajoutant aux précédentes, il est possible de croire que cette mesure, adoptée il y a quelques années dans nos écoles, est non seulement plus «restrictive» que prévu à moyen et à long terme, *mais également à court terme.*

Ajoutons enfin que l'adoption d'un système de classement établi sur le rendement scolaire a aussi pour effet de réintroduire une forme de ségrégation sociale qui vient de ce que le rendement scolaire est en relation étroite avec l'origine sociale des élèves[10]. Ceci semble avoir pour effet la sur-représentation des classes sociales aisées dans les voies dites «enrichies» et la sur-représentation des classes sociales moins favorisées dans les voies dites «allégées».

Comme on peut voir, une question comme celle de l'établissement de rythmes d'apprentissage perd beaucoup de sa signification originale et restreinte dès lors qu'elle est replacée, en partie grâce aux données de l'analyse sociologique de l'école, dans un contexte social plus vaste que la classe et dans une perspective plus longue que le «court terme».

On pourrait alors poursuivre encore pendant de longues pages l'analyse de la problématique sous-jacente à l'usage des «rythmes d'apprentissage» comme instrument de classement des élèves. Mais l'intention initiale n'est pas de débattre la question comme telle. Elle est plus modeste. Il s'agit simplement d'utiliser cette question (et la précédente) pour démontrer comment l'usage de l'analyse propre aux sciences sociales (notamment la sociologie) permet d'en arriver à une problématique beaucoup plus complète et mieux articulée des questions et situations scolaires et, par voie de conséquence, comment il force la remise en question des bases de l'action pédagogique.

Les difficultés pédagogiques d'apprentissage

À l'aide d'un troisième exemple, nous tenterons de préciser davantage certains points. Il s'agit cette fois de rappeler brièvement comment deux conceptions de l'origine des difficultés pédagogiques d'apprentissage ont donné lieu à deux courants pédagogiques fort différents, bien qu'ils ne soient ni opposés, ni contradictoires, mais au contraire complémentaires à plus d'un égard.

Dans un premier cas, on isole en quelque sorte l'enfant qui a des difficultés d'apprentissage en classe. Selon cette approche, les difficultés éprouvées peuvent avoir comme origine soit des facteurs d'ordre affectif et du comportement, soit des facteurs qui concernent le fonctionnement et le développemet intellectuels comme tels, ou bien encore une combinaison quelconque des deux ordres de facteurs. Dans le cas des difficultés qui ont une origine se situant au niveau intellectuel, on peut encore distinguer celles qui tiennent à un retard ou même à un blocage dans le développement des habiletés mentales d'une part et celles qui, dans l'hypothèse d'un développement intellectuel normal, tiennent davantage à des facteurs d'ordre psycho-pédagogique tels la motivation, la situation d'apprentissage, l'absence d'un matériel pédagogique approprié, la relation maître-élève, etc.

Cette approche commande habituellement un « diagnostic individuel » à travers lequel on tentera d'identifier la nature des facteurs en cause, de même que le niveau où se situent les difficultés rencontrées. Une fois franchi ce stade, cette approche détermine, règle générale, l'élaboration d'une pédagogie corrective, d'une ortho-pédagogie individualisée.

Ce rappel sommaire permet de circonscrire le champ des variables en cause dans cette problématique des troubles d'apprentissage. Ce champ gravite uniquement autour de l'individu en difficulté et de ses interactions immédiates, c'est-à-dire celles qu'il établit dans son entourage quotidien, la famille, l'école et les amis. Dans cette perspective, les causes des difficultés étant définies initialement comme subjectives (concernant le sujet lui-même) et psychologiques, l'intervention ne pourra logiquement se situer qu'à ce niveau et ne faire entrer en ligne de compte que des facteurs de même ordre.

Vers la fin des années 1950, des experts parmi lesquels se trouvaient sans doute des gens rompus à l'analyse des facteurs sociaux, ont découvert que certaines formes de difficultés d'apprentissage scolaire connaissaient un taux d'incidence significativement plus élevé dans certaines couches de la société que d'autres, notamment dans les milieus définis aujourd'hui comme défavorisés. Sans nier l'origine psycho-pédagogique des troubles d'apprentissage chez certains individus, leurs études invitaient à croire que ces troubles pouvaient avoir, dans certaines conditions, une origine objective et extérieure aux individus eux-mêmes, c'est-à-dire des causes culturelles, sociologiques et économiques. Cette nouvelle approche reposait sur le postulat de carence ou même d'absence de certaines conditions « milieu » favorisant habituellement les apprentissages scolaires.

Il n'en fallait pas plus pour que du même coup apparaissent de nouveaux modes d'approche des difficultés scolaires, centrés cette fois sur l'amélioration des facteurs externes favorisant le travail des élèves. Ces stratégies « compensatoires » auxquelles nous faisions allusion plus haut visaient essentiellement à mettre à la disposition des élèves de milieux défavorisés et même souvent de leurs familles, des ressources de toutes sortes susceptibles de combler les déficiences et lacunes inhérentes à l'appartenance sociale de ces élèves et de placer ceux-ci, théoriquement du moins, sur un pied d'égalité par rapport aux enfants issus de milieux plus aisés, du moins en ce qui concerne les conditions externes minimales identifiées comme nécessaires à une progression scolaire normale.

Comme on pourra le voir plus loin, le bilan de ces expériences n'a pas été des plus positifs. On constata entre autres que les gains faits par les élèves qui ont bénéficié de ces programmes communautaires «compensatoires» n'avaient pas le caractère permanent qu'on leur aurait souhaité et qu'à partir du moment où ces élèves étaient replacés dans leurs conditions de vie habituelle, les acquis du programme s'estompaient. Toutefois, ces évaluations portant essentiellement sur les stratégies d'intervention utilisées, n'ont jamais remis en cause ce qui demeure un acquis des sciences sociales appliquées à l'étude de cette question, à savoir qu'en plus et souvent antérieurement aux causes psychologiques et psychopédagogiques, il existe à n'en pas douter des causes sociales, culturelles et économiques aux difficultés d'apprentissage scolaire des enfants issus des couches sociales défavorisées.

Conclusion : la face cachée de la lune

Comment résumer les leçons qui se dégagent des trois cas types que nous venons d'analyser sommairement? Nous emprunterons pour ce faire une métaphore suggérée par le développement de la technologie des vols spatiaux au cours des dernières décennies, celle de la face cachée de la lune. En ce sens, les sciences sociales permettent aux enseignants, aux pédagogues et autres professionnels de l'éducation de voir et de comprendre un aspect jusqu'ici caché des questions qui les intéressent. En raison de leur formation, de leurs expériences accumulées, des attentes que l'on formule à leur endroit et des tâches qu'on leur confie, les éducateurs enseignants et autres ne peuvent spontanément apercevoir et tenir compte de toutes les dimensions, toutes les facettes de la réalité scolaire. Ils ont facilement accès aux dimensions que leur livre leur pratique quotidienne, celle qui s'enracine dans l'école, souvent même entre les quatre murs d'une classe ou d'un bureau de consultation. Cependant, ces dimensions ne sont celles que de l'individu-élève. Tout au plus, concernent-elles le niveau interactionnel. Ce qui est déjà considérable. De la même façon que les observations faites à partir de la face connue de la lune nous donnaient déjà de cet astre une connaissance et une compréhension globales habituellement suffisantes, de même les gens oeuvrant dans le monde de l'éducation ont-ils, à partir du point de vue où ils se placent, une connaissance et une compréhension globales habituellement suffisantes de la réalité scolaire.

Les révélations livrées par la face jusqu'alors cachée de la lune n'ont pas contredit radicalement les connaissances que nous avions de cet astre, non plus que l'idée que nous nous faisions de sa place et de son fonctionnement dans l'univers. Ainsi en est-il, pensons-nous, des sciences sociales appliquées à l'éducation. Elles ne contredisent pas radicalement nos connaissances de la réalité scolaire, mais leur apport a indéniablement permis de les corriger, de les raffiner, de les nuancer et de les compléter.

Nous avons tenté de démontrer à l'aide de trois situations scolaires concrètes, que les enseignants et les autres éducateurs qui acceptent de se familiariser avec les acquis des sciences sociales appliquées au domaine de l'éducation, ont de bonnes chances d'entrevoir leur pratique éducative sous un jour nouveau, sous un éclairage inhabituel. Ce faisant, ils sauront plus facilement comprendre l'origine, la signification et la portée « extra-scolaires » de leurs interventions. Du court terme dans lequel les place inévitablement leur tâche quotidienne, ils déboucheront sur un moyen et un long terme susceptible de modifier leur pratique. Quand cela se résumerait à développer chez eux une plus grande habileté à réinsérer le fait individuel auquel ils sont confrontés jour après jour, dans ses racines sociales, culturelles, économiques et politiques, nous serions déjà à l'orée d'une vision singulièrement rénovée de la plupart des doctrines pédagogiques qui ont cours dans nos sociétés occidentales. C'est, en partie du moins, le sens que nous voulons donner au postulat énoncé au début de cette étude, postulat suivant lequel *une réflexion et une pratique psychologiques ou psycho-pédagogiques n'ont de sens et de portée véritables, ne sont complètes et achevées que dans la mesure où elles prennent racine et reposent sur les acquis du domaine des sciences sociales appliquées à l'éducation.*

2
Éléments de méthodes de recherche en sciences sociales

Roland Ouellet

L'objet de ce chapitre sur les méthodes de recherche en sciences sociales ne vise pas à former des chercheurs ou des spécialistes des sciences sociales, mais bien à montrer comment ces éléments de méthodes de recherche peuvent servir à la compréhension des phénomènes d'éducation.

Nous croyons que la connaissance d'un minimum d'éléments du processus de recherche scientifique est nécessaire même pour ceux qui n'aspirent pas à devenir des chercheurs de métier. De nombreuses professions (comme celles d'enseignant, d'administrateur scolaire, de conseiller d'orientation, etc.) exigent de plus en plus qu'on soit en mesure d'évaluer et d'utiliser les résultats de la recherche, de juger si telle étude a été exécutée de façon à ce qu'on puisse se fier à ses conclusions et d'examiner si ces conclusions s'appliquent à la situation à laquelle on est confronté. D'autre part, il faut reconnaître également que dans le monde actuel, nous sommes tous des consommateurs de recherche; il devient alors d'autant plus important de pouvoir exercer un jugement critique sur les travaux de recherche que bien souvent leurs résultats diffèrent voire même se contredisent.

Les éléments présentés dans ce chapitre fournissent donc un minimum d'information indispensable pour être un «consommateur averti» des recherches élaborées par les sciences sociales.

La méthode scientifique en sciences sociales

Le but de toute science est d'expliquer, de découvrir les rapports nécessaires entre les phénomènes, d'établir des lois entre eux[1] en même temps que de fournir des moyens pour mieux interroger la réalité. Pas plus que les sciences naturelles, les sciences sociales n'échappent à cet objectif fondamental[2]. Parlant d'une des nombreuses disciplines des sciences sociales, Mauss et Fauconnet précisaient ce qu'on doit entendre par *explication* : «Expliquer en sociologie comme en toute science, c'est donc découvrir des lois plus ou moins fragmentaires, c'est-à-dire lier des faits définis suivant des rapports définis»[3].

Comprendre, expliquer la conduite humaine tout comme comprendre, expliquer la matière brute, inanimée, renvoient à un processus général similaire : dans les deux cas le chercheur se réfère à un mode d'appréhension ou de connaissance du réel qui se veut rigoureux et systématique, c'est-à-dire faisant appel à des règles précises et organisées. Cette démarche rigoureuse et systématique, c'est la démarche scientifique.

Nous reviendrons tout au long de ce chapitre pour décrire plus en détail ce que l'on entend par démarche scientifique. Il importe néanmoins de souligner dès à présent que cette démarche qui particularise une appréhension ou une saisie du réel n'épuise pas nécessairement l'explication.

À des degrés structurels différents, tout individu expérimente dans sa réflexion et son agir quotidiens d'autres types de démarches explicatives : la construction imaginaire, l'intuition de l'instant, l'utilisation de l'expérience antérieure tout comme le recours à la «simple évidence» ou au sens commun caractérisent le processus de compréhension des acteurs sociaux.

La voie d'approche de la réalité privilégiée par la démarche scientifique tend à se distinguer de ces processus parce qu'elle implique, outre une autoréflexion, une reconstruction rationnelle des règles probables qui régissent les phénomènes. Cela dit, il ne faut pas croire que cet idéal de compréhension des faits et des processus soit dénué dans sa pratique de toute attache idéologique particulière. Nous reviendrons plus loin sur ce dernier aspect. Retenons pour l'instant que la démarche scientifique vise à conduire à des résultats vérifiables et contrôlables, c'est-à-dire des conclusions qui puissent offrir un maximum de confiance. Cette confiance que l'on peut accorder aux résultats d'une recherche repose en fait sur la rigueur avec laquelle l'étude a été menée, rigueur qui se traduit par la cohérence d'application d'un ensemble de règles et de méthodes, qu'il ne faut pas confondre avec un ensemble de recettes ou de formules miracles.

En effet, s'il existe certaines règles de méthodologie scientifique et certaines étapes bien précises à franchir dans le processus de recherche scientifique, l'application de ces règles et le déroulement de ces étapes ne se réalisent pas pour autant à travers un cheminement mécanique, ou un processus chronologique immuable et très précis. La situation de recherche présuppose que tout n'est pas déterminé, défini, réglé à l'avance, laissant ainsi place à des conséquences inattendues, condition somme toute de l'avancement des connaissances.

Cette précision étant faite, il faut reconnaître par ailleurs que tout chercheur est confronté avec un certain nombre de décisions à prendre d'étapes à franchir. C'est à la description de ces éléments que nous allons maintenant nous attarder.

Malgré les multiples façons d'aborder la description des étapes d'une démarche scientifique, il apparaît qu'une des façons utiles de procéder consiste à distinguer le processus de recherche scientifique en trois phases. En effet, toute recherche scientifique, que ce soit en sciences humaines ou en sciences physiques, implique trois ensembles d'opérations distincts :

1) un ensemble d'opérations visant l'identification des idées préconçues, des préjugés, des données du sens commun de façon à s'en distancier ;

2) une série d'opérations destinées à définir les termes ou le vocabulaire utilisés, à les traduire en langage de recherche et à formuler des hypothèses ;

3) un certain nombre d'activités d'observation des faits, de lecture de la réalité selon des règles et des techniques rigoureuses.

La recherche scientifique procède donc selon trois étapes : la rupture, la construction et la vérification[4]. Pour décrire l'ensemble de ces étapes, Bachelard disait que « le fait scientifique est conquis, construit, constaté ».

Au cours de la présente partie, nous allons dans un premier temps décrire rapidement l'ensemble des trois étapes du processus de recherche. En second lieu, nous exposerons plus en détail la signification de l'étape de la rupture comme distanciation par rapport aux données du sens commun, aux traditions et aux approches habituelles.

L'ensemble des étapes de la recherche

Une des conditions fondamentales pour réaliser une démarche scientifique repose sur la distance, le recul que doit prendre le chercheur par rapport à ses façons habituelles de voir les choses, ses préjugés, ses opinions, ses désirs ou par tout autre biais personnel. Il semble y avoir consensus sur l'idée que la première chose à faire dans une recherche consiste à prendre conscience et à faire la critique des connaissances (siennes et autres), telles que les idées préconçues et les opinions communes : «aucun fait ne se laisse appréhender tel qu'il nous apparaît spontanément» — «le fait scientifique est à conquérir[5]» et cette conquête se réalise par une lutte incessante contre les prénotions.

Cette étape que l'on appelle la *rupture* n'est pas réductible à un ensemble d'opérations bien concrètes que l'on peut réaliser pleinement et définitivement dans un premier temps de la recherche. Ce que l'on désigne ici par rupture se traduit davantage par un ensemble de dispositions et d'attitudes de recul que le chercheur doit prendre à l'égard des idées courantes, des idées reçues ; autrement dit, le chercheur doit adopter le doute méthodique face aux données du sens commun, aux interprétations plus ou moins confuses véhiculées par la culture ou la tradition ou face aux résultats des recherches antérieures.

Cette attitude critique s'impose sans aucun doute au début de la recherche, alors que le chercheur s'efforce de formuler son problème de recherche de façon à le dégager des idées courantes et à le traiter de manière rigoureuse et systématique. Mais par ailleurs, elle doit aussi être maintenue tout au long du processus de recherche, comme le précise Grawitz : «Cette lutte contre les prénotions ne peut être considérée comme une étape se terminant par une victoire, ouvrant définitivement les portes de la vraie science. C'est *une lutte continuelle*. À chaque instant de l'observation, de l'hypothèse ou de l'expérimentation, il faut se méfier des présupposés, de ce dont on ne se doute pas. Cependant, c'est tout de même au début, lorsque se bâtit la recherche, que la nécessité de la "vigilance de la vigilance", c'est-à-dire de la critique de tous les recoins de son esprit et de l'attention elle-même, est la plus importante[6]».

La deuxième étape du processus général de recherche concerne l'ensemble des opérations de *construction*. L'objet de la recherche n'est pas donné au chercheur. Il doit être construit au sens où le chercheur doit définir, délimiter son objet d'étude et le traduire en opérations concrètes de recherche.

Toute démarche de recherche commence par la formulation d'un problème, par l'énoncé de questions bien précises que l'on veut poser à la réalité. L'énoncé de ces questions suppose qu'on délimite ce qui fera l'objet de l'étude et qu'on élimine certains aspects de la situation à observer.

Par exemple, on peut vouloir faire une étude de l'influence de l'école sur les étudiants mais, ainsi formulé, ce problème demeure trop vague et imprécis pour être traité scientifiquement. Il faut davantage préciser l'objet de l'étude. Il faut être en mesure de distinguer clairement les éléments que l'on veut mettre en relation et les variations que l'on veut expliquer. Dans le cas présent, il faut préciser les caractéristiques ou les dimensions de l'école (ex. : taille, statut privé ou public, etc.) ainsi que les modalités selon lesquelles l'influence de l'école s'exerce (c'est-à-dire processus de socialisation, processus d'apprentissage, processus de sélection sociale, etc.). Il faut de plus préciser quels sont les traits particuliers des étudiants (c'est-à-dire comportements, attitudes, valeurs, aspirations, etc.) qui feront objet d'observation. Ce premier déblayage consiste donc à limiter le plus possible la zone d'ambiguïté et de confusion qui subsiste même après avoir choisi un thème de recherche [7].

À un niveau plus avancé dans l'étape de la construction, le chercheur procède à l'élaboration d'un cadre théorique, qui va lui servir : a) à identifier les principaux éléments qui exercent une influence sur le phénomène étudié et à analyser leurs interrelations; b) à formuler les hypothèses et à interpréter les résultats.

Concepts et hypothèses constituent donc des éléments fondamentaux de toute théorie : « Une théorie consiste en un ensemble de concepts auxquels s'ajoutent les relations mutuelles qui présumément existent entre les concepts. Une théorie comprend également les conséquences qui supposément découlent en toute logique des relations proposées par la théorie. On appelle ces conséquences, hypothèses [8] ».

Le cadre théorique fournit au chercheur un ensemble explicatif pour rendre compte de tel ou tel événement. Élément de base de toute théorie, le concept constitue la représentation abstraite d'un objet et cette abstraction permet de percevoir et de concevoir les aspects distinctifs et significatifs d'un objet.

Malgré son aspect général et abstrait, le concept doit pouvoir être traduit en opérations de recherche définies. Autrement dit, le chercheur doit pouvoir en identifier les différents aspects ou dimensions et choisir les indicateurs ou comportements concrets devant mesurer ces dimensions. Par exemple, on peut identifier les composantes sociale, économique et culturelle de la notion de classe sociale et chercher à les mesurer par l'occupation, le revenu et la scolarité des individus [9]. Il faut remarquer ici que cette définition du concept de classe sociale aurait pu prendre une autre forme : on aurait pu choisir d'autres dimensions comme la propriété de biens de production, le sentiment d'appartenance à une classe, etc. [10]. Ce simple exemple indique bien que dans les sciences sociales, eu égard à la complexité même des phénomènes sociaux, les concepts ne donnent que très rarement lieu à des définitions univoques. Ce qui justifie d'autant plus qu'il faille apprendre à les construire de façon rigoureuse.

Enfin, la construction des hypothèses demeure une opération importante dans cette deuxième phase du processus de recherche. Celles-ci constituent des « propositions de réponse aux questions que l'on se pose à propos de l'objet de la recherche, formulées en des termes tels que l'observation et l'analyse puissent fournir une réponse »[11]. L'hypothèse découle habituellement du cadre théorique et sert à la fois à préciser la procédure qui va en permettre la vérification. En élaborant ses hypothèses, le chercheur doit garder à l'esprit que celles-ci doivent demeurer vérifiables et en accord avec les faits.

La troisième série d'opérations faisant partie du processus de recherche scientifique concerne la *vérification* : le fait scientifique est « constaté », observé. Il s'agit au cours de la présente étape de vérifier les hypothèses qui ont été déduites du modèle théorique. Ces hypothèses énoncent des relations entre différentes variables, relations qui sont suggérées par le modèle théorique choisi ou élaboré au cours de la phase précédente. Rendu à cette phase de la recherche, il incombe au chercheur de prouver que les relations déduites entre les différentes variables sont vraies ou fausses.

Pour faire cette démonstration, le chercheur procède à l'observation des faits :

a) soit qu'il utilise des données déjà rassemblées (par exemple, les données du recensement), auquel cas, il devra procéder à la critique de ses sources d'information;

b) soit qu'il décide de recueillir lui-même ses propres données et alors il aura à choisir et à élaborer ses instruments de cueillette (analyse de documents, entrevue, questionnaire, etc). Cette phase de la recherche nécessite que l'on exerce une surveillance constante de la qualité de l'information.

C'est en procédant à l'analyse des données recueillies que le chercheur pourra véritablement mettre ses hypothèses à l'épreuve. Cependant, en sciences humaines, il est pratiquement impossible de reproduire la situation expérimentale qui existe en sciences physiques, où on peut contrôler et manipuler les éléments en présence (nous y reviendrons plus loin). Aussi, le spécialiste en sciences sociales est-il amené à mettre en rapport des phénomènes sociaux, à vérifier par exemple si deux phénomènes sociaux tels que la profession du père et les résultats scolaires des enfants varient ensemble (dans le même sens ou en sens contraire) ou non, et si d'autres phénomènes (tels que la profession de la mère, la scolarité du père, etc.) ne sont pas responsables de la présence ou de l'absence de variations entre les deux premiers phénomènes mis en rapport dans l'exemple cité (profession du père et rendement scolaire) [12].

C'est l'étude de ces variations entre phénomènes observés qui va permettre de confirmer ou d'infirmer les hypothèses avancées.

En terminant ce premier point sur l'ensemble des étapes de la recherche, il faut noter ici que si nous avons présenté les opérations de la recherche en phases séparées et distinctes, c'est dans un but purement analytique. Dans une recherche concrète, chaque opération demeure toujours liée à la précédente : « La vérification ne vaut que ce que vaut la construction qu'elle vérifie et la valeur de la construction se mesure notamment à la réalité de la rupture qui l'a permise [13] ».

On peut donc conclure que le processus de recherche scientifique *« consiste en un nombre d'activités étroitement liées entre elles et qui se recouvrent continuellement au lieu de se dérouler dans un ordre rigoureusement prescrit [14] ».*

La rupture par rapport au sens commun, aux prénotions et aux approches habituelles

Nous avons déjà indiqué brièvement ce qu'il fallait entendre par rupture comme étape préliminaire de la recherche. Nous allons développer davantage cette notion de rupture dans les prochains paragraphes en insistant sur l'importance qu'elle occupe dans le processus de recherche scientifique.

Cette prise de distance par rapport aux prénotions ou aux données du sens commun que nous avons qualifiée de rupture, s'avère relativement difficile à réaliser en sciences sociales. En effet, ces prénotions et ces données revêtent souvent la forme d'*évidences*, que le langage habituel véhicule et camoufle et qui sont assimilées de manière inconsciente.

Le langage courant charrie une multitude de notions plus ou moins confuses pour expliquer la réalité ; étant donné leur caractère implicite et leur fréquence élevée, ces explications ont tendance à passer inaperçues. Elles semblent évidentes parce que nous y sommes habitués.

Or la nécessité de rompre avec les prénotions, les opinions toutes faites ou les idées préconçues tient au fait que le sens commun ou le bon sens ne nous fournit aucune garantie permettant de nous fier aux explications avancées : ainsi « c'était affaire de bon sens de considérer que le monde était plat ; tout le monde pouvait constater simplement en regardant. Mais le "simple regard" ne mène pas toujours à des conclusions valables » [15] : De son côté la démarche scientifique vise à fournir des « certitudes » dans l'explication de la réalité, « certitudes » qui demeurent toutefois relatives et temporaires au sens où elles représentent à un moment

Analyse sociale de l'éducation

précis, dans un espace-temps donné, les connaissances les plus exhaustives sur les phénomènes étudiés. Voici comment Selltiz résume cette première distinction entre le sens commun et l'approche scientifique : « La différence la plus importante entre les deux vient de ce que la recherche travaille systématiquement à l'explication et à la remise en question de ses hypothèses dans le but même de la filtrer et de les mettre à l'épreuve tout naturellement » [16].

Une autre manière d'établir une distinction entre le sens commun et l'approche scientifique consiste à indiquer les bases sur lesquelles reposent les données de l'une et l'autre façon de voir les choses : « Les données du sens commun sont le résultat d'expériences vécues, de connaissances accumulées et d'agissements coutumiers, sur lesquels nous n'exerçons que peu de sens critique. Au contraire, les données scientifiques sont : a) organisées et érigées en système ; b) obtenues en respectant les critères de la connaissance scientifique ; c) recueillies par des spécialistes formés aux différentes disciplines scientifiques » [17].

Les connaissances qui sont attribuables aux traditions [18], aux croyances populaires, aux superstitions ou aux données du sens commun [19] ne sont généralement pas soumises à un procédé rigoureux et systématique de remise en question, contrairement à ce qui se passe dans le cas des connaissances scientifiques : « Qu'il s'agisse de traditions, de croyances populaires, de superstitions ou de données du sens commun, elles sont acceptées comme telles. Vis-à-vis d'elles, l'individu n'exerce pas son sens critique ou l'exerce peu. C'est dire qu'il n'évalue ces connaissances ni dans leur contenu ni par rapport aux techniques qui les ont produites. Elles sont donc profondément enracinées et figées : même si des faits d'observation semblent les contester ou les contredire, elles ont tendance à persister. Bien qu'il existe une certaine continuité dans la science et l'activité scientifique, le contenu de la première et les démarches de la seconde font continuellement l'objet de remise en question » [20].

Enfin pour terminer ce tableau comparatif entre la recherche scientifique et le sens commun, on peut signaler encore quelques traits qui sont propres au sens commun et qui s'articulent mal avec la démarche scientifique :

a) Le sens commun confine à ce qui est familier et conduit les gens à considérer ce qui est familier comme inévitable et ce qui ne l'est pas comme inconcevable. Ainsi, comme le rappelle Selltiz, il est sans doute surprenant pour nous d'apprendre que c'était le groupe des jeunes qui appuyait le plus entièrement la guerre au Vietnam, ceci étant explicable par le fait que *nous sommes plus au courant* des activités des jeunes étudiants qui ont manifesté contre cette guerre, bien que ce groupe soit minoritaire parmi la population des jeunes.

b) Le sens commun est préoccupé de fournir des explications spécifiques et immédiates, et c'est pourquoi il débouche souvent sur des contradictions. Il est fréquent de trouver dans le langage courant des énoncés de vérités d'expérience qui se contredisent radicalement comme, par exemple, «les contraires s'attirent» et «qui se ressemble s'assemble» ou «tel père, tel fils» et «à père avare, fils prodigue»!

c) «Le sens commun ne pose aucun problème ni théorique ni méthodologique puisqu'il considère ses postulats et ses méthodes comme allant de soi[21]». La science pour sa part cherche sans cesse à dépasser les limites du sens commun.

L'importance de rompre avec le sens commun pour celui qui utilise les méthodes de recherche des sciences sociales est d'autant plus grande que très souvent on reproche aux spécialistes des sciences sociales de s'acharner à démontrer des «évidences». Cela tient au fait que l'individu moyen réussit toujours finalement à trouver une réponse lui permettant d'expliquer une situation et que cette réponse ou solution lui apparaît naturellement relever de l'évidence. C'est ainsi que le résultat d'une enquête scientifique peut également lui paraître évident et l'amener à penser que cela ne vaut pas la peine de se donner tant de mal pour découvrir ce que tout le monde sait déjà.

Pour illustrer davantage cette impression que tout est évident, voici un cas rapporté par Cot et Mounier. Au lendemain de l'armistice lors de la Deuxième Guerre mondiale, Paul Lazarsfeld a mené une enquête auprès des soldats américains stationnés en Allemagne et voici quelques-unes des conclusions de son étude de même que des commentaires que la plupart des lecteurs auraient pu faire suite à chacune de ces conclusions:

1) Les individus les plus instruits présentent plus de symptômes psychonévrotiques que ceux qui ont un faible niveau d'instruction.

La réaction face à cette proposition pourrait être la suivante: comme on a souvent remarqué l'instabilité mentale de l'intellectuel par rapport à la psychologie moins sensible de l'homme de la rue, il est évident qu'il est plus enclin à des dérèglements psychiques après une guerre.

2) Les soldats originaires du sud des États-Unis supportent mieux le climat chaud des îles du Pacifique que les soldats du nord.

À cela, on pourrait répondre qu'il est bien évident que les habitants du sud des États-Unis sont plus habitués à la chaleur que ceux du nord.

3) Les soldats américains étaient plus impatients d'être rapatriés pendant que l'on combattait qu'après la reddition allemande.

Cela va de soi, on ne peut blâmer les gens d'avoir envie de sauver leur peau.

Voilà donc trois propositions que le bon sens aurait permis de découvrir sans qu'il soit nécessaire de mener une enquête coûteuse et compliquée, sans doute. Laissons toutefois à Cot et Mounier le soin de conclure leur propre illustration : « On pourrait en effet se passer de l'enquête dans ce cas à un détail près : *chacune de ces propositions énonce exactement le contraire des résultats réels de l'enquête.* L'étude montre en effet que les soldats les moins instruits étaient les plus sujets aux névroses, que les habitants du sud ne s'adaptaient pas mieux au climat tropical qui est chaud mais très différent du leur, que les soldats du nord, que l'inaction après l'armistice était plus pesante que le danger du combat, etc. Il est certain que si nous avions donné d'abord les vrais résultats de l'enquête, ils auraient paru tout aussi "évidents". La seule chose évidente c'est qu'il faut se méfier de l'évidence. Le bons sens a toujours une réponse prête et plausible pour toutes les situations, même les plus contradictoires. (...) Le recours aux techniques sociologiques, aux statistiques notamment, permet de couper court à ces jugements évidents et de montrer leur évidente fausseté. Cela permet, si l'on préfère, de "désenchanter" le sens commun, tant il est vrai qu'avoir l'impression de tout savoir, d'avoir "réponse à tout" est véritablement "enchanteur"[22] ».

La démarche scientifique se distingue donc de l'approche basée sur le sens commun. On reconnaît cette dernière approche par les explications spontanées qu'elle offre et qui se traduisent à travers des formules où les affirmations sont présentées comme indiscutables. Ce sont les formules telles que « il-est-évident-que », « cela-va-de-soi », « tout-le-monde-sait-bien-que », « il-est-bien-certain-que », etc. En définitive, l'approche basée sur le sens commun résulte du fait que chacun peut donner une explication spontanée de ses pratiques et de celles qu'il observe chez les autres mais sans toutefois soumettre ces explications à des vérifications rigoureuses.

On peut ajouter un deuxième exemple pour bien faire saisir ce qu'on entend par l'approche basée sur le sens commun. Nous nous référons ici à une critique qui a été faite au livre vert sur l'enseignement primaire et secondaire au Québec[23]. Elle portait sur le fait qu'on se soit basé en grande partie sur l'opinion et le sens commun des gens, à l'exclusion de toute analyse scientifique, pour élaborer le livre vert comme en témoignent les paroles du ministre : « nous avons voulu partir modestement du vécu quotidien et de ce que disent les gens, plutôt que de grandes théories pédagogiques(...)[24] ». Or, l'auteur veut nous mettre en garde contre cette approche fondée principalement sur l'opinion et le bon sens, et pour faire sa démonstration, il utilise les résultats du projet de recherche ASOPE[25].

Un questionnaire adressé à des enseignants révèle que 66,8% d'entre eux (sur un échantillon de 1 222 enseignants francophones du secondaire en 1971-1972) sont d'avis qu'un fils d'ouvrier a, de façon générale, autant de chances de poursuivre ses études jusqu'à l'université qu'un fils de professionnel. Si l'on en croit l'opinion majoritaire des enseignants, il n'y aurait pas par conséquent d'inégalités sociales dans le système scolaire. Or, des données puisées dans la même recherche montrent que 9% des fils ou filles d'ouvriers en secondaire V se rendent à l'université alors que ce pourcentage s'élève à 44% pour les fils ou filles de cadres supérieurs et de professionnels. Appuyant sa démonstration sur d'autres résultats de la même recherche, l'auteur établit clairement l'existence d'inégalités scolaires et met en relief le fait que l'opinion des enseignants ne rend pas compte de façon exacte de la réalité et qu'elle ne permet pas non plus de comprendre cette réalité. C'est pourquoi selon l'auteur, il faut se méfier du sens commun et être prudent face aux politiques qui pourraient découler d'une telle argumentation.

Jusqu'à présent nous avons parlé de rupture par rapport aux données du sens commun et établi le parallèle entre la démarche que nous propose la science et celle qui caractérise le sens commun.

L'étape de la rupture pour le chercheur en sciences sociales implique encore davantage. Elle suppose qu'il puisse prendre une distance par rapport à d'autres modes d'analyse qui commandent une vision systématique mais bien particulière de la réalité (par exemple une autre discipline) ou par rapport à d'autres façons d'interpréter la réalité qu'on pourrait qualifier d'approches normatives.

Ainsi, pour citer un exemple du premier cas, le spécialiste en sciences sociales se trouve souvent aux prises avec l'interprétation psychologique de la réalité humaine; ce mode d'analyse suggère finalement que les ressorts fondamentaux permettant d'expliquer les phénomènes humains résident dans les structures de la personnalité. Sans poser quelque jugement que ce soit sur cette interprétation, le chercheur en sciences sociales doit pouvoir s'en détacher s'il veut mettre l'accent sur les aspects sociaux et collectifs permettant d'expliquer la réalité. Ainsi, comme l'a fait remarquer Durkheim[26], on peut chercher à expliquer le suicide en partant des motivations internes et personnelles de l'individu, en référant au caractère privé et intime de ce geste. Par ailleurs, on peut aussi voir dans le suicide un phénomène social puisque, comme l'a démontré l'auteur, le taux de suicide varie d'une société à l'autre, d'un groupe religieux à l'autre; de plus, le taux de suicide a tendance à varier aussi selon la conjoncture économique et les périodes de crise ou de stabilité politique. L'explication amenée par l'auteur se résume ainsi: le taux de suicide diminue dans la mesure où les personnes sont intégrées à des ensembles sociaux ou à des collectivités par des liens forts et constants. Il a par ailleurs tendance à croître lorsque le contrôle social s'affaiblit.

Pour en arriver à fournir cette explication sociologique du suicide, Émile Durkheim a dû prendre une certaine distance par rapport à l'approche psychologique qui elle se centre sur le suicide comme acte individuel. Les deux approches, quoique complémentaires, réfèrent à des niveaux d'analyse différents : « chacun se suicide pour des raisons individuelles qu'un psychologue ou un psychiatre peut analyser ; mais en même temps, la constance et la variation du volume des suicides révèlent un ordre qui appelle un autre type d'explication ou à tout le moins une explication complémentaire qui, sans invalider l'explication psychologique de chaque suicide, la complète à un autre niveau d'analyse »[27].

Ainsi, bien que l'on soit habituellement amené à rechercher spontanément dans les structures de la personnalité des explications à un fait comme le suicide, le spécialiste en sciences sociales doit pouvoir rompre avec cette approche psychologique s'il veut rendre compte de la dimension également sociale de ce phénomène, c'est-à-dire l'appréhender comme un fait qui s'explique à partir de la structure et du fonctionnement des sociétés.

Sensibiliser les spécialistes des sciences de l'éducation à l'approche des sciences sociales implique qu'ils puissent prendre conscience de l'importance qui est habituellement accordée à la psychologie dans l'interprétation des phénomènes d'éducation, au détriment de leur inscription sociale, et qu'ils puissent se distancier par rapport à ce mode d'explication familier peut-être, mais incomplet sans l'éclairage spécifique que les sciences sociales peuvent apporter à l'étude des problèmes d'éducation.

Enfin, le chercheur en sciences sociales doit pouvoir distinguer sa démarche de celle que propose l'approche normative. En gros cette approche consiste à porter un jugement moral, un jugement de valeur sur la réalité, à évaluer un événement, un comportement à partir de catégories telles que le bien, le mal, le normal, l'anormal, ou à dire que tel événement ou tel geste est heureux, malheureux, juste, malsain, etc.

Même s'il n'est pas possible pour celui qui utilise la démarche scientifique d'être complètement neutre, car le chercheur ne peut pas s'évacuer comme sujet social, il faut néanmoins souligner que la préoccupation centrale de ce dernier est d'observer et d'expliquer le réel, alors que celui qui aborde la réalité d'un point de vue normatif aura comme souci d'évaluer ou d'apprécier cette réalité en fonction de certaines valeurs[28]. Une façon schématique de résumer ces distinctions consiste à dire que, dans la démarche scientifique, on vise à décrire « *ce qui est* », on veut découvrir *le réel*, alors que dans l'approche normative on cherche à exprimer « *ce qui doit être* » ou « *ce qui devrait être* », ou à promouvoir un *idéal*.

Prenons quelques exemples. Les résultats d'analyses scientifiques pourraient indiquer que telle société est composée de diverses classes sociales ou que tel pourcentage d'étudiants qui sortent des universités sont chômeurs, ou que tel pourcentage des jeunes de milieux défavorisés ne réussissent pas à l'école. De telles analyses auraient pour objectifs la description et l'explication de la réalité. Vues dans la perspective normative, les conclusions seraient plutôt énoncées comme ceci : il faudrait éliminer les classes sociales dans telle société ; il est malheureux que des finissants d'université se retrouvent sans travail ; il est inadmissible qu'il n'y ait pas plus de jeunes de milieux défavorisés qui réussissent à l'école, il faudrait par conséquent améliorer leurs chances de succès. Dans cette dernière façon de voir les choses, on se centre sur l'idéal à atteindre, sur les valeurs à poursuivre.

La rupture comme étape fondamentale de l'approche scientifique implique donc que le chercheur puisse distinguer clairement les aspects empiriques et idéologiques (normatifs) de sa démarche, et indiquer ses biais idéologiques ou moraux (pour situer le consommateur de recherche), compte tenu de l'impossibilité pour le chercheur d'atteindre la neutralité (nous y reviendrons plus loin).

Sciences physiques et sciences sociales

Comme nous l'avons déjà mentionné dans la première partie, le processus général de recherche scientifique en sciences physiques ou en sciences sociales repose fondamentalement sur une même série d'opérations. Toute recherche scientifique implique : 1) des mesures pour prendre distance par rapport au sens commun, aux traditions et aux connaissances admises et acquises ; 2) des activités destinées à définir le problème, à préciser les concepts, à formuler les hypothèses et à dresser le plan d'observation ; 3) des opérations d'observation de la réalité.

Ce rappel étant fait, nous n'insisterons pas davantage sur ces points de ressemblance entre sciences physiques et sciences sociales. Au contraire cette section cherchera à mettre en évidence quelques-unes des principales différences entre ces deux ensembles. Pour les fins de ce chapitre d'introduction aux méthodes de recherche en sciences sociales, nous nous attarderons aux trois points suivants : 1) les différences concernant la signification de l'objet ; 2) les différences au niveau de l'expérimentation ; 3) celles touchant la nature des relations entre les phénomènes.

La signification de l'objet

Une des différences importantes entre les sciences physiques et les sciences sociales concerne l'objet sur lequel porte la réflexion.

C'est Durkheim qui disait qu'on devait traiter les faits sociaux comme des choses[29]; mais en faisant cette affirmation, il oubliait que les faits humains, contrairement aux objets physiques, présentent des particularités dont il faut tenir compte.

En effet, l'objet d'étude en sciences sociales a ceci de particulier qu'il a une double signification[30]. L'objet a d'abord la signification que lui attribue l'acteur. Tout individu accorde une signification aux gestes qu'il pose quotidiennement ou aux comportements de ceux qui l'entourent. Ces mêmes gestes et comportements, quand ils sont objets d'étude, se voient par surcroît attribuer une autre signification: celle que le chercheur ou l'observateur leur donne, en fonction de ses choix conceptuels, de ses théories et hypothèses.

Ainsi, l'anthropologue ou le sociologue qui observent les agissements d'un groupe d'individus interprètent leurs façons d'agir à la lumière de certains modèles, de certaines théories et hypothèses et il est possible que cette interprétation soit différente de celle qui est donnée par les acteurs eux-mêmes. Ce problème de la double signification de l'objet ne se présente pas dans les sciences physiques puisque, dans ce cas, l'objet n'a de signification que celle que lui donne le chercheur[31].

Le problème auquel est confronté le spécialiste des sciences sociales en est un de taille puisqu'à travers cette difficulté, c'est la question de l'objectivité du chercheur qui est en cause. Faire une lecture objective de la réalité, c'est rendre compte de cette réalité telle qu'elle est. L'observateur en sciences sociales cherche à rendre compte de la signification que l'acteur donne à ses conduites et pour le chercheur, l'objectivité signifiera l'adéquation entre la signification qu'il attribue à la réalité et celle que lui donne l'acteur.

Le problème de la double signification de l'objet en sciences humaines nous ramène avec plus d'acuité à la question de la prise de distance par rapport au vécu antérieur et aux connaissances acquises. C'est ainsi que pour rendre compte de la réalité telle qu'elle est et mettre à jour la signification donnée par les acteurs sociaux à leurs conduites, l'observateur en sciences sociales doit être particulièrement vigilant et critique face à ses prises de position personnelles.

L'observateur ne peut toutefois jamais se départir totalement de ses biais: il a été socialisé à certaines manières de penser, de sentir et d'agir, il vit dans un univers culturel déterminé, il adhère à certaines valeurs et idéologies. De par son appartenance à un milieu, de par son éducation, de par son adhésion à certaines valeurs et son rapport à la connaissance, l'observateur interprète à sa manière le monde qui l'entoure et c'est à travers cette grille (c'est-à-dire ses biais, ses préjugés, ses valeurs) qu'il cherchera à découvrir le sens des gestes posés par d'autres êtres humains. Ainsi, le chercheur est-il toujours culturellement et socialement conditionné et l'attitude la plus objective, comme l'affirme Keniston, consiste à énoncer clairement ses options personnelles : «Pour ma part, je suis convaincu que la stratégie la plus réellement scientifique dans l'étude de l'homme, consiste dans un effort constant pour prendre conscience de nos propres motivations et préconceptions et les formuler explicitement, et que les plus objectifs parmi ceux qui étudient la société sont ceux dont les valeurs personnelles sont énoncées de la façon la plus nette et non ceux qui prétendent que, "en tant qu'hommes de science", il ne cultiveraient pas de valeurs»[32].

On s'entend donc pour dire que le chercheur en sciences humaines (tout comme celui en sciences naturelles d'ailleurs) ne peut maintenir de neutralité à cause de ses orientations idéologiques et de ses valeurs personnelles, mais aussi parce que les techniques et instruments qu'il utilise pour recueillir ses données «sont non seulement susceptibles de camoufler des idéologies, mais plus innocemment encore, de traduire des présupposés, de découper à l'avance la réalité, donc, d'être inspirées par les à priori qu'elles sont chargées de combattre»[33].

Cela étant dit, le chercheur en sciences sociales doit pouvoir se donner certains points de repère afin de prendre du recul par rapport à ses propres valeurs. À cet égard, on peut rappeler la distinction que faisait Max Weber entre jugement de valeur et jugement de fait, distinction sans doute critiquable mais qui a l'avantage de suggérer une première différenciation au niveau du discours. Ainsi, un jugement de fait (ou jugement de réalité) sert à exprimer des faits, à décrire les rapports entre des faits, alors qu'un jugement de valeur indique la qualité que l'on attribue à un fait : «Je porte un jugement de réalité lorsque je dis que des événements se sont passés de telle ou telle façon et qu'ils ont été provoqués par tel ensemble de facteurs. Par contre, les jugements de valeur concernent les qualités des choses ou le prix qu'on leur attribue»[34].

Faire un jugement de réalité peut vouloir dire par exemple que, pour comprendre le comportement d'un individu dans un univers culturel donné, l'observateur doit le faire en se plaçant dans le système de valeur de l'observé et éviter ainsi de porter un jugement qui découle de ses propres positions idéologiques, de ses idées morales, philosophiques ou esthétiques.

Cette distinction qui n'est pas toujours facile à faire dans le concret nous apparaît utile à conserver à l'esprit, particulièrement pour le spécialiste des sciences de l'éducation, souvent perçus comme les gardiens des valeurs dominantes de la société.

L'expérimentation

Une autre différence entre sciences sociales et sciences physiques se situe au niveau de la méthode utilisée pour faire la vérification des hypothèses. Une des étapes du processus de recherche scientifique consiste à vérifier dans les faits les hypothèses qui ont été élaborées lors des opérations de construction de la recherche. Cette vérification consiste à examiner dans la réalité si les rapports présumés entre deux ou plusieurs facteurs sont vrais ou faux : est-il vrai que A produit B? Que X entraîne Y? Que le niveau culturel de la famille fait varier les aspirations scolaires des jeunes? Que la pauvreté engendre la délinquance? Que les commentaires des professeurs améliorent le rendement des étudiants? etc. Or, faire cette vérification revient essentiellement à chercher un «rapport de causalité»[35] au sens large du terme entre les deux éléments de la relation, A et B, X et Y, le niveau culturel de la famille et les aspirations scolaires, la pauvreté et la délinquance, les commentaires des professeurs et le rendement des étudiants, tout en s'assurant que d'autres facteurs ne sont pas responsables de la présence ou de l'absence de lien de «causalité». Cette vérification s'effectue à l'étape de l'expérimentation : «L'expérimentation est une ''observation contrôlée''. Lorsque l'observation simple ne révèle pas la liaison des causes et des effets, l'observateur a recours à la manipulation, c'est-à-dire qu'il modifie un élément sur le terrain d'observation et enregistre les conséquences de ce changement. Par là, l'observateur devient un expérimentateur»[36].

Mais pour établir ces «rapports de causalité», l'observateur en sciences sociales éprouve des difficultés, qui sont quasi absentes dans les sciences physiques, à l'effet qu'il ne peut manipuler à volonté les éléments de la situation : «Pour établir des rapports de causalité entre faits sociaux, le sociologue ne peut agir lui-même sur les faits sociaux. Le chimiste peut provoquer des réactions en éprouvette, le sociologue, comme l'astronome, ne peut qu'observer sans provoquer de situation de laboratoire. Cela ne veut pas dire que la science sociologique soit moins expérimentale qu'une autre, ce sont les moyens de l'exprimer qui diffèrent[37]».

Les sciences sociales ont pour objet des phénomènes collectifs et en raison de leur caractère très complexe, il devient très difficile d'expérimenter sur ces objets. Ainsi, il n'est pas possible d'étudier une collectivité en laboratoire à cause du grand nombre de facteurs ou de «variables à contrôler[38]». Et même lorsqu'on réussit à faire vivre des expériences bien circonscrites à un ensemble d'individus, en prenant soin de contrôler les différents facteurs pouvant expliquer leurs comportements, la possibilité demeure grande que leurs conduites soient influencées par la situation expérimentale elle-même[39]. Donc, comme en sciences sociales on peut difficilement manipuler les comportements des individus, on les étudie après coup, une fois qu'ils ont été vécus et on essaie par la suite d'examiner les facteurs possibles d'explication de ces conduites : « Dès qu'il s'agit de phénomènes collectifs, comme en sociologie, en économie, en linguistique et en démographie, l'expérimentation au sens strict, c'est-à-dire en tant que modification des phénomènes avec variations libres de facteurs, est naturellement impossible et ne peut qu'être remplacée par une observation systématique utilisant les variations de fait en les analysant de façon fonctionnelle[40]».

Donc, de façon générale, on peut «provoquer» des expérimentations en sciences physiques (sauf en géologie et en astronomie) alors qu'en sciences sociales on travaille à partir de variations accomplies, de comportements réalisés. Le physicien peut étudier en laboratoire la dilatation des métaux en contrôlant les différents facteurs susceptibles d'expliquer le phénomène. Par contre, celui qui s'intéresse à l'échec scolaire ne peut créer un cadre artificiel pour étudier ce phénomène chez un groupe de jeunes. Ce n'est qu'après coup (*ex post facto*), que l'on peut chercher à identifier les facteurs d'explication de l'échec scolaire. C'est pourquoi on peut dire qu'en sciences sociales «l'expérimentation se ramène alors pratiquement à une observation systématique des résultats»[41].

Le type de relation

Il existe une autre différence entre les sciences physiques et les sciences humaines qu'il nous faut souligner, à savoir la nature des relations qui se dégagent de ces deux démarches scientifiques.

Nous avons dit précédemment que la troisième étape du processus de recherche scientifique consistait à vérifier les liens entre deux ou plusieurs variables, liens établis au moment de la formulation des hypothèses et déduits du cadre théorique. En définitive, procéder à la vérification signifie qu'il faut faire la preuve que A produit B, que C entraîne D ou que x implique y selon telle ou telle condition. Cependant, la nature des liens qui se dégagent de cette vérification varie selon qu'il s'agit des sciences physiques ou des sciences humaines.

En sciences humaines, le type de relations ou de généralisations sera de nature *statistique* ou *probabiliste* alors qu'en sciences physiques on pourra parler de relations *causales*. Ainsi les résultats d'une enquête pourront nous révéler que les jeunes de milieux défavorisés ont x chances sur 100 d'échouer ou d'abandonner l'école alors que le physicien pourra affirmer que chaque fois qu'on abaisse la température au-dessous du point de congélation, toute masse d'eau se solidifie. Dans le premier exemple, on parle en termes de probabilité, dans le second, en termes de causalité.

Pourquoi en est-il ainsi? C'est que les comportements physiques ou chimiques sont uniformes au sens où, sous les mêmes conditions, ils se présentent toujours de la même façon. Et c'est ce qui rend possible l'élaboration de lois, c'est-à-dire de formules qui énoncent des rapports constants entre des phénomènes et qui s'appliquent à l'universalité des cas. Ainsi, en sciences physiques, la loi repose sur une liaison de causalité totale et permanente : si le phénomène A se produit, alors, et dans toutes les circonstances couvertes par la loi, il sera suivi de l'apparition du phénomène B.

De leur côté, les sciences humaines ne rencontrent que très rarement ce genre de liaison et évoluent en règle générale dans le domaine des probabilités : lorsque A est constaté, B l'accompagne en général. On explique ce caractère probabiliste des relations en sciences humaines, et en particulier en sciences sociales, à partir des raisons suivantes, que rappelle Nagel : 1) en sciences humaines, l'objet est très complexe et l'on est incapable de déterminer les conditions précises dont dépendent invariablement les différents types de comportements ; 2) il y a dans la détermination de la conduite humaine une certaine part de liberté, de spontanéité, de créativité et de conditionnement inconscient qui réduit la possibilité de prévoir le comportement humain de façon complète ou de l'expliquer par des lois[42].

Si en général, en sciences sociales, on ne peut parler qu'en termes de probabilités, cela signifie que d'une relation (ou corrélation) constatée entre deux phénomènes (ou variables) on ne pourra faire de prédiction pour un cas isolé : «Une corrélation ne peut être interprétée que comme une *probabilité*; non une certitude; elle n'a de *valeur prédictive* que par rapport à une *population*, non par rapport à un cas particulier (s'il existe un lien entre voter pour le parti X et l'appartenance à telle classe, il est probable qu'une circonscription présentant un fort pourcentage de membres de cette classe votera *proportionnellement plus* pour le parti X qu'une autre, mais il est impossible de dire comment votera tel électeur nommément désigné)»[43].

Il découle de ce qui précède qu'on ne pourra pas prédire si l'individu X, provenant d'un milieu pauvre, ira ou non à l'université de même qu'il sera impossible d'infirmer la relation directe entre classe sociale et accès à l'université (relation faisant pratiquement l'objet d'un consensus chez les chercheurs), parce que l'individu X, de milieu défavorisé, fréquente l'université.

Pour conclure cette partie, signalons que nous n'avons pas voulu faire la synthèse des points de divergence entre sciences physiques et sciences sociales mais plutôt insister sur ceux qui nous apparaissent les plus frappants. Dans la dernière partie de ce chapitre, nous chercherons à familiariser le lecteur avec les différents modes selon lesquels les chercheurs en sciences sociales présentent leurs résultats de recherche. Nous tenterons aussi de préciser certains critères permettant de juger de la valeur scientifique de ces présentations.

Compréhension et évaluation des résultats de recherche

La dernière partie de ce chapitre vise à rendre l'éventuel consommateur de recherche capable de comprendre les résultats des recherches et d'évaluer leur portée scientifique. Dans cette optique, le non-initié doit savoir sous quelle forme les résultats de recherche peuvent apparaître. Nous parlerons donc brièvement dans un premier temps de types de recherche. En second lieu, nous fournirons au lecteur quelques points de repère pour lui permettre d'estimer la valeur scientifique des résultats de recherche. Enfin, le troisième point portera sur la lecture d'un tableau statistique.

Types de recherche

L'objectif de ce court développement n'est pas de présenter une vue exhaustive des types de recherche ou des nombreux modes de classification des recherches, mais bien de fournir une brève description du genre de recherche que le spécialiste en sciences de l'éducation est susceptible de rencontrer couramment.

Il existe bien des façons de classifier les types de recherche. Ainsi, on distingue généralement les recherches appliquées (c'est-à-dire celles qui sont tournées vers l'action) des recherches fondamentales (c'est-à-dire celles qui visent avant tout à faire avancer les connaissances). On peut classer les recherches selon qu'elles ont pour but de décrire, d'explorer ou d'expliquer la réalité; on peut aussi les regrouper selon leurs méthodes. Enfin, si les classifications sont nombreuses, nous nous limiterons dans le cadre de ce texte à faire la distinction entre les recherches théoriques et les recherches empiriques, tout en soulignant que ces dernières peuvent faire appel à des observations autant quantitatives que qualitatives.

La distinction entre recherche théorique et recherche empirique tient compte des étapes qui sont franchies dans le processus général de recherche.

Recherches théoriques

Dans un premier temps, on peut identifier les recherches de type *théorique*, c'est-à-dire celles qui mettent l'accent au niveau de la conceptualisation. Dans cette forme de recherche, la préoccupation constante est d'en arriver à une construction théorique organisée en précisant le sens de certains concepts et en les intégrant à un ensemble théorique cohérent. L'analyse conceptuelle est souvent le terme utilisé pour désigner ce genre de recherche. Les travaux de base de Pierre Dandurand sur l'éducation et le pouvoir constituent un exemple assez conforme de ce qu'on appelle une analyse conceptuelle (voir chapitre 12).

Si ces analyses conceptuelles mettent d'abord l'accent sur l'étape de la construction théorique, il arrive cependant que dans certains cas on puisse faire appel à des données empiriques pour appuyer la démonstration logique : bien souvent on fera appel à des indices, à des données factuelles qui n'ont pas nécessairement fait l'objet d'une cueillette systématique ; on pourra aussi se servir des résultats des travaux d'autres chercheurs afin d'appuyer l'argumentation théorique[44]. Disons en terminant que si l'analyse conceptuelle insiste principalement sur la construction théorique pour expliquer la réalité, elle peut aussi donner lieu à une vérification systématique.

Recherches « empiriques »

En second lieu, il faut parler des recherches qui mettent l'accent sur la phase de la vérification empirique. La plupart du temps ces recherches empruntent aux études théoriques des modèles qu'elles cherchent à mettre à l'épreuve en les confrontant à des données concrètes. En ce sens, les recherches « empiriques » et les recherches théoriques sont complémentaires.

Il importe de souligner ici que les études dites « empiriques » comprennent l'ensemble des opérations de recherche que nous avons décrites auparavant, c'est-à-dire les opérations de rupture, de construction théorique (que le modèle utilisé soit emprunté ou non) et de vérification. C'est faute d'une expression plus adéquate que nous utilisons le terme « empirique ». Le lecteur comprendra ici qu'il ne faut pas confondre ce type de recherche avec la « tradition empiriste » dans les sciences sociales qui a eu comme conséquence de *réduire* la recherche aux strictes opérations d'expérimentation ou de vérification et d'isoler un moment de la recherche[45].

Par ailleurs, quand on parle de vérification, il faut éviter de confondre cette opération avec la cueillette d'information strictement quantitative. Certains courants de recherche ont eu tendance dans le passé à ne considérer comme scientifiques que les travaux conduisant à la mesure quantitative des faits observés. Ces excès ont suscité des critiques assez virulentes, en particulier celles de Sorokin qui, à la fin des années 1950, taxait les sciences sociales de verser dans la «quantophrénie» et la «numérologie» : «Un nombre sans cesse croissant d'études ''quanto ou métrophréniques'' sont publiées dans les revues spécialisées. Pour les maniaques de la quantification, seuls les articles comportant des mensurations sont valables scientifiquement. Toute étude quantitative est regardée comme un signe du progrès des sciences sociales vers une phase ''objective'', ''exacte'' et ''mathématique'' de leur développement et vers une maturité approchant celle des sciences physiques (...). Le prestige de la recherche réellement quantitative (...) est tel qu'un nombre sans cesse croissant de chercheurs considèrent que la recherche quantitative en psycho-sociologie est la seule valable scientifiquement et que toutes les études non quantitatives relèvent ou bien des ''philosophies de cabinet'' ou de la spéculation subjective, ou mieux encore de l'exercice littéraire inexact, superficiel et invérifiable[46]».

Depuis cette vigoureuse dénonciation, il faut avouer que la recherche qualitative a repris graduellement un statut de recherche scientifique. Les recherches qualitatives mettent l'accent sur des techniques d'observation comme l'entretien, l'étude de cas, l'observation participante, l'étude de documents, etc., et visent à comprendre les phénomènes sociaux et la conduite humaine en amenant l'observateur à se mêler à la vie des gens et à comprendre le milieu étudié par une vision intérieure du phénomène. Selon cette approche, on ne peut se contenter d'étudier les individus comme des objets, il faut au contraire explorer leur univers de l'intérieur : «Le chercheur doit s'efforcer de comprendre la réalité des gens qu'il étudie, telle que ceux-ci peuvent la concevoir»[47].

En définitive, les méthodologies quantitative et qualitative apparaissent davantage complémentaires : «Si la force de la méthodologie quantitative réside dans sa possibilité de dénombrer les phénomènes, celle de la méthodologie qualitative pourrait provenir de sa capacité à explorer et à mettre en lumière les mécanismes de fonctionnement sous-jacents aux conduites sociales»[48].

On peut toutefois examiner plus en détail les circonstances différentes dans lesquelles chacune de ces approches est utilisée[49] :
a) L'observation qualitative est utilisée :
— pour l'étude d'un phénomène unique (monographie d'une école, par exemple);

— pour l'étude de phénomènes complexes qu'une présentation sous forme d'indicateurs quantifiés risquerait de réduire à leurs dimensions les plus superficielles (la statistique n'exprimant pas la complexité de la réalité);

— pour préparer une observation quantitative, c'est-à-dire la recherche des hypothèses par une étude qui s'attache à la présence ou à l'absence d'une caractéristique (non à sa fréquence d'apparition), qui envisage tous les aspects d'une même situation;

— pour préparer une généralisation à partir de l'analyse approfondie d'une situation plutôt que de la constatation de régularités dans de nombreux cas (étude des répercussions du chômage dans quelques familles, par exemple).

b) L'observation quantitative est utilisée:

— pour compléter, vérifier des impressions subjectives par des données précises;

— pour comparer entre elles des situations qui diffèrent par certains caractères objectifs;

— pour donner une formulation objective et comparable à certains concepts, notamment ceux qui font implicitement allusion à un phénomène susceptible de graduation (par exemple quand on veut mesurer le degré de libéralisme ou d'aliénation chez des individus);

— dans tous les cas où une généralisation statistique paraît possible (dans les sondages, par exemple).

Disons en terminant cette section que si l'approche qualitative considère l'intensité des phénomènes, la recherche quantitative de son côté se préoccupe de l'extension des phénomènes. Toutefois «ces oppositions entre qualité et quantité, intensité et extension, ne sont pas aussi irréductibles qu'autrefois puisque nous pouvons retrouver ces différentes caractéristiques dans une même étude. Tout est question de degré: certaines sont plus quantitatives que qualitatives»[50].

Quelle que soit leur forme, les recherches en sciences sociales sont soumises à la même nécessité: la rigueur scientifique. Nous allons maintenant présenter quelques critères permettant d'évaluer cette rigueur scientifique.

Critères de rigueur scientifique

À quels points de repère peut-on se référer lorsqu'on veut établir la valeur scientifique d'une recherche? La réponse à cette question n'est sûrement pas simple. Nous nous proposons ici de fournir un certain nombre de critères pour guider le consommateur de recherche dans cette opération d'évaluation, prévenant d'avance le lecteur du caractère très schématique et limité de cet exposé.

On peut en arriver à déterminer la valeur d'une recherche en examinant dans quelle mesure elle a été conduite avec rigueur, c'est-à-dire en suivant les règles de la méthode scientifique. Le consommateur de recherche doit pouvoir évaluer si le chercheur a respecté les différentes étapes et exigences du processus de recherche scientifique et se poser un certain nombre de questions du type suivant : «Comment les chercheurs en arrivent-ils à définir les termes qu'ils emploient? Parlent-ils tous des mêmes choses ou utilisent-ils les mêmes mots pour désigner des phénomènes différents? Les faits recueillis se rapportent-ils au problème? Y a-t-il des sources évidentes de partialité dans la façon de recueillir les données? Trouve-t-on dans ces études des conditions particulières qui pourraient expliquer les différences dans les résultats[51]?».

De plus, la rigueur scientifique d'une recherche doit pouvoir s'établir en évaluant la conformité de la démarche du chercheur par rapport à un certain nombre de critères, dont voici un bref aperçu.

La vérification publique

Toute recherche doit avoir un caractère accessible et vérifiable. Ceci implique que le chercheur puisse mettre à la disposition du public toutes les informations nécessaires à la compréhension de la méthode utilisée. Autrement dit, l'information doit être suffisamment détaillée pour permettre à une autre personne de refaire exactement la même étude. Et les résultats d'une étude sont fiables[52] si la répétition de cette étude par un autre chercheur avec le même instrument, et à l'intérieur d'une période de temps limitée, aboutit aux mêmes conclusions.

La vérification publique suppose en plus que l'on examine jusqu'à quel point les résultats d'une recherche sont convergents par rapport aux travaux antérieurs, la convergence étant un indice de la crédibilité que l'on peut accorder aux résultats. Lorsque les résultats de recherches différentes s'opposent, il faut examiner les facteurs susceptibles d'expliquer ces divergences. Il peut s'agir de problèmes qui ont surgi à l'une ou l'autre des étapes de la recherche. Par ailleurs, la non-convergence entre les conclusions d'une recherche et les études antérieures peut aussi signifier que l'on vient de faire une découverte et que des études supplémentaires sont nécessaires pour confirmer ou non cette nouvelle piste.

Sûreté

La question de la sûreté réfère au degré de confirmation des résultats d'une recherche. Avant de déclarer que les conclusions d'une recherche sont sûres, il faut répondre adéquatement à un certain nombre d'interrogations. Est-ce que les relations observées sont accidentelles ou réelles?

A-t-on suffisamment contrôlé les variables susceptibles d'intervenir dans les relations étudiées? A-t-on un minimum de certitude que l'on a bien cerné les facteurs susceptibles d'influencer les phénomènes à l'étude et que les variables prises en compte ne traduisent pas des influences de source inconnue?

Validité

La validité est une des qualités importantes de toute recherche. Elle peut s'appliquer à l'élaboration théorique tout comme à la construction d'un instrument de mesure. Dans le premier cas, on réfère à la logique et à la cohérence interne qui accompagnent une construction théorique. Cela revient à se demander si l'énoncé des propositions théoriques, la définition des concepts, la formulation des relations entre les concepts répondent à un critère logique ou résistent à une interrogation logique serrée. Un modèle théorique comportant des contradictions ou des contresens ne répondrait sûrement pas à ce critère de validité interne. Il importe donc que dans un système théorique, il y ait cohérence interne, c'est-à-dire que les divers éléments soient compatibles entre eux et par rapport à l'ensemble.

Dans le second cas, la validité d'un instrument de mesure renvoie à son aptitude à mesurer ce qu'il est censé mesurer. Le problème d'établir la validité d'un instrument survient principalement lorsque l'on veut mesurer concrètement des concepts théoriques : déterminer dans quelle mesure la définition opératoire du concept mesure bien ce concept. On décèle des problèmes de validité dans une recherche lorsque, par exemple, des sujets différents interprètent différemment les questions posées. Si par ailleurs on a des raisons de croire que des répondants à un questionnaire donnent des réponses différentes de celles qu'ils auraient normalement données, on peut s'interroger sur la validité de cet instrument.

Clarté et précision

Un travail scientifique doit pouvoir répondre à un critère de clarté et de précision. Si le processus de recherche scientifique repose sur l'observation de la réalité, il est important de souligner que cette observation ne se fait pas au hasard et doit pouvoir être vérifiée et contrôlée. C'est pourquoi le chercheur doit élaborer une position claire et précise de son problème de recherche[53], c'est-à-dire qu'il doit définir l'univers à l'intérieur duquel il entreprend ses observations, délimiter les frontières de son étude, spécifier et circonscrire le phénomène à l'étude ainsi que les variables qui l'influencent. De plus, le chercheur doit être en mesure de situer ses observations par rapport à un modèle théorique cohérent où les concepts et hypothèses sont clairement énoncés. Toute étude ne répondant pas de façon adéquate à ces exigences doit pouvoir faire l'objet d'une remise en question systématique.

En conclusion, disons que ces quelques critères ne constituent pas un ensemble de recettes, ni une façon absolue pour établir définitivement la valeur scientifique d'une recherche et qu'il y aurait sans doute lieu d'élaborer des critères plus détaillés et plus nombreux. Cependant, il faut considérer ceux que nous avons présentés comme des indices susceptibles de guider notre jugement sur la valeur d'une recherche, tout en gardant à l'esprit que la meilleure attitude devant les résultats d'une recherche, c'est de conserver un esprit critique et de demeurer vigilant face aux erreurs ou biais systématiques possibles.

Lecture d'un tableau statistique

Comme il arrive souvent que les résultats de recherche se présentent sous forme de tableaux statistiques, voici en terminant ce chapitre, un certain nombre d'éléments permettant de bien saisir le sens des phénomènes en jeu dans un tableau statistique.

Situer la recherche dans le temps et l'espace. Celui qui étudie un tableau statistique doit se souvenir que les données présentées sont souvent extraites d'une recherche plus vaste qu'il faut d'abord pouvoir situer dans le *temps* et dans *l'espace.*

Identifier la population. Il faut aussi connaître la population sur laquelle porte l'étude : s'agit-il d'un *échantillon* (c'est-à-dire une partie d'une population choisie selon des règles précises) ou de *l'ensemble de la population*?

identifier le nombre de dimensions dans le tableau. Un tableau peut comporter deux ou plusieurs dimensions ou variables qu'il faut bien identifier de même que les catégories qui ont servi à mesurer ces variables. Il faut examiner la pertinence et la validité de ces catégories.

Découvrir le sens des relations entre les variables. Dans un tableau, on retrouve toujours une relation de base entre une variable indépendante (c'est-à-dire celle qui influence) et une variable dépendante (c'est-à-dire celle qui subit l'influence). On peut aussi trouver d'autres dimensions (les variables de contrôle) qui visent à examiner à titre de troisième ou quatrième variable comment se comporte la relation initiale entre la variable indépendante et la variable dépendante [54].

Faire la lecture des pourcentages. Pour savoir comment effectuer cette lecture, nous renvoyons le lecteur à l'annexe à ce chapitre intitulée «Principes de base pour la lecture d'un tableau». On trouvera dans ce texte la réponse aux questions suivantes. Pourquoi ne peut-on comparer les nombres absolus? Pourquoi doit-on situer les variables indépendantes et dépendantes? Dans quel sens calcule-t-on les pourcentages? Et comment s'effectue la comparaison entre les pourcentages?

À partir de ces éléments de connaissance, le lecteur sera en mesure de comprendre facilement les données de recherche présentées sous forme de tableaux statistiques.

ANNEXE

Principes de base pour la lecture d'un tableau*

Bien que le but de ce volume ne soit pas de faire un manuel, mais plutôt d'exposer la logique de l'analyse dans une recherche, une discussion sur les moyens de faire la lecture d'un tableau peut s'avérer utile pour l'étudiant inexpérimenté. L'analyste commence généralement avec un tableau à deux variables, tableau qui est le plus élémentaire et le plus simple à lire. Le tableau 1 est un tableau typique à deux variables, tiré du livre de Lenski, *The Religious Factor*. Dans ce tableau le groupement religieux constitue la variable indépendante, alors que la préférence pour un parti politique est considérée comme variable dépendante. L'analyste se demande si l'appartenance religieuse des gens influence leur préférence pour un parti.

Tableau 1 : Préférence pour un parti politique selon l'appartenance à un groupe socio-religieux

Groupe socio-religieux	Préférence pour un parti politique			
	Démocrate	Républicain	Autre	Total
Blancs protestants	235	249	140	624
Blancs catholiques	274	92	113	479
Juifs	32	1	15	48

Le tableau 1 présente des nombres de cas et non des pourcentages ; par exemple, 235 protestants sont démocrates. Il est évident qu'on ne

---

* Traduction de Roberta G. Simmons, « Basic Principles of Table Reading », in Morris Rosenberg, *The Logic of Survey Analysis*, New York. Ce texte a été traduit et reproduit avec la permission de Basic Books, New York.

Analyse sociale de l'éducation

peut comparer les fréquences numériques réelles dans les différentes cases du tableau. Le fait que seulement 32 juifs sont démocrates comparativement à 235 protestants ne signifie pas que les protestants ont plus de chances de voter démocrate que les juifs. La colonne « total » indique que l'échantillon contient beaucoup moins de juifs qui peuvent voter pour l'un ou l'autre parti. Pour contrôler cette inégalité dans les « N », il est nécessaire de calculer les pourcentages. Si on a des raisons de croire qu'une variable constitue la variable indépendante (c'est-à-dire, ce qui détermine l'autre variable), alors la pratique courante veut qu'on utilise le nombre total de cas de chaque catégorie de cette variable indépendante comme base pour effectuer les pourcentages. Ici, 624 protestants représentent 100% des protestants, et nous voulons savoir quel pourcentage de ces 624 personnes votent démocrate, républicain, ou autre; de la même manière, 479 catholiques et 48 juifs constituent 100% de leur groupe respectif. Dans le tableau 2, les pourcentages selon chacune des rangées s'additionnent pour donner 100%.

La première chose à faire en lisant le tableau d'un autre chercheur c'est de déterminer dans quel sens les pourcentages ont été calculés. Est-ce que les pourcentages ont été établis selon les rangées, selon les colonnes, en prenant comme base l'ensemble du tableau? Ou s'agit-il d'un tableau condensé dans lequel les pourcentages tels que présentés ne peuvent pas totaliser 100%? La direction est déterminée en observant où le chercheur situe son 100% ou l'ensemble des cas. Dans le tableau 2, les pourcentages ont été calculés selon les rangées. On peut ainsi observer que 66,7% des juifs préfèrent le Parti démocrate, ce qui contraste avec la proportion de 37,7% seulement chez les protestants. Il y a plus de chances, et non pas moins, que les juifs votent démocrate.

Tableau 2 : Préférence pour un parti politique selon l'appartenance à un groupe socio-religieux (% selon les rangées)

Groupe socio-religieux		Préférence pour un parti politique			
		Démocrate	Républicain	Autre	Total
Blancs protestants	N	235	249	140	624
	%	37,7	39,9	22,4	100,0
Blancs catholiques	N	274	92	113	479
	%	57,2	19,2	23,6	100,0
Juifs	N	32	1	15	48
	%	66,7	2,1	31,2	100,0

Remarquons comment cette comparaison est faite. Lorsque les pourcentages ont été calculés selon les rangées (comme dans le tableau 2), alors on compare les pourcentages selon les colonnes. La proportion de protestants qui vote démocrate est comparée à la proportion de catholiques et de juifs qui vote démocrate (37,7 à 57,2 à 66,7%). Les proportions de chaque groupe religieux qui votent républicain peuvent aussi être examinées (39,9%, 19,2% et 2,1%). Les catholiques et les juifs semblent avoir plus de chances que les protestants d'accorder leur préférence aux démocrates et moins de chances de préférer les républicains.

L'analyse ne commence habituellement pas en comparant les cases dans le même sens où les pourcentages ont été calculés. Le fait que 37,7% des protestants préfèrent le Parti démocrate comparativement à 39,9% des protestants qui choisissent le Parti républicain peut indiquer que les protestants ont presque autant de chances de voter démocrate que républicain; mais, avec cette seule information, nous n'avons pas établi si la religion affectait la préférence en termes de vote. Nous ne savons pas si les protestants ont plus ou moins de chances de voter démocrate que les autres groupes religieux. En général, on désire comparer les différentes proportions de gens dans les diverses catégories de la variable indépendante qui choisissent une catégorie de réponse donnée de la variable dépendante.

Tableau 3 : Préférence pour un parti politique selon l'appartenance à un groupe socio-religieux (% selon les colonnes)

Préférence pour un parti politique	Blancs prot.		Blancs cath.		Juifs	
	N	%	N	%	N	%
Démocrate	235	37,7	274	57,2	32	66,7
Républicain	249	39,9	92	19,2	1	2,1
Autre	140	22,4	113	23,6	15	31,2
Total	624	100,0	479	100,0	48	100,0

Le fait de placer la variable indépendante selon les rangées ou selon les colonnes demeure une affaire de goût. Il serait parfaitement possible de renverser le tableau précédent (voir tableau 3). Ici le calcul des pourcentages a été fait en fonction des colonnes et les pourcentages sont comparés dans le sens opposé — cette fois selon les rangées (par exemple, 37,7% est comparé à 57,2% et 66,7%, comme on l'a fait auparavant).

Souvent, pour une question de commodité, un tableau est condensé. Une partie du tableau seulement est présentée. Le tableau 4, par exemple, montre la proportion de chaque groupe qui vote démocrate. Le lecteur comprend que les autres individus dans chacun des groupes ont voté républicain ou « autre ». Il est important de se rendre compte que les trois pourcentages dans ce tableau ne s'additionnent pas pour totaliser 100%, c'est-à-dire qu'ils ne sont pas basés sur le nombre total de gens qui ont voté démocrate.

Tableau 4 : Pourcentage choisissant le Parti démocrate selon l'appartenance à un groupe socio-religieux

Groupe socio-religieux	%	N
Blancs protestants	37,7	624
Blancs catholiques	57,2	479
Juifs	66,7	48

Ces trois pourcentages doivent être comparés directement entre eux, puisqu'ils représentent les différentes proportions de sujets dans les trois groupes de la variable indépendante qui ont choisi une catégorie de réponse de la variable dépendante.

Tableaux à trois variables

Dans son processus de découverte des relations entre les variables indépendantes et la ou les variables dépendantes de son schème d'analyse, le chercheur doit souvent avoir recours au tableau à trois variables. Avec l'apparition d'une troisième variable, on peut étudier le comportement de la relation entre variables indépendantes et variables dépendantes *pour chacune des conditions de la 3e variable.*

En fait, le tableau à trois variables *n'est qu'une série de tableaux à 2 variables.* En effet, pour chaque catégorie (ou condition) de la 3e variable, le chercheur présente un tableau qui contient les variables indépendantes et dépendantes choisies.

On peut remarquer au tableau 5 que Lenski a ajouté la variable « classe sociale » comme 3e variable en subdivisant cette dernière en deux catégories : classe moyenne et classe ouvrière. On obtient ainsi deux relations : 1) une relation entre la religion et le parti préféré pour la classe moyenne ; 2) une relation entre la religion et le parti préféré chez la classe ouvrière.

Tableau 5 : Préférence pour un parti politique selon la classe sociale et le groupe socio-religieux. (Données de 1957 à 1958 rassemblées)

Groupe socio-religieux		Classe moyenne		
		Démocrate	Républicain	Autre
Blancs prot.	N	60	139	60
	%	23	54	23
Blancs cath.	N	68	52	52
	%	40	30	30
Juifs	N	23	1	12
	%	64	3	33
Total	N	151	192	124
	%	32	41	27

Groupe socio-religieux		Classe ouvrière		
		Démocrate	Républicain	Autre
Blancs prot.	N	175	110	80
	%	48	30	22
Blancs cath.	N	206	40	61
	%	67	13	20
Juifs	N	9	0	3
	%	75	0	25
Total	N	390	150	144
	%	57	22	21

Source : Gerhard Lenski, *The Religious Factor*, Garden City, N.Y., Doubleday, 1961, p. 125, tableau 15.

Ainsi la relation globale entre les variables indépendante et dépendante, c'est-à-dire entre le groupe religieux et l'option politique a été subdivisée en deux relations partielles ou contingentes. Nous pouvons alors nous poser la question suivante : *La relation observée* entre l'appartenance à un groupe religieux et l'option politique *est-elle maintenue, réduite, augmentée* ou *changée* avec l'introduction de la 3e variable ?

Comme on peut le constater, la relation est maintenue chez les répondants de classe moyenne (car dans ce groupe, comme dans le cas de l'échantillon tout entier, ce sont les protestants qui ont le moins tendance à voter pour la Parti démocrate, alors que les juifs sont ceux qui votent le plus pour ce parti). Le tableau 5 montre que seulement 23% des protestants de classe moyenne ont choisi le Parti démocrate tandis que les catholiques de cette même classe sociale le faisaient à 40% et les juifs à 64%.

La relation observée pour l'ensemble est aussi maintenue pour le groupe de la classe ouvrière : 48% des protestants, 67% des catholiques et 75% des juifs optent pour le Parti démocrate. Ainsi, dans le cas qui nous occupe, la relation première entre les deux variables principales est maintenue. Dans le cas où cette relation serait disparue dans chacune des catégories du tableau 5, nous en aurions alors conclu que la relation originellement observée était imputable à la 3e variable. Par exemple, supposons que parmi le groupe de classe moyenne à peu près 30% de chacun des groupes religieux aient choisi le Parti démocrate et que dans le groupe de la classe ouvrière environ 60% de chacun des groupes religieux aient choisi le Parti démocrate. On comprend bien alors qu'étant donné que chacun des groupes religieux a voté pour le Parti démocrate dans la même proportion, il faut attribuer plutôt au facteur «classe sociale» qu'à l'appartenance à un groupe religieux la relation observée entre la religion et l'option politique.

Dans ce cas hypothétique, on pourrait dire que c'est le fait que les catholiques sont plus susceptibles d'appartenir à la classe ouvrière que les protestants, en plus du fait que les gens de la classe ouvrière sont plus portés vers le Parti démocrate qui a d'abord laissé croire en une relation entre le fait d'être catholique et de voter démocrate. Dans l'ensemble de l'échantillon, l'option de vote des catholiques dépendrait plutôt de leur statut social que de leur religion. La façon de tester l'effet d'une 3e variable sur la relation entre deux variables n'est ici qu'effleurée puisque cette question est traitée plus longuement dans le texte (c'est-à-dire dans les chapitres 2 à 4 de Morris Rosenberg).

Ce premier examen des relations partielles ou contingentes dans un tableau à trois variables est en général suffisant pour l'analyse. Mais il faut noter qu'un tableau à trois variables contient une grande quantité d'information, car il s'agit au fond de trois relations entre deux variables. Il y a d'abord la relation globale entre l'appartenance à un groupe religieux et l'option politique pour l'ensemble de l'échantillon (la relation initiale). Puis on retrouve la relation globale entre la classe sociale et l'option politique. Finalement, on peut observer la relation globale entre classe sociale et groupe religieux dans l'ensemble de l'échantillon. On appelle communément ces trois relations «les marginales» parce qu'elles sont en général présentées par des chiffres qui se situent hors du coeur du tableau, en marge. On les distingue ainsi physiquement des relations partielles ou contingentes qui se trouvent carrément à l'intérieur du tableau. Si l'on examine la rangée marginale du bas de chacun des sous-tableaux du tableau 5, on peut observer que l'option politique est liée à la classe sociale. Seulement 32% du groupe de la classe moyenne contre 57% de celui de la classe ouvrière préfèrent le Parti démocrate. Par contre, 41% des sujets de la classe moyenne comparativement à 22% du groupe de la classe ouvrière optent pour le Parti républicain. Un statut social inférieur est donc associé à une préférence pour le Parti démocrate.

Pour savoir si la classe sociale est associée à l'affiliation religieuse, on peut utiliser les marginales (situées en colonnes) dans chacun des sous-tableaux et placer ces dernières dans un nouveau tableau à deux variables (6). Ce tableau nous renseigne sur le lien entre religion et classe sociale. Ce sont les juifs qui sont le moins susceptibles d'appartenir à la classe ouvrière (25%), suivis des protestants (58%), alors que les catholiques sont représentés dans cette classe en plus grande proportion (64%).

Tableau 6 : Relation entre la classe sociale et l'appartenace à un groupe socio-religieux

Groupe socio-religieux		Classe moyenne	Classe ouvrière	Total
Blancs	N	259	365	624
protestants	%	42	58	100
Blancs	N	172	307	479
catholiques	%	36	64	100
Juifs	N	36	12	48
	%	75	25	100

Voilà l'essentiel de la technique d'analyse d'un tableau à trois variables. Il y a d'autres façons d'analyser les tableaux à trois variables selon la perspective particulière du chercheur. On peut par exemple chercher à savoir si la relation entre la religion et l'option politique est plus forte chez la classe moyenne que dans la classe ouvrière (la relation conditionnelle). Une autre approche consisterait à tester l'influence combinée de la religion et de la classe sociale sur l'option politique.

Deuxième partie :

LA TRANSMISSION DE LA CULTURE

L'école et la culture

Renée Cloutier

Dans ce chapitre, nous abordons l'étude des rapports entre l'école et la culture. Nous nous attarderons plus particulièrement à démontrer comment se retrouvent à l'intérieur de l'école la plupart des éléments caractérisant une culture. Pour amorcer cette mise en rapport, nous présenterons en un premier temps le concept de culture ainsi que les concepts relatifs à ses éléments composants, pour introduire par la suite la notion de changement culturel. Cette analyse sera en majeure partie illustrée à partir d'exemples tirés du contexte scolaire.

Afin d'ancrer dès le départ et solidement dans la réalité quotidienne ces notions relativement abstraites, partons d'une illustration concrète. Nicole revient d'un stage dans une école primaire. Durant une semaine elle a observé différents aspects de l'école : classes de français, de mathématiques, matchs de hockey, récréations, journée pédagogique, etc. Elle est à colliger ses impressions premières.

Elle constate d'abord que les comportements des enfants diffèrent selon les situations. Un cours de français, un match de hockey, bien que présentant une certaine similarité de fonctionnement (le respect des règles (*normes*), la conformité à un certain type de comportement) ne semblent pas faire appel aux mêmes rôles. Ainsi, dans une classe de français oral, on s'attend à ce que l'enfant s'exprime selon les bonnes tournures, et non pas selon un jeu, si sophistiqué soit-il, de jambes et de bras ! Pourtant, les deux situations, cours de français et match de hockey, comportent des objectifs communs : l'apprentissage et la maîtrise d'une discipline. De plus, des punitions ou des récompenses (*sanctions*) sont associées à ces deux situations en vue d'amener l'enfant à se conformer au «bon» apprentissage.

Tous les comportements ne sont pas admis dans l'école. Divers modèles de comportements (*modèles culturels*) sont ainsi proposés à l'intérieur de l'école et sont différenciés selon les agents auxquels ils s'adressent. Nicole s'est rendue compte, par exemple, que les matchs de hockey entre garçons et filles, ça n'existait pas. À l'inverse, elle n'a pas vu de garçons danser à la corde.

Un autre point qui a retenu son attention est la différence notable entre les enfants qui en sont à leur première année d'école et les plus anciens. Ces derniers se sentent plus à l'aise, tant sur la glace qu'à l'intérieur d'une classe de français. Ils ont appris à partager avec leur entourage ce qu'ils doivent faire. Les nouveaux venus sont moins familiers, plus hésitants dans leurs comportements.

Des différences s'observent également au niveau spécifique de l'apprentissage scolaire. Ainsi, dans les cours de français, l'apprentissage des symboles paraît plus difficile à certains enfants. Ceux qui proviennent de la classe bourgeoise semblent manier avec plus d'aisance le langage proposé que ceux issus de la classe ouvrière. Existerait-il différentes façons de nommer, de dire les choses entre les enfants? Cela signifie-t-il qu'ils appartiennent à des *cultures* différentes, que l'école incite à l'acquisition du langage d'un groupe particulier, qu'elle favorise une *sous-culture*? On peut à ce propos consulter le dossier établi par la Centrale d'enseignement du Québec sur le problème de «la normalisation et des tests scientifiques», qui démontre que l'école a tendance à utiliser et à privilégier la culture d'une classe sociale en particulier[1].

Nicole a observé plusieurs interactions au cours de son séjour dans cette école: entre les enfants et l'enseignant, entre les enseignants et les administrateurs scolaires, etc. Ces interactions ne se situent pas au même niveau. En d'autres termes, les différents groupes d'individus du système scolaire ne semblent pas occuper les mêmes positions et jouir des mêmes statuts. Il existe une certaine hiérarchie ou une stratification entre les groupes constituant l'école, les professeurs ayant un statut supérieur aux enfants et inférieur aux administrateurs. Dans l'école qu'elle a visitée, Nicole n'a pas observé cependant de conflits ouverts entre les enseignants et les administrateurs, l'un et l'autre groupe semblant partager grosso modo la même vision face à l'école et à la pédagogie, la même *idéologie*. À l'occasion cependant, elle a pu être témoin de certaines oppositions.

Les individus et les groupes interagissent à l'intérieur de l'école. Ces interactions ne sont pas toutes identiques mais ne paraissent pas non plus laissées au hasard. Elles sont structurées, orientées, conditionnées par des valeurs, des normes, des sanctions, tout comme les rôles sociaux des différents acteurs et actrices (élève, enseignant, personnel de soutien, administrateur(trice), etc.), régissent ces interactions. Il semble ainsi y exister un certain ordre. Il semble y avoir un dénominateur commun entre ces diverses personnes, un élément intégrateur qui rend possible une vie d'ensemble de cette collectivité qu'est l'école. Cet élément qui régularise ou facilite les interactions tient en grande partie au consensus relatif, sous-jacent à la *culture* de toute société.

Qu'est-ce que la culture?

La première référence qui nous vient à l'esprit lorsque nous entendons le mot culture est celle d'une personne «cultivée», qui possède de nombreuses connaissances et témoigne d'un certain raffinement intellectuel. Dans le langage des sciences sociales, le concept de culture est beaucoup plus large et dépasse le niveau personnel.

Nous pourrions définir la *culture* à la manière de Guy Rocher : «Un ensemble lié de manières de penser, de sentir et d'agir plus ou moins formalisées qui, étant apprises et partagées par une pluralité de personnes, servent, d'une manière à la fois objective et symbolique, à constituer ces personnes en une collectivité particulière et distincte[2]».

Précisons les différents éléments de cette définition. *Les manières de penser, de sentir et d'agir* signifient que les modèles, les valeurs et les symboles qui composent la culture incluent également les connaissances, les idées, les pensées, les sentiments. De plus, la culture «s'adresse (...) à toute activité humaine, qu'elle soit cognitive, affective ou conative (c'est-à-dire qui concerne l'agir au sens strict) ou même sensori-motrice. Cette expression souligne enfin que la culture est action, qu'elle est d'abord et avant tout vécue par des personnes»[3].

Les manières de penser, de sentir, d'agir *sont plus ou moins formalisées.* Deux exemples assez distincts illustrant cette dernière expression seraient d'une part un code de lois et d'autre part, les règles régissant les relations interpersonnelles d'un couple vivant ensemble depuis plusieurs années. Dans ce deuxième cas, les manières de se comporter, de s'exprimer, n'ont pas besoin d'être aussi explicites et manifestes que dans l'expression d'une loi. Elles laissent place à une plus grande interprétation et à une adaptation personnelle. Ces deux éléments : les codes de lois et les règles qui régissent les relations interpersonnelles intimes n'en constituent pas moins deux aspects de la culture.

Une autre caractéristique de la culture découlant de cette définition indique qu'elle est *apprise.* Ces manières de penser, de sentir et d'agir ne constituent donc pas le résultat d'un héritage génétique. Elles impliquent un *apprentissage.* L'individu doit donc apprendre les différentes composantes culturelles de la société à laquelle il appartient pour pouvoir vivre et fonctionner dans cette société.

Un autre aspect de la culture tient au fait que ces manières de penser, de sentir, d'agir, sont *partagées par une pluralité de personnes*. Il peut s'agir d'un groupe restreint, comme un cercle d'amis ou d'un groupe beaucoup plus large, comme une communauté ethnique. « L'essentiel est que des façons d'être soient considérées comme idéales ou normales par un nombre suffisant de personnes pour qu'on puisse reconnaître qu'il s'agit bien de règles de vie ayant acquis un caractère collectif et donc social. La culture, au sens anthropologique et sociologique du terme, bien qu'elle s'individualise, n'est cependant pas individuelle de sa nature ; on la reconnaît d'abord et principalement à ce qu'elle est commune à une pluralité de personnes »[4].

Ces manières de penser, de sentir et d'agir étant apprises et partagées impliquent que ces personnes constituent *une collectivité particulière et distincte* qu'il est possible de reconnaître. C'est ainsi que l'on pourra parler de la culture canadienne-française, de la culture canadienne-anglaise, de la culture italienne, etc. On utilise également le terme *sous-culture* pour désigner la culture particulière de certains groupes à l'intérieur d'une collectivité donnée : la sous-culture des jeunes, des personnes âgées, d'une classe sociale, etc.

Une autre dimension du concept de culture tient à l'existence ressentie par les membres de la collectivité de ces liens découlant des manières de penser, d'agir, de sentir qu'ils ont en commun. Ces manières, dit-on, *servent d'une manière objective* à constituer ces personnes en une collectivité. Ces liens sont considérés comme réels : « (...) Ce dénominateur commun est pour chacune de ces personnes et pour toutes une réalité aussi "objective", aussi évidente que d'autres réalités plus tangibles qu'elles peuvent aussi avoir en commun, telles qu'un territoire, des immeubles publics, des monuments, des biens matériels, etc. »[5].

Le fait de voyager, de prendre contact avec une autre culture, de vivre avec des gens qui partagent une culture différente de la sienne permet de se rendre compte de l'existence de ce lien réel qu'est sa propre culture.

L'exemple du contact avec d'autres cultures nous fait comprendre une dimension supplémentaire du concept de culture, à savoir son aspect *symbolique*. Nous, comme francophones, avons beau vouloir communiquer avec des Chinois ou des Iraniens, nous nous apercevons très vite de nos limites, ne serait-ce que la non compréhension de leur langage. Le langage est l'exemple le plus direct de cet aspect symbolique. Mais il y a aussi la tenue vestimentaire, la manière de manger, etc. En soi, un symbole n'a pas de signification, il remplace quelque chose et si nous ne comprenons pas « ce quelque chose », nous sommes bloqués dans notre com-

munication. Il en est de même du geste. D'après nos traditions, notre façon d'appeler quelqu'un sans parler ou crier est de lui faire des signes en
allongeant le bras et en le ramenant vers nous (faire des cercles vers soi).
Dans certains pays, pour atteindre le même objectif, on fait le geste inverse (de soi vers l'extérieur), ce qui signifie dans notre culture « va-t-
en ». Ces manières d'agir et de s'exprimer ont donc un caractère symbolique qu'il faut comprendre si l'on veut communiquer avec les membres
d'un groupe ou d'une collectivité.

Enfin, une dernière caractéristique de la culture vient du fait qu'elle
forme *un ensemble lié*, qu'elle constitue en quelque sorte un système. Les
différents éléments de la culture ne sont pas simplement juxtaposés les
uns aux autres. Ils sont en constantes interrelations et en rapports étroits
les uns avec les autres, de sorte que, en cas de changement dans un secteur donné de la culture, on peut s'attendre à observer des changements
dans les autres secteurs. « Ces liens et ces rapports, poursuit Rocher,
n'ont généralement rien de nécessaire, c'est-à-dire qu'ils ne résultent pas
d'un raisonnement logique et rationnel qui les imposerait de nécessité. Ce
sont plutôt des liens et des rapports ressentis subjectivement par les membres d'une société »[6].

Une des fonctions de la culture consiste à rendre possible la vie collective, l'action sociale, l'interaction entre les membres d'une société.
Ainsi pour revenir à notre illustration, l'observation de Nicole l'a amenée
à découvrir que les interactions à l'intérieur de l'école sont orchestrées,
qu'elles obéissent à des modes d'organisation, qu'elles ne sont pas le fruit
du hasard : les interrelations entre les enfants, entre ceux-ci et le professeur, ne sont pas forcément identiques mais se caractérisent par certains
éléments communs, par une certaine régularité. Qu'est-ce qui pourrait
expliquer l'existence de ces constantes ? Le fait que ces interactions sont
intégrées dans un ensemble culturel spécifique constitue une partie de la
réponse.

Les manières de penser, de sentir et d'agir d'une collectivité exercent
des contraintes sur les conduites de ses membres par le biais de valeurs,
de normes, de modèles reconnus. Par exemple, il existe des règles de conduite par rapport à la façon de se comporter pour un enfant à l'intérieur
d'un cours de mathématiques. Ces règles ne sont pas les mêmes que celles
qui prévalent dans une partie de hockey. Elles n'en sont pas moins existantes dans les deux cas et exercent leurs pressions sur l'action des individus. Il faut dire que ces contraintes sont rarement ressenties de façon
négative par les différents intervenants dans leurs interactions quotidiennes, étant donné qu'ils ont intériorisé ces valeurs et ces normes qui, en
quelque sorte, leur simplifient les choses.

En effet, si la culture particulière d'un groupe en limite les interactions, les encadre d'une certaine façon, elle les facilite également. Les individus et les groupes appartenant à une même culture sont en mesure de prévoir les attentes et les comportements mutuels. Par exemple, certains usages vestimentaires simplifient nos gestes quotidiens. Nous n'hésitons pas sur le choix de la tenue vestimentaire lorsqu'il s'agit de se présenter à un cours de natation ou à un cours de chimie. Il existe donc, dans chaque culture, une manière de se vêtir propre à certains types de situations (salle de cours ou piscine), qui permet à l'individu de prévoir et de faciliter certains de ses comportements.

Cette parenthèse sur une des fonctions de la culture nous amène à présenter deux autres définitions de la culture. Du point de vue de la contrainte qu'exerce la société sur l'individu, nous pouvons dire qu'elle représente « tout ce qu'une personne doit apprendre pour agir d'une façon qui est reconnue, prévue et comprise par ceux qui l'entourent »[7].

Enfin, de manière cette fois plus descriptive et plus opérationnelle, la culture peut être entendue comme un ensemble lié de valeurs, de normes, de sanctions, de rôles, de modèles, de symboles, de connaissances, d'idéologies élaborés par une société pour se maintenir de façon stable dans le temps.

Les éléments composants de la culture

Cette dernière formulation est intéressante en cela qu'elle nous permet de dégager de manière aisée les principaux éléments constitutifs de la culture.

Valeur

En dépit de leur caractère généralement vague et abstrait, les valeurs constituent à notre sens l'axe central de la culture. Le concept lui-même peut être défini comme « une manière d'être ou d'agir qu'une personne ou une collectivité reconnaissent comme idéale et qui rend désirables ou estimables les êtres ou les conduites auxquels elle est attribuée »[8]. En quelque sorte, les valeurs sont des idéaux qui inspirent et guident les conduites; ce sont des fins légitimes à poursuivre au niveau d'une société donnée. On peut donner comme exemples de valeurs, l'école pour tous, la démocratie, la propriété privée, le socialisme, la participation, etc.

Norme

Comme les valeurs sont formulées à un niveau très élevé de généralité, elles doivent, pour être respectées, se traduire dans des mécanismes plus concrets. Ce rôle de traduction des valeurs dans le concret est joué en particulier par les normes qui sont en quelque sorte des règles de conduite. Elles expriment le «comment» d'un comportement ou la façon dont un individu est censé se comporter pour réaliser les valeurs. En d'autres termes, les normes désignent les façons par lesquelles les valeurs sont concrétisées, opérationnalisées, actualisées. Par exemple, la fréquentation scolaire obligatoire est une des normes permettant de concrétiser la valeur «l'école pour tous». Les lois successorales exonérant d'impôts les légations des parents aux enfants permettent d'actualiser la valeur "propriété privée". À l'inverse, une loi successorale imposant la remise à l'État des biens parentaux concrétise la valorisation d'un certain régime socialiste. Les frais de scolarité élevés peuvent actualiser la valeur de l'école «élitiste» tandis que la gratuité scolaire est une norme qui opérationnalise la valeur «l'école pour tous».

Sanction

Si les valeurs constituent des idéaux à poursuivre et les normes, des règles de conduite pour réaliser ces idéaux dans le concret, les sanctions de leur côté désignent les mécanismes qui vont assurer l'application de la norme : autrement dit la sanction, c'est ce qui va rendre la norme contraignante. Nous pouvons parler de sanctions positives ou négatives. Dans le premier cas, on *récompense* celui qui a agi dans le sens de la norme : l'heure de télévision supplémentaire à l'enfant qui a fait tous ses devoirs scolaires avant le souper; la notation «A» à un cours; la fête organisée en l'honneur de l'athlète qui a réalisé un record, qui a dépassé la norme de performance du groupe.

Dans le cas de sanctions négatives, on *pénalise* celui qui ne suit pas la norme : amende ou procès au parent qui n'envoie pas son enfant à l'école, la notation «E» pour celui qui n'a pas atteint le standard minimum dans un examen, etc.

Qu'elles soient négatives ou positives, les sanctions peuvent être de caractères divers : physique, économique, moral, psychologique, etc. Elles ne sont pas sans lien, bien sûr, avec les comportements observés des individus. Cette dernière réflexion nous amène à examiner un autre élément fondamental de la culture : la notion de rôle.

Rôle

Le rôle désigne l'ensemble des attentes et des comportements spécifiques auxquels est soumise l'action des sujets qui occupent une position particulière dans un groupe ou dans une collectivité. Le concept de rôle, comparativement à celui de valeur, précise que les comportements attendus des différents individus ou groupes ne sont pas identiques, qu'ils dépendent de la position ou de la fonction occupée. Par exemple, les rôles sociaux d'étudiant, de professeur, d'employée de soutien ou d'administratrice ne sont pas équivalents.

Nous pourrions observer sans aucun doute des variations individuelles parmi les membres d'un groupe qui occupent la même position. Par exemple, certains professeurs peuvent favoriser un enseignement de type magistral, tandis que d'autres optent pour la formule du séminaire. Malgré ces variations dans leur manière d'enseigner, il existe une parenté plus grande dans les rôles joués par ces deux types de professeurs qu'entre leur rôle et celui des étudiants. « Le rôle social précise donc les modèles qui, transcendant les différences et les adaptations individuelles, servent à orienter l'action des sujets qui occupent une position donnée[9] ».

La notion de position à l'intérieur du concept de rôle introduit celle de hiérarchie, de stratification et de différenciation entre les rôles sociaux des membres d'une collectivité. Le rôle de père n'est pas équivalent à celui de mère ou d'enfant à l'intérieur de la famille. Dans une société de type traditionnel, il existe une hiérarchie entre ces différents rôles familiaux, les enfants étant au bas de la pyramide et le père au sommet. Une illustration à l'intérieur de l'école placerait les étudiants et étudiantes à la base et les administrateurs au sommet de la pyramide.

Une autre dimension à ajouter ici est celle de la pluralité des rôles joués par une même personne. Ainsi, une personne peut être le jour enseignante, à l'heure du souper mère de famille, le soir étudiante ou administratrice (commissaire). Mentionnons également le fait que les rôles varient dans le temps. Ainsi dans la société de type industriel, comparativement à la société de type traditionnel ou artisanal, on assiste à une prolifération de nouveaux rôles, souvent joués par des personnes différentes. L'institutrice de l'école de rang remplissait autrefois les rôles joués de nos jours par le professeur, le conseiller pédagogique, le conseiller en orientation, l'administrateur scolaire, l'infirmière.

Pour bien comprendre les variations dans les rôles de même que les différentes attentes qui sont liées à la définition des rôles, il faut se rapporter à la dimension symbolique qui les caractérise, comme d'ailleurs à tout autre élément d'une culture. Il importe donc de situer le symbole comme élément de la culture.

Symbole

« Ce qui caractérise l'espèce humaine, selon Rocher, c'est l'extension de l'aptitude symbolique (...) et c'est précisément cette capacité de comprendre et d'apprendre le rapport entre un signifiant et un signifié qui fait la différence fondamentale entre l'homme et les autres espèces animales »[10].

Une manière simple de définir et d'illustrer le symbole pourrait être celle-ci : « quelque chose qui tient la place d'autre chose ou encore quelque chose qui remplace et évoque quelque chose d'autre. Une statue rappelle symboliquement un personnage, un événement ou une idée et leur assure ainsi une présence et une action continue »[11].

La signification qui est donnée aux symboles est basée sur la convention, l'entente entre les membres d'un groupe. En ce sens, il ne faut pas confondre le concept de symbole avec celui de signe : « La fumée qui indique la présence d'un feu, le sol détrempé qui permet de dire qu'il a plu (...) ce sont là en réalité des signes ou signaux élémentaires, bien plus que de véritables symboles. À peu près tous les symboles sociaux n'ont en effet qu'un rapport conventionnel avec leur signifié. Ce qui implique alors la nécessité (...) de l'existence d'un code définissant le rapport entre les signifiés et les signifiants ; et ce code doit être connu et appris par les sujets auxquels s'adressent les symboles, pour que ceux-ci deviennent significatifs »[12].

De ce qui précède, on peut déduire que les symboles remplissent une fonction de communication, c'est-à-dire de transmission de messages entre deux ou plusieurs sujets. Ils peuvent remplir également une fonction de participation. Par exemple, l'échange de cadeaux entre parents dans le temps des fêtes sert à manifester symboliquement « l'esprit de famille » et à le concrétiser.

Enfin, ajoutons en terminant que les symboles, étant basés sur des conventions, varient d'une culture à l'autre. L'exemple donné plus haut sur la façon gestuelle d'appeler quelqu'un illustre bien l'aspect conventionnel du symbole. La langue, différente selon les ethnies, nous fournit un autre exemple de l'aspect conventionnel du symbole. Le langage est composé de codes qui n'ont pas de signification en eux-mêmes si ce n'est que par référence à des conventions. Cela explique sans doute les difficultés de l'apprentissage de la langue dans les premières années d'école de même que celles associées à l'apprentissage d'une langue seconde.

Les comportements qui sont requis de la part des membres d'une même culture, même s'ils comportent une dimension symbolique, ne peuvent par ailleurs être reconnus et approuvés que s'ils se situent à l'intérieur d'un certain cadre, ce qui nous renvoie à la notion de modèle culturel.

Modèle culturel

Nous entendons par modèles culturels les comportements généralisés, standardisés et régularisés qui servent de guide pour distinguer dans une société ce qui est conduite admissible de ce qui ne l'est pas. Ils précisent les balises à l'intérieur desquelles les comportements sont jugés acceptables et indiquent donc la présence de variations possibles dans les comportements.

Par exemple, il est accepté dans nos sociétés que pour punir un enfant, on le prive d'une émission de télévision ou d'un dessert qu'il apprécie. Il pourrait à la rigueur être privé d'un repas. Mais qu'on lui interdise de manger pendant trois jours consécutifs serait jugé inacceptable par la majorité de l'entourage. Ce dernier type de sanction serait donc exclu de nos modèles culturels. Il en serait de même des punitions corporelles administrées aux enfants : une petite fessée serait possiblement tolérée mais non la violence pouvant aller jusqu'à causer des blessures.

Ces modèles culturels peuvent en outre varier dans le temps. L'usage de la « strappe » dans les écoles ne serait plus accepté pour forcer l'enfant à agir de la façon voulue. Enfin, il faut ajouter que les modèles culturels sont relatifs, au sens où ils peuvent varier selon les différents sous-groupes composant une société.

Idéologie

L'idéologie constitue également un élément de la culture d'une collectivité donnée et même un de ses éléments centraux. Nous empruntons une première formulation de ce concept à Louise Duval qui souligne que « l'idéologie, c'est la définition explicite que les agents sociaux se donnent d'une situation sociale en vue d'une action, c'est-à-dire qu'on met en évidence, parmi les idées, les normes et les modèles d'une culture, ceux qui permettent de s'adapter à une situation sociale. Elle est l'image formulée qu'on se donne d'une situation en même temps que l'ensemble des arguments qui justifient les comportements » [13].

Une deuxième définition, que partagent plusieurs sociologues contemporains, est celle que suggère Guy Rocher, pour qui l'idéologie est « un système d'idées et de jugements, explicite et généralement organisé, qui sert à décrire, expliquer, interpréter ou justifier la situation d'un groupe ou d'une collectivité et qui, s'inspirant largement de valeurs, propose une orientation précise à l'action historique de ce groupe ou de cette collectivité » [14].

De cette définition, il se dégage trois dimensions du concept d'idéologie. La première de ces dimensions tient au fait qu'une des fonctions de l'idéologie est d'inciter à l'action, de proposer un programme d'action lié à la situation historique d'un groupe ou d'une collectivité. Cette action repose sur une vision du monde que partagent des individus, des groupes ou des collectivités. Elle fait référence en outre à des valeurs particulières. C'est le deuxième élément de ce concept. Enfin le troisième aspect correspond au système de rationalisation qui vise à montrer le programme d'action comme découlant de la vision du monde, du système de valeurs.

L'idéologie revêt une forme assez systématique du fait qu'elle est explicite et verbalisée. Elle prend ainsi le caractère d'une « doctrine » au sens large du terme ; cette systématisation exige que des aspects de la situation soient mis en relief, qu'un accent particulier soit mis sur certains liens entre des éléments de la situation : « Dans l'idéologie, la collectivité se construit une représentation d'elle-même, elle se donne une représentation de ce qu'elle est, en même temps qu'elle explicite ses aspirations » [15].

Cette définition de l'idéologie ne présente pas, selon Rocher, une pensée qui soit « ou nécessairement conservatrice ou nécessairement radicale ». Elle se distingue, selon lui, de la conception marxiste de l'idéologie définie comme conscience fausse de la réalité et conservatrice lorsqu'il est question de la représentation de la société par la classe dominante [16].

Deux fonctions de l'idéologie précisées par Monière explicitent ce point de vue marxiste : « L'idéologie est ''apologétique'' en légitimant des structures de classe et la domination d'une classe. Elle est mystificatrice car elle déguise plus ou moins consciemment la nature réelle d'une situation, masque de cette façon les intérêts de classe et cherche à réaliser l'intégration sociale » [17].

« Pour Marx, précisent Cot et Mounier, l'idéologie est un moyen de domination. Toute classe dominante produit une idéologie dominante qui contribue au maintien de sa position dominante en légitimant son pouvoir. Cette idéologie pénètre largement la classe antagoniste » [18]. En d'autres termes, la classe « exploiteuse », politiquement et économiquement dominante, se sert entre autres moyens de cette idéologie pour maintenir la classe prolétaire dans sa situation de classe exploitée.

Dans le contexte scolaire, une illustration de cette double fonction de l'idéologie pourrait être trouvée dans la démocratisation de l'enseignement ou « l'école pour tous » qui masque (dissimule) l'inégalité réelle des chances entre les enfants de milieu ouvrier et ceux de milieu bourgeois, et laisse supposer à travers le langage unique de l'école qu'il n'y a pas d'opposition de classes.

La notion d'institution

Les concepts que nous avons abordés au cours des pages précédentes constituent des notions construites, abstraites, qui ne s'observent pas telles quelles dans le réel. Une façon de saisir ces concepts et de s'en faire une idée plus concrète consiste à observer les individus ou les groupes en interactions, la plus petite unité d'observation possible étant la relation entre deux individus. Nous pourrions faire de l'observation dans une classe et essayer d'identifier, à partir de diverses interactions (les élèves entre eux, les élèves et le professeur, etc.), les normes, les valeurs, les rôles et les sanctions qui président à l'organisation de l'action de ces différents acteurs. Cet exercice permettrait aussi de saisir que l'action des individus vivant en société prend des formes relativement stables et institutionnalisées.

Lorsque les interactions entre une pluralité d'agents sociaux sont structurées et ordonnées vers la satisfaction d'un besoin fondamental de ce groupe, on parle alors d'institution. En ce sens, l'institution fait partie de la culture d'un peuple et se définit comme « une structure relativement permanente de modèles sociaux, de rôles et de relations réalisés par les gens, de certaines façons sanctionnées et unifiées afin de satisfaire des besoins sociaux de base » [19]. C'est en ce sens que l'on parle d'institution familiale, d'institution financière et de l'école comme institution scolaire.

Un des éléments qu'il faut noter au sujet des institutions est leur caractère conservateur et statique. Le fait que les façons de penser et d'agir soient régularisées, pré-arrangées, donne aux institutions une force de résistance au changement. En ce sens, l'institution scolaire a comme fonction de conserver et de transmettre la culture d'une génération à l'autre : l'école exerce ainsi une fonction essentiellement conservatrice de maintien de la culture d'une société.

Toutefois cela ne signifie pas que la culture d'un peuple demeure statique. En effet, toute culture se caractérise aussi par son dynamisme et ses possibilités d'évolution et de changements. Il importe donc d'examiner brièvement comment la culture d'une société est une réalité dynamique et changeante.

Le changement culturel

Nous avons, jusqu'à maintenant, insisté sur l'ordre qui règne dans les interactions des personnes vivant dans une institution comme l'école. Notre exposé pourrait laisser penser qu'il n'y a pas de conflit possible entre les différents groupes d'une institution comme l'école, qu'il y aurait une espèce d'harmonie perpétuelle entre les différentes composantes de la société ; et corollairement, que la culture d'une société reposerait fondamentalement sur un consensus partagé et inébranlable et donnerait peu de prise aux possibilités de changement et d'évolution. De ce point de vue, le rôle de l'école dans la transmission de la culture serait foncièrement conservateur ou, comme l'exprime la perspective de l'approche radicale en sociologie, principalement limité à reproduire l'ordre social de la classe dominante. Dans les deux cas, on fait très peu allusion aux possibilités de changement culturel. On laisse un peu entendre que la culture est un phénomène qui n'évolue pas, qui ne change pas. Qu'en est-il ?

Plusieurs indices nous permettent de constater que des changements se produisent dans la culture d'une société. Le consensus sur lequel repose supposément toute culture demeure très relatif. Il en est de même d'ailleurs de la cohérence qui semble caractériser les liens unissant les éléments constitutifs d'une culture.

Certes, à l'examen de la réalité sociale, on se rend compte qu'il n'y a pas forcément unanimité de valeurs entre tous les membres d'une société ou d'une institution comme l'école ou la famille. L'ordre, l'harmonie que l'on peut y observer demeure relatif et traduit plutôt une certaine forme d'organisation, une certaine structuration à l'intérieur de la société, mais qui devient vite fragile dès que l'on situe l'analyse au niveau des sous-groupes qui composent cette société. Ainsi, on peut facilement observer que les valeurs, les normes et les idéologies ne sont pas les mêmes dans un groupe de motards comparativement à un groupe de professeurs ; dans un groupe écologiste par rapport à un autre qui prône l'armement nucléaire ; dans un groupe d'ouvriers comparativement aux directeurs d'une usine.

De la même manière, l'examen de ce qui se passe à l'intérieur d'une école permet de voir la fragilité des consensus et la coexistence en son sein même d'ambiguïtés, de contradictions, d'oppositions. Certains groupes de professeurs favorisent une école ouverte, non-directive où l'enfant soit partie prenante de sa formation et participe aux décisions le concernant ; d'autres groupes d'enseignants valorisent des méthodes plus traditionnelles par lesquelles l'adulte apprend à l'enfant ce qu'il doit savoir et comment il doit se comporter. Également les mêmes individus ou groupes peuvent exprimer des valeurs contradictoires : certains parents demandent à l'école de contribuer à rendre leurs enfants autonomes, responsables, créatifs en même temps qu'ils réclament que leurs enfants soient disciplinés et surtout obéissants [20].

Ces exemples nous aident à préciser que les valeurs ne sont pas forcément identiques pour les différents groupes impliqués dans l'école : étudiants et étudiantes, professeurs, administrateurs (trices), parents, etc. Si cette pluralité de valeurs et de normes existe vraiment, comment expliquer que nous n'assistions pas à des luttes ouvertes et permanentes dans l'école, au sujet de ses propres orientations ? Plusieurs explications peuvent être avancées ici.

Il n'y a pas lieu d'insister longuement sur les explications fournies par l'approche radicale, d'autres auteurs du présent ouvrage en traitent de façon plus exhaustive. Disons seulement qu'à partir de cet angle d'analyse, l'accent est mis sur l'acquisition de prédispositions/qualifications pour occuper certaines places dans la société[21]. En d'autres termes, l'école constitue l'une des principales agences de transmission de la culture qui, d'une part, prépare les ouvriers et ouvrières à occuper des places spécifiques dans la société en leur permettant d'acquérir certaines habiletés et surtout leur inculque d'autre part les attitudes de soumission et de dépendance qui y sont liées. L'école fait de même pour les futurs managers et agents d'encadrement sauf que, dans ce cas, les attitudes transmises sont celles associées à la direction, au leadership et au commandement. Chaque groupe social, chaque classe ou fraction de classe intègre ces prédispositions à la soumission ou au commandement et l'efficacité avec laquelle se déroule ce processus d'intégration sociale explique en partie l'absence de révolte ou de conflits ouverts. Et ce, d'autant plus que ce processus commence très tôt : dès l'enfance à l'intérieur de la famille, et dès le début du cycle scolaire.

Une deuxième forme d'explication tient au fait que, dans une société ou dans une culture donnée, il n'y a pas qu'un seul type de valeurs qui soit privilégié. Parmi les modèles culturels d'une société, il y aurait ce que l'on appelle des valeurs «variantes». Ainsi, on peut mentionner qu'il n'existe pas une forme unique de loisir valorisé dans la société nord-américaine : certains optent pour la planche à voile, d'autres pour la bicyclette, enfin certains préfèrent le camping, etc. Ces exemples se situent à l'intérieur de la valeur «loisirs sportifs» avec des accents particuliers mais non en opposition, ce que l'on appellerait des variantes. Dans le secteur des loisirs, certains groupes préfèrent des activités de type sportif, d'autres de type socio-culturel, etc. Il y a donc différentes façons d'actualiser la valeur «loisirs» dans nos sociétés.

La valorisation d'un type de loisirs par certains groupes peut aussi venir en contradiction avec celle d'autres groupes : ceux qui valorisent des pistes réservées à la bicyclette s'opposent à ceux qui prônent l'utilisation, sur les mêmes lieux, de pistes de courses réservées à la motocyclette. Si la majorité de la population opte pour des pistes réservées à la bicyclette, les utilisateurs de ces lieux à des fins de courses en moto seraient donc déviants par rapport à l'ensemble et partageraient ce que l'on appelle des valeurs *déviantes*. Ces valeurs ne sont plus alors, comme dans les premiers exemples des loisirs sportifs, des valeurs variantes. Elles «dévient» des valeurs généralement acceptées. Elles ne sont pas cependant déviantes par rapport aux valeurs des membres de ces groupes, les motards valorisant les excursions et les courses en moto. C'est la confrontation de ces valeurs avec celles des autres groupes qui fait qu'elles deviennent alors déviantes par rapport à la norme générale d'une population donnée.

Cependant, il existe dans la plupart des sociétés un certain degré de tolérance vis-à-vis de comportements déviants, variables en fonction de la conjoncture. Ainsi, un usage abusif des ressources d'une école aboutissant au gaspillage sera moins toléré dans une période d'austérité que dans une période d'abondance. Il arrive parfois que la société soit assez sévère, allant jusqu'à sanctionner les comportements déviants par des amendes ou des peines d'emprisonnement.

Dans un autre ordre d'idées, il arrive parfois que des valeurs, des normes ou des comportements jugés déviants à une époque deviennent des modèles culturels à une période subséquente. Ainsi, la fréquentation scolaire obligatoire au Québec, qui est devenue effective en 1943, était jugée inadmissible auparavant par des groupes aussi importants que l'Église, l'Union des cultivateurs catholiques (UCC) et la Confédération des travailleurs catholiques du Canada (CTCC).

Ces groupes estimaient que l'obligation de la fréquentation scolaire constituait un objectif déviant par rapport aux valeurs courantes. Et le même qualificatif de déviant était attribué aux organisations associées à cette demande comme le Congrès des métiers et du travail du Canada (CMTC)[22]. Aujourd'hui bien peu de groupes s'opposeraient à la fréquentation scolaire obligatoire des jeunes. Cependant ces changements de valeurs ne sont pas généralement envisageables sur de courtes périodes.

Cette dernière remarque nous permet de préciser qu'ordinairement nous pouvons parler de changement culturel en termes de modifications dans l'ordre des valeurs variantes plutôt que du passage de valeurs variantes à l'acceptation de valeurs déviantes. L'acceptation du critère « expérience de vie » comme critère d'admission dans les universités constitue à ce titre une illustration intéressante.

Si nous analysons ce phénomène, nous remarquons que la considération ou l'importance attribuée à ce critère demeure très près des préoccupations des universités : soit la formation intellectuelle, comme des sessions de formation à l'intérieur de l'entreprise, des voyages d'études, etc. Jusqu'à présent, on n'a pas tellement réussi à prendre en considération la formation intellectuelle qui pourrait découler de travaux pratiques comme la plomberie, l'électricité, etc. ; encore moins la formation qui pourrait venir d'activités non structurées à l'intérieur de la sphère du travail non rémunéré, comme le travail au foyer. Il est possible que l'on tienne compte de cette denière activité si une personne est intéressée à des études universitaires en vue de devenir «institutrice». Par contre, cette expérience de vie ne saurait actuellement tenir lieu de critère d'admission en sciences pures ou en sciences appliquées.

L'acceptation du travail au foyer comme critère d'une certaine équivalence de formation pour postuler en sciences pures, en sciences appliquées ou en médecine serait sans doute considérée, compte tenu des valeurs dominantes actuelles, comme le signe non seulement d'un changement mais d'une révolution culturelle. C'est un peu ce qui s'est produit à d'autres niveaux en Chine au moment de la Révolution culturelle (que l'on se rappelle les médecins aux pieds nus, qui ont l'obligation, comme les étudiants et étudiantes universitaires, de travailler aux champs un certain temps durant l'année).

Donc, il est possible, compte tenu des époques, d'observer des changements dans les valeurs, les normes d'une société donnée, changements qui émergent principalement de la reconnaissance de valeurs dites variantes plutôt que de l'acceptation généralisée de valeurs dites déviantes. Les institutions telles que l'école possèdent des mécanismes qui leur permettent de s'adapter aux nouvelles variantes de valeurs anciennes sans pour autant mettre en question leur ancien équilibre.

On peut aussi parler de changement culturel en termes de révolution culturelle; dans ce cas, il faudrait utiliser la perspective radicale ou celle du conflit qui explique le changement par le résultat des affrontements entre classes antagonistes. La prise du pouvoir à Cuba par des représentants de la classe prolétaire au détriment de la classe capitaliste bourgeoise a eu pour effet d'apporter des transformations majeures dans certains secteurs de la société dont celui du monde scolaire. Les manuels scolaires, pour ne citer que cet aspect, ont été complètement modifiés, en particulier au niveau des personnages et de l'idéologie proposée[23]. En ce sens, l'école sert à transmettre de façon accélérée aux membres de la société, les valeurs du nouveau groupe au pouvoir et à modifier les anciennes mentalités. L'école se voit ainsi conférer un rôle d'agent de transformation sociale et culturelle dans ce type de société.

Les changements culturels se produisent donc dans la société, soit à la suite de luttes de pouvoir entre certains groupes, soit à la suite d'adaptation des différentes institutions aux nouvelles valeurs. Dans ce cas, les nouvelles valeurs privilégiées sont rarement en complète contradiction avec les valeurs préconisées antérieurement. Le système scolaire et ses agents peuvent servir de catalyseur pour amorcer ces transformations. La littérature sur l'école comme outil de conscientisation populaire, comme instrument de révolution sociale et culturelle et comme moyen de formation à la révolution fournit une bonne démonstration de ce dernier point de vue[24].

4
Le processus de socialisation à l'école
Claude R. Trottier

On affirme souvent que la fonction du système d'enseignement n'est pas seulement d'instruire, de transmettre des connaissances, mais aussi d'éduquer. S'il apparaît relativement facile de délimiter la fonction du système scolaire dans la transmission des connaissances, il est plus difficile d'en circonscrire sa fonction éducative. La sociologie peut nous aider à mieux cerner la fonction éducative du système d'enseignement en nous fournissant des instruments conceptuels susceptibles de le replacer dans le contexte social plus vaste où il se situe.

Dans la perspective d'une analyse sociologique, une des fonctions éducatives du système d'enseignement est de contribuer à la socialisation des jeunes générations, à la transmission d'orientations culturelles et d'idéologies que la société privilégie. Dans cette optique, les enseignants, qu'ils en soient conscients ou non, jouent un rôle dans l'apprentissage que les jeunes font de la culture et des idéologies. Leur influence sur le processus de socialisation peut être aussi significative que celle qu'ils exercent sur la formation académique des étudiants. De plus, le rôle que ces derniers sont appelés à jouer dans la transmission de la culture et des idéologies est fort complexe.

C'est ce que nous essaierons de démontrer dans ce chapitre. Nous tenterons tout d'abord de définir la notion de socialisation, et d'esquisser brièvement une comparaison du processus de transmission de la culture dans les sociétés traditionnelles et dans les sociétés technologiques. Nous

présenterons ensuite différentes interprétations du rôle de l'école comme
agent de socialisation dans les sociétés technologiques. Nous montrerons
ensuite à travers quels processus l'école contribue, dans les sociétés technologiques, à véhiculer certaines valeurs et orientations culturelles. Nous
terminerons en soulevant certaines questions relatives à la fonction du
système scolaire dans le processus de socialisation.

Le concept de socialisation

Mais qu'entend-on au juste par transmission de la culture et socialisation? Le concept de socialisation ne peut être compris qu'en référence
au concept de culture. Ce concept a déjà été défini et commenté dans le
chapitre 3. Rappelons seulement qu'une des principales caractéristiques
de la culture est d'être transmise par la collectivité et apprise par ses
membres[1]. Il s'ensuit que ces derniers sont soumis à un processus d'apprentissage de normes, de valeurs et d'idéologies. Le concept de socialisation réfère justement à ce «*processus par lequel la personne humaine
apprend et intériorise tout au cours de sa vie les éléments socio-culturels
de son milieu, les intègre à sa personnalité sous l'influence d'expériences
et d'agents sociaux significatifs et par là s'adapte à l'environnement social où elle doit vivre*»[2].

Cette définition met en relief trois aspects fondamentaux de la socialisation: l'acquisition de la culture, l'intégration de la culture à la personnalité, et l'adaptation à l'environnement. L'acquisition de la culture réfère à l'acquisition des connaissances, des modèles de comportement, des
valeurs, des symboles qui les signifient, propres à la collectivité où une
personne est appelée à vivre. C'est un processus qui n'est pas limité à
l'enfance et à l'adolescence mais qui se poursuit toute la vie.

C'est aussi un processus selon lequel la culture devient partie intégrante de la personnalité psychique d'un individu. Un acteur social en
vient dans une certaine mesure à faire siennes les orientations culturelles
de la collectivité à laquelle il appartient au point qu'il n'est pas toujours
conscient d'être influencé dans son comportement par les éléments de la
culture qu'il a intériorisés. C'est comme si ses goûts, ses besoins physio-
logiques, ses attitudes corporelles (au niveau biologique et psychomo-
teur), l'expression de ses sentiments (au niveau affectif), les catégories
mentales, les représentations, les images, les connaissances, les préjugés
et les stéréotypes (au niveau de la pensée) qu'il utilise ou auxquels il
réfère, bref ses manières de penser, de sentir et d'agir, étaient façonnés
par la culture qu'il intègre à sa personnalité. Et c'est à travers ce processus d'acquisition et d'intégration des éléments culturels qu'un individu

est amené à développer un sentiment d'appartenance à la collectivité dans laquelle il évolue, à s'adapter à son environnement, «à orienter son action suivant les motifs, les aspirations, les buts qui lui sont proposés par une culture et qui sont dominants dans une collectivité donnée, de sorte que, vue de l'extérieur, sa conduite paraît subir la contrainte d'une pression et donne l'image de la conformité et de la standardisation»[3].

Cette conception du processus de socialisation suppose que les membres d'une collectivité apprennent à se conformer dans une certaine mesure aux manières de penser, de sentir et d'agir propres à une collectivité. Cet apprentissage permet aux personnes de s'y adapter et de s'y intégrer. Il représente aussi un des mécanismes qui permet à une collectivité de s'assurer une certaine stabilité, de se maintenir et de se reproduire. Cette conception signifie-t-elle pour autant que le résultat normal de la socialisation soit d'apprendre aux membres d'une collectivité à devenir conformistes et conservateurs, et que tous changements ou orientations innovatrices et spontanées soient incompatibles avec une socialisation bien «réussie»?

Il est difficile de répondre brièvement à cette question qui se situe au coeur des préoccupations de plusieurs disciplines des sciences sociales. Guy Rocher a tenté de répondre à cette question de la façon suivante :

> «La socialisation n'a pas nécessairement comme résultat de produire la conformité ou le conformisme. D'une part, les sociétés, les groupes, les collectivités diffèrent par la rigueur avec laquelle ils prescrivent et imposent la conformité aux valeurs et aux modèles et par la liberté ou l'autonomie personnelle qu'ils tolèrent, permettent ou même encouragent et parfois presque imposent. Le conformisme le plus strict n'est pas nécessairement une exigence de *la société*; il ne l'est que de certaines sociétés données, de certaines collectivités ou de certains groupes. Et on peut dire la même chose de la conformité dans la déviance : certains groupes déviants imposent une plus stricte conformité à leurs normes que d'autres.

> D'autre part, tout processus de socialisation a comme objectif d'adapter la personne à son milieu. Mais adaptation sociale ne veut pas nécessairement dire conformité : l'adaptation à un milieu peut aussi signifier le désir d'innover dans ce milieu ou de le modifier. Le processus de socialisation peut aussi bien engendrer des agents dynamiques et novateurs, des personnes anti-sociales que des sujets conformistes ou passifs.

> Enfin, il convient d'ajouter (...) qu'on ne doit pas mésestimer l'importance et la portée psychosociales de la conformité. Car même

dans la conformité, l'homme est à la recherche de valeurs, il poursuit des aspirations personnelles, il obéit à sa conscience. La conformité peut être parfois une solution de facilité; mais elle est aussi assez souvent obéissance à un devoir, imposition d'un effort contre les résistances intérieures ou extérieures, mouvement de la volonté et dépassement de soi. Que la société omniprésente, même dans la solitude, apporte le support, l'appui, l'encouragement ou l'ambition nécessaires, n'enlève pas aux actes individuels la vertu qu'ils peuvent souvent requérir pour être autrement qu'ils ne seraient si la personne n'obéissait qu'à ses impulsions primitives et à ses besoins instinctifs. Ce qui est obligation peut aussi en même temps apparaître comme aspiration, l'une se confondant en l'autre et trouvant mutuellement appui l'une sur l'autre»[4].

Le processus de socialisation dans les sociétés traditionnelles et dans les sociétés technologiques

S'il est possible d'identifier dans toute société un processus selon lequel on transmet aux jeunes générations les orientations culturelles que privilégie cette société, il faut reconnaître cependant que le processus de socialisation varie selon le type de société dans lequel il s'insère. Ainsi, la socialisation des jeunes générations ne s'effectue pas de la même façon dans les sociétés traditionnelles et dans les sociétés technologiques[5]. Dans le but de mieux faire ressortir la fonction de socialisation du système d'éducation dans la société technologique, nous comparerons brièvement la façon dont les jeunes générations sont progressivement socialisées à leur culture dans les deux types de société[6].

Dans les sociétés traditionnelles, la transmission de la culture et la socialisation des jeunes générations se faisaient de façon informelle et spontanée, au sein de la famille et de la parenté. On n'avait pas besoin d'un système d'éducation formel pour remplir cette tâche.

Ces sociétés étaient de dimension restreinte. Elles étaient relativement homogènes, caractérisées par une économie de subsistance très simple, basée sur la cueillette, la chasse ou l'agriculture. Leur organisation sociale était entièrement centrée sur la famille étendue. Celle-ci était à la fois une unité économique de production et de consommation. Dans ce contexte, les enfants faisaient leur apprentissage, au fil des jours, au hasard des contacts quotidiens avec les membres de la famille et de la parenté. Ils apprenaient de façon informelle les techniques de cueillette, de chasse ou d'agriculture, ce qui constituait leur formation « technique ».

Ils apprenaient aussi au contact des parents et des membres de la parenté comment se comporter, quelles attitudes adopter dans telles et telles circonstances. Ils en venaient à partager peu à peu leurs croyances, leurs coutumes, leur conception du monde.

Bref, dans ce type de société, relativement simple et homogène, il n'était pas nécessaire d'avoir recours à un système d'enseignement pour leur transmettre le savoir-faire indispensable, les techniques de cueillette, de chasse ou d'agriculture, ni pour leur apprendre les modèles de comportement auxquels les adultes devaient se conformer. La socialisation de l'enfant, son intégration au monde des adultes, tant sur le plan du travail que sur celui des normes de comportement, n'étaient pas institutionnalisées dans un système scolaire. C'est la famille qui remplissait cette fonction.

Dans les sociétés industrielles et urbanisées, l'intégration des individus, et plus particulièrement des jeunes à la société, leur adaptation graduelle et leur socialisation se sont avérées beaucoup plus complexes. Avec l'explosion des connaissances, le développement des sciences et l'apparition de nouvelles technologies, la nature du travail a changé. La structure des occupations est caractérisée par une spécialisation des tâches qui contraste avec la simplicité du travail artisanal des sociétés traditionnelles. Une économie de subsistance basée sur le troc a fait place à une économie d'échange monétaire, marquée par la division du travail et une production de masse des biens et services. L'expansion des villes a coïncidé avec le développement de ce type d'économie. À une organisation sociale centrée sur la famille étendue s'est substituée une organisation sociale très diversifiée, dont les organisations bureaucratiques, les associations multiples, les groupes de pression et l'État sont les principales composantes.

À cette diversité de l'économie et de l'organisation correspond maintenant une diversité dans les comportements, les normes, les valeurs et les idéologies auxquels réfèrent les individus. On comprend alors facilement que l'intégration des enfants à cette société et leur socialisation s'avèrent beaucoup plus complexes. À mesure que la famille étendue et la communauté immédiate devinrent incapables, seules, de socialiser les jeunes et de faciliter leur intégration à la société au hasard des contacts plus ou moins informels entre les membres de la parenté et de la communauté immédiate, on assista à la prise en charge graduelle de la fonction de socialisation par l'institution scolaire.

C'est lorsque la science et la technique ouvrirent les frontières de la connaissance et changèrent la nature du travail, bouleversant les structures sociales d'une part et lorsque l'idéologie démocratique se répandit, que l'éducation formelle fut perçue comme une nécessité pour tous d'autre part, qu'on commença à développer les systèmes scolaires. En effet l'intégration et l'adaptation des individus à la vie économique supposent maintenant qu'un individu détienne certaines connaissances pour occuper un emploi qui corresponde à ses aptitudes. Ces connaissances, la famille ne peut comme auparavant les lui transmettre, pas plus qu'elle ne peut maintenant remplir seule la tâche d'initier les enfants à une organisation sociale aussi diversifiée. L'apprentissage social des modèles de comportement, des normes, des valeurs et des idéologies que la société privilégie ne relève plus seulement de la famille étendue et de la communauté immédiate. C'est à l'intérieur du système scolaire que s'effectuent pour une large part leur apprentissage et leur intégration à la société.

Le système scolaire n'est cependant pas le seul agent de socialisation dans la société technologique. Plusieurs autres institutions, groupes ou milieux participent à cette entreprise. Dans une analyse des agents de socialisation, Rocher[7] montre que certains agents comme la famille, l'école, les églises et les mouvements éducatifs ont comme but explicite la socialisation, c'est-à-dire qu'ils ont tendance à exercer une influence sur tous les aspects de la vie d'une personne. D'autres agents comme les entreprises, les syndicats, les professions, les partis politiques, les mouvements sociaux, qui n'ont pas comme but explicite de transmettre des orientations culturelles, exercent néanmoins une influence socialisatrice sur un segment de la personnalité. Certains agents peuvent s'adresser d'une manière généralisée à l'ensemble d'une collectivité. C'est le cas des moyens de communications de masse qui peuvent exercer une influence socialisatrice, soit directement au moyen d'émissions éducatives et d'information, d'imprimés ou de films à caractère didactique, soit indirectement en suggérant, reflétant ou exprimant des modèles, des valeurs ou des orientations culturelles.

Il serait erroné, selon Rocher, de penser que la socialisation n'est que la transmission de la culture par des aînés à des plus jeunes. Des agents peuvent contribuer à transmettre des orientations culturelles à des personnes de leur âge. C'est le cas en particulier chez les jeunes dans les mouvements de jeunes et les «gangs». De plus, l'auteur souligne que le processus de socialisation peut varier selon le groupe ethnique ou le groupe racial, la classe sociale et les milieux (par exemple, milieu rural, milieu urbain) auxquels les agents de socialisation et les socialisés appartiennent. Enfin, les milieux de référence, les milieux auxquels un agent de socialisation peut chercher à s'identifier même s'il n'y appartient pas, peuvent exercer une influence sur le processus de socialisation. Les agents de socialisation peuvent en effet chercher à transmettre non pas les normes, les valeurs ou les orientations culturelles du milieu ou du groupe auquel ils appartiennent mais celles du milieu auquel ils essaient de s'identifier.

Il ressort ainsi que plusieurs agents participent à la transmission de la culture et qu'en définitive c'est toute la communauté qui devient milieu de socialisation. Le système d'enseignement qui en fait un de ses objectifs explicites y occupe cependant une place déterminante.

La fonction de socialisation de l'école dans la société technologique

Les sociologues et les anthropologues sont unanimes à reconnaître que l'école remplit une fonction de socialisation dans les sociétés contemporaines, que l'école ne représente pas le seul agent de socialisation et que ce processus peut varier selon les milieux.

La fonction de l'école dans la socialisation est cependant l'objet de nombreuses controverses en sociologie. Les sociologues ne s'entendent pas sur l'orientation du processus de socialisation. Pour Durkheim et dans une certaine mesure aussi pour Parsons, Clark et Dreeben[8], une société ne peut survivre si les membres qui la composent ne réfèrent pas à un ensemble de valeurs et de normes sociales communes, s'il n'existe pas un consensus, une certaine homogénéité dans les manières de sentir, de penser et d'agir de ses membres. C'est pourquoi une des fonctions de l'école est de participer à la création et au maintien de ce consensus, à la transmission des valeurs et des idéologies que cette société privilégie, à la socialisation des jeunes générations.

Pour P. Bourdieu et J.C. Passeron et pour les sociologues néomarxistes C. Baudelot et R. Establet, L. Althusser, N. Poulantzas, M. Carnoy, S. Bowles et H. Gintis[9], la fonction de socialisation de l'école consiste à justifier la domination de certaines classes ou de certaines élites. L'institution scolaire sert ainsi à «déguiser» la domination des classes dominantes en créant une «fausse conscience», en créant l'illusion chez les classes inférieures que les valeurs auxquelles elles réfèrent sont celles de la collectivité toute entière alors qu'en réalité ces valeurs servent les intérêts des élites dominantes[10].

Ainsi, les sociologues sont unanimes à reconnaître que l'école est un agent de socialisation, ils ne s'entendent pas sur l'orientation de son action dans le processus de socialisation. Le débat sur cette question reste ouvert. La position que les sociologues adoptent dans cette controverse dépend de la conception qu'ils ont de la société et des autres fonctions du système d'enseignement, bref du paradigme auquel ils réfèrent dans leur analyse des relations entre le système d'enseignement et la société. C'est ce que nous tenterons de démontrer brièvement en nous inspirant de Hurn pour reconstituer les deux principaux paradigmes ou modèles d'analyse dont s'inspirent les sociologues de l'éducation à cet égard : le paradigme « fonctionnel » et le paradigme « radical »[11].

Le paradigme « fonctionnel » a été élaboré au début des années soixante au moment où les sociétés occidentales et les pays en voie de développement connaissaient une période de croissance, où le credo libéral n'avait pas été soumis à une critique systématique et où on était relativement optimiste quant au développement économique et social. La conception de la société sur laquelle repose ce paradigme est caractérisée par les éléments suivants : a) le développement et le progrès de la société dépendent du développement des connaissances et de la formation d'une main-d'oeuvre qualifiée. C'est dans une certaine mesure une société d'experts ; b) les rôles occupationnels tendent à être distribués davantage en fonction de la compétence d'un individu qu'en fonction de son ascendance et de la position qu'il a héritée de sa famille. C'est une société méritocratique dans laquelle les occupations sont distribuées en fonction de l'habileté des individus à les remplir et des efforts qu'ils déploient dans l'accomplissement de la tâche plutôt qu'en fonction des privilèges hérités de leur famille. Cette société tend à assurer une égalité des chances ; c) c'est une société démocratique et pluraliste qui valorise la rationalité et la tolérance et aspire à une plus grande justice sociale.

Dans le type de société auquel réfère le paradigme « fonctionnel », le système scolaire apparaît comme une institution essentielle et comme un moyen rationnel : a) d'identifier et de sélectionner les individus les plus aptes et les plus talentueux, quelle que soit leur origine sociale, pour occuper les positions les plus importantes, et ce faisant, de promouvoir une plus grande égalité des chances ; b) de transmettre les connaissances, de développer chez les individus les habiletés générales et spécifiques nécessaires au fonctionnement de l'économie ; c) d'élaborer de nouvelles connaissances dans le but d'assurer le progrès économique et social ; d) de transmettre les valeurs de rationalité, de justice, d'égalité et de tolérance dans le but de former un citoyen informé, responsable et engagé, qualités nécessaires au fonctionnement d'une société démocratique.

Le paradigme « radical » a été élaboré au cours des années soixante-dix surtout à partir d'une critique du modèle « fonctionnel », au moment où les sociétés occidentales entraient dans une période de crise suite à la période d'expansion rapide qu'elles avaient connue et où l'on commençait à être plus pessimiste quant aux possibilités de développement.

Il est plus difficile de reconstituer le paradigme « radical » que le paradigme « fonctionnel », parce que plusieurs auteurs en ont proposé des variantes à partir de prémisses parfois différentes. Il ressort cependant que le système d'enseignement apparaît dans le modèle radical comme étant intimement lié au fonctionnement de la société dans laquelle il s'inscrit et remplit, comme dans le cas du modèle fonctionnel, une double fonction de socialisation et de sélection. Toutefois, dans le modèle radical, le système d'enseignement apparaît davantage lié aux demandes et aux intérêts des élites dominantes qu'aux besoins de l'ensemble de la société.

Le paradigme radical remet en question le caractère méritocratique de la société et la contribution du système d'enseignement à l'instauration d'une plus grande égalité des chances et à la transmission des valeurs propres à une société démocratique. La sélection qui s'opère au sein du système d'enseignement ne permet pas vraiment aux plus talentueux d'accéder aux positions les plus élevées de la société. Au contraire les élites dominantes se servent du système d'enseignement pour consolider leur position et leurs privilèges. Au lieu de transmettre des valeurs et des orientations essentielles au fonctionnement d'une société démocratique (rationalité, justice sociale, tolérance, esprit critique, etc.), le système d'enseignement met l'accent sur les valeurs privilégiées par les classes moyennes (discipline, bonnes habitudes de travail, bonnes manières, conformisme, etc.).

Les tenants du modèle fonctionnel reconnaissaient que la société n'était pas totalement méritocratique et que la socialisation à l'école pouvait avoir un caractère conservateur. Ils avaient tendance toutefois à conclure, selon Hurn, que c'était parce que le système d'enseignement avait été détourné de ses objectifs et qu'il suffisait de procéder à une réforme des méthodes d'enseignement et des structures scolaires pour pallier ces imperfections. Les tenants du paradigme « radical » concluent au contraire à l'échec du système d'enseignement et soutiennent que cet échec n'est pas d'abord dû au système d'enseignement lui-même, mais à l'organisation et au fonctionnement de la société capitaliste dans laquelle il s'inscrit. Le système d'enseignement apparaît comme un instrument de sélection et de socialisation qui contribue à perpétuer les inégalités et à assurer la domination des élites.

Ainsi l'interprétation que l'on donne de la fonction de socialisation de l'école dans la société technologique d'une part n'est pas indépendante de la conception que l'on a d'une autre fonction du système d'enseignement (fonction de sélection) et d'autre part dépend de l'analyse que l'on fait de la société dans laquelle il s'inscrit.

Le processus de transmission des orientations culturelles

Au-delà de cette controverse, on peut se demander par quels mécanismes le système d'enseignement peut contribuer à transmettre certaines valeurs et orientations culturelles. Plusieurs processus peuvent y contribuer. Nous en explorerons quatre en particulier : les matières enseignées et les manuels scolaires, les programmes, les enseignants et la structure ou l'organisation même de l'école.

Les matières enseignées et les manuels scolaires

On peut observer un premier processus de transmission d'orientations culturelles au niveau des matières enseignées. L'enseignement de l'histoire, de la géographie et de la religion, par exemple, contribue à véhiculer certaines valeurs culturelles propres au milieu dans lequel s'inscrit le système scolaire.

Dans le contexte canadien, plusieurs auteurs ont montré qu'on n'enseigne pas l'histoire du Canada de la même façon au Canada français qu'au Canada anglais, et que cette situation peut contribuer à transmettre des valeurs culturelles et des orientations politiques différentes dans les deux groupes.

Dans une analyse comparative des manuels d'histoire du Canada de langue française et de langue anglaise, A. Leduc et une équipe ont procédé à une analyse du nombre et de la nature des « vertus » attribuées aux personnages de l'histoire du Canada de même que des types d'explication des événements historiques et des comportements des personnages. Il ressort de l'analyse de contenu que le nombre et la nature des « vertus » attribuées aux personnages varient en fonction de la langue des manuels. Par exemple :

« Dans les manuels français, les personnages sont présentés comme plus vertueux que les autres ; dans le manuel de Dickie and Palk, les Anglais du régime anglais sont plus vertueux que les autres.

(...) Les manuels français valorisent les clercs plus que le manuel anglais ; le manuel anglais valorise les politiciens et les commerçants plus que les manuels français.

(...) L'attribution de vertus religieuses aux personnages de l'histoire est une caractéristique des manuels français.

(...) Pour l'ensemble des deux régimes les manuels français insistent sur les explications religieuses plus que le manuel anglais, et le manuel anglais insiste sur les explications économiques plus que les manuels français »[12].

Cette analyse témoigne non seulement que des orientations culturelles peuvent être véhiculées à travers les matières enseignées, mais aussi que les orientations culturelles transmises peuvent varier selon les groupes linguistiques et ethniques [13].

À côté de l'enseignement de l'histoire, il est permis de se demander quelles sont les orientations culturelles véhiculées par l'école dans les autres matières, dans les manuels et les livres de lecture utilisés. Dans une recherche portant sur l'analyse de contenu d'un échantillon de 255 manuels scolaires approuvés en 1974-1975 par le ministère de l'Éducation pour différentes matières aux niveaux élémentaire et secondaire, L. Dunnigan [14] a analysé les stéréotypes masculins et féminins, c'est-à-dire les orientations culturelles relatives aux rôles de l'homme et de la femme, véhiculés par les manuels scolaires. L'auteure a montré que le sexe féminin était sous-représenté dans les manuels, que la femme y était exclue des rôles principaux, qu'on y définissait le rôle de la femme à partir de sa vie domestique et familiale et celui de l'homme à partir de sa vie professionnelle, qu'on sous-estimait la place que les femmes occupent dans le monde du travail, et qu'on avait tendance à attribuer aux femmes des qualités et des émotions différentes de celles qu'on attribue aux hommes. Il ressort ainsi que les manuels scolaires véhiculent des orientations culturelles fort différentes relativement aux rôles de l'homme et de la femme.

Dans une analyse des contenus des livres de lecture les plus lus par les enfants francophones de 8 à 12 ans fréquentant les bibliothèques publiques de Montréal, M. Durand [15] s'est penchée sur la conception de l'autorité qui pouvait se dégager de ces livres pour enfants. Il ressort de l'analyse que le nombre de situations dans lesquelles un adulte manifeste son autorité est beaucoup plus élevé que celui des situations dans lesquelles un enfant réagit face à cette manifestation, que l'adulte a tendance à exercer son pouvoir de façon autoritaire et que ce comportement de l'adulte provoque chez l'enfant des réactions à caractère plutôt négatif (appréhension, frustration, culpabilité, dépendance, etc.). Ces livres de lecture véhiculent ainsi des modèles de comportement face à l'autorité qui pourraient avoir un impact sur l'apprentissage que les enfants font des normes relatives à l'autorité et qui illustrent, selon l'auteure, le décalage qui existe entre la littérature enfantine et les nouvelles idéologies relatives à l'exercice de l'autorité dans la société contemporaine.

Les programmes

Un deuxième processus de transmission de la culture à l'intérieur du système d'éducation est lié aux programmes d'études. Un programme d'études identifie les objectifs d'un cycle d'études, définit les orientations générales de l'enseignement, précise, justifie l'importance relative des matières enseignées et souvent l'angle sous lequel elles doivent être présentées aux étudiants. Un programme d'études peut en cela refléter des orientations culturelles et idéologiques qu'une collectivité veut transmettre à ses jeunes générations dans et par les activités pédagogiques de l'école.

C'est ce qu'illustre l'analyse de contenu que N. Gagnon[16] a effectuée de la revue *L'enseignement secondaire*, revue dont il est permis d'affirmer qu'elle reflétait les orientations du programme des anciens collèges classiques du Québec. L'auteure essaie de reconstituer l'idéologie scolaire[17] qui était sous-jacente aux programmes de ces collèges et de montrer comment elle a évolué des années vingt jusqu'au début des années soixante.

L'auteure montre qu'au cours des années vingt, l'idéologie scolaire sous-jacente au programme des collèges classiques était centrée sur une conception de la culture générale axée sur les humanités gréco-latines, la culture littéraire et une conception de l'humanisme chrétien qu'il importait d'inculquer à une élite éclairée. Dans cette vision, la culture scientifique n'était pas valorisée, étant associée à une conception jugée trop utilitaire de l'éducation. On reconnaissait cependant que l'enseignement des sciences pouvait apporter un complément de formation aux étudiants. Cette conception de la culture et de l'humanisme accordait une place importante à la religion et à la tradition. Elle avait aussi une connotation nationaliste puisqu'elle devait contribuer, selon les tenants de cette idéologie, à distinguer les Canadiens français des Canadiens anglais. Aussi l'idéologie scolaire de l'enseignement secondaire apparaît intimement liée aux idéologies globales de la société québécoise de l'époque. Cette conception élitiste de l'éducation était basée sur une conception monolithique de la société selon laquelle on identifiait la société à la nation, dont les élites traditionnelles et en particulier le clergé étaient l'âme.

Il ressort de l'analyse de Gagnon que cette idéologie scolaire a évolué et qu'au cours des années cinquante, les humanités gréco-latines y occupent une place beaucoup moins prépondérante. La culture générale n'y est pas identifiée à la culture littéraire et philosophique. Les humanités recouvrent un ensemble plus diversifié de disciplines. Les sciences, y compris les sciences humaines, et en particulier l'histoire, émergent comme des composantes essentielles de la formation générale. De plus si la culture apparaît toujours comme l'héritage du passé, elle y est aussi présente comme une force tournée vers l'avenir, de sorte qu'à la fin des années cinquante, la tradition n'occupe plus la même place dans l'idéologie scolaire des collèges classiques. L'auteure souligne en outre qu'il en est ainsi de la religion. Si une nouvelle conception de la culture et de l'information générale a remplacé celle des années vingt, Gagnon estime qu'à la fin des années cinquante la vision de la société qui lui était sous-jacente n'avait pas été modifiée en profondeur, bien qu'elle ait anticipé que des modifications en ce sens seraient introduites éventuellement.

Cette analyse des programmes des anciens collèges classiques illustre de façon explicite comment des programmes d'enseignement peuvent non seulement refléter des idéologies et des orientations culturelles d'une société mais aussi leur servir de véhicule au sein du système scolaire. Il est permis de se demander en quoi et jusqu'à quel point les idéologies scolaires, les conceptions de l'homme et de la société québécoise qui étaient sous-jacentes aux programmes des collèges classiques ont fait place au cours des années soixante à des idéologies et à des conceptions différentes de l'homme et de la société dans les programmes d'études. Nous ne disposons pas cependant d'une analyse aussi complète ni aussi explicite des idéologies scolaires sous-jacentes aux programmes actuellement en vigueur dans les écoles secondaires polyvalentes et dans les collèges d'enseignement général et professionnel.

Les enseignants

Un troisième processus de transmission des valeurs est lié à l'influence personnelle que le professeur peut exercer à travers ou au-delà des matières qu'il enseigne et du programme dans lequel il s'inscrit. Dans une étude sur les orientations idéologiques des enseignants, Bélanger et Juneau[18] ont formulé les postulats suivants concernant le rôle de l'enseignant dans la transmission des valeurs : a) l'école se donne une représentation des normes culturelles à transmettre ; b) ces représentations sont véhiculées à travers les programmes, les matières enseignées et les manuels ; c) les enseignants ne reproduisent pas nécessairement ces représentations officielles, mais peuvent réinterpréter les valeurs culturelles que le système scolaire leur demande de transmettre. Bref, ils sont appelés à jouer un rôle de médiateur dans la socialisation qui s'effectue à l'école.

Comment et jusqu'à quel point les enseignants réinterprètent-ils les normes et les valeurs culturelles que l'école leur demande de transmettre ? Insistent-ils davantage sur la conformité aux normes et aux valeurs que la société peut demander au système d'éducation de transmettre ou sur l'adaptation et le changement de ces normes culturelles ? Comment les enseignants se définissent-ils par rapport au changement culturel ? Qu'est-ce qui caractérise leur profil culturel ? En quoi et jusqu'à quel point les normes et les valeurs culturelles qui les caractérisent sont-elles différentes de celles qui prévalent dans le milieu dans lequel ils enseignent ? Quel peut être l'impact du décalage culturel qui existe entre les

enseignants et la population à laquelle ils enseignent, sur la relation pédagogique qu'ils développent et sur le rendement scolaire des étudiants ? Ce
sont là autant de questions qui peuvent être soulevées au sujet du rôle de
médiateur que les enseignants sont appelés à jouer dans le processus de
socialisation à l'école.

Peu de données empiriques ont été recueillies en rapport avec ces
questions[19]. Il ressort toutefois d'une étude sur le rôle des enseignants
dans l'initiation des étudiants au système politique que :

« 1) bien que les enseignants considèrent l'école comme un agent important de socialisation politique, ils tendent à attacher encore plus d'importance à la famille et aux moyens de communication de masse ; ils ne
sont pas différents à cet égard des parents, des étudiants et des principaux ; 2) une majorité d'enseignants ne sont pas en faveur de discussions
politiques avec les étudiants bien qu'une minorité reconnaissent que cela
fait partie de leur rôle. La façon dont ils définissent leur rôle à cet égard
correspond aux attentes des parents sur cette question. Il importe de souligner qu'ils sont moins en faveur de discuter de questions politiques que
ne le sont les étudiants et les principaux ; 3) les enseignants n'ont pas tendance à discuter fréquemment de questions politiques avec les étudiants.
Plusieurs en discutent moins fréquemment qu'ils pensent qu'ils ne le devraient, et il est même permis de croire que certains s'auto-censurent.
Lorsqu'ils discutent de questions politiques, ils le font surtout en dehors
de la classe, au cours de discussions non reliées à la matière enseignée (on
a toutefois observé la tendance inverse chez les enseignants
anglophones), s'abstiennent de prendre position et d'exprimer leur opinion personnelle et sont invités à le faire par des étudiants qui en prennent souvent eux-mêmes l'initiative »[20].

Ainsi dans l'ensemble, les enseignants n'ont pas tendance à jouer un
rôle très actif dans la socialisation politique des étudiants. Ils s'identifient davantage aux orientations traditionnelles de la culture politique de
l'école qu'aux nouvelles tendances qui en émergent et qui tendent à légitimer un engagement plus actif et plus explicite de ceux-ci dans le processus de socialisation politique.

Structure et organisation de l'école

Un quatrième processus de transmission de la culture au niveau du
système d'enseignement est lié à la structure et à l'organisation même de
l'école. Selon Dreeben[21], la structure sociale de l'école diffère à plusieurs
points de vue de celle de la famille. La dimension de l'école est plus considérable, le nombre d'adultes par rapport au nombre d'enfants est moins
élevé, les relations sociales sont moins stables et plus transitoires, et les
sous-groupes d'enfants et d'adultes sont plus hétérogènes à l'école que

dans la famille. Dans cette perspective, les enfants font à l'école des expériences d'apprentissage culturel différentes de celles auxquelles ils sont soumis dans la famille. C'est dans ce sens que la structure sociale de l'école peut contribuer à transmettre des orientations culturelles différentes (ou selon des modalités différentes) de celles que la famille peut véhiculer. La structure scolaire par exemple est beaucoup plus propice à la transmission de certaines valeurs comme l'autonomie personnelle et le désir de réussir. Ceci ne veut pas dire que la famille ne contribue pas elle aussi à transmettre ces valeurs culturelles. Dans le cas de l'école cependant, ces valeurs occupent une place prépondérante parce qu'elles sont inscrites au coeur de la structure sociale et de l'organisation de l'école, et des stratégies pédagogiques qu'elle utilise. De plus, la transmission de ces valeurs s'effectue de façon plus implicite mais peut être plus contraignante à l'école que dans la famille.

L'étude de Bronfenbrenner[22] sur l'insertion des enfants russes et américains dans leur société permet d'illustrer en quoi la structure, l'organisation interne de l'école et les méthodes d'enseignement peuvent contribuer à véhiculer les orientations culturelles qu'une société privilégie. L'auteur montre que l'éducation dans les institutions collectives soviétiques et dans les écoles américaines diffère à cet égard. Qu'il suffise de mentionner que dans les institutions collectives d'éducation soviétiques on fait appel de façon beaucoup plus systématique que dans les écoles américaines au collectif d'enfants dans l'organisation des activités pédagogiques para-scolaires. De plus l'éducation du caractère y occupe une place beaucoup plus importante que dans les écoles américaines.

L'éducation du caractère vise à développer et à inculquer une morale communiste. Les traits essentiels des principes moraux qu'on veut transmettre à l'école et dans d'autres milieux de socialisation comme les organisations de jeunesse sont ceux de l'importance du travail, de la compétition, de la discipline collective et de la conduite altruiste. Des méthodes d'éducation collective ont été élaborées dans le but de faire intérioriser ces grandes orientations par les enfants à travers les activités auxquelles ils participent.

Les méthodes pédagogiques sont centrées sur les divers collectifs dont chaque enfant est membre. Les activités pédagogiques et para-scolaires prennent la forme d'une entreprise élaborée ou confiée à un collectif (patrouille ou sous-groupe à l'intérieur d'une classe, école, ville, région) dont l'élève fait partie. Tout est mis en oeuvre pour favoriser une compétition non pas entre les individus mais entre les collectifs sur le plan scolaire comme sur d'autres plans (sport, travail manuel, hygiène, activités para-scolaires, conduite morale, etc.).

« Les résultats définitifs obtenus par chaque élève sont appréciés chaque semaine par ses égaux selon des critères et des procédures indiqués par les éducateurs. Les résultats obtenus par chaque enfant dépendent en effet pour une certaine part du niveau atteint par la collectivité dont il est membre et ainsi, c'est à chacun des élèves, motivé par son propre intérêt, qu'il appartient de veiller sur son voisin, de favoriser la qualité des résultats obtenus par les autres, ainsi que de leur comportement et de veiller à les aider quand ils sont en difficulté.

Dans ce système, le collectif d'enfants devient l'agent de la société adulte et assume pour une très large part la charge de récompenser et de punir. Cette dernière fonction prend essentiellement la forme de sanctions prononcées par le groupe et se traduit par la critique prononcée en public et, en dernier ressort, par la décision d'exclusion. L'individu apprend ainsi à placer le jugement du groupe au-dessus du sien et à subordonner son intérêt à celui de la collectivité »[23].

On constate ainsi que c'est à travers les méthodes d'enseignement, l'organisation et la structure même du système d'enseignement et des organisations de jeunesse qu'on essaie de créer les conditions susceptibles de faire intérioriser les grandes orientations de la « morale communiste » qu'on privilégie. S'il y a lieu de s'interroger sur le conformisme social qui peut résulter d'un tel système de renforcement inhérent à la structure et à l'organisation des écoles soviétiques, il ne faudrait pas oublier qu'une analyse du système américain pourrait aussi faire ressortir que les modes d'organisation scolaire et les méthodes d'enseignement qui y prédominent en font peut-être un instrument de contrôle social tout aussi efficace et adapté à la société dans laquelle il s'inscrit. Ce qu'il importe de souligner, c'est que dans l'un et l'autre cas, la structure et l'organisation de l'école contribuent, avant même que les enseignants n'aient à intervenir eux-mêmes explicitement, à véhiculer les orientations culturelles que la société privilégie.

Conclusion

Nous avons tenté de montrer que la fonction du système d'enseignement ne se limite pas à transmettre des connaissances, ou à donner aux étudiants une formation scolaire et intellectuelle. Il peut aussi contribuer, comme agent de socialisation, à transmettre des normes, des valeurs, des idéologies ou tout autre élément de la culture. Dans le but de mieux mettre en relief la fonction de socialisation du système d'éducation dans une société technologique, nous avons amorcé une comparaison du processus de socialisation dans les sociétés traditionnelles et dans les sociétés technologiques. Nous nous sommes aussi référé aux interprétations que divers auteurs ont données de la fonction de socialisation du système d'éducation dans les sociétés technologiques. Nous avons montré à cet égard que la signification qu'on attribue au processus de socialisation à l'école dépend des conceptions qu'on a de la société et des autres fonctions sociales du système d'enseignement. Nous avons enfin décrit divers processus à travers lesquels l'école peut véhiculer certaines valeurs et orientations culturelles. Nous avons constaté à cet égard que l'école remplit souvent cette fonction de façon implicite et informelle.

Dans ce contexte, il apparaît important pour des enseignants, des spécialistes en éducation ou des administrateurs scolaires de prendre conscience des divers mécanismes de transmission des valeurs culturelles et des idéologies à l'intérieur du système d'enseignement. Les éléments d'information et d'analyse que contient ce chapitre ne représentent cependant qu'une introduction au thème étudié. C'est pourquoi nous tenterons en conclusion de formuler certaines questions et de poser certains problèmes relatifs à la fonction de socialisation du système d'enseignement, qui n'ont pas été analysés ici :

— Quelle est, dans une société technologique, l'importance relative du système d'enseignement comme agent de socialisation comparativement à la famille, aux moyens de communication de masse, aux industries, aux syndicats ou aux autres agents et milieux de socialisation ?

— L'école, comme agent de socialisation, s'inscrit-elle dans le prolongement de la socialisation amorcée dans la famille, ou a-t-elle un rôle spécifique et différent à jouer, qui pourrait, à la limite, aller à l'encontre de la famille ? Par exemple, dans l'hypothèse où un étudiant a les aptitudes requises, l'école peut-elle encourager cet étudiant qui désire poursuivre des études universitaires si la famille s'y oppose ?

— Jusqu'à quel point le système d'enseignement est-il efficace dans sa fonction de socialisation ? Le système d'enseignement dispose, comme on l'a vu, de divers mécanismes de transmission des orientations culturelles et idéologiques, mais, dans quelle mesure a-t-il véritablement un impact sur la mentalité des jeunes générations ?

— La structure et l'organisation interne de l'école représentent un mécanisme de transmission des valeurs au sein du système d'éducation. Or, la réforme scolaire amorcée dans les années soixante au Québec a profondément modifié les structures pédagogiques du niveau secondaire et collégial (polyvalence, promotion par matière, progrès continu par exemple). Quel impact la modification des structures pédagogiques a-t-elle pu avoir sur les orientations et les valeurs culturelles des étudiants?

— Une des caractéristiques de la mentalité propre à une société technologique est le pluralisme culturel. Il n'existe plus d'unanimité sur certaines valeurs ou sur certaines façons de les traduire dans la réalité de tous les jours. Comment le système d'enseignement se situe-t-il face à cette diversité des orientations culturelles et idéologiques et par rapport aux conflits qui en résultent?

— Le système d'enseignement comme agent de socialisation a-t-il une orientation conservatrice ou progressiste? Est-il davantage axé sur les valeurs du passé et de la tradition que sur les nouvelles orientations culturelles et idéologiques? La tendance du système d'éducation est-elle d'encourager un certain conformisme ou de participer à l'émergence et à la création de nouvelles orientations culturelles et idéologiques?

— Dans ce contexte de pluralisme et de conflits culturels, quels groupes réussissent le mieux à faire prédominer, au sein du système d'enseignement, les orientations qu'ils privilégient? Comment s'opèrent la définition et la sélection des modèles culturels véhiculés par l'école? Quels sont les agents qui participent à cette sélection? Qui contrôle le processus d'institutionnalisation des normes culturelles à l'intérieur du système d'enseignement? Comment ces normes culturelles sont-elles ensuite traduites et opérationnalisées dans le système scolaire? Quelle place occupent les enseignants, les parents, les administrateurs scolaires dans cette sélection des normes culturelles véhiculées et transmises par l'école?

Pour mieux répondre à ces questions, il est nécessaire d'amorcer une analyse de la structure du pouvoir au sein du système d'enseignement, des mécanismes de définition des objectifs et de prise de décision.

Troisième partie :
LA SÉLECTION SOCIALE

5
L'éducation : facteur de mobilité ou de reproduction sociale ?

M'hammed Mellouki
et Manuel Ribeiro

Le concept de mobilité sociale
(M. Ribeiro)

Notre observation quotidienne des personnes et des groupes nous montre des différences entre ceux-ci : certaines personnes sont grandes tandis que d'autres sont petites de taille ; certaines ont les cheveux frisés, d'autres par exemple les ont crépus.

Il n'y a pas une seule façon d'être « physiquement » dans nos sociétés. Les individus ne sont pas tous des jumeaux identiques ou homozygotes. Voilà donc un premier niveau d'observation qui nous est rappelé quotidiennement.

En poursuivant notre investigation, nous nous rendons compte cependant que certaines différences ont un pouvoir ou un effet discriminant tandis que d'autres n'en ont pas. Par exemple, le fait de connaître la couleur, noire ou blanche, de la peau d'une personne habitant l'Afrique du Sud peut permettre de prédire la position de celle-ci dans cette société, tandis que le fait de connaître le poids de cette personne ne le permet pas.

Notre pratique quotidienne nous apprend donc que les personnes et les groupes ne sont pas tous identiques, que certaines différences comme la taille ou le poids ont peu de conséquence. Par contre d'autres différences liées à l'occupation, au revenu, au lieu de résidence, etc. placent les gens dans des catégories diverses et hiérarchisées à l'intérieur de nos sociétés.

En langage plus sociologique, nous pourrions parler ici du concept de stratification. Le concept de stratification repose sur deux postulats majeurs :

1) quel que soit le principe de hiérarchisation, toute société moderne est constituée de groupes hiérarchisés ;

2) le principe de hiérarchisation de ces groupes est basé sur un certain nombre de critères (l'occupation, le revenu, le prestige, la place dans le processus de production, par exemple). Ces critères servent d'indicateurs d'appartenance individuelle aux groupes socio-économiques hiérarchisés. Les individus sont généralement rassemblés en des catégories plus larges pour lesquelles le terme de «classes» est employé par les auteurs tant marxistes que non marxistes.

Il n'y a pratiquement pas de sociétés sans classes. Et le type d'occupation, sans en être l'indicateur unique, permet de préciser la position hiérarchique des individus et des groupes constitutifs de la structure sociale dont l'ensemble forme le système de stratification sociale ou système de classes.

Dans une société industrielle avancée telle celle du Québec, nous observons en outre que les classes ou les strates sociales ne sont pas cloisonnées de façon hermétique. En d'autres termes, il est possible pour les individus et, de façon plus restreinte, pour les groupes, de passer d'une classe sociale à une autre. On sait par exemple que dans le système des castes de l'Inde traditionnelle, on naît et meurt paria, la circulation d'une caste à l'autre étant quasi impossible.

Dans le langage des sciences sociales, nous utilisons le concept de *mobilité* sociale pour parler de cette réalité de circulation ou de passage. Nous présentons ici diverses définitions de ce concept, notre but n'étant pas cependant d'entrer dans les détails. Une première définition de ce concept pourrait être la suivante : « *la mobilité sociale correspond à la probabilité qu'ont, dans un système social donné, les individus (ou même les groupes) de changer de statut, que ce soit le statut professionnel, le statut de prestige, le statut géographique ou surtout le statut économique*[1] ».

Pour mieux comprendre cette définition, il est nécessaire de préciser le concept de statut. Ainsi, le statut particulier d'une personne, au sein d'un groupe, est la position sociale que cette personne occupe dans la structure même du groupe[2]. Les facteurs les plus importants pour déterminer le ou les statuts sont ceux qui sont liés au pouvoir, à la richesse, au prestige ou, comme nous le mentionnions plus haut, à la place occupée par cette personne dans le processus de production, entendu au sens large.

En général, lorsqu'on parle de mobilité, on fait référence comme indicateur au statut socio-économique ou socio-professionnel des individus. La définition apportée par Boudon va dans ce sens, pour lequel la mobilité est «*la différence, en fonction des origines sociales, dans les probabilités d'accès aux différents niveaux socio-professionnels[3]*».

Une dernière définition de la mobilité met l'accent cette fois, non plus sur la notion de probabilité mais sur le passage effectué d'une strate à une autre et sur ce que cela implique en termes d'acquisition de comportements, de valeurs, etc. : «*la mobilité sociale est le passage effectué d'une strate de prestige à une autre. Elle consiste à acquérir les comportements, les biens prestigieux, l'échelle de valeurs propres à une strate dans laquelle l'on ne se trouvait pas auparavant*».

L'auteur poursuit en précisant que le facteur temps est important dans tout passage d'une classe à une autre ou d'une strate à une autre : «La mobilité sociale ne s'opère pas en général d'un seul coup. Il est même assez fréquent qu'il faille plus d'une génération pour la réaliser. La première génération, par exemple, peut se contenter d'augmenter ses possessions en biens capitaux ou en diverses réserves, tout en conférant aux enfants l'éducation et la capacité professionnelle qui leur permettront d'achever le mouvement, ou encore en mariant les filles à des jeunes gens de strates sociales plus élevées[4]».

Une dernière précision s'impose avant de passer aux définitions de divers types de mobilité sociale. Si un individu peut passer d'une strate sociale à une autre, c'est-à-dire changer de statut, on reconnaît alors que la notion de statut implique certains aspects que l'individu peut modifier et d'autres sur lesquels il ne peut intervenir. On distingue en général entre les statuts attribués et les statuts acquis pour rendre compte de ces deux dimensions du concept.

On appelle *statuts attribués ou hérités*, ceux que la personne possède sans avoir fait quoi que ce soit pour les acquérir (ceux qui résultent de l'appartenance à une nation, à une race, à un sexe, à un groupe ethnique, à une famille riche, par exemple).

Quant aux statuts acquis, ils font référence à ceux que la personne possède en ayant fait quelque chose pour les acquérir. Cela signifie que l'action positive de l'individu y est pour quelque chose. Mais en réalité, toute acquisition de statut suppose généralement un ensemble de conditions sociales qui ne dépendent que fort peu de l'action personnelle : de deux individus ayant acquis le même diplôme de la même université et faisant pratiquement les mêmes efforts, l'un peut réussir tandis que l'autre «plafonne». Dire d'un individu «qu'il ne doit rien qu'à lui-même» n'est donc jamais tout à fait exact, car la réussite dépend de chances et de possibilités qui ne sont pas distribuées de façon uniforme. En ce sens, nous appuyant sur Virton, nous pouvons affirmer que si nous considérons le statut social d'une personne vivant dans la société globale déterminée, force nous est de constater que la plupart des éléments de ce statut global sont attribués et non acquis[5].

Après ce tour d'horizon rapide sur le concept de mobilité sociale, il importe maintenant de faire les distinctions nécessaires entre les divers types de mobilité sociale.

Types de mobilité sociale

Lorsque nous parlons de mobilité sociale, nous pouvons l'envisager sous différents angles. Il y a la mobilité horizontale ou verticale, cette dernière pouvant être ascendante ou descendante. Il y a aussi la mobilité intergénérationnelle ou intragénérationnelle. De plus, nous pouvons faire référence à la mobilité individuelle ou collective, à la mobilité structurelle et non-structurelle.

La mobilité *horizontale* désigne la possibilité de passer d'une occupation à une autre tout en conservant le même statut socio-économique. Ainsi, le fait de passer de l'occupation de conseiller en orientation à celle de sociologue ou de psychologue constitue un exemple de mobilité horizontale. Il en est de même du médecin devenu politicien ou de l'électricien qui occupe dans un deuxième temps le métier de plombier.

Le phénomène observé du manoeuvre devenu col blanc ou de l'agent de bureau devenu haut fonctionnaire se nomme mobilité *ascendante* (monter dans la hiérarchie sociale). La situation inverse est appelée mobilité *descendante*. Ces deux mouvements se retrouvent sous le concept plus général de mobilité *verticale*. Celle-ci annonce les changements de niveaux ou de strates sociales et renvoie à une société hiérarchisée.

Nous pouvons dire de façon générale que lorsqu'on parle de «mobilité sociale», on se réfère habituellement à la mobilité sociale verticale ascendante.

Par ailleurs, le concept de mobilité *intragénérationnelle* s'applique lorsqu'il est question de mouvements d'individus dans l'échelle sociale au cours d'une même génération et celui de mobilité *intergénérationnelle* lorsqu'il s'agit de comparer les statuts des enfants avec ceux de leurs parents.

De plus, on peut distinguer entre mobilité *individuelle* et mobilité *collective*, selon que l'on fait référence à la mobilité d'un individu ou d'un groupe à l'intérieur de la structure sociale. Comme exemple de ce deuxième cas, on peut penser aux enseignants du Québec qui ont vu leur statut s'améliorer au cours des années 1960-1970. On fait aussi appel à la notion de mobilité *structurelle* pour désigner les changements de statuts des individus ou des groupes qui sont dus principalement à des modifications dans la structure socio-économique, indépendamment de l'action individuelle. Un exemple de ce type de mobilité est bien connu au Québec : de nos jours peu de fils de cultivateurs deviennent eux-mêmes cultivateurs mais plutôt ouvriers spécialisés ou cols blancs. Ce phénomène s'observe principalement lors du passage d'une société de type agricole à une société de type industriel et technologique, moment où la structure socio-professionnelle se trouve complètement modifiée.

La mobilité *non-structurelle* quant à elle peut être définie comme étant celle qui caractérise les mouvements des individus et des groupes dans l'échelle sociale, mouvements qui ne sont pas dus à des modifications de la structure sociale. Il s'agit ici de toutes les formes de mobilité qui se produisent à l'intérieur d'une même structure sociale.

Au-delà des développements conceptuels précédents, il faut reconnaître que l'idée de mobilité peut prendre des significations différentes dans le temps et dans l'espace. C'est ce que nous verrons à l'instant.

Un phénomène relatif

La mobilité sociale est un phénomène relatif dans la mesure où elle peut varier d'un pays à l'autre ou d'une époque à l'autre. Cette variation peut être fonction de degré d'ouverture qu'offre tel ou tel type de structure sociale, d'une part, ou de la conjoncture économique et politique, d'autre part. Ainsi, dans l'Inde traditionnelle, la mobilité sociale était quasi impossible en raison de l'existence d'une structure de castes assez fermée. À l'inverse, dans les sociétés industrielles occidentales, on observe que les structures sont relativement plus ouvertes. Si l'on prend l'exemple du Québec et que l'on se reporte aux années 1940-1950, on constate qu'à cette époque les promotions individuelles étaient quasiment réservées à ceux qui passaient par les collèges classiques alors que dans les années soixante, suite aux efforts de démocratisation de l'enseignement, un grand nombre de jeunes ont pu accéder à l'éducation supérieure et faire leur ascension dans l'échelle sociale. À la suite de ces exemples, nous pouvons dire néanmoins qu'aucune société n'est complètement fermée ou totalement ouverte.

Par ailleurs, la mobilité sociale demeure relative si on l'examine sous l'angle de l'appréciation que font les individus des avantages socio-économiques et culturels attachés aux rôles et statuts sociaux. Ainsi, certains individus trouvent plus de valorisation dans la recherche scientifique ou dans les activités politiques; d'autres accordent davantage de prestige aux vedettes du sport professionnel ou du cinéma, par exemple.

D'autre part, les voies de la mobilité sociale sont diverses et ont changé à travers l'histoire. Dans les sociétés contemporaines occidentales, l'éducation s'avère cependant un moyen privilégié de mobilité sociale.

Cette dernière vision découle plus particulièrement de la conception libérale de la société et des rapports sociaux. C'est à partir de cette conception, dont les fondements théoriques seront présentés au chapitre 6, que nous allons analyser la relation entre éducation et mobilité sociale.

Éducation et mobilité sociale
(M. Mellouki)

Le rôle que l'on attribue à l'éducation[6] dans une société donnée se définit à la fois par rapport aux besoins socio-économiques, politiques et culturels et au stade du développement de cette société. Toutefois, le degré d'évolution d'un pays ne se mesure pas seulement par la perfection de sa technologie de production, par son capital économique, etc., mais aussi par le niveau de vie de la population et la participation de celle-ci à la production et à la consommation de biens et services économiques, sociaux et culturels. Or, depuis longtemps on s'est rendu compte de l'existence d'inégalités économiques et sociales. Les politiciens, les démographes et les sociologues notamment ont identifié et analysé un ensemble considérable de facteurs qui engendrent ou maintiennent les écarts socio-économiques entre différents groupes sociaux.

L'instruction, et par conséquent l'école, a été perçue, surtout dans les sociétés dites industrialisées, comme étant l'un des plus importants facteurs du développement social en général et de réduction des inégalités économiques et sociales en particulier. En effet, selon une certaine perception, les individus peuvent avoir accès aux statuts socio-professionnels qu'ils désirent, indépendamment de leur origine sociale, de leur sexe, de leur race, etc. Dans une société démocrate libérale, axée de plus en plus sur la production et la consommation, la compétence devient le critère privilégié de sélection des individus et non plus l'appartenance sociale ou tout autre élément, comme c'était le cas dans les sociétés dites traditionnelles.

Dès lors, l'école est toute désignée pour transmettre les connaissances, développer les aptitudes intellectuelles et le savoir-faire et sanctionner le degré d'acquisition par un diplôme, qui constitue l'indice de compétence spécifique à l'exercice d'un emploi spécifique. En conséquence, ce sont les mérites, les capacités et les qualifications individuelles qui deviennent la base de l'obtention du statut professionnel et social.

C'est ce principe fondamental, c'est-à-dire la réalisation d'une société méritocratique[7], qui a motivé, du moins partiellement, l'expansion scolaire et l'établissement de l'école obligatoire. On espérait, en fait, que l'école, tout en fournissant une main-d'oeuvre qualifiée nécessaire au développement économique, puisse en même temps donner aux enfants de milieux sociaux défavorisés les moyens, c'est-à-dire la compétence ou le diplôme, pour monter dans la hiérarchie professionnelle et avoir des revenus convenables. En un mot, l'éducation a été conçue comme le principal instrument de mobilité sociale ascendante et le manque d'instruction comme étant un des principaux facteurs d'explication du maintien des individus dans les strates inférieures de l'échelle sociale[8].

Ce qui précède correspond à certaines orientations de l'approche libérale, qui postule entre autres :

1) l'égalité des chances devant l'enseignement, indépendamment du sexe, de l'appartenance sociale, de l'ethnie, du milieu socio-géographique, etc...

2) l'égalité des chances d'accès aux statuts professionnels pour les individus ayant les mêmes diplômes ou qualifications en dehors de toute autre considération raciale ou sociale.

S'il est vrai que le degré d'instruction constitue le critère mis en évidence pour favoriser la mobilité sociale et en vue de réaliser une société plus juste reposant sur le mérite, on peut cependant se poser un certain nombre de questions comme celles-ci :

• Est-ce que les niveaux d'éducation (le nombre d'années de scolarité ou le diplôme) sont acquis indépendamment de l'origine sociale de l'individu ?

• L'éducation joue-t-elle le rôle qu'on attendait d'elle dans l'obtention de statuts socio-professionnels ?

• Dans quelle mesure les statuts socio-professionnels dépendent-ils ou non de l'origine sociale ?

• A origine sociale égale, les statuts socio-professionnels varient-ils en fonction des niveaux d'éducation acquis ?

• Dans quelle mesure peut-on dire finalement que la réduction des inégalités devant l'enseignement entraîne ou non une certaine égalité professionnelle et sociale ?

• C'est principalement à ces questions que nous allons tenter de répondre.

Niveau d'éducation et acquisition d'un statut socio-professionnel

L'une des hypothèses de l'idéologie méritocratique est qu'un surplus en éducation doit avoir des conséquences positives sur le statut social; par contre, un manque d'éducation doit avoir des effets négatifs. À travers une scolarité prolongée au-delà du secondaire ou du CÉGEP, par exemple, les étudiants acquièrent des connaissances et un savoir-faire qui les préparent à occuper des postes plus élevés que ceux qui ne poussent pas leurs études aussi loin.

Cette hypothèse peut être vérifiée de deux manières. En effet, si le niveau d'éducation ou du diplôme a l'avantage qu'on lui attribue, on doit s'attendre à au moins deux phénomènes.

a) À observer un rapport entre le degré de scolarité et l'emploi ou le chômage, c'est-à-dire que plus on possède un diplôme élevé, plus on a de chances de trouver un emploi, et vice-versa.

   Des données récentes concernant quelque 4 500 jeunes Québécois et Québécoises qui ont quitté l'école entre 1973 et 1977 confirment cette idée[9]. Ainsi, comme le montre le tableau 1, seulement 67% des jeunes qui ont abandonné l'école avant l'obtention d'un certificat d'études secondaires (CES) ont pu trouver un emploi comparativement à 92% chez ceux qui possèdent un diplôme universitaire. Inversement, le chômage est plus fort dans la catégorie des jeunes les

Tableau 1 : Pourcentage* des jeunes détenteurs d'un emploi ou non, selon le dernier diplôme obtenu

Dernier diplôme	Travaillent	Ne travaillent pas
Moins d'un CES (1012)	67	33
CES (1909)	85	15
DEC (924)	91	9
Bacc. ou plus (269)	92	8

* Les pourcentages utilisés ici et ultérieurement sont arrondis afin de simplifier la lecture des tableaux.

Source : Pierre Roberge, *op. cit.*, p. 48.

moins scolarisés. Il est probable que le manque d'expérience des jeunes travailleurs constitue une entrave à l'obtention d'un premier emploi[10], mais il est évident que cet obstacle est plus facile à surmonter par les jeunes qui sont les plus instruits. Il est possible aussi qu'en période de chômage aigu, on assiste à une certaine dégradation de la valeur des diplômes, dégradation due à l'occupation par certains jeunes d'emplois en deça de leurs qualifications scolaires, ce qui, en retour, entraîne un taux de chômage plus élevé chez les moins scolarisés.

Tableau 2 : Niveau social d'occupation selon le dernier diplôme obtenu

Dernier diplôme	Niveau social d'occupation* (en %)		
	Inférieur	Moyen	Supérieur
Moins d'un CES (536)	69	28	3
CES (1333)	36	58	6
DEC (704)	34	40	26
Bacc. ou plus (219)	4	46	50

* Le niveau social d'occupation a été construit selon l'échelle de B. Blishen. Ainsi, la classe inférieure regroupe essentiellement les ouvriers et cols blancs les moins qualifiés (des ouvriers non spécialisés et des manoeuvres); la classe moyenne est composée de cols blancs n'ayant pas de responsabilités de commandement, de cols bleus ayant des fonctions de maîtrise et d'ouvriers spécialisés; la classe supérieure regroupe les professions libérales ou autres, la plupart des semi-professionnels et les propriétaires et gérants de l'industrie et du commerce. Ce regroupement est le même que celui qui sera utilisé au tableau 10 ultérieurement. Voir Pierre Roberge, *op. cit.*, p. 101-103.

Source : Pierre Roberge, *op. cit.*, p. 64.

b) Si le niveau d'éducation détermine, tel qu'on l'a vu, la situation d'emploi, on peut supposer qu'il doit avoir des effets sur le type d'emploi ou le statut professionnel acquis. Plus concrètement, on peut émettre l'idée que plus le degré d'instruction est élevé, plus le statut professionnel qu'on obtient l'est aussi et inversement.

Les données citées dans le tableau 2 confirment cette hypothèse. En effet, on peut remarquer que le diplôme obtenu a une assez grande influence sur le niveau social d'occupation acquis : 69% des jeunes ne possédant pas un CES comparativement à 4% seulement des diplômés universitaires occupent un statut social inférieur [11]. Par contre, une petite minorité des moins scolarisés (3%) obtient une position sociale supérieure alors que la moitié des plus instruits (50%) y accède [12].

Est-ce à dire que le degré d'instruction devient le critère le plus important dans l'obtention du statut socio-professionnel? Les données précédentes nous incitent à adopter cette interprétation; mais cela voudrait dire qu'on serait déjà entré dans un type de société égalitaire où les mérites et les aptitudes personnelles comptent pour une grande part dans l'accès aux différentes positions sociales.

On doit pourtant hésiter avant de formuler une telle interprétation. En effet, on verra dans la section suivante que le niveau d'instruction dépend lui-même de l'origine sociale et d'une multiplicité d'autres facteurs. On doit aussi se demander dans quelle mesure les statuts socio-professionnels d'une génération ne dépendent pas de ceux de la génération précédente. C'est une fois qu'on aura fait cette vérification qu'on pourra tenter de saisir la contribution relative de l'éducation à l'obtention des positions sociales et, par conséquent, à la mobilité sociale.

Quelques déterminants des niveaux d'éducation

On pensait depuis la Deuxième Guerre mondiale, et surtout depuis le début des années 1960 au Québec, que la généralisation de l'enseignement primaire, secondaire et un plus grand accès à l'enseignement universitaire, accompagnés de la réforme des méthodes pédagogiques, des contenus des programmes, de la formation des enseignants ainsi que l'établissement d'une variété de choix de programmes et des rythmes d'apprentissage, allaient favoriser, de façon égale pour tous, l'accès à l'instruction et à l'obtention des diplômes selon les aptitudes, les aspirations et les choix personnels.

L'une des idées principales qui a motivé les réformes scolaires en général et celle du Québec en particulier est que les systèmes d'enseignement devaient être conçus de façon à éliminer « les obstacles *extérieurs*, qu'ils soient d'ordre économique et/ou géographique, qui empêchent les élèves doués d'origine sociale modeste de tirer parti de leurs dispositions innées (...) [13] ».

Autrement dit, si l'on arrivait à perfectionner l'appareil scolaire de manière à ce que les enseignants, les conseillers d'orientation et les tests d'aptitudes qu'ils utilisent etc., puissent tenir compte uniquement des aptitudes intellectuelles dans la sélection des étudiants, on devrait s'attendre à ce que, à talent égal, ces derniers aspirent ou atteignent les mêmes niveaux scolaires, qu'ils soient de milieux riches ou pauvres.

Or, il s'avère de moins en moins possible de défendre cette hypothèse. Car on a observé que, à niveau d'intelligence égal, le statut socio-économique de la famille exerce une influence tant sur les projets d'études que sur le niveau d'éducation réellement atteint par les étudiants. Le tableau 3 montre que parmi les étudiants ayant un bas niveau d'intelligence, la proportion de ceux qui souhaitent aller à l'université est plus grande chez ceux dont les parents possèdent un statut socio-économique supérieur (28,4%) que chez les étudiants de milieux inférieurs (4,7%). De même, parmi ceux qui ont un degré élevé d'intelligence, 85,8% des étudiants de milieux aisés pensent faire des études universitaires, comparativement à 33,6% seulement chez ceux de milieux modestes. Ces mêmes observations s'appliquent aux jeunes qui accèdent à l'université (tableau 4).

Tableau 3 : Pourcentage des projets d'études universitaires selon le statut socio-économique et le degré d'intelligence (garçons seulement)

Statut socio-économique	Degré d'intelligence	
	Bas	Élevé
Inférieur	4,7	33,6
Supérieur	28,4	85,8

Source : W.H. Sewell et V.P. Shah, «Socioeconomic Status, Intelligence and Attainment of Higher Education», J. Karabel et A.H. Halsey, *Power and Ideology in Education*, New York, Oxford University Press, 1978, p. 204.

Tableau 4 : Pourcentage des étudiants fréquentant l'université, selon le statut socio-économique et le degré d'intelligence (garçons seulement)

Statut socio-économique	Degré d'intelligence	
	Bas	Élevé
Inférieur	6,3	52,4
Supérieur	38,8	90,7

Source : William H. Sewell et Vimal P. Shah, *op. cit.*, p. 205.

De plus, si ces résultats valent autant pour les garçons que pour les filles, il faut signaler qu'à origine sociale et intelligence égales, les garçons sont nettement plus nombreux que les filles à avoir accès aux études universitaires [14].

De manière générale, plusieurs autres facteurs entrent dans la détermination des niveaux d'éducation atteints ou souhaités. Certains déterminants sont d'ordre social, d'autres d'ordre psychologique ou psychosociologique.

Comme exemples des déterminants sociaux, on peut indiquer le statut professionnel des parents [15]; le revenu des parents [16]; la race ou l'ethnie [17]; le milieu familial [18]; le type d'école fréquentée et les ressources scolaires [19]; le capital culturel de la famille [20], les rapports sociaux [21] et le code linguistique [22] à l'intérieur de la famille; les filières ou les réseaux scolaires [23], etc.

Comme déterminants psychologiques et psychosociologiques, on peut évoquer : le niveau d'intelligence; l'importance accordée au succès dans les études et l'estimation des chances de réussite [24]; les aptitudes telles que mesurés par les tests [25]; les attitudes envers soi [26]; l'intérêt pour l'école, l'image de soi et le sens du contrôle de l'environnement [27]; l'expérience scolaire d'échec ou de réussite [28].

L'une des conclusions majeures qui se dégage de la plupart de ces études est que les facteurs sociaux, économiques et culturels exercent à la fois un impact direct sur le cheminement scolaire et une influence médiatisée en façonnant les attitudes, les perceptions et les représentations que se font les jeunes de leur destin scolaire.

Origine sociale et mobilité socio-professionnelle

L'un des objectifs proclamés de la philosophie libérale, comme il a été souligné, porte sur l'assouplissement de la stratification sociale et la réalisation d'une société ouverte, où les avantages et désavantages découlant de l'origine sociale ne constitueraient plus les facteurs majeurs du succès des individus. Par ailleurs, on a observé que l'instruction est devenue un élément important pour l'accès aux divers statuts socio-professionnels. Partant de ces deux éléments, on peut supposer que, d'une génération à l'autre, le niveau social correspondant à l'occupation des fils (par exemple) serait différent de celui de leurs pères.

Pour vérifier ce genre d'hypothèse, on compare généralement la profession des pères à un âge donné aux professions de leurs fils au même âge ou approximativement. Il existe à ce sujet une importante étude sur la mobilité professionnelle et géographique au Québec de 1954 à 1974 [29]. Pour analyser l'évolution de ce phénomène au Québec, les auteurs ont tiré un échantillon représentatif des individus qui se sont mariés pendant chacune des années suivantes : 1954, 1964 et 1974. L'échantillon constitue en tout 9243 nouveaux mariés [30]. L'un des objectifs des auteurs était de comparer la profession des fils (les nouveaux mariés) à celle de

Tableau 5 : **Chances relatives d'accéder à chaque catégorie profession-nelle en fonction de l'origine sociale**

Pères	1954 Fils			
	AP	CB	OS	M
AP	3,882	1,508	0,547	**0,398**
PP	0,407	0,396	0,592	1,309
CB	1,454	3,117	0,709	0,293
OS	1,524	0,805	1,494	0,530
M	*0,344*	0,871	1,008	1,709
	1964			
AP	5,816	0,846	0,312	**0,347**
PP	0,589	0,438	1,189	1,403
CB	2,344	1,747	0,528	0,358
OS	0,996	1,388	1,081	0,613
M	*0,370*	1,187	1,082	1,623
	1974			
AP	4,815	1,001	0,302	**0,276**
PP	0,667	0,646	1,267	1,093
CB	2,116	1,566	0,481	0,553
OS	0,763	1,151	1,297	0,819
M	*0,544*	0,928	1,076	1,852

Source : Muriel Garon-Audy *et al., op. cit.*, p. 187.

Tableau 6 : **Évolution des chances relatives d'héritage professionnel, 1954-1974**

Origine	1954	1964	1974
Administration et professions	3,882	5,816	4,815
Cols blancs	3,117	1,747	1,566
Ouvriers spécialisés	1,494	1,081	1,297
Manoeuvres	1,709	1,623	1,852

leur père au moment de la naissance de ces mêmes fils afin de savoir s'il y avait eu mobilité socio-professionnelle pendant les trois périodes considérées. Le certificat de naissance des fils a servi à l'identification de la profession de leur père et le registre de mariage à l'identification de leur propre profession. Le tableau 5 indique les chances relatives pour la génération des fils d'accéder aux différentes catégories occupationnelles selon leur origine sociale[31].

Les catégories professionnelles que regroupe le tableau 5 se définissent de la façon suivante[32] :

AP : désigne les postes administratifs moyens et supérieurs ainsi que l'ensemble des professionnels et semi-professionnels.

PP : petits propriétaires et fermiers. Il faut noter que l'analyse des auteurs les a amenés à constater que cette catégorie n'attire plus de façon significative les fils pour différentes raisons ; c'est pour cela qu'elle n'a pas été retenue comme catégorie de destination pour les fils.

CB : les petits cols blancs et les travailleurs des services spécialisés ainsi que leurs superviseurs à l'échelon le plus bas.

OS : regroupe les ouvriers spécialisés, semi-spécialisés et les contremaîtres.

M : les manoeuvres, journaliers et employés de services semi-spécialisés et non spécialisés.

Pour vérifier l'hypothèse énoncée plus haut, on peut se demander, en premier lieu, quelles chances ont les fils d'hériter des statuts professionnels de leur père ? Les chiffres soulignés diagonalement dans le tableau 5 représentent les chances relatives pour les fils de rester dans la même catégorie occupationnelle que leur père pour chacune des années de l'enquête[33]. Ces mêmes chiffres sont reportés au tableau 6[34].

Quelques observations majeures peuvent être faites à partir de ces données. Au tableau 5, la comparaison des taux d'hérédité et de mobilité montre (par exemple) que pour les fils des AP, les chances de rester dans leur catégorie origine pour l'année 1954 (3,882) sont plus grandes que leurs chances de descendre dans la catégorie des cols blancs (1,508), dans celle des ouvriers spécialisés (0,547) ou des manoeuvres (0,398) ; et ainsi de suite.

Par ailleurs, il se dégage du tableau 6 que ce sont les fils d'administrateurs et de professionnels qui ont le plus de chances de demeurer dans les mêmes occupations que leur père et, par conséquent, de rester dans leur classe sociale d'origine. Bien plus, leurs chances d'héritage socio-professionnel augmentent de 1954 à 1974. À l'extrême, les fils de manoeuvres et de journaliers voient également leurs chances de rester dans leur catégorie d'origine s'accroître dans le temps : elles passent de 1,709 en 1954, à 1,852 en 1974. Bien que cette dernière tendance soit moins sensible que la première, « sa signification est claire » pour les auteurs de cette étude ; elle montre que « le contrôle sur les positions au sommet par les individus qui en sont issus, loin de s'atténuer, est un phénomène qui s'accentue. En contrepartie, la relégation des fils des catégories les plus démunies professionnellement n'est pas non plus en voie de disparition[35] ».

Une autre manière de tester notre hypothèse de départ est de se demander : quelles sont les chances des fils d'administrateurs et de professionnels d'accéder à la catégorie de manoeuvres et journaliers (mobilité descendante)? Quelles sont les chances des fils issus de cette dernière catégorie de devenir administrateurs ou professionnels ou semi-professionnels (mobilité ascendante)?

Les chiffres en caractère gras (tableau 5) indiquent les chances des premiers de connaître une mobilité vers le bas de la hiérarchie sociale ; les chiffres en italique désignent les chances relatives des fils de milieux inférieurs de monter dans la catégorie des privilégiés. Ces chiffres sont reproduits au tableau 7 pour les trois périodes de l'enquête.

Tableau 7 : Les chances relatives de mobilité entre la catégorie supérieure (AP) et la catégorie inférieure (M)

Pères	Fils					
	1954		1964		1974	
	AP	M	AP	M	AP	M
AP		0,398		0,347		0,276
M	0,344		0,370		0,544	

Une première observation montre l'apparition dans le temps d'une tendance contradictoire à peine visible : alors que les chances de connaître une chute pour les fils d'aministrateurs et de professionnels diminuent, celles de grimper le plus haut possible s'accroissent pour les fils de manoeuvres et de journaliers, de 1954 à 1974. Cette légère tendance ne doit cependant pas cacher un phénomène pour le moins frappant, à savoir « l'étanchéité » qui subsiste entre ces deux catégories. « Une mutuelle exclusion » semble s'exercer entre le haut et le bas de la hiérarchie socio-professionnelle[36].

Une telle exclusion s'observe plus nettement de 1954 à 1964 mais elle tend légèrement à s'amenuiser de 1964 à 1974.

La démonstration que l'on vient de faire ne doit pas laisser croire qu'il existe une inertie sociale complète. Une analyse de la destination des fils de chacune des catégories d'origine nommées plus haut montrera, par exemple, que ce sont les fils de cols blancs (CB) qui connaissent le taux le plus élevé de mobilité ascendante, alors que ce sont les fils de petits propriétaires et de fermiers (PP) qui subissent le taux le plus élevé de mobilité descendante, malgré que ce taux fléchisse dans le temps. Les catégories de destination privilégiées pour les fils de petits propriétaires, et pour les trois périodes considérées, sont celles d'ouvriers spécialisés (OS) et de manoeuvres (M).

De manière générale, une image globale ressort de l'analyse que l'on vient de faire : à l'exception des fils de cols blancs, de petits propriétaires et de fermiers, les chances de rester dans la catégorie sociale d'origine sont plus grandes que celles de connaître une mobilité ascendante ou descendante ; ceci est vrai pour toutes les autres catégories de fils (voir tableau 5).

Ainsi donc, même si on assiste à un léger décloisonnement entre la catégorie des plus avantagés et celle des plus démunis, on est encore loin d'une société ouverte et égalitaire. C'est probablement ce qui a conduit certains à conclure qu'il existe des individus qui changent de statut par rapport à leur origine sociale, mais que ce mouvement individuel ne modifie pas de façon significative la structure de la stratification sociale[37].

Trois résultats globaux se dégagent des sections précédentes et peuvent être résumés comme suit :

1) Le niveau d'éducation ou le diplôme a une influence sur l'obtention des statuts socio-professionnels ; par conséquent, l'hypothèse d'une contribution de l'instruction à la mobilité sociale est justifiée.
2) Le degré d'instruction dépend de l'origine sociale : l'inégalité socio-économique et culturelle se traduit par une inégalité devant l'enseignement.
3) Les statuts socio-professionnels demeurent liés à l'origine sociale d'une génération à l'autre. C'est donc l'hypothèse de l'hérédité ou de la reproduction sociale qui semble prévaloir ici.

Ces conclusions, apparemment contradictoires, soulèvent une interrogation : l'instruction contribue-t-elle ou non, en fin compte, à la mobilité sociale et à la réduction des inégalités, comme on l'espérait ? La section suivante sera consacrée à une tentative de réponse à cette question.

Origine sociale, éducation et mobilité sociale

Les sections précédentes laissent planer des incertitudes quant à la contribution de l'éducation à la mobilité sociale. L'influence de l'origine sociale sur l'acquisition des statuts socio-professionnels identifiés plus haut, loin de dissiper ces doutes, nous incite à faire un pas de plus dans l'analyse de ce phénomène complexe.

En fait, il s'agira de neutraliser les effets de l'héritage social ou l'impact de l'origine sociale pour mettre en évidence l'influence de l'éducation (et d'autres facteurs non identifiés) sur l'avenir socio-professionnel. Pour ce faire, on peut se demander si les statuts socio-professionnels diffèrent selon les niveaux d'instruction d'individus issus du même milieu social. De façon plus concrète encore, les individus d'origine sociale inférieure ayant acquis un diplôme universitaire sont-ils mieux placés que ceux appartenant au même milieu social mais qui n'ont pas fait d'études universitaires ?

Le tableau 8 montre combien peut être grande l'influence du diplôme sur le niveau social d'occupation des individus issus de milieux sociaux modestes. En effet, plus le degré d'instruction est élevé, plus les chances d'avoir un statut supérieur ou moyen sont grandes : ainsi, 50% des jeunes travailleurs les plus scolarisés, contre 4% seulement des moins scolarisés, acquièrent une occupation au niveau social supérieur (c'est-à-dire professions libérales, semi-professionnels, propriétaires et gérants, etc.). De même 50% des premiers contre 14% des derniers obtiennent un statut social moyen (c'est-à-dire cols blancs occupant des postes subalternes, cols bleus occupant des fonctions de maîtrise et certains ouvriers très qualifiés). Résultat plus frappant encore : la probabilité pour les diplômés universitaires de devenir ouvriers, manoeuvres ou cols blancs non qualifiés est nulle alors que la majorité de ceux qui ont moins que le CES (82%) se concentrent dans ces catégories.

À partir des données du tableau 8, qui concerne uniquement les individus d'origine sociale inférieure, il se dégage une nette tendance de mobilité ascendante pour ceux qui ont atteint de hauts niveaux d'éducation. En effet, ils quittent à 100% (50% + 50%) leur classe sociale d'origine, alors que 18% (14% + 4%) des moins instruits sortent de leur milieu d'origine. À ce stade, on peut dire que l'instruction est un facteur de mobilité sociale ascendante.

Tableau 8 : **Niveau social d'occupation des jeunes travailleurs masculins d'*origine sociale inférieure*, selon le dernier diplôme obtenu**

Dernier diplôme	Niveau social d'occupation (%)		
	Inférieur	Moyen	Supérieur
Moins du CES (176)	82	14	4
CES (273)	61	29	10
DEC (153)	31	31	38
Bacc. ou plus (36)	0	50	50

Source : Pierre Roberge, *op. cit.*, p. 64.

Si tel est le cas, un degré inférieur d'éducation peut-il entraîner une mobilité descendante pour les individus d'origine sociale supérieure, par exemple ?

Le tableau 9 démontre que parmi les jeunes de classe sociale supérieure, 54% des diplômés universitaires arrivent à maintenir leur position sociale d'origine alors que 8% seulement des moins instruits peuvent le faire. En effet, 92% (76% + 16%) de ces derniers, comparativement à 46% (37% + 9%) des premiers, quittent leur milieu d'origine vers la classe moyenne et inférieure.

Le diplôme universitaire, et à un moindre degré le DEC et le CES, apparaissent à la fois comme une garantie d'ascension sociale pour les individus d'origine sociale inférieure (tableau 8) et comme un moyen de sauvegarder leur position sociale d'origine pour une bonne partie des sujets du milieu social supérieur (tableau 9).

Tableau 9 : **Niveau social d'occupation des jeunes travailleurs masculins d'*origine sociale supérieure*, selon le dernier diplôme obtenu**

Dernier diplôme	Niveau social d'occupation (%)		
	Inférieur	Moyen	Supérieur
Moins du CES (50)	76	16	8
CES (125)	56	34	10
DEC (92)	26	36	38
Bacc. ou plus (35)	9	37	54

Source : Pierre Roberge, *op. cit.*, p. 64.

Par ailleurs, un degré d'instruction inférieur au CES procure très peu de chances aux fils de manoeuvres, ouvriers et cols blancs non qualifiés de sortir de leur milieu d'origine (tableau 8), alors qu'il entraîne une chute sociale pour la majorité des fils d'origine sociale supérieure (tableau 9).

Est-ce à dire qu'on est devant une société méritocratique où les aptitudes et capacités représentées par le diplôme obtenu (la compétence acquise) deviendraient les principaux critères de sélection?

Mais même en laissant jouer ces mécanismes et dans la mesure où les individus sont de plus en plus scolarisés, pourrait-on conclure que l'on se rapproche d'une société égalitaire?

Proposition difficilement acceptable car, comme il a été démontré précédemment et tel qu'illustré au tableau 10, le degré d'instruction reste déterminé, du moins partiellement, par l'origine sociale. Ce tableau présente la relation entre le niveau d'éducation et l'appartenance sociale chez la population des jeunes travailleurs francophones, féminins et masculins groupés.

Tableau 10: Dernier diplôme obtenu selon l'origine sociale chez les francophones (en %)

Origine sociale	Moins d'un CES	CES	DEC	Bacc. ou plus	Autres
Inférieure (1687)	28	42	19	5	6
Moyenne (779)	19	43	24	8	6
Supérieure (516)	13	33	31	16	7

Source: Pierre Roberge, *op. cit.*, p. 18.

Comme on le voit, la sélection scolaire avant la fin du secondaire est deux fois plus forte parmi les jeunes d'origine sociale inférieure (28%) que parmi ceux issus de milieux sociaux supérieurs (13%). Ces derniers sont trois fois plus nombreux (16%) que les premiers (5%) à pouvoir obtenir un diplôme universitaire.

Par ailleurs, si l'origine sociale est un facteur certes important, il faut souligner qu'il y en a beaucoup d'autres qui affectent le destin socio-professionnel. De ce nombre, il faut certainement retenir la variable «sexe». Ainsi Pierre Roberge observe qu'un degré d'instruction inférieur à un DEC entraîne une mobilité ascendante plus grande chez les filles d'origine sociale inférieure que chez les garçons du même milieu[38].

Toutefois, à l'aide d'un DEC ou d'un diplôme universitaire, les garçons connaissent une plus grande ascension sociale que leurs consoeurs[39].

D'autre part, si l'on considère la variable «ethnie», on constate qu'à diplôme égal, les anglophones de la province de Québec semblent tirer plus de bénéfices de leur formation scolaire que les francophones[40].

Toutefois, on observe une plus grande hérédité sociale chez les anglophones du Québec et une mobilité sociale plus importante chez les francophones[41]. Cette anomalie apparente peut s'expliquer de deux manières : 1) par la concentration des premiers au sommet de l'échelle sociale, ce qui leur permet de se maintenir dans leur position sociale d'origine; 2) les multiples changements survenus dans la structure de l'emploi et dans le système scolaire du Québec depuis le début des années 1960 ne pouvaient que favoriser l'ascension relative du groupe des francophones traditionnellement relégués aux échelons inférieurs de la pyramide sociale.

Signalons enfin une difficulté méthodologique inhérente à la plupart des études sur la mobilité sociale, difficulté à laquelle les données qu'on a utilisées dans cette section n'échappent pas. En fait, les enquêtes de mobilité intergénérationnelle qui s'attachent à la comparaison des statuts socio-professionnels des fils à ceux des pères, identifient ces statuts à un moment donné (moment de l'enquête) de la vie des deux générations. Or, rien ne garantit que les individus occuperont la même position après l'enquête. Certains sont stables, d'autres ne font qu'un passage dans une catégorie socio-professionnelle supérieure ou inférieure à celle de leur origine[42].

Donc, si l'on tient compte du fait que les données de mobilité qu'on a utilisées dans cette section concernent une population sortant de l'école et relativement jeune dans la vie active, on a de fortes chances d'avoir surestimé le phénomène de mobilité sociale au Québec et par conséquent, l'apport de l'éducation à la mobilité sociale.

La conclusion la plus importante qui se dégage de certaines études concernant ce phénomène est que la demande accrue en éducation et la politique d'expansion de l'enseignement ont contribué à la réduction des inégalités scolaires. Par contre, les inégalités socio-économiques constituent encore, tant dans les pays socialistes que capitalistes[43], un sérieux problème pour les promoteurs d'une société égalitaire[44]. Certains vont même jusqu'à dire que les inégalités sociales vont en s'accentuant d'une génération à l'autre même si les inégalités scolaires diminuent dans le temps[45]. Ainsi, «l'élimination des différences de niveau scolaire entre les individus ne contribuerait que faiblement à les rendre plus égaux entre eux une fois adultes[46]».

L'interprétation la plus plausible à cet égard est que l'éducation devient de plus en plus un facteur important dans l'acquisition des statuts sociaux[47] sans que cela n'entraîne une plus grande mobilité sociale ou une plus grande égalité des revenus dans les sociétés modernes[48]. Ce phénomène s'explique, du moins partiellement, par le fait qu'on ne s'est pas attaché à modifier les conditions sociales et économiques qui engendrent ou maintiennent l'inégalité. En d'autres mots, l'idéologie méritocratique a centré, de façon plus particulière, ses réformes sur le système scolaire en croyant que l'égalité des chances d'accès à l'école est capable, à elle seule, de réaliser l'égalité sur le plan des professions et des revenus. Or, c'est surtout l'inégalité socio-économique de départ qui conditionne en grande partie le parcours scolaire des jeunes, qui, à son tour, détermine leur statut professionnel et social.

Les réformes scolaires effectuées selon la perspective de la philosophie libérale sont probablement parvenues à inculquer aux individus l'idée que le diplôme acquis est un indice important de compétence, mais elles demeurent incapables de modifier les instances qui engendrent ou maintiennent l'inégalité : le milieu familial, l'école, la division du travail et des revenus, le lieu de résidence, la région géographique, etc.

Au lieu d'abolir les disparités sociales, économiques et culturelles, l'idéologie méritocratique parvient à les justifier en érigeant le diplôme comme arme de sélection. Or, on l'a vu, les privilégiés obtiennent les armes les mieux aiguisées pour foncer dans la jungle des compétences.

Conclusion

Nous avons tenté, dans ce chapitre, d'analyser la relation entre l'éducation et la mobilité sociale. La première partie a été consacrée à la présentation des principales définitions de la mobilité sociale et des concepts fondamentaux qui lui sont liés. Elle s'est attachée en outre à montrer la complexité de cette problématique, idéologiquement très controversée.

Dans la deuxième partie, nous avons essayé de vérifier le postulat méritocratique selon lequel les compétences et les mérites individuels sont à la base de l'acquisition de statuts socio-professionnels. Notre analyse nous a d'abord amené à confirmer que le degré d'instruction est un facteur important dans l'obtention des statuts socio-professionnels. Nous avons ensuite démontré que les compétences mesurées par les diplômes ne dépendent pas seulement des aptitudes et des capacités intellectuelles mais aussi de l'origine sociale et de bien d'autres facteurs.

Cependant, l'analyse des données concernant la mobilité intergénérationnelle au Québec nous a montré que le taux d'hérédité ou de reproduction sociale est supérieur au taux de mobilité, c'est-à-dire que les statuts socio-professionnels demeurent largement liés à l'origine sociale.

Pour faire ressortir davantage l'apport de l'éducation à la mobilité, nous avons neutralisé les effets de l'origine sociale. Ainsi, les données concernant une génération de jeunes travailleurs nous ont montré qu'à origine sociale égale, les diplômes ou les niveaux d'instruction ont un grand impact sur la mobilité sociale.

Il faut cependant se rappeler que ces données concernent une génération qui fait sa première expérience de travail et que des changements de trajectoire peuvent survenir au cours de la carrière professionnelle des jeunes. Il faudrait donc étendre l'enquête sur une période plus longue pour savoir si les effets de l'éducation sur la mobilité sociale se maintiennent dans le temps et si les effets de l'origine sociale ne réapparaissent pas sous différentes formes comme par exemple, l'influence des réseaux de relations sociales, l'apport financier des parents riches à l'établissement professionnel de leurs enfants, le manque d'appui matériel et social pour les jeunes travailleurs de milieux sociaux modestes, etc.

D'autre part, même si un niveau élevé d'éducation semble procurer, de façon générale, à son détenteur un statut socio-professionnel supérieur, on ne doit pas oublier que les jeunes de milieu aisé ont plus de chances de passer à travers la sélection scolaire et de faire des études plus avancées que ceux d'origine sociale modeste.

En fin de compte, l'éducation nous est apparue comme étant un des instruments de la mobilité sociale. Mais on doit être conscient que l'existence de mouvements entre les strates sociales ne dépend pas que de l'éducation mais que ces mouvements sont conditionnés essentiellement par les places disponibles aux différents paliers de la structure professionnelle dans une conjoncture économique et sociale donnée.

Dans ce chapitre, c'est l'approche libérale qui sous-tendait les postulats de notre analyse. La théorie sociologique qui s'apparente le plus à cette approche est la théorie fonctionnaliste de la stratification. Le chapitre suivant tentera de faire une brève présentation de cette dernière théorie et de l'approche matérialiste historique tout en mettant l'accent sur cette dernière ainsi que sur son analyse des fonctions de l'école dans une société divisée en classes.

Stratification, classes sociales et fonction de l'école

M'hammed Mellouki

Le but du présent chapitre est de montrer, schématiquement, que la manière dont on définit le rôle de l'école dépend, en dernière instance, de la façon dont on conçoit la société et des rapports que l'on établit entre ses composantes (individus, groupes, classes, etc.).

Il est évident qu'il est impossible de donner une présentation exhaustive des diverses théories de la sociologie de l'éducation. Aussi, nous nous en tiendrons ici à deux approches qui donnent deux visions extrêmement opposées du système social et de la place qu'occupe l'école en son sein. Il va sans dire par ailleurs que les contraintes didactiques et le souci de préserver la clarté de l'exposé ne permettent pas une présentation nuancée des différentes tendances et des divergences de points de vue qui existent à l'intérieur même de chacune de ces deux perspectives. Le lecteur intéressé à approfondir ces questions pourra consulter les diverses références fournies.

L'approche fonctionnaliste

La perspective fonctionnaliste part du principe qu'il existe un ordre social hiérarchisé et universel dont la nature est variable et que les critères sur lesquels il est fondé sont différents d'une société à l'autre[1]. Ainsi, dans les sociétés traditionnelles, la différenciation sociale était fondée sur les liens du sang (famille, certaines catégories de la noblesse), sur la force physique, sur l'appartenance tribale ou religieuse. Par contre, dans les sociétés industrielles, les positions occupées par les individus dans le système de stratification sociale dépendent à la fois de la hiérarchie des fonctions requises pour la survie desdites sociétés et des motivations des individus ainsi que de leur degré de compétence à remplir de telles fonctions[2].

Pour les fonctionnalistes, les qualités individuelles coïncident avec les exigences du système social. Les questions qui se posent sont alors nombreuses. Comment sont définies les fonctions qui doivent être accomplies pour que la société survive? Comment ces fonctions sont-elles ordonnées les unes par rapport aux autres? Comment les intérêts et préférences des individus se combinent-ils avec les exigences du système social pour engendrer une hiérarchie sociale où les unités (individus, groupes sociaux) occupent des positions inégalement différentes? Quel rôle joue l'école dans l'intégration des jeunes à un tel système? Enfin, quelle interprétation de la réalité sociale et scolaire permet la perspective fonctionnaliste?

C'est essentiellement à ces questions que seront consacrées les sections qui suivent.

Système social, individu et stratification

Si on voulait définir succinctement le système social, on dirait qu'il est conçu, à l'instar de la personnalité physiologique, comme un «organisme de comportement» (Parsons, 1955) cherchant la satisfaction de besoins ou d'exigences cruciales pour son maintien. Globalement, tout système social a besoin de: 1) produire des biens et des services de consommation; 2) mobiliser et organiser les activités de production; 3) coordonner les activités de production et les ressources disponibles; 4) assurer que la production, la mobilisation des ressources et leur coordination soient conformes aux orientations culturelles socialement valorisées (valeurs).

On assiste donc, sur la base de cette hiérarchie de besoins, à l'émergence et, simultanément, à la différenciation de quatre fonctions identifiables dans toute société particulière[3].

Adaptation. La fonction d'adaptation consiste, à l'intérieur d'une société déterminée, en «l'ensemble des activités qui concernent la production et la circulation des biens de consommation[4]». Le but fondamentalement recherché ici est celui de la satisfaction de besoins primaires dans le sens déjà décrit par Maslow[5]. Le travail et son corollaire le salaire, considérés sous toutes leurs formes, constituent les moyens par lesquels les individus produisent et se procurent les biens et services dont ils ont besoin.

Poursuite des buts. Cette fonction a trait à la définition d'objectifs collectifs, à l'organisation sous ses différents aspects : entreprises, administration, État, etc., et à la mobilisation des individus et, plus généralement, de toutes les ressources dont dispose la collectivité en vue de la réalisation d'objectifs définis (Rocher, 1972).

Intégration. De façon générale, la fonction d'intégration coordonne les contributions qu'apportent les différentes composantes (individus, groupes, institutions, ressources, etc.) au fonctionnement du système social[6]. Cette coordination passe par l'élaboration de lois, la définition de normes et l'établissement d'appareils judiciaires qui veillent à leur application.

Maintien des modèles. Cette fonction, appelée aussi «latence» et «stabilité normative», «consiste à assurer que les valeurs de la société soient connues des membres et que ceux-ci soient motivés à accepter les valeurs et à se plier à leurs exigences[7]».

L'intériorisation de valeurs collectives et leur acceptation se réalisent à travers le processus de socialisation dont se chargent des institutions sociales comme la famille et l'école. Les quatre fonctions, présentées schématiquement ci-dessus, définissent les exigences nécessaires à la survie de tout système social et de ses unités (individus, groupes, etc.). Ces fonctions reposent par ailleurs sur l'existence d'individus motivés et aptes à les accomplir. Les motivations individuelles sont variées, mais elles peuvent trouver la possibilité de leur accomplissement dans l'une ou l'autre des fonctions mentionnées à condition, bien entendu, que les individus possèdent les aptitudes et compétences jugées nécessaires par la collectivité. Cette dernière offre à ses membres des récompenses différentielles en contrepartie des services rendus. Ces récompenses peuvent être d'ordre économique (revenus, par exemple), d'ordre moral (pouvoir, prestige) ou les deux à la fois. L'importance des récompenses est d'autant plus grande que les rôles[8] et activités exercés par les individus relèvent des fonctions les plus valorisées et que celles-ci requièrent, par voie de conséquence, un plus haut niveau de créativité, d'organisation intellectuelle et de formation scolaire.

On arrive ainsi à identifier l'ensemble des critères sur la base desquels on peut, empiriquement, observer la manière dont les acteurs sont distribués dans les différentes positions sociales. Bien que certaines tendances fonctionnalistes mettent davantage l'accent sur quelques facteurs ou indices plutôt que sur d'autres, et bien qu'il faille, certes, garder à l'esprit l'existence de nuances et de variations d'une théorie à l'autre, on peut dire que la détermination des positions qu'occupent les individus dans la stratification sociale est fondée, dans la plupart des cas, sur le pouvoir, le statut et le prestige social associés soit au revenu des agents, à leur niveau d'instruction ou à leur occupation, soit à une pondération des trois facteurs pris ensemble[9].

Ainsi, pour ne donner qu'un exemple de cette dernière orientation, Blishen et McRoberts[10] établissent-ils, en ce qui concerne la société canadienne, un index de prestige socio-économique basé sur le niveau d'éducation et le revenu associé aux différentes occupations. Six strates de prestige sont ensuite dégagées.

Globalement, la première strate regroupe : les professionnels, professeurs d'université et cadres supérieurs ; la deuxième englobe : les propriétaires et gérants de grandes entreprises, ingénieurs, éditeurs, spécialistes en sciences sociales, etc. ; la troisième comprend les professionnels du secteur privé, les techniciens et représentants de commerce ; la quatrième comporte les contremaîtres, opérateurs, propriétaires et gérants de petites entreprises, etc. ; la cinquième regroupe les ouvriers spécialisés et semi-spécialisés, et la sixième, les manoeuvres, journaliers, pêcheurs, bûcherons, etc. Ainsi, en regroupant ces catégories deux à deux et de haut en bas, on retrouve les trois classes sociales : la classe supérieure, moyenne et inférieure, auxquelles les théories fonctionnalistes nous ont habitués.

De façon générale, la plupart des individus respectent cette hiérarchie. L'adhésion généralisée (consensus) aux valeurs communes d'universalisme (sélection méritocratique par exemple) et d'accomplissement (récompense à la mesure de la performance) fait accepter aux agents les places qui leur sont assignées au sein de la structure professionnelle. Bien entendu, il existe des cas individuels de déviance par rapport aux standards de « comportements » que constituent les valeurs socialement partagées, mais ces cas sont généralement récupérés dans un nouvel équilibre social qui, quelquefois, intègre le changement revendiqué (Rocher, 1969).

L'équilibre social est ainsi réalisé, en partie, grâce à la souplesse du système de stratification, à la solidarité entre strates sociales, à la mobilité sociale, au rapprochement entre les niveaux de revenu et à l'absence d'une classe ou d'élites sociales dominantes (Parsons, 1955). Mais le fondement de « l'harmonie » sociale réside essentiellement dans l'adhésion au système commun de valeurs intériorisé et devenu partie intégrante de la personnalité des acteurs. Ce qui explique, selon Tumin, « pourquoi les périodes d'agitation révolutionnaire sont rares en comparaison des périodes d'adhésion pacifique au code en vigueur[11].

Dès lors, la question qui s'impose est de savoir comment l'institution scolaire, puisque c'est là que se réalise en partie l'apprentissage dudit code en vigueur, arrive-t-elle à amener les jeunes à intégrer à leur personnalité et à faire leur le code de la collectivité et les valeurs que celle-ci privilégie.

Le double rôle de l'école : sélection et socialisation

Si, comme on vient de le voir, les individus adultes sont classés sur la base de leurs aptitudes et compétences, si celles-ci sont développées en grande partie par l'école et si, en plus, les individus doivent accepter leur position dans le classement (stratification sociale), on a affaire ici à un double rôle dont doit s'acquitter l'institution scolaire. D'une part, former une main-d'oeuvre différemment qualifiée et, d'autre part, faire en sorte que les individus ainsi formés consentent à occuper les places pour lesquelles ils ont été préparés et admettent, par voie de conséquence, d'être inégalement gratifiés. Les deux processus, la sélection d'agents qualifiés et la socialisation de ces derniers, se réalisent selon des finalités définies et à travers des mécanismes et structures déjà décrits [12]. Il n'est donc pas question de revenir sur le contenu de la socialisation et de la formation, ni d'ailleurs sur les moyens par lesquels l'école y parvient. C'est la logique sous-jacente aux deux processus, en réalité interreliés, qu'on veut mettre en évidence [13].

Pour s'acquitter de sa tâche d'allocation de main-d'oeuvre, l'école doit sélectionner les agents selon leurs aptitudes et leurs motivations à remplir les différents rôles dans la structure professionnelle. Elle doit faire en sorte, en d'autres mots, que chacune des positions sociales soit comblée par les individus qui répondent le mieux à ses exigences particulières. Et puisque ces exigences sont d'autant plus grandes et complexes que les positions se situent au sommet de la stratification sociale, les individus qui atteignent les plus hauts niveaux de formation scolaire sont les mieux préparés à occuper les positions sociales les plus élevées.

Selon le principe de la méritocratie, l'école réussit cette tâche si elle sélectionne les individus sur la base de leur performance scolaire plutôt que sur la base de leur appartenance sociale ou ethnique, etc. L'école est considérée ici comme étant l'institution privilégiée dans l'élimination des barrières qui font entrave à la mobilité entre les strates sociales.

Simultanément à la fonction de sélection d'agents inégalement qualifiés, l'école doit amener les jeunes à intégrer à leur personnalité, à travers le processus d'évaluation et de récompenses positives (gratifications) ou négatives (punitions ou sanctions), les valeurs culturelles que privilégie la collectivité à laquelle ils appartiennent [14].

Ainsi, pour ne prendre qu'un exemple simple, ce qui est évalué et récompensé par la note scolaire, par le diplôme et à travers les jugements des enseignants, ce n'est pas uniquement le raisonnement mathématique, les connaissances géographiques ou physiques, etc., mais également le degré d'intériorisation de la valeur même de productivité, de rendement compétitif et de récompense différenciée.

Certes, la compétition peut engendrer des conflits au sein de la classe ou de l'école, mais l'existence de réseaux de « solidarité » entre pairs ou amis « réduit les tensions qu'entraîne un accomplissement récompensé de façon différentielle[15] ». De telle sorte que, dans la plupart des cas, l'équilibre du groupe ou de la classe en tant que système est maintenu.

On aboutit donc à un système social hiérarchisé. Un système dans lequel les individus, en fonction à la fois de leur niveau de qualification et de leur degré d'intériorisation de certaines valeurs communes, occupent des positions sociales inégalement différentes.

On devine en outre que c'est le principe de l'égalité des chances qui justifie celui de la sélection méritocratique qui, à son tour, engendre une distribution inégalitaire des individus dans des rôles sociaux inégalement récompensés. Mais on devine aussi que les individus qui ont déjà accepté les normes et valeurs (productivité, performance, évaluation différenciée, etc.) acceptent également leur distribution inégalitaire dans les positions sociales de revenu et de prestige.

Telle est la représentation que se font, de façon générale, les théories fonctionnalistes du système social et du rôle que remplit l'école en son sein. L'approche fonctionnaliste a fait, toutefois, l'objet de nombreuses critiques et la section qui suit en donne un aperçu.

Aperçu des critiques de l'approche fonctionnaliste

Il va sans dire que les quelques critiques présentées ici découlent d'un choix arbitraire et ne s'appliquent pas à l'ensemble des tendances fonctionnalistes. Elles sont données ici uniquement à titre d'exemples.

Cette approche minimise l'importance des conflits sociaux, met l'accent sur le consensus et l'équilibre. Elle traite par contre la déviance et les tensions sociales comme des cas marginaux bien souvent récupérables; son intérêt porte davantage sur les rapports d'interdépendance et de complémentarité entre les classes sociales[16]; elle décrit, dans des concepts vagues et imprécis, un système social plat, sans contradictions, sans changement, sans histoire[17].

Les théories fonctionnalistes partent du principe de l'égalité des chances pour tous afin de justifier l'inégalité de distribution des individus dans les positions sociales fondée sur la sélection méritocratique des aptitudes et compétences. Certes, le recrutement des agents dans la structure des occupations se fait, en grande partie, sur la base de leur niveau d'éducation. En cela, les sociétés industrielles peuvent probablement être qualifiées d'universalistes. Mais le diplôme, le degré et la nature de la formation scolaire dépendent, dans de larges mesures, de facteurs autres que l'intelligence et les aptitudes individuelles [18]. On l'a déjà mentionné dans le chapitre précédent, le niveau d'éducation et les aptitudes sont liés à de multiples facteurs (voir le texte de Ribeiro et Mellouki, dans cet ouvrage). Considérées sur ce plan, les sociétés modernes sont loin d'être seulement méritocratiques.

Les théories fonctionnalistes aboutissent, en dernier ressort, à la conclusion (infirmée d'ailleurs par les faits que ces mêmes théories invoquent) selon laquelle l'égalité des chances devant l'école est susceptible d'entraîner, ipso facto, l'égalité sociale. Or les deux instances, l'institution scolaire et la structure socio-professionnelle, où on observe ces deux types d'inégalités, obéissent à deux logiques différentes. Au sein du système scolaire, en principe, n'importe qui peut, moyennant quelques conditions (avoir des notes scolaires acceptables par exemple), créer sa propre place, alors que dans la structure professionnelle, les places ne peuvent être choisies ou créées (sauf dans des cas limités) par une simple décision individuelle (Boudon, 1973).

Peut-être faudra-t-il poser le problème autrement et, cette fois, dans une autre perspective, soit celle du matérialisme historique. C'est l'objectif de la deuxième partie de ce chapitre d'apporter un autre éclairage quant aux fonctions sociales de l'école.

L'approche du matérialisme historique

L'approche matérialiste donne une représentation tout à fait opposée à celle qu'offrent les perspectives fonctionnalistes de la société et du rôle que remplit l'école au sein de cette dernière. Le but de cette partie est d'exposer, aussi clairement que possible, les grandes lignes de l'analyse matérialiste historique appliquée à l'éducation.

De façon générale, le matérialisme historique peut être défini comme une théorie ou une conception de l'histoire. Selon cette conception, la cause fondamentale et le moteur essentiel de tous les événements de l'histoire résident : dans le développement économique de la société et dans la transformation des modes de production et d'échange; dans la division de la société en classes, division qui résulte de ces modes de production; et dans la lutte de ces classes entre elles [20].

Ainsi, pour expliquer la division de la société en classes, pour comprendre les rapports qui s'établissent entre ces classes et déterminer le rôle que joue l'école dans tout cela, on doit commencer par l'analyse du processus de production des biens et objets de consommation et appréhender les relations qui se créent entre les éléments impliqués dans ce processus. Dans ce but, trois questions générales feront respectivement l'objet des trois sections qui constituent cette partie :

1) Comment se décrivent le processus de production économique et les rapports qui se forment entre les éléments impliqués dans ce processus?

2) Comment les classes sociales prennent-elles naissance dans le processus de production économique des sociétés capitalistes? Quels sont les autres facteurs politiques et idéologiques qui contribuent à la formation des classes sociales? Quelles sont ces classes et quel genre de rapports existe-t-il entre elles?

3) Quelle fonction remplit l'école dans les sociétés capitalistes et de quelle façon s'acquitte-t-elle de cette fonction?

Le processus de production économique

Produire des objets, des biens ou des services implique, d'une part, l'entrée en contact avec la matière qui doit être transformée, avec des instruments ou des outils qui aident à modeler la matière et, d'autre part, l'émergence de relations mutuelles entre les individus engagés dans la fabrication de ces objets.

On appellera *rapports de production* les liens qu'ont les agents impliqués (directement ou indirectement) dans la production avec la matière qui fait l'objet de transformation et avec les instruments qui servent à sa transformation.

On appellera *rapports sociaux de production* les relations qui s'établissent entre les agents engagés directement ou indirectement dans le processus de production. Ces rapports découlent des premiers comme on le démontrera.

Comment se décrivent ces deux types de rapports dans le processus de production et de quelle façon peuvent-ils être utiles dans l'analyse des classes sociales? On ne peut répondre à cette question sans définir, brièvement, mais de façon aussi précise que possible les éléments qui contribuent directement à la réalisation de la production.

Les moyens matériels de production

On appelle moyen de production ou forces productives matérielles l'ensemble de deux choses : d'une part, *l'objet du travail*, c'est-à-dire la matière première ou le semi-produit sur lequel le travail agit pour le transformer en produit fini. Exemple : l'étoffe, le fil, les boutons, etc., qui doivent être utilisés dans la fabrication d'une robe ou d'une chemise ; d'autre part, les *instruments de travail*, par exemple, la machine à coudre, une table, l'électricité, un local, etc., qui doivent aider la couturière à transformer les éléments précédents en robe ou en chemise.

La force de travail

La force de travail constitue l'ensemble des activités humaines qui mettent en rapport *l'objet du travail* et les *instruments du travail* en vue de fabriquer un objet de consommation (la robe ou la chemise dans l'exemple précédent). Sans la force de travail, c'est-à-dire sans dépense d'énergie et sans organisation intellectuelle (de la matière et des outils de travail), il n'y a pas de production d'objets. De même, sans les moyens de production, la force de travail ne peut pas produire. C'est donc l'ensemble des moyens de production et la force de travail qui constitue les conditions de toute production[21]. Si tel est le cas, quels sont les rapports qu'ont les agents engagés (directement ou indirectement) dans le processus de travail avec les moyens de production?

Les rapports de production

Les rapports entre les hommes et les moyens de production se sont formés et transformés au cours de l'histoire des sociétés et ont pris différentes formes selon les modes de production (ce concept est défini plus loin dans ce chapitre). Dans le système de production capitaliste ces rapports revêtent deux formes : un rapport de propriété aux moyens de production ou un rapport de non propriété.

Dans le système capitaliste, les moyens de production appartiennent à des individus ou groupes d'individus (Amérique du Nord, par exemple) ou à l'État (URSS). Les non-propriétaires (ouvriers et tous les autres salariés) vendent leur force de travail aux propriétaires et reçoivent en contrepartie un salaire. Ce sont ces salariés qui mettent en oeuvre les moyens de production pour produire les marchandises. Mais ce sont les propriétaires de ces moyens qui en tirent des profits. D'où viennent les profits?

Répondre à cette question c'est définir les rapports qui s'établissent entre propriétaires et non-propriétaires des moyens de production, c'est-à-dire les rapports sociaux de production. Mais avant de formuler une définition des rapports sociaux de production dans le système capitaliste, il importe de chercher l'origine de la valeur des marchandises et du profit que réalisent les propriétaires des moyens de production.

Travail, valeur et plus-value

Quand on parle de la valeur d'une marchandise, on peut penser spontanément à un certain nombre de facteurs tels, par exemple, sa durabilité, son utilité ou sa rareté (fluctuations de l'offre et de la demande). La théorie matérialiste historique, tout en accordant une importance relative et surtout conjoncturelle à ces éléments, soutient que *la valeur des marchandises* est principalement déterminée « par la quantité du travail impliquée dans celles-ci. Si une marchandise vaut deux fois plus cher qu'une autre, c'est parce qu'elle implique deux fois plus de travail que l'autre[22]».

On entend par quantité de travail, le temps socialement nécessaire à la production des marchandises. Le temps de travail socialement nécessaire est déterminé par le degré du développement de la technologie (instruments de travail), par les aptitudes des travailleurs, les conditions de travail et les besoins de la société[23]. Mais on ne sait pas encore comment le propriétaire des moyens de production tire des profits des marchandises ni comment le travail humain produit la valeur de celles-ci.

Dans le système de production capitaliste, *le travail humain se vend comme n'importe quelle marchandise*, parce que la grande majorité des individus ne disposent que de leur force de travail qu'ils sont obligés de vendre à ceux qui, eux, sont propriétaires des moyens de production. La valeur de cette marchandise est également déterminée par le temps de travail nécessaire pour la production « des biens que doit consommer un ouvrier pour entretenir et reproduire sa capacité de travail personnelle et celle de sa famille[24]». C'est le salaire versé au travailleur[25].

Le travail humain cependant, comparativement aux autres marchandises, a ceci de particulier qu'il peut produire plus de valeur qu'il n'en coûte. La marchandise produite comprend donc une quantité de travail non payé mais incluse dans son prix. C'est la *plus-value*[26] qui est «l'excédent de valeur que l'ouvrier crée en surplus de la valeur de sa force de travail (salaire)[27]».

Travail productif et travail improductif

La distinction entre travail productif et non productif[28] dépend du mode de production que l'on considère. De manière générale, *est travail productif, dans le mode de production capitaliste, tout travail qui produit la plus-value*. Sur cette base, on distingue :

- la catégorie des travailleurs directement productifs, engagés dans des activités de production directe ou assimilée, comme les ouvriers d'usines et les ouvriers des transports[29] ;
- la catégorie des travailleurs indirectement productifs qui, sans créer de la plus-value, contribuent à sa réalisation et à sa circulation, comme les employés de commerce, des banques et des assurances, etc. ;
- la catégorie des travailleurs improductifs qui ne contribuent ni à la création ni à la réalisation de la plus-value. Deux fractions peuvent être distinguées à l'intérieur de cette dernière catégorie : d'une part, les travailleurs qui exercent un rôle de contrôle politique et/ou d'inculcation idéologique tels, par exemple, les contremaîtres, les techniciens de la santé, les enseignants, les chercheurs, les artistes, etc. ;

d'autre part, les travailleurs qui n'exercent pas de contrôle sur l'organisation de leur travail, comme par exemple les ouvriers d'entretien, les femmes de ménage, les employés de certains secteurs de l'État [30].

Les rapports sociaux de production

Par rapports sociaux de production, il faut entendre les liens sociaux qui s'établissent entre les propriétaires des moyens de production et les producteurs directs non-propriétaires dans un processus de production déterminé [31]. Ces rapports diffèrent d'un mode de production à l'autre. Dans le mode de production capitaliste, ce sont des rapports spécifiques [32] d'exploiteurs à exploités qui s'engendrent entre les propriétaires des moyens de production et les non-propriétaires. L'exploitation capitaliste est basée sur l'extraction directe de la plus-value et l'extorsion du surtravail (non payé) comme on l'a déjà démontré.

Les rapports sociaux de production constituent, dans la perspective matérialiste historique, la base de la division sociale dont les lois, la politique et toutes les formes de la vie sociale ne sont que l'expression [33].

Autrement dit, pour comprendre la division de la société en classes, il faut non seulement déterminer la place qu'occupent les agents dans les rapports de production, mais aussi préciser, en relation avec cette place, la fonction qu'ils exercent aux niveaux juridique et politique et le rôle idéologique qu'ils jouent à l'intérieur d'une formation sociale donnée. (Nous définirons ce concept dans la section qui suit.)

Les classes sociales et leurs rapports dans les formations sociales capitalistes

Avant d'entreprendre l'analyse des classes sociales dans les formations sociales capitalistes, on doit définir certains concepts qu'on a utilisés sans en préciser le sens.

Quelques concepts de base

Trois concepts seront brièvement définis dans les paragraphes qui suivent : il s'agit du concept de mode de production, de celui de la reproduction du mode de production et enfin, de celui de formation sociale.

a) *Mode de production*. Le mode de production est un concept théorique qui permet d'analyser une réalité sociale complexe. *Le mode de production se définit à la fois par le degré de développement des moyens de production et par les rapports de production qui correspondent à ce degré de développement.* Ainsi on connaît, par exemple, un mode de production *esclavagiste* basé sur la propriété et l'exploitation des esclaves (Empire romain); le mode de production *féodal* basé sur la propriété des terres et l'exploitation des serfs qui y travaillaient (Moyen Âge); et, de nos jours, le mode de production *capitaliste monopoliste* basé sur la propriété privée du capital et des moyens de production (USA par exemple) et exploitant une masse de travailleurs; un mode de production *capitaliste d'État* (URSS par exemple) où la propriété des moyens de production et l'accumulation de la plus-value sont centralisées entre les mains de la « bureaucratie » étatique et où les rapports d'exploitation se situent entre cette dernière et la classe ouvrière[34].

Trois structures composent chaque mode de production : une *structure économique, une structure juridique et politique* (les lois, l'État, l'armée, etc.) et une *structure idéologique* (les idées, les coutumes, les arts, la philosophie, etc.). Dans le mode de production capitaliste, c'est la structure économique (infrastructure) qui est toujours dominante et déterminante des autres structures (superstructure) en ce sens où c'est elle qui impose ses lois de fonctionnement aux institutions juridiques, politiques et idéologiques[35]. En retour, les institutions d'encadrement politique et idéologique (État, famille, école, église, etc.) et les agents qui les font fonctionner (politiciens, cadres, enseignants, etc.) assurent la continuité des rapports sociaux de production.

b) *Reproduction du mode de production.* Le système complexe que forme le mode de production capitaliste, comme tout système vivant, tend à se perpétuer. Ce phénomène résulte du « procès de production capitaliste » qui, « considéré dans sa continuité, ou comme reproduction, ne produit pas seulement marchandise, ni seulement plus-value; il produit et éternise le rapport social entre capitaliste et salarié[36] ».

Pour que le mode de production capitaliste se reproduise (continue et se régénère), il faut que la classe ouvrière soit continuellement reproduite, que les travailleurs restent « séparés » des moyens de production (c'est-à-dire non-propriétaires), qu'ils continuent de vendre leur force de travail aux capitalistes. En même temps, les rapports d'exploitation doivent être maintenus, défendus par l'État et inculqués par les institutions d'encadrement idéologique, entre autres par l'école (sous forme d'idées, de valeurs, de connaissances, etc.).

c) *Formation sociale.* Le mode de production n'existe et ne se reproduit qu'à l'intérieur d'une formation sociale réelle. On entend par *formation sociale une société donnée* (États-Unis ou Canada par exemple) ou *un ensemble de pays* (Tiers-Monde par exemple) *où coexistent plusieurs modes de production dont l'un domine les autres.* Ainsi par exemple, au Québec, le mode de production dominant est le mode de production capitaliste. Mais il coexiste un autre mode de production où ce sont les propriétaires des moyens de production eux-mêmes qui travaillent dans la production (artisans, petits commerçants, petits fermiers, etc.). Dans ce mode de production artisanal, il n'existe pratiquement pas d'exploitation puisque ce sont les propriétaires des moyens de production (et leur famille) qui travaillent dans la production[37]. Ce mode de production est appelé à disparaître à cause de son incapacité de concurrencer le mode de production capitaliste dominant.

Dans l'analyse qui suivra, on définira les classes sociales dans les formations sociales où le mode de production capitaliste est dominant[38].

Les différentes classes sociales et leurs rapports

De façon générale, le matérialisme historique distingue, dans les sociétés où prévaut le mode de production capitaliste, trois classes sociales principales : la classe capitaliste ou bourgeoise, la classe prolétaire et la nouvelle petite bourgeoisie, auxquelles s'ajoute une quatrième classe relevant d'un mode de production appelé à disparaître : la petite bourgeoisie traditionnelle. Cette distinction est fondée à la fois sur la place occupée dans le processus de production économique et sur le rôle politique et/ou idéologique que remplissent les agents au sein d'une formation sociale donnée.

a) *La classe capitaliste ou bourgeoise.* Du point de vue économique, la classe capitaliste détient la propriété (économique et/ou juridique) des moyens de production et du capital en général. Il faut cependant se rappeler ici une précision à propos du concept de capital. *Est capital l'argent qui sert à l'achat des moyens de production et de la force de travail et, par conséquent, à la production de la plus-value et à sa réalisation.*

Comme la plus-value résulte du surtravail non payé aux travailleurs directement productifs, on appelle le capital produit dans ces secteurs *capital industriel.* Par ailleurs, la réalisation de ce dernier ne peut se faire que par la vente des marchandises de consommation : *capital commercial*, et l'administration de l'argent investi et des intérêts qu'il rapporte : *capital bancaire.*

Trois fractions, correspondant à chacun de ces types de capital, composent ainsi la classe capitaliste. Mais toutes visent le maintien du régime capitaliste et des rapports d'exploitation qui lui sont inhérents. À cette fin, la classe capitaliste doit s'approprier ou contrôler le pouvoir politique (l'État) et idéologique (famille, école, église, etc.).

Ainsi, du point de vue politique, la classe capitaliste doit s'assurer la protection de l'État et, pour y parvenir, contrôler l'appareil d'État. Mais pour déterminer la manière dont la classe capitaliste (ou certaines de ses fractions) exerce ce contrôle, il faudrait procéder à l'analyse de la formation politique de cette société capitaliste à une période précise de son histoire, ce qui dépasse le cadre de ce texte. Disons tout simplement ceci :

que l'État, en garantissant et en protégeant la propriété privée des moyens de production et en réglementant l'achat de la force de travail par la juridiction (lois de la propriété et du marché) et par la répression (armée, police), assure du même coup les conditions d'exploitation. C'est pourquoi, même dans les sociétés dites de « démocratie avancée », les forces répressives de l'État (polices, lois spéciales, etc.) interviennent chaque fois que des grèves ou toute tentative d'organisation des travailleurs sont jugées trop menaçantes pour le système établi[39].

Mais les interventions de ce genre, en plus de leur efficacité limitée pour le maintien de l'ordre, constituent une source de perturbation du processus de production. Ainsi est-il nécessaire à la classe bourgeoise de contrôler les institutions chargées de l'inculcation idéologique des rapports d'exploitation. On verra plus loin en détail quel rôle joue l'école dans le maintien et la reproduction de l'ordre social qui sert les intérêts de la classe capitaliste.

b) *Le prolétariat.* Du point de vue économique, la classe prolétaire se définit en premier lieu comme une classe qui ne possède pas et ne contrôle pas les moyens de production. Elle n'a que sa force de travail qu'elle vend contre un salaire lui assurant ses conditions de subsistance. Le surplus de travail qu'elle fournit se transforme en plus-value détournée par les capitalistes. En second lieu, par la forme de travail effectué, il est possible de distinguer :

La classe ouvrière proprement dite, qui comprend tous les travailleurs qui contribuent directement à la production des marchandises et de la plus-value. Les ouvriers de l'industrie et des transports constituent les deux fractions importantes de cette classe.

La classe des salariés exécutants[40], qui regroupe les travailleurs indirectement productifs et improductifs dont il a été question précédemment (nous y reviendrons plus loin). Il faut toutefois reconnaître qu'il est malaisé de déterminer l'appartenance de classe des salariés improductifs, parmi lesquels on trouve aussi bien des ingénieurs, des administrateurs que des ouvriers d'entretien et des commis de bureau. Généralement, on y arrive en se référant à la fonction politique et/ou idéologique exercée par les agents dans les rapports sociaux de production. Le travailleur qui n'exerce aucun contrôle sur la définition et l'organisation de son travail appartient à la fraction des salariés exécutants. La fonction politique est donc une fonction d'exécution. On verra un peu plus loin qu'elle est l'appartenance de classe des agents d'organisation et de contrôle du travail[41].

c) *La nouvelle petite bourgeoisie.* Cette classe comprend les « travailleurs non-propriétaires des moyens de production et assurant une fonction de direction politique et idéologique dans la gestion des rapports sociaux[42] ». Du point de vue économique et politique, une fraction de la nouvelle petite bourgeoisie (contremaîtres, techniciens, ingénieurs d'application, etc.) assure une fonction de contrôle, d'organisation et de gestion du travail productif. Cette fraction contribue directement à l'extorsion de la plus-value. En font également partie, par exemple, les gérants, les comptables et les experts comptables du secteur commercial et bancaire. Ils contribuent à la réalisation du capital (circulation et administration du capital). Ces fractions de la petite bourgeoisie gèrent, au plan économique, l'exploitation capitaliste et en tirent profit. Au plan politique, elles exercent, en tant que déléguées du capital, une fonction de domination qui sert leurs intérêts politiques et ceux de la classe capitaliste.

Du point de vue idéologique, certaines fractions de la nouvelle petite bourgeoisie exercent des fonctions qui s'inscrivent dans la reproduction des rapports sociaux de production (reproduction des rapports d'exploitation). Il est particulièrement important pour notre propos de signaler le cas des enseignants, des administrateurs de l'éducation, des chercheurs, des conseillers pédagogiques, des animateurs sociaux, etc., qui contribuent à l'inculcation de l'idéologie dominante. Ces agents « interviennent plus directement comme producteurs d'idées, de valeurs, de techniques, de sciences qui servent les intérêts de la classe dominante. C'est pourquoi dans la lutte des classes (ils) (...) apparaissent (...) plus près des intérêts de la classe dominante[43] ».

Aussi faut-il rejeter l'idée qui veut faire de la nouvelle petite bourgeoisie une quelconque « classe moyenne », qui serait la protectrice de « valeurs sociales communes » et de « l'intérêt général ». Les intérêts de la petite bourgeoisie sont en effet liés à l'exploitation capitaliste dont elle tire sa position de domination, ce qui la rend susceptible de s'allier à la classe capitaliste dans ses luttes contre la classe ouvrière et ses alliés. De par les fonctions politique et idéologique qu'elle accomplit, la nouvelle petite bourgeoisie contribue directement au maintien de l'ordre social établi[44].

d) *La petite bourgeoisie traditionnelle.* Il coexiste, dans toute formation sociale historiquement déterminée, deux ou plusieurs modes de production dont l'un domine les autres. Ainsi il subsiste, dans les sociétés où le mode de production capitaliste est dominant, des petits producteurs (artisans, fermiers, etc.) et des petits commerçants (épiciers, petits commerçants itinérants, vendeurs de journaux, etc.) qui *possèdent leurs moyens de production mais qui n'achètent pas de force de travail* (ou ils le font mais à quantité très réduite) *et ne produisent donc pas de plus-value*[45]. Ce sont ces travailleurs que l'on appelle la petite bourgeoisie traditionnelle, classe résiduelle *du mode de production marchand simple* qui a

précédé le régime capitaliste. N'étant pas en mesure de faire face au monopole des grandes entreprises, cette classe est appelée à disparaître, soit
en rejoignant les rangs de la bourgeoisie, soit en s'intégrant à la classe
prolétarienne[46].

Le concept de classe sociale

Après avoir saisi de façon concrète les facteurs qui déterminent la division sociale et les rapports entre les classes sociales dans les sociétés où
le mode de production capitaliste est dominant, on est en mesure maintenant de formuler une définition théorique, mais de façon synthétique, du
concept de classe sociale, de distinguer ce concept de certaines notions
voisines, de faire le point sur le lien entre inégalité et classes sociales et
d'entamer enfin la réflexion sur la fonction de l'école, réflexion à laquelle sera consacrée la troisième et dernière section.

Martha Harnecker définit les classes sociales comme étant « des
groupes sociaux antagoniques dont l'un s'approprie le travail de l'autre
en raison de la place différente qu'ils occupent dans la structure économique, place qui est déterminée fondamentalement par la forme spécifique de leur rapport avec les moyens de production[47] ».

Toute l'analyse que nous avons menée jusqu'ici a servi à la démonstration de cette définition. Nous ne comptons donc pas revenir sur ce
point. Toutefois, trois remarques s'imposent à propos de cette définition.

1) Les classes sociales se définissent à partir de la place qu'occupent
les agents qui les composent dans la structure économique. Cette place
est déterminée essentiellement par le rapport de propriété ou de non propriété qu'ont ces agents avec les moyens de production. *C'est justement
ce rapport qui est à l'origine de l'inégalité sociale.* Dans cette conception,
le salaire, le revenu, le niveau d'éducation, le statut professionnel, etc.,
ne dépendent pas principalement de qualités naturelles de l'individu (aptitudes, intelligence, dons, etc.) comme le prétend l'approche fonctionnaliste, mais de la place occupée dans la structure économique. Dans ce
cas, l'inégalité sociale ne constitue pas un phénomène « naturel », car elle
ne résulte pas du fait que ce sont les plus doués et les plus intelligents qui
contribuent le mieux au bon fonctionnement de la société qui, en contrepartie les récompense (revenu élevé et haute considération sociale).
L'inégalité sociale a pour origine l'exploitation qui s'établit entre propriétaires (et leurs alliés) et non-propriétaires des moyens de production.
D'autre part, l'exploitation, telle qu'elle découle de la propriété des
moyens de production et de l'extorsion du sur-travail, n'a pas toujours
existé car « chez les peuples primitifs (...) il n'y a pas de propriété privée
des moyens de production; ceux-ci appartiennent à la communauté et le

fruit du travail de ses membres est également réparti entre tous[48] ». Or, si l'exploitation n'est pas éternelle, les inégalités et politiques et sociales ne le sont pas non plus. L'exploitation et la lutte contre l'exploitation sont au centre des relations qui existent entre les classes sociales.

2) Les rapports entre les classes sociales ne sont pas des rapports de complémentarité — dans la paix et l'harmonie appelées équilibre et intégration chez les fonctionnalistes — dans le sens où chaque classe a et remplit certaines fonctions selon les aptitudes et les qualités de ses membres, comme le supposent les fonctionnalistes. Les rapports entre les classes, notamment entre la classe capitaliste et la classe ouvrière, sont des rapports d'antagonisme et de conflit qui prennent des formes de luttes économiques[49], idéologiques et politiques[50]. De ce fait, il n'existe pas de classe moyenne qui concilie ou établit l'équilibre entre les autres classes. Il n'y a qu'opposition entre les classes et fractions de classes, d'une part, et alliance entre certaines d'entre elles lorsque cette opposition menace les intérêts de la classe (ou fraction) exploiteuse et/ou dominante, d'autre part.

3) Les classes sociales ne peuvent pas être définies comme des groupes structurés *uniquement* autour d'intérêts économiques. Cette définition est fondamentale mais elle n'acquiert son plein sens que dans la mesure où les intérêts économiques contradictoires et opposés se traduisent en une opposition idéologique et politique entre les classes. Cette opposition idéologique et politique n'est possible que dans la mesure où les membres de chacune des classes sont conscients de leurs intérêts communs, s'organisent et luttent pour les défendre.

Appartenance de classe et position de classe

Ce qu'on vient d'avancer demande à être précisé. En fait, ce qu'on a fait jusqu'ici, c'est de définir les bases sur lesquelles on peut dire que tel groupe appartient à la classe capitaliste et tel autre à la classe prolétaire, par exemple. Autrement dit, *on a défini l'appartenance de classe*. Mais il arrive que des individus ou des groupes, appartenant objectivement à une classe sociale donnée, prennent une position, c'est-à-dire pensent et agissent en faveur des intérêts d'une autre classe. Il peut arriver, par exemple, que des ouvriers votent pour un bourgeois, comme il peut arriver que des petits bourgeois (cadres, enseignants, etc.) défendent, dans des moments de lutte (grève, négociation, etc.) les intérêts du prolétariat. C'est cette situation qu'on désigne par le concept de *position de classe*. On peut donc appeler position de classe « *la prise de parti en faveur d'une classe dans un processus politique déterminé. Cette prise de parti (...) implique la défense et la lutte pour les intérêts de cette classe*[51] ».

La classe d'appartenance désigne donc la situation objective occupée par un groupe d'agents dans la structure économique et dans la structure du pouvoir politique et idéologique. La position de classe indique la classe à laquelle s'identifient les agents[52] ou ce qu'on peut appeler la « classe-identité »[53]. C'est donc la position de classe qui est sujette à diverses influences : influence des media d'information[54], du cinéma, de l'école, etc., et non l'appartenance de classe comme telle.

Or, si l'objectif des discours et pratiques politiques et idéologiques de la classe capitaliste et de ses alliés est de maintenir l'exploitation, comme on l'a démontré, et si pour y parvenir cette classe doit se convaincre et convaincre les exploités qu'il n'existe ni exploitation ni classes sociales en conflit, il lui est nécessaire de modifier et d'influencer la position de classe des exploités. Elle doit leur inculquer ses propres idées, valeurs, coutumes, etc., en leur faisant croire que ce sont les leurs. En fin de compte, elle doit leur faire croire qu'ils appartiennent tous à une collectivité homogène (sans division ni conflits) et partagent les idées et valeurs communes à cette collectivité (qui sont en fait celles de la classe capitaliste).

C'est sur ce plan que l'école, en tant qu'institution d'apprentissage de connaissances scientifiques, de valeurs, de normes et d'attitudes (idéologie), acquiert une importance majeure.

L'école et les classes sociales

Tout au long des deux sections précédentes, nous avons tenté de décrire les éléments de base sur lesquels repose l'analyse de la réalité sociale dans laquelle s'inscrit l'école. Réalité appelée (que l'histoire a appelée) les formations sociales du mode de production capitaliste. Est-il possible encore, connaissant la réalité des formations capitalistes, d'affirmer que l'école remplit la même fonction pour tous. Faire apprendre des connaissances et techniques utiles, des façons de penser et d'agir (valeurs culturelles) communes à une soi-disant société globale ou collectivité? Sinon quels rôles joue l'école pour les uns et pour les autres? Comment ces rôles se traduisent-ils dans sa structure et son fonctionnement?

Avant de répondre à ces questions, reformulons très rapidement certains traits marquants des formations capitalistes et plaçons l'école dans ce contexte qui est le sien.

Rappelons qu'au sein des formations sociales capitalistes s'élaborent des rapports sociaux de production spécifiques. Lorsque ces rapports sont considérés du point de vue économique, ils sont définis comme étant des rapports d'exploitation. Lorsqu'ils sont envisagés du point de vue politique, ils sont définis comme étant des rapports de domination politique d'une classe (ou fractions d'une classe) sur les autres.

Lorsqu'ils sont analysés en considérant les objectifs, les idéaux et les façons de se représenter la réalité sociale spécifiques à chacune des classes, ils sont définis comme étant des rapports d'hégémonie (ou de domination) idéologique d'une classe sur les autres. C'est au sein des rapports sociaux de production que se situent la place et la fonction de l'école dans les formations capitalistes. Dans les paragraphes qui suivent, nous reformulerons, sous forme de propositions, l'analyse menée dans les deux sections précédentes.

Propositions générales

Proposition 1. Les formations sociales capitalistes sont divisées en classes antagonistes dont les deux classes fondamentales sont la classe capitaliste ou bourgeoise et la classe prolétaire.

Proposition 2. L'origine des conflits de classes et de leurs luttes réside dans les rapports sociaux d'exploitation qui s'établissent surtout entre la classe capitaliste et le prolétariat.

Proposition 3. Les classes et les rapports entre les classes sont déterminés fondamentalement par la place qu'occupent les agents dans les rapports de production, c'est-à-dire par leur rapport aux moyens de production : rapport de propriété ou de non propriété.

Proposition 4. Historiquement, la classe capitaliste et le prolétariat n'existent que par et à travers l'exploitation économique. Sans exploitation il n'y a ni profit (plus-value), ni capital, ni classes sociales.

Proposition 5. La classe dominante économiquement (classe capitaliste) doit, pour maintenir l'exploitation, dominer politiquement et idéologiquement.

a) La domination politique passe par le contrôle de l'État et de ses appareils juridico-politiques, ce qui permet à la classe dominante et à ses alliés de faire adopter des lois et de prendre des décisions favorables à ses intérêts économiques[55].

b) L'exploitation économique et la domination politique pourraient être contestées si les classes exploitées s'apercevaient qu'elles sont l'oeuvre de la classe capitaliste. C'est pourquoi cette dernière agit par appareils (institutions) interposés qui servent ses intérêts et véhiculent ses valeurs et sa façon de voir le monde. Ce rôle que jouent les appareils (famille, école, etc.) ne doit pas être vu sous son vrai jour par les autres classes. C'est pourquoi la classe dominante crée une distance entre elle et les appareils chargés de transmettre son idéologie en déléguant le contrôle de ces derniers à l'État.

c) Pour que la domination ne soit pas perçue comme étant la domination d'une classe : 1) politiquement, il faut que l'État soit déclaré neutre, c'est-à-dire démocratiquement élu et servant « l'intérêt général » ou le

« bien commun » qui ne sont en fin de compte que l'expression déguisée des intérêts particuliers de la classe dominante[56] ; 2) économiquement, la classe capitaliste délègue une part de son contrôle aux agents de gestion, d'organisation, de surveillance et d'encadrement (voir la nouvelle petite bourgeoisie plus haut).

d) L'exploitation économique et la domination politique ne sont réalisables, de façon pacifique, que si les intérêts, les valeurs, les idées, les comportements, etc., de la classe dominante sont appris, inculqués et acceptés par les classes exploitées comme étant les leurs. En un mot, l'exploitation économique et la domination politique doivent s'accompagner d'une hégémonie idéologique. Cette dernière n'est possible qu'à travers le contrôle exercé par la classe capitaliste ou par une de ses fractions sur les appareils qui ont pour fonction essentielle de transmettre l'idéologie[57].

Les fonctions de l'école : reproduction matérielle et inculcation idéologique

Ainsi la classe capitaliste ou bourgeoise ne se « mouille » pas directement car une fois que l'État est contrôlé, celui-ci se charge de la garde, de la direction, de l'orientation et du fonctionnement des appareils idéologiques. Parmi ces derniers, il y en a un qui joue un rôle de première importance dans la transmission de l'idéologie dominante : l'appareil scolaire, l'école[58]. En effet, celle-ci « prend les enfants de toutes les classes sociales dès la maternelle, et dès la maternelle, avec les nouvelles comme les anciennes méthodes, elle leur inculque, pendant des années, les années où l'enfant est le plus ''vulnérable'' (...) des ''savoir-faire'' enrobés dans l'idéologie dominante (le français, le calcul, l'histoire naturelle, la littérature), ou tout simplement l'idéologie dominante à l'état pur (morale, instruction civique, philosophie)[59] ».

Si l'école a pour fonction l'inculcation de l'idéologie dominante, et si cette dernière a pour objectif fondamental de maintenir et perpétuer les rapports sociaux d'exploitation (voir proposition 4), et si l'exploitation n'existe pas sans entraîner des luttes entre exploiteurs et exploités (voir proposition 2), l'école doit être perçue et définie comme étant l'instrument et le lieu de la reproduction des rapports sociaux de production et des luttes de classes. C'est dans ce sens que « ni le savoir, ni l'éducation, ni l'instrument de leur dispensation, l'école, ne sont en marge des relations de domination de classe. (...) Mais encore ils en sont l'expression et peuvent en être les instruments[60] ».

Si telles sont la place et la fonction qu'il convient d'attribuer à l'école, sous quelles formes cette dernière réalise-t-elle la reproduction des rapports sociaux de production et par quels mécanismes s'acquitte-t-elle de sa tâche ?

Il sera question ici de présenter les deux formes principales par lesquelles l'école reproduit les rapports sociaux de production. La première qui consiste dans la reproduction matérielle de la division sociale, sera abordée très rapidement car il y a tout le chapitre 7 qui en fait la démonstration. La deuxième forme, qui consiste dans l'inculcation idéologique, sera analysée plus en détail. Nous donnerons de temps à autre des exemples des mécanismes qui contribuent, dans la structure et le fonctionnement de l'école, à la reproduction des rapports sociaux de production sous les deux formes mentionnées.

Un avertissement est à retenir : la distinction entre les deux formes de la fonction de l'appareil scolaire est purement analytique, elle ne doit nullement signifier qu'il y a reproduction matérielle d'un côté et inculcation idéologique de l'autre. La division des agents formés par l'école est en même temps apprentissage de l'idéologie dominante et refoulement ou dissimulation de l'idéologie prolétarienne. Les deux formes de reproduction ne sont donc que deux aspects « principaux et simultanés, du fonctionnement de l'appareil scolaire[61] ».

a) *Fonction de reproduction matérielle.* Rappelons que tout mode de production doit, pour subsister, maintenir et recréer ses conditions d'existence. Il doit donc reproduire continuellement :
— les places qu'occupent les individus dans la structure économique ; la recréation des places dépend de l'état de l'économie (prospérité ou récession) et de la lutte des classes ;
— les individus qui occupent ces places : les formations capitalistes doivent reproduire des ouvriers, des petits bourgeois et des capitalistes. La reproduction des individus est déterminée par le nombre de places disponibles dans la structure économique[62].

On entend par reproduction matérielle des individus, la mise au monde des enfants, leur entretien, leur éducation ou leur préparation au marché du travail, etc. C'est sur ce plan que se situe le rôle de l'école. En effet, la fonction de reproduction matérielle que réalise l'appareil scolaire consiste à prendre en charge les enfants[63] venant de toutes les classes sociales, donc déjà divisés, et à les répartir dans la structure scolaire de telle façon que la division sociale préexistante (en dehors de l'école) ne soit pas modifiée, c'est-à-dire se perpétue en s'adaptant. Concrètement, c'est-à-dire dans la structure et le fonctionnement de l'appareil scolaire, cela se traduit par une division sur plusieurs plans. Nous n'en donnons que quelques exemples :
— division dans les rythmes d'apprentissage où on distingue les lents (faibles) des moyens (réguliers) et des rapides (enrichis ou forts).
— division dans les niveaux de qualification : élémentaire, secondaire, collégial, universitaire.

— division dans les cycles de formation : secondaire court, secondaire long.
— division selon les disciplines de spécialisation.
— division en réseaux scolaires : professionnel et général.

Les résultats de cette répartition sont connus : il y a une relation entre la classe sociale des étudiants et la place qu'ont ceux-ci dans les divisions de la structure de l'appareil scolaire. Les enfants de la classe ouvrière sont plus susceptibles de *tomber* dans la voie faible, d'arrêter leur scolarité avant ou à la fin du secondaire, de se trouver dans le professionnel (court ou long) ou, au mieux, dans les sciences humaines ou sociales. Alors que c'est le phénomène inverse qui se réalise pour les enfants de la classe capitaliste et de la petite bourgeoisie.

Le prochain chapitre fera une démonstration plus approfondie de cet aspect de la fonction de l'appareil scolaire[64]. Il ne faut cependant pas conclure que l'école crée ou produit la division sociale. Elle ne constitue que l'instrument qui contribue au maintien et à la reproduction de la division sociale telle qu'elle existe et s'exprime dans les rapports de production[65]. Ce premier aspect de la fonction de l'appareil scolaire est pénétré par un autre : celui de l'inculcation idéologique des rapports d'exploitation et de domination nécessaires à la perpétuation des formations sociales capitalistes[66].

b) *Fonction d'inculcation idéologique : imposition de l'idéologie dominante et refoulement de l'idéologie prolétarienne.* La reproduction de la division sociale à laquelle contribue l'école ne se réalise qu'avec et dans l'inculcation idéologique. Cette inculcation ne s'accomplit que par l'imposition de l'idéologie dominante et le refoulement de l'idéologie prolétarienne adverse.

Il faut se rappeler ici que l'idéologie de la classe capitaliste vise fondamentalement le maintien des rapports d'exploitation (proposition 5d) en se servant des appareils idéologiques d'État (dont l'école) comme instruments (propositions a, b et c). C'est pourquoi il ne suffit pas, à l'école, de former de bons ouvriers, de bons ingénieurs, de bons cadres, de bons médecins et avocats, etc., c'est-à-dire des agents capables d'accomplir « des activités définies par les places de production[67] », mais il faut, en même temps, les préparer à accepter et à trouver normale la place qui leur sera assignée dans la structure économique. Autrement dit, avant qu'ils ne soient mis sur le marché du travail, les enfants doivent passer par un processus de moulage, de rodage et de dressage qui a pour but d'inscrire, dans la structure de leur personnalité, l'ordre social de classe[68] et les rapports d'exploitation[69]. Le rôle de l'école consiste dans ce cas à investir ou à doter chaque masse d'étudiants, qui la quitte à un niveau ou un autre, de la dose « d'idéologie qui convient au rôle qu'elle doit remplir dans la société de classe : *rôle d'exploité* (à conscience "professionnelle", "morale", "civique", "nationale" et apolitique hautement "développée"); *rôle d'agent d'exploitation* (savoir commander et parler aux ouvriers : les "relations humaines"), *d'agent de la répression* (savoir commander et se faire obéir "sans discuter" ou savoir manier la démagogie de la rhétorique des dirigeants politiques), ou de *professionnels de l'idéologie* (sachant traiter les consciences avec le respect c'est-à-dire le mépris, le chantage, la démagogie qui conviennent (...)[70]».

Préparer les uns à gérer, à protéger ou à empocher les profits de l'exploitation et les autres à être et à accepter d'être exploités, autrement dit «assujettir les uns à leurs places d'exploiteurs et les autres à leurs postes d'exploités (...)[71]». Voilà en un mot la fonction d'imposition de l'idéologie dominante que réalise l'école au sein des formations sociales capitalistes. Mais pour que cette tâche puisse être effectuée, l'école doit interdire, refouler et réprimer la manifestation, en son sein, de toute autre idéologie et notamment celle de la classe prolétaire.

La loi de l'éducation obligatoire oblige l'école à recevoir tout au long du cycle élémentaire et secondaire, une clientèle venant de toutes les classes sociales. Divisés par les places qu'occupent leurs parents dans la structure économique, les enfants arrivent à l'école en y introduisant avec eux leur façon de se représenter le monde, leurs coutumes, leurs habitudes d'expression et de comportement, etc. C'est ainsi que l'idéologie dominante se trouve confrontée à celle de la classe prolétaire au sein de l'école. Dès lors, l'imposition de l'idéologie dominante doit, pour s'accomplir, s'accompagner en même temps du refoulement, de la répression et de la déformation de l'idéologie ouvrière. L'école doit «s'efforcer d'interdire aux enfants d'ouvriers d'acquérir, d'organiser et de formuler l'idéologie dont le prolétariat a besoin (...) Tous les éléments (histoire, littérature, conduites (...) qui paraissent contribuer au développement de l'idéologie prolétarienne sont systématiquement (...) refoulés. Quand ces éléments réapparaissent, néanmoins, c'est sous une forme travestie[72]».

L'imposition par l'école des représentations que se fait la classe bourgeoise de la réalité sociale aux enfants d'ouvriers est, simultanément, exclusion et relégation des représentations que se font ces enfants de la réalité sociale. Quelques exemples démontreront comment se réalise cette double tâche.

Lorsque les programmes et les manuels scolaires représentent l'Histoire comme étant le résultat des actions d'hommes politiques, de généraux et d'ecclésiastiques, ils excluent en même temps, par leur silence, tous ceux qui sont derrière ces «remarquables» personnages. En fait, ne rien dire sur ce que les classes exploitées ont fait à travers l'histoire, c'est dire qu'elles n'ont rien fait. C'est les exclure de l'Histoire.

Lorsque les programmes et les manuels présentent une réalité sociale harmonieuse, sans contradictions et sans conflits, à travers l'image qu'ils donnent de la société et lorsqu'ils ne parlent que de « citoyens à part entière », de « peuple » ou de « nation » en général, ils cachent, masquent et occultent les rapports d'exploitation vécus et subis par la classe prolétarienne. C'est dans cette même occultation [73] des rapports sociaux que se fait aussi l'apprentissage de la « vertu » de l'épargne (par exemple) source de bénéfices et de profits. « Vertu » qui ne révèle rien sur le travail exploité producteur de plus-value et du capital.

Lorsque les pratiques scolaires (devoirs, exercices, examens, relations enseignants / enseignés, etc.) ont pour résultat de désigner d'un côté ceux qui sont « bons », qui s'expriment bien, qui apprennent vite et qui peuvent, par conséquent, aller loin dans leur scolarité, et, de l'autre, ceux qui ne sont « pas bons », qui s'expriment mal dans le langage scolaire, qui apprennent lentement, difficilement et accumulent des retards scolaires, comme « bons » à faire des métiers et à suivre des formations courtes, lorsque les pratiques scolaires fonctionnent de la sorte, elles contribuent à la réalisation de plusieurs choses :

- Elles obligent toute la clientèle scolaire (divisée et différenciée pourtant) à se représenter une partie de leur réalité dans des catégories morales (bons pour ceci et pas bons pour cela) mystificatrices. Ces catégories reproduisent en fait, en la déguisant, la division sociale du travail : travail manuel / travail intellectuel. Cette division renvoie directement à la place qu'occuperont les individus dans la structure économique, politique et idéologique.

- Les pratiques scolaires réalisent ainsi un tour de magie : la clientèle qui se représente (se voit, se perçoit, s'imagine, etc.,) dans des catégories identiques (« bon » ou « pas bon ») se transforme sans même s'en apercevoir en exploiteurs, en agents d'exploitation et en exploités satisfaits de leurs places respectives.

- De cette manière, les pratiques scolaires assujettissent l'idéologie prolétarienne à l'idéologie dominante en forçant les enfants d'ouvriers [74] à se représenter et à voir le monde à travers les catégories de cette dernière, catégories abstraites et vides de tout contenu réel [75].

Les exemples peuvent être multipliés, qu'il s'agisse des programmes, des pratiques scolaires et du fonctionnement de l'appareil scolaire en général. Mais ce qu'il ne faut pas perdre de vue, c'est que l'idéologie dominante vise le maintien des rapports sociaux de production et que la division sociale et la lutte des classes qui en découle ont lieu en dehors de l'école. Celle-ci est à la fois l'instrument d'imposition de l'idéologie dominante, du refoulement / assujettissement de l'idéologie prolétarienne et le lieu où se confrontent les classes dans leurs luttes idéologiques. La présence de l'idéologie bourgeoise à l'école (à travers les programmes, la structure de l'école, les manuels et les pratiques scolaires, etc.) ne s'explique que par son but final : exclure des éléments de l'idéologie prolétarienne d'y pénétrer et empêcher la classe ouvrière d'acquérir les connaissances historiques et scientifiques dont elle pourrait se servir dans ses luttes en dedans et en dehors de l'école.

Tentative de synthèse

Notre objectif ne visait pas à faire une présentation exhaustive des approches choisies, mais à montrer comment, lorsqu'on parle du rôle que joue l'école, on part de certains postulats théoriques et d'une certaine représentation de la société. Le schéma ci-dessous reprend sous forme synthétique les éléments théoriques qui opposent la perspective fonctionnaliste à l'approche matérialiste historique.

De façon générale, le matéralisme historique conçoit les sociétés comme étant organisées essentiellement autour de rapports de production historiquement déterminés. La place qu'occupent les agents à l'intérieur de ces rapports détermine les relations qui se forment entre les agents eux-mêmes ainsi que le rôle qu'ils ont à jouer dans l'organisation sociale aux plans économique, politique et idéologique. Dans ce cas, l'inégalité sociale ne découle pas principalement des différences naturelles entre individus, comme l'affirment les perspectives fonctionnalistes, mais des rapports d'exploitation qui s'établissent entre les classes sociales. Ainsi, si les agents profitent inégalement des biens de consommation (logement, services de santé, éducation, loisirs, etc.), ce n'est pas parce que certains d'entre eux sont plus riches que d'autres, mais parce que certains bénéficient des profits que réalise le travail des autres. Certes la richesse et la pauvreté constituent des manifestations (ou des indices) d'inégalité sociale, mais les causes de ce phénomène résident dans les rapports d'exploitation existant dans une formation sociale donnée.

Autrement dit, le matérialisme historique se représente les formations sociales comme étant constituées de classes sociales en conflit et en lutte et non comme «collectivités», «communautés» ou «système social» où règnent homogénéité et consensus généralisés autour de valeurs communes incontestables. Ce qu'on appelle «valeurs communes» ne représente, dans la conception matérialiste historique, que

Fonctionnalisme	**Matérialisme historique**

*1. Représentation générale de la
division sociale*

• Hiérarchies universelles	• Division sociale historiquement déterminée

*2. Facteurs de hiérarchisation
ou de division sociale*

• Les besoins du système social sont hiérarchisés	• La division sociale est fondée sur :
• Les motivations individuelles tendent à se conformer aux besoins du système social	• La place occupée dans le processus de production économique
• Ce dernier encourage cette conformité à travers le processus de récompenses différentielles et inégales	• Les rapports sociaux d'exploitation
• Les individus sont stratifiés sur la base de leurs aptitudes, de leurs compétences et de l'importance sociale de leurs rôles	• Le rôle politique et la fonction idéologique remplis par les agents

3. Conception de la société

• Collectivité, société, système social, etc.	• Formation sociale historiquement définie
• Continuum de positions stratifiées	• Divisée en classes antagonistes
• Complémentarité et collaboration entre les strates	• Luttes et conflits irréductibles entre les classes
• Consensus et harmonie entre strates	• Domination politique et hégémonie idéologique

4. Fonctions de l'école

• Qualification des individus	• Maintien de la division sociale du travail : production et reproduction de la force de travail.
• Socialisation aux valeurs communes	• Imposition de l'idéologie dominante et refoulement des idéologies adverses

des « façons de voir », des intérêts et des valeurs que la classe dominante tente d'imposer aux autres classes à travers les appareils juridico-politiques et idéologiques qui ont pour fonction principale le maintien et la reproduction des rapports sociaux de production (rapports d'exploitation).

Dès lors l'école ne serait conçue ni comme ayant pour fonction de transmettre les soi-disant valeurs communes, ni comme étant le moyen d'égaliser les chances d'individus socialement inégaux. Lieu fréquenté par une clientèle venant de toutes les classes, contrôlée par l'État (qui est contrôlé à son tour par la classe ou une fraction de la classe dominante), l'appareil scolaire constitue l'instrument qui contribue au maintien de la division sociale. Son rôle consiste, d'une part, à répartir sa clientèle dans les différentes filières ou réseaux scolaires de manière à ce que la différenciation d'origine reste intacte et, d'autre part, à doter chaque groupe de la portion d'idéologie qui convient au rôle qu'il doit remplir au sein des rapports sociaux de production. L'école ne s'acquitte de cette double tâche qu'au prix d'une imposition de l'idéologie dominante et de l'étouffement de toute autre idéologie, notamment celle de la classe ouvrière.

7

Les inégalités sociales dans l'école québécoise des années soixante-dix

Louise Laforce
et Alain Massot

La sociologie dérive entre deux modèles idéaux de société. D'un côté, celui de la reconduction systématique des destins de vie d'une génération à l'autre par l'effet d'un déterminisme implacable; de l'autre, le modèle de l'indépendance totale des statuts inter-générationnels par le jeu de la mobilité aléatoire. La concordance relative entre les observations statistiques et ces modèles théoriques (ou mythiques) constitue en principe l'épreuve de validation. Et malgré la simplicité apparente de l'opération, la sociologie se trouve dans l'incertitude, certainement parce que la tâche est complexe.

La dominance de l'un ou l'autre modèle dans le discours sur l'école n'est pas sans influencer l'orientation que l'on veut donner aux politiques scolaires. Ainsi, se basant sur l'idéologie qui établit un lien entre éducation et mobilité sociale, la société québécoise a fait des efforts considérables pour démocratiser le système d'enseignement. L'école s'est ouverte à tous. Un premier regard sur les résultats de la réforme scolaire au

Québec révèle une image positive, ne serait-ce qu'en termes d'élévation des taux de scolarisation. Mais la désillusion ne tarde pas à s'imposer dans la mesure où des inégalités sociales se maintiennent et se reproduisent dans l'école québécoise réformée : inadaptation, sélection, orientation, abandon, analphabétisme... Nous montrerons par diverses analyses comment l'école reproduit une nouvelle élite ; comment par différenciation systématique des clientèles scolaires, elle procède finalement à l'élimination massive et radicale de la majorité des cohortes de jeunes pour n'en choisir et retenir qu'une mince minorité aux niveaux supérieurs de l'éducation.

Le modèle d'égalité des chances

Si la sociologie de l'éducation s'intéresse particulièrement aux conséquences, en milieu scolaire, des inégalités sociales, c'est précisément parce que l'école s'est imposée comme l'institution par excellence devant conduire à *l'égalité des chances*. Cette expression consacrée s'ajuste sur un principe fondamental : « tous les hommes naissent égaux devant Dieu et doivent l'être devant la loi ». Mais ce principe idéaliste s'enchaîne à d'autres énoncés plus réalistes, à savoir que les hommes en naissant n'ont pas les mêmes aptitudes. Cette inégalité appelle un autre énoncé clé : « La compétence doit être rétribuée à sa juste valeur, et l'incompétence, sanctionnée proportionnellement ».

Or, c'est essentiellement par le statut socio-économique (avec tous les bénéfices qui lui sont liés) qu'une certaine formule de rétribution sociale est accordée. Ainsi parvient-on à maintenir l'ordre social. Car égaliser les revenus, par exemple, reviendrait à ronger les motivations, rogner la productivité et éroder le bien-être collectif. « Nous croyons, dit Jencks, que la vertu devrait être récompensée, et nous prenons pour acquis qu'il y aura de grandes variations à cet égard entre les individus [1] ».

L'application du principe de la compétition étant à peu près généralisée, cela implique que des individus réussissent tandis que d'autres échouent. Or, dans la mesure où les individus sont des héritiers, ils ne partent pas sur un même pied d'égalité. Une véritable égalité des chances supposerait que tous les individus entrent de plain-pied dans la compétition, la formation scolaire pouvant, en principe, rendre les enfants plus autonomes de leur milieu d'origine. Et face à des handicaps socio-culturels supplémentaires, on a déjà proposé des mesures compensatoires afin de briser le cercle des inégalités d'héritage.

Ce qui précède constitue l'esquisse d'un modèle théorique d'égalité sociale qui peut se réduire à la séquence suivante :

Milieu d'origine	Milieu scolaire	Milieu du travail
• Inégalités d'aptitudes dues au handicap socio-culturel	• Stratégies compensatoires • Égalité des chances • Compétition	• Compétition • À chacun selon ses aptitudes

Essayons d'appliquer ce raisonnement au problème contemporain de l'accessibilité des femmes à l'éducation et au marché du travail. Les statistiques scolaires nous indiquent que les étudiantes suivent des cheminements scolaires qui diffèrent largement des cheminements scolaires des étudiants, particulièrement si on tient compte de la spécialisation, comme en font foi les tableaux suivants :

Tableau 1 : Répartition (en %) des clientèles du cours collégial général selon le sexe et les options, en 1973-74 et en 1980-81

Options	1973-74		1980-81	
	Filles	Garçons	Filles	Garçons
Sciences de la santé	23,0	18,3	19,1	15,4
Sciences pures et appliquées	6,6	23,8	7,1	24,7
Sciences humaines	46,3	36,4	44,1	33,5
Sciences de l'administration	3,6	13,5	8,3	15,8
Arts et lettres	20,6	8,1	19,8	8,6
Hors DEC	—	—	1,6	2,0
Nombre total	5 360	6 661	15 803	17 137

Source : Conseil du statut de la femme, *L'accès à l'éducation pour les femmes au Québec*, Québec, 1976, p. 9. Louis-H. Castonguay, « La clientèle des cégeps à l'enseignement régulier, session d'automne 1980 », *Bulletin statistique*, vol.6, no 2, Québec, ministère de l'Éducation, février 1981, p. 4, tableau 5.

Tableau 2 : Répartition (en %) des clientèles du cours collégial professionnel, selon le sexe et les options, en 1980-81

Options	Filles	Garçons
Techniques biologiques	25,5	8,6
Techniques physiques	4,5	47,8
Techniques humaines	15,1	9,2
Techniques de l'administration	48,2	29,3
Arts	6,5	4,6
Hors DEC	0,2	0,5
Nombre total	13 149	12 767

Source : Louis-H. Castonguay, *op. cit.*, p. 4.

En 1974, les étudiantes du général se retrouvaient principalement en sciences humaines, en sciences de la santé et en arts et lettres. Elles étaient largement minoritaires en sciences pures et en administration (tableau 1).

Comparant les données de 1973-74 avec celles de 1980-81, on constate que, malgré l'augmentation très importante du nombre d'étudiantes inscrites, les choix restent proportionnellement identiques. D'où la remarque importante du Conseil du statut de la femme : « Ces données nous permettent de conclure que le fait que plus d'étudiantes poursuivent des études devant les conduire à l'université n'implique nullement que l'on retrouvera une proportion plus importante de femmes dans les différentes spécialités universitaires[2] ».

Si garçons et filles se distinguent nettement les uns des autres dans leur choix d'une discipline au cégep général, de telles différences sont encore plus prononcées au niveau du cégep professionnel. Les statistiques des inscriptions de 1980 montrent que près de la moitié des étudiantes sont concentrées dans les techniques de l'administration et le quart dans les techniques biologiques, tandis qu'à peine 5% d'entre elles sont inscrites dans les techniques physiques (tableau 2).

Des concentrations persistent au niveau universitaire quoique certaines différences homme-femme s'atténuent. Les filles demeurent sur-représentées dans les sciences de l'éducation, alors que les garçons le sont dans les sciences pures et appliquées ainsi qu'en administration. Par contre, en sciences humaines, hommes et femmes sont en proportion égale (tableau 3).

Au deuxième cycle universitaire, la démarcation homme-femme demeure, mais dans certains cas, en administration par exemple, elle tend à diminuer. Cependant, le fait le plus remarquable à souligner est la baisse considérable du nombre absolu des étudiants de 2ᵉ et surtout de 3ᵉ cycle, par rapport aux étudiants de même niveau (tableaux 4 et 5).

Cette situation se traduira sur le marché du travail par une démarcation entre les secteurs d'emploi « féminins » et « masculins » dont la rentabilité professionnelle (avancement, perfectionnement) et économique (salaire et conditions de travail) défavorise en général les femmes. Les mouvements féministes ont stigmatisé le caractère sexiste de certains processus de socialisation tels que la formation professionnelle et l'allocation des emplois, caractère qui ne s'explique pas par des traits biologiques ou psychologiques différenciés, mais par un *ordre social historiquement institué*. Cette forme d'inégalité sociale ne dépend pas d'un état de nature, mais d'un état de culture, de civilisation.

Tableau 3 : Répartition (en %) des diplômés universitaires du Québec (1er cycle), en 1978, selon le sexe et les spécialités

Spécialités	Femmes	Hommes
Sciences de la santé (groupe médical)	4,9	7,0
Sciences de la santé (groupe para-médical)	6,0	0,5
Sciences pures	8,4	11,1
Sciences appliquées	2,8	17,0
Sciences humaines	26,6	26,3
Éducation	29,2	12,2
Administration	7,1	19,8
Arts	5,1	2,7
Lettres	9,9	3,4
Nombre total	9 205	11 214

Source : Lyse Frenette, *Diplômés 1978,* ministère de l'Éducation, Direction des études économiques et démographiques, Québec, novembre 1980, p. 15, tableau 1.

Tableau 4 : Répartition (en %) des diplômés universitaires du Québec (2ᵉ cycle), en 1978, selon le sexe et les spécialités

Spécialités	Femmes	Hommes
Sciences de la santé (groupe médical)	3,9	0,9
Sciences de la santé (groupe para-médical)	2,7	0,2
Sciences pures	8,4	13,9
Sciences appliquées	4,1	18,7
Sciences humaines	33,4	25,8
Éducation	18,5	11,5
Administration	16,0	23,2
Arts	2,5	0,8
Lettres	10,5	5,0
Nombre total	1 041	2 084

Source : Lyse Frenette, *op. cit.*, p. 16, tableau 1.

Tableau 5 : Répartition (en %) des diplômés universitaires du Québec (3ᵉ cycle), en 1978, selon le sexe et les spécialités

Spécialités	Femmes	Hommes
Sciences de la santé (groupe médical)	5,7	5,7
Sciences de la santé (groupe para-médical)	—	—
Sciences pures	25,0	40,0
Sciences appliquées	5,7	17,5
Sciences humaines	40,9	27,1
Éducation	6,8	3,2
Administration	—	0,4
Arts	2,3	0,4
Lettres	13,6	5,7
Nombre total	88	280

Source : Lyse Frenette, *op. cit.*, p. 17, tableau 3.

Deux mesures d'inégalités en statistiques scolaires

Outre l'expression d'inégalités en pourcentages, on utilise couramment les taux de scolarisation et les taux de transition pour appréhender un certain nombre d'interrogations relevant de la problématique des inégalités scolaires. Ainsi, par exemple, dans quelle mesure l'augmentation des effectifs scolaires pour chaque niveau scolaire traduit-elle une plus grande égalité des chances? Quelles sont les différences internationales quant au développement des systèmes scolaires dans les sociétés industrialisées? Quelle est l'ampleur des inégalités scolaires selon l'appartenance ethnique et/ou sociale?

Le calcul d'un *taux de scolarisation* nécessite deux sortes de données: a) les populations ou clientèles scolaires selon l'âge et le niveau scolaire; b) l'ensemble de la population scolarisable à un âge donné. Le taux de scolarisation peut être défini comme «le rapport, à une date déterminée, de la population scolaire à temps plein, à un âge donné, à l'ensemble de la population du même âge[3]».

Exemple: Calcul du taux de scolarisation d'une population de 5000 personnes âgées de 15 ans.

Sexe	Population scolarisable	Population scolarisée		
		Sec.	Coll.	Total
Garçons	2 600 (100%)	2 300 (88,5%)	50 (1,9%)	2 350 (90,4%)
Filles	2 400 (100%)	2 150 (89,6%)	75 (3,1%)	2 225 (92,7%)
Total	5 000 (100%)	4 450 (89,0%)	125 (2,5%)	4 575 (91,5%)

Les *taux de transition* constituent une autre mesure fréquente en comptabilité scolaire. Pour ce calcul, il faut obtenir le nombre des effectifs scolarisés au temps 1 à un niveau donné et le nombre d'entre eux qui seront scolarisés au temps 2 selon le niveau scolaire.

Exemple: Calcul du taux de transition pour une population de 5 000 élèves en secondaire IV

	Sec. IV	Sec. V	Abandons en Sec. IV
Temps 1	5000	—	—
Temps 2	100	4400	500

Le taux de passage en secondaire V, selon les effectifs inscrits dans cet exemple, est de : 4 400 / 5 000 = 0,88 (ou 88%). Le taux d'abandon en secondaire IV est de 500 / 5 000 = 0,10 (ou 10%). Le taux de stationnaires en secondaire IV est de 100 / 5 000 = 0,02 (ou 2%). Le total de ces trois taux de transition égale 1 (ou 100%). On peut utiliser également le taux de survie ou taux de rétention qui correspond à l'inverse du taux d'abandon, ici : 0,90 (ou 90%).

Évolution des clientèles scolaires et des taux de scolarisation

Niveau pré-universitaire

Au cours de la décennie 1969-79 les effectifs pré-universitaires ont chuté de 20%, à partir d'un sommet de 1 732 495 atteint en 1969-70 (tableau 6). Les variations de clientèles ont été à la baisse à chaque niveau, mais à des temps différents.

Dès 1969-70, les inscriptions à la maternelle diminuent sur toute cette période, passant de 115 214 à 83 577, soit un taux de décroissance de 27,5%. Il en est de même pour les effectifs de niveau primaire dont la baisse commencée en 1968-69 va atteindre une proportion globale de 39% en 1979-80. La baisse des effectifs au secondaire ne débute qu'en 1973-74 pour atteindre en 1979-80 le même niveau qu'en 1969-70. Les effectifs du collégial connaissent une augmentation considérable de 67,8%, pour finalement amorcer une baisse à partir de 1977-78.

Ce phénomène général à la baisse des clientèles scolaires pré-universitaires s'explique essentiellement par une décroissance du taux de fécondité, et donc du nombre des naissances observables. (Rappelons que les effectifs des générations nées entre 1954 et 1965 oscillaient entre 130 000 et 143 000. Or les naissances annuelles se chiffrent à moins de 100 000 depuis 1968[4]).

Comment cette évolution se traduit-elle en termes de taux de scolarisation? D. Dufour relève quatre caractéristiques majeures concernant l'évolution des taux de scolarisation pour le pré-universitaire depuis le début des années 1970.

Tableau 6: Effectifs scolaires pré-universitaires pour l'ensemble du Québec, de 1969-70 à 1979-80.

Niveau	1969-70	1971-72	1973-74	1975-76	1977-78	1979-80	Variation de la période (%)
Maternelle	115 214	105 556	94 929	92 930	84 980	83 577	
Variation (%)	—	-8,4	-10,1	-2,1	-8,6	-1,7	-27,5
Primaire	940 403	857 739	739 163	687 406	622 893	571 479	
Variation (%)	—	-8,8	-13,8	-7,0	-9,4	-8,2	-39,2
Secondaire	597 131	670 851	715 311	683 978	643 610	596 374	
Variation (%)	—	12,3	6,6	-4,4	-5,9	-7,3	-0,1
Collégial	79 677	90 319	106 047	117 035	134 115	133 712	
Variation (%)	—	13,4	17,4	10,4	14,6	0,3	67,8
Tous les niveaux	1 732 425	1 794 465	1 655 450	1 581 349	1 485 528	1 385 142	-20,0

Source: D. Dufour, *Perspectives de clientèles scolaires pour le Québec et ses régions administratives scolaires, 1981 à 2001*, Direction des études économiques et démographiques, Québec, ministère de l'Éducation, 1981, p. 87 et 103, tableau adapté.

1) La scolarisation de tous les enfants, niveau primaire (tableau 7).
2) La stabilisation de la fréquentation au pré-collégial:
   a) au niveau primaire, c'est-à-dire de 6 à 13 ans, la scolarisation était déjà complète au moment de la réforme scolaire;
   b) au niveau secondaire, la scolarisation est maximale jusqu'à l'âge de 14 ans, à partir duquel on observe un premier décrochage (99%) qui s'accentue à 15 ans (97%).
3) La croissance de la scolarisation au collégial (tableau 8).
4) La scolarisation différentielle selon les régions administratives (tableau 9).

Tableau 7: Évolution des taux de scolarisation à la maternelle de 1966-67 à 1979-80

Année	Taux de scolarisation
1966-67	44,1%
1972-73	94,4%
1976-77	99,0%
1979-80	99,0%

Source: D. Dufour, *op. cit.*, 1981, p. 32.

Tableau 8 : Taux global de scolarisation pour le niveau collégial, selon le sexe

Année	Garçons	Filles	Total
1966	25,1	20,1	22,6
1971	33,0	26,6	29,8
1976	36,9	37,3	37,1
1977	40,1	41,7	40,9
1978	40,8	42,0	41,4
1979	40,2	42,0	41,1

Source : D. Dufour, *op. cit.*, 1981, p. 36.

Tableau 9 : Taux global de scolarisation pour le niveau collégial, selon les régions administratives scolaires, 1979-80

Régions administratives scolaires	Taux de scolarisation
Bas Saint-Laurent, Gaspésie	42,0
Saguenay-Lac-Saint-Jean	48,1
Québec	46,5
Trois-Rivières	39,6
Estrie	43,3
Montréal	42,2
Outaouais	22,6
Nord-Ouest	20,1
Côte-Nord, Nouveau-Québec	21,6
Ensemble du Québec	41,1

Source : D. Dufour, *op. cit.*, 1981, p. 38-39 (tableau adapté).

Niveau universitaire

Enfin au tableau 10, on constate une *augmentation considérable* du taux de scolarisation universitaire dans le secteur francophone de 1967 à 1975. Si on tient compte des étudiants à temps complet et à temps partiel, le taux de fréquentation dans les universités francophones est passé de 4,1% à 12,5% pendant cette période, soit trois fois plus en 1975 qu'en 1967. Ces taux se situent toutefois bien en deçà des taux observés dans le secteur anglophone où ils sont passés de 24,8% en 1967 à 28,5% en 1975.

Tableau 10 : Taux de fréquentation au 1ᵉʳ cycle universitaire (Taux calculés sur la base de populations de 18 à 24 ans)

	1967		1975	
	Univ. franc.	Univ. angl.	Univ. franc.	Univ. angl.
Temps complet				
Population de 18-24 ans	615 801	107 220	632 363	136 655
Clientèle	19 748	15 279	41 641	23 151
Taux	3,2%	14,3%	6,6%	16,9%
Temps partiel				
Population de 18-24 ans	615 801	107 220	632 363	136 655
Clientèle	5 276	11 259	37 193	15 851
Taux	0,86%	10,5%	5,9%	11,6%

Source : Michel Robillard, *Les clientèles universitaires au Québec, évolution passée et perspectives d'avenir, 1966-1990,* vice-présidence à la planification, Université du Québec, nov. 1970.

Les clientèles scolaires ont donc fortement évolué depuis la réforme scolaire. Mais dans l'explication de cette évolution, il ne faut pas minimiser les effets de structure, comme on vient de le montrer. Dans la section qui suit, nous nous attarderons aux cheminements des élèves à partir d'un point de bifurcation crucial dans le système scolaire, soit le secondaire V.

Cheminements scolaires du secondaire V à l'université

Nous présentons ci-après une analyse comparative des cheminements scolaires dans les secteurs francophone et anglophone en utilisant les taux de transition, soit le taux des élèves qui, d'année en année, passent d'un niveau à un autre (taux de passage), le taux des élèves qui changent d'orientation (taux de transfert) et le taux des élèves qui abandonnent l'école (taux d'abandon)[5].

Cette analyse repose sur l'idée centrale selon laquelle le système scolaire est structuré sur l'institutionnalisation de deux réseaux (le général et le professionnel), qualitativement différents tant par le type de formation que par les perspectives d'emploi qu'ils offrent (voir Baudelot-Establet, 1971 et 1975). L'école n'est donc pas constituée d'un tronc commun au sens où la scolarisation ne différerait que quantitativement, c'est-à-dire selon le nombre d'années scolaires accumulées. Le secondaire V général n'équivaut pas au secondaire V professionnel. Si la forme la plus manifeste de la division de l'école tient au type de formation, il faut remarquer que celle-ci est amplifiée par le fait que ces réseaux sont plus ou moins développés selon les secteurs institutionnels. Dans le système scolaire québécois, cette polarisation est manifeste entre le secteur français et le secteur anglais, tel que nous allons le voir, de même qu'entre le secteur privé et le secteur public.

Les cheminements des élèves des écoles francophones

Le schéma 1 représente l'évolution d'un groupe de jeunes dans le secteur francophone alors qu'ils étaient en secondaire V en 1971-72. Trois cheminements majeurs sont associés à chaque niveau scolaire : le passage à un niveau scolaire supérieur, le transfert d'orientation et l'abandon scolaire. Ces cheminements sont représentés par les flèches du schéma. Les chiffres accolés à ces flèches représentent les taux de transition observés. Les chiffres dans les cases correspondent au nombre des élèves ayant atteint un niveau scolaire donné sur la base d'un effectif de 10 000 en secondaire V. La répartition de ces 10 000 élèves en secondaire V correspond à la proportion relative d'élèves au général ou au professionnel telle qu'observée en 1971-72, soit 59% d'un côté et 41% de l'autre.

On peut alors relever les faits suivants :

1) Les élèves en secondaire V professionnel sont arrivés au terme de leur scolarité et abandonnent l'école dans une proportion de 86%. Les points de filtrage pour 41% des élèves de secondaire V se situent donc à un niveau antérieur, tout au long du secondaire, voire du primaire.

2) Quarante pour cent des élèves du secondaire V général passent en cégep I général; 29% s'orientent vers le cégep I professionnel; et 26% abandonnent. Le cégep professionnel reçoit principalement les élèves du secondaire V général. Sur 2 070 étudiants en cégep I professionnel, 1 721 proviennent du secondaire V général.

3) À partir du cégep I professionnel, les taux de passage jusqu'en cégep III plafonnent à 0,82 et 0,86. Le taux de rétention du réseau professionnel est donc très élevé ($0,8229 \times 0,8604 = 0,71$).

4) La transition du cégep I général au cégep II général se concrétise pour 84% des étudiants.

5) Parmi les étudiants du cégep II général, 66% entrent à l'université et 25% abandonnent.

Schéma 1: Évolution d'une cohorte de 10 000 élèves de secondaire V (secteur francophone) de 1971 à 1975

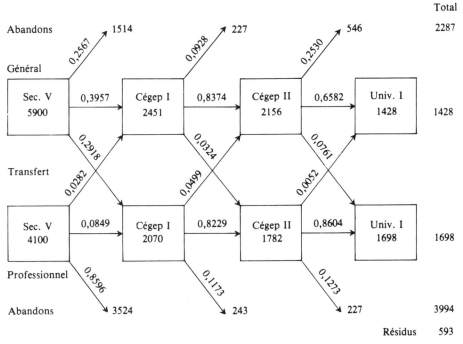

Source: A. Massot, *Cheminements scolaires dans l'école québécoise après la réforme*, cahiers ASOPE, vol. V, 1981, p. 118.

6) Au total, sur 10 000 élèves de secondaire V, 1 428 entrent dans l'enceinte universitaire, 1 698 terminent leur cégep professionnel et 6 281 abandonnent ou quittent l'école après un cours terminal sur cette section du cursus scolaire.

De cette vision globale des cheminements scolaires entre le secondaire V et l'université ou le cégep III, il ressort des points de bifurcation prédéfinis dont l'importance stratégique est liée au réseau scolaire. Le secondaire V professionnel et le cégep III professionnel constituent des classes terminales qui s'ouvrent unilatéralement sur le marché du travail. Les transferts du professionnel au général sont pratiquement interdits. Les seuls transferts d'orientation significatifs vont du secteur général au secteur professionnel. Le secondaire V général et le cégep II général constituent des points de bifurcation stratégiques puisqu'ils structurent des alternatives de cheminement. Nous constatons donc que le secondaire général ne prédétermine pas les destins scolaires au niveau collégial, mais délimite plutôt un champ décisionnel à trois voies : formation professionnelle, formation générale ou abandon. De plus, la formation collégiale générale offre une garantie limitée d'une scolarité universitaire. Par ailleurs, le secondaire et le collégial professionnels délimitent nécessairement une seule ouverture : le marché du travail. Ils excluent par conséquent tout champ décisionnel pour l'acteur.

Les cheminements des élèves des écoles anglophones

La configuration des réseaux, des transferts, de la sélection scolaire dans le secteur anglophone produit une évolution d'une cohorte de jeunes largement différente de celle présentée ci-dessus (voir schéma 2). Le premier fait d'importance tient à l'ampleur relative du réseau général par rapport au réseau professionnel ; en secondaire V, 88% des élèves sont inscrits en formation générale, comparativement à 59% dans le secteur francophone. L'inflation du réseau général en secondaire V va provoquer toute une série de « distorsions » sur les taux de transition comparativement à ceux du secteur francophone :

1) Le taux de survie en secondaire V général atteint 70%. Il se compare à celui du secteur francophone, à la différence que 90% des jeunes anglophones s'orientent vers le cégep général, alors que les jeunes francophones le font dans une proportion de 60%.

2) Autre fait particulier : 22% des élèves de secondaire V professionnel réintègrent le réseau général en cégep I, transferts invisibles dans le secteur francophone. D'ailleurs, cette récupération se reproduit en cégep I et cégep II professionnel dans une proportion de 17% et 11%. On constate donc que, dans le secteur anglophone, le réseau général est moins hermétique aux élèves du professionnel que dans le secteur francophone.

3) Le taux d'abandon global du côté général est de 3 649 / 8 800 = 0,41. Il se compare à celui du secteur francophone (0,39). Du côté professionnel, il s'élève à 0,87 et se compare également à celui du secteur francophone (0,97). Cependant, et c'est là une autre marque distinctive, sur 10 000 élèves de secondaire V, 4 696 jeunes anglophones ont abandonné leurs études avant l'université ou le cégep III. Il y en a 6 281 dans le secteur francophone, soit 15% de plus.

Schéma 2 : Évolution d'une cohorte de 10 000 élèves de secondaire V (secteur anglophone) de 1971 à 1975

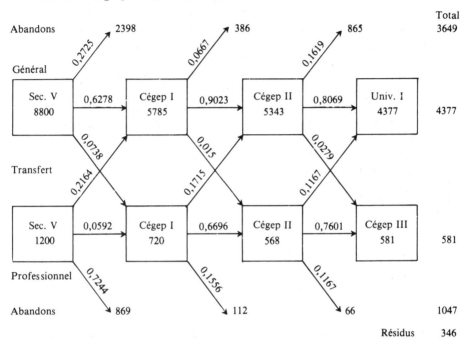

Source : A. Massot, *op. cit.*, p. 123.

4) Notons encore que 44% des jeunes du secteur anglophone en secondaire V entrent à l'université (c'est trois fois plus que dans le secteur francophone), et seulement 6% finissent en cégep III professionnel (c'est trois fois moins que dans le secteur francophone).

À la différence du secteur francophone, on peut dire que le secondaire général anglophone prédétermine l'option générale au niveau collégial dans une proportion de 63% et restreint d'autant les alternatives. De plus, la scolarité du cégep général constitue une garantie d'accès à l'université dans 73% des cas. Les structures du secteur anglophone favorisent la formation générale et donc l'accès à l'université, au détriment de la formation professionnelle.

Destins scolaires selon l'origine sociale

Les cheminements scolaires dépendent de la position sociale des parents. Cette généralisation, qui s'applique à toutes les sociétés industrialisées, recouvre un certain nombre de sous-questions à approfondir :

1) Quelle est l'ampleur de cette relation au Québec?
2) Cette relation se transforme-t-elle à l'intérieur du cursus scolaire?
3) Comment évoluent les étudiants(es) d'origine sociale intermédiaire? À quels résultats peut-on s'attendre lorsque nous comparons les destins scolaires des enfants de cadres moyens et semi-professionnels par rapports aux enfants de professionnels et de cadres supérieurs?
4) Est-ce que le sort des enfants de cols blancs s'aligne sur celui des enfants d'ouvriers?
5) Qu'en est-il des variations d'orientation et de survie scolaire parmi les enfants des diverses couches internes de la classe ouvrière : manoeuvre, ouvrier semi-spécialisé, ouvrier spécialisé?
6) Finalement, quel est le destin scolaire des enfants de cultivateurs?

Nous avons la possibilité d'élucider cet ensemble d'interrogations au sein du système scolaire francophone public. Considérons en premier lieu les phénomènes d'orientation scolaire en secondaire V (tableau 11). On constate que les élèves d'origine sociale supérieure (administrateurs) se concentrent dans le réseau général à 79% et ceux d'origine sociale intermédiaire (cadres moyens) à 72%. Cette polarisation s'amenuise pour les fils et filles de petits propriétaires et de cols blancs. Les élèves d'origine sociale ouvrière se répartissent à peu près également entre le réseau général et professionnel, peu importe le niveau de qualification du père. De ce fait, la composition sociale du réseau général en secondaire V n'est pas homogène malgré la concentration élevée des enfants d'origine sociale supérieure. Par contre, les enfants d'origine sociale inférieure (ouvriers spécialisés et semi-spécialisés, manoeuvres) constituent une majorité de 63% dans le réseau professionnel en secondaire V et le rendent ainsi relativement plus homogène.

Étant donné le taux d'abandon très élevé en secondaire V professionnel (86%, voir schéma 1), la variation des taux de survie selon l'origine sociale n'est plus pertinente à ce niveau et dans ce réseau. Les points de bifurcation majeurs se trouvent du côté général. Le tableau 12 présente la variation des taux de transition (selon la profession du père) en secondaire V (T1); cégep I (T2); cégep II (T3) secteur général.

La variation des taux de passage en cégep général et en cégep professionnel est très importante en secondaire V général et elle souligne le caractère stratégique de ce point de bifurcation. Aux deux extrêmes, nous observons des variations importantes. En effet, si 59% des élèves d'origine sociale supérieure entrent au cégep général, seulement 25% des fils ou filles de manoeuvres en font autant. À l'inverse, 35% de ce dernier groupe vont au cégep professionnel contre 12% des fils et filles d'administrateurs. Le niveau de spécialisation des pères ouvriers n'occasionne pas de grandes variations dans les taux de transition. On peut dire que cette catégorie sociale fournit en moyenne un étudiant au cégep général pour chaque étudiant au cégep professionnel. La situation des fils et filles de cultivateurs est encore plus défavorable à ce point de bifurcation : pendant qu'un élève entre au cégep général, deux entrent au cégep professionnel. Le destin des fils et filles de cols blancs se différencie de celui des fils et filles d'ouvriers par le fait que les premiers s'orientent plus vers le général. C'est également le cas des fils et filles de petits propriétaires et encore davantage pour les élèves dont les pères sont cadres moyens.

Tableau 11 : Répartition des clientèles au cours secondaire général ou professionnel, selon l'orientation scolaire et la profession du père (élèves de niveau secondaire V en 1971-72)

Profession du père	Orientation				Total
	générale		professionnelle		
	h	v	h	v	
Administrateur	79,3	8,3	20,7	3,1	368
Cadre moyen	72,0	21,1	38,0	11,9	1 035
Petit propriétaire	63,6	9,7	36,4	8,0	539
Col blanc	64,1	7,0	35,9	5,6	384
Ouvrier spécialisé	54,2	22,2	45,8	27,1	1 448
Ouvrier semi-spécialisé	49,0	12,8	51,0	19,1	918
Manoeuvre	49,4	11,4	50,6	16,8	812
Fermier	56,2	7,5	43,5	8,4	468
Total	59,0	100,0	41,0	100,0	5 972

$X^2 = 228,06$; dl. 7 ; p 0,001 ; = 0,20
h = pourcentages horizontaux
v = pourcentages verticaux

Source : A. Massot, *op. cit.*, 1981, p. 134.

Les taux de stationnaires et d'abandons ne présentent pas de variations très significatives. C'est dans le rapport cégep général / cégep professionnel que se traduit le mieux l'inégalité de distribution des étudiants dans les deux réseaux selon l'origine sociale. Ces données révèlent l'importance cruciale de ce point de bifurcation en tant qu'instance de filtrage.

Ces inégalités disparaissent en cégep II puisque, indépendamment de l'origine sociale, les taux de passage se stabilisent à un niveau très élevé et les variations que l'on constate ne présentent pas de tendances significatives.

De nouveau, à la sortie du cégep II réapparaît une certaine variation de l'orientation selon l'origine sociale, mais d'une ampleur nettement moins marquée qu'en secondaire V et surtout avec des tendances instables qui se prêtent difficilement à l'interprétation. Si 74% des fils et filles de professionnels et de cadres supérieurs entrent à l'université, 58% des enfants d'ouvriers spécialisés y sont admis également. C'est dans une proportion d'ailleurs équivalente à celle des fils et filles de cadres moyens (59%).

Il semble donc que l'avenir scolaire des étudiants soit moins lié à leur origine sociale à mesure qu'ils avancent dans le cursus scolaire, proposition soutenable à ce niveau d'observation seulement, puisqu'il faut s'attendre à l'émergence de variations en terme de spécialisation universitaire selon l'origine sociale.

Il reste que cette autonomie croissante est conditionnelle aux processus de sélection antérieurs. Si bien que les probabilités d'atteindre l'université ou le cégep III, et les probabilités d'abandon à partir du secondaire V sont fortement liées à l'origine sociale (tableau 13).

Si en moyenne 9% des fils et filles d'ouvriers spécialisés en secondaire V se rendent à l'université, ce pourcentage s'élève à 44% pour les fils et filles de cadres supérieurs et professionnels. Le rapport d'entrée université / cégep III est de 3,2 pour ces derniers et de 0,6 pour les premiers. Quarante-deux pour cent des fils et filles d'origine sociale supérieure abandonnent sur cette section du cursus scolaire, comparativement à 73% des fils et filles d'ouvriers spécialisés. Les destins scolaires des fils et filles des cols blancs n'apparaissent guère plus favorables que ceux des fils et filles d'ouvriers. Seuls les destins scolaires des étudiants d'origine sociale intermédiaire (petit propriétaire et surtout cadre moyen, semi-professionnel) se distinguent de la masse des effectifs d'origine sociale inférieure.

Tableau 12 : Cheminements scolaires, secteur francophone public, selon l'origine sociale

Profession du père	Passage				
	Cégep I(G)	Cégep I(P)	Station-naire	Aban-don	Total

Cheminement, secondaire V, 1971-72 (T1)

Profession du père	Cégep I(G)	Cégep I(P)	Station-naire	Aban-don	Total
Administrateur	0,586	0,123	0,124	0,167	227
Cadre moyen	0,471	0,249	0,098	0,182	559
Petit propriétaire	0,375	0,269	0,134	0,222	253
Col blanc	0,378	0,298	0,136	0,188	191
Ouvrier spécialisé	0,291	0,291	0,136	0,282	643
Ouvrier semi-spéc.	0,295	0,315	0,137	0,253	329
Manoeuvre	0,246	0,349	0,123	0,282	284
Fermier	0,192	0,384	0,197	0,227	198

Profession du père	Passage				
	Cégep II(G)	Cégep II(P)	Station-naire	Aban-don	Total

Cheminement, cégep I, 1972-73 (T2)

Profession du père	Cégep II(G)	Cégep II(P)	Station-naire	Aban-don	Total
Administrateur	0,856	0,024	0,048	0,072	125
Cadre moyen	0,761	0,041	0,107	0,091	242
Petit propriétaire	0,877	0,022	0,022	0,079	89
Col blanc	0,768	0,058	0,000	0,174	69
Ouvrier spécialisé	0,810	0,036	0,047	0,107	169
Ouvrier semi-spéc.	0,856	0,011	0,022	0,111	90
Manoeuvre	0,764	0,042	0,083	0,111	72
Fermier	0,883	0,029	0,000	0,088	34

Profession du père	Passage				
	Univ. I	Cégep III	Station-naire	Aban-don	Total

Cheminement, cégep II, 1973-74 (T3)

Profession du père	Univ. I	Cégep III	Station-naire	Aban-don	Total
Administrateur	0,741	0,049	0,099	0,111	81
Cadre moyen	0,586	0,067	0,066	0,281	135
Petit propriétaire	0,529	0,044	0,103	0,324	68
Col blanc	0,466	0,089	0,089	0,356	45
Ouvrier spécialisé	0,577	0,077	0,106	0,240	104
Ouvrier semi-spéc.	0,694	0,016	0,032	0,258	62
Manoeuvre	0,572	0,061	0,102	0,265	49
Fermier	—	—	—	—	

Source : A. Massot, *op. cit.*, p. 136.

Les résultats scolaires dans le processus de sélection

Les résultats scolaires constituent la clé de tout un discours idéologique relevant de la méritocratie. Or, la situation de test et, d'une façon plus large, la notation, n'est pas neutre socialement. Pour Bourdieu, « l'inégale distribution entre les différentes classes sociales du capital linguistique scolairement rentable constitue une des médiations les mieux cachées par lesquelles s'instaure la relation (que saisit l'enquête) entre l'origine sociale et la réussite scolaire[6] ». Pour certains élèves, la culture véhiculée à l'école est le prolongement naturel de leur milieu familial. Pour d'autres élèves, c'est un véritable processus d'acculturation qui leur est imposé. Dès le début de la scolarisation, ils ont à franchir un handicap culturel, tant au niveau de la langue, de la culture extra-scolaire, des dispositions, des motivations, du « savoir faire » et du « savoir être », etc. Seuls ceux qui réussissent cette conversion laborieuse aux codes culturels de la grande école survivent. Dans cette problématique, les résultats scolaires sont la clé par excellence de la sélection : « En faisant jouer les mécanismes objectifs de la diffusion culturelle », les examens, tests, etc., ne font que sanctionner les inégalités d'héritage plus que celles d'apprentissage.

Dans cette section, nous voulons montrer: premièrement, l'importance relative des résultats scolaires en secondaire V général sur la scolarisation ultérieure; en second lieu, la trace de ce rapport entre l'origine sociale et les résultats scolaires; et finalement l'analyse relativement complexe des taux de passage au cégep général selon l'origine sociale et les résultats scolaires au secondaire V, ce qui nous entraînera au-delà de la théorie du handicap socio-culturel.

Le tableau 14 traduit la relation entre les résultats scolaires et les cheminements scolaires à partir du secondaire V général. Il existe une relation positive entre la probabilité de passage au cégep général et la notation. Cette association est particulièrement élevée puisque les chances d'entrer au cégep général avec des notes faibles sont fortement réduites: 0,20 comparativement à 0,63 pour les élèves ayant obtenu des notes excellentes.

Notons que les transferts du secondaire V vers le cégep professionnel ne sont pas liés aux résultats scolaires. Par contre, le nombre de stationnaires et d'abandons augmente fortement avec les résultats plus faibles.

Ces données montrent bien l'importance des résultats scolaires dans le processus de sélection. Cela réaffirme l'intérêt de la problématique des inégalités d'héritage culturel puisque celle-ci établit une relation entre le

Tableau 13 : Probabilités de transition, secteur francophone public à partir du secondaire V, selon l'origine sociale

Profession du père	Univers.	Cégep III	Station- naire	Aban- don	Rapport Univ./ Cégep III
Administrateur	0,4361	0;1355	0,0080	0,4204	3,2
Cadre moyen	0,2104	0,2272	0,0082	0,5542	0,9
Petit propriétaire	0,1640	0,1691	0,0111	0,6558	1,0
Col blanc	0,1127	0,1886	0,0064	0,6923	0,6
Ouvrier spécialisé	0,0935	0,1722	0,0062	0,7281	0,5
Ouvrier semi-spéc.	0,1096	0,1501	0,0043	0,7360	0,7
Manoeuvre	0,0734	0,1544	0,0075	0,7645	0,5
Fermier	0,0820	0,2414	0,0177	0,6589	0,3

Source: A. Massot, *op. cit.*, p. 139.

Tableau 14 : Cheminements scolaires d'une cohorte d'élèves de secondaire V général, secteur francophone public, région de Montréal, selon les résultats scolaires en 1971-72 (T1)

Résultats scolaires en sec V (T1)	Passage Cégep I général	Cégep I profes.	Station- naire	Aban- don	Total
Excellents	0,63	0,23	0,04	0,10	19,6
					233
Moyens	0,43	0,27	0,08	0,22	46,3
					549
Faibles	0,20	0,22	0,15	0,43	34,1
					404
Total	0,39	0,25	0,09	0,27	100,0
					1 186

$X^2 = 164,70$; dl. 6 ; p 0,001 ; = 0,26

Source : A. Massot, « Destins scolaires des étudiants de secondaire V. Une analyse comparative des facteurs français et anglais », *Recherches sociographiques*, vol. XX, no 3, 1979, p. 393.

milieu d'origine et la performance scolaire. En effet, le tableau 15 (partie supérieure) montre que cette relation est encore significative en secondaire V (plus l'origine sociale est élevée, plus les notes scolaires sont élevées). Il n'est donc pas nécessaire d'avoir recours aux inégalités d'aptitudes à la naissance pour expliquer les inégalités scolaires qui se manifestent au niveau des résultats scolaires ; du moins, c'est la thèse centrale de la théorie du handicap socio-culturel.

Les implications politiques de cette théorie sont bien connues : advenant une égalisation des moyens économiques (bourses d'études, scolarité gratuite, présalaire) il ne faudrait pas s'attendre à un redressement important des inégalités scolaires puisque les facteurs de différenciation précèdent l'entrée à l'école et demeurent en grande partie imperméables à toute politique sociale de cette nature. C'est principalement dans et par la famille que se joue le destin scolaire des jeunes.

Fort bien, cette perspective analytique aura eu pour impact de saper l'idéologie des dons (bien qu'elle soit loin d'être aseptisée) et surtout de mettre en évidence quelques mécanismes cachés de la sélection.

Structures décisionnelles et destins scolaires

La théorie des inégalités culturelles est cependant insuffisante à plusieurs égards en ce sens qu'elle ne peut rendre compte d'un autre type de données que l'on trouve de manière récurrente dans les statistiques scolaires, tel qu'au tableau 15 (partie inférieure). Ce tableau présente les taux de passage au cégep général selon les résultats scolaires en secondaire V et selon l'origine sociale. Les taux de passage pour un niveau de réussite et d'origine sociale donné varient d'un maximum de 80% à un minimum de 16%. Cependant, pour un niveau de réussite égal, par exemple réussite excellente, les élèves d'origine sociale supérieure passent au cégep dans une proportion de 80%, ceux d'origine sociale moyenne passent dans une proportion de 63% et ceux d'origine sociale inférieure dans une proportion de 52%. Tous ces étudiants ont pourtant intégré d'une façon équivalente les normes de la réussite scolaire. On remarque également que les étudiants d'origine sociale élevée obtenant des résultats moyens passent au cégep avec le même pourcentage que celui des étudiants d'origine sociale moyenne obtenant des résultats excellents (63%). Ces mêmes étudiants d'origine sociale élevée obtenant des résultats moyens passent au cégep avec un pourcentage plus élevé (63%) que celui des étudiants d'origine sociale basse obtenant des résultats excellents (52%). De même, les étudiants d'origine sociale moyenne avec réussite moyenne passent au cégep avec un pourcentage plus élevé (55%) que celui des étudiants d'origine sociale inférieure ayant une réussite excellente (52%). Seul le taux de passage des étudiants d'origine sociale élevée avec réussite faible (32%) est inférieur aux taux de passage des étudiants d'origine sociale moyenne et basse avec un niveau de réussite supérieur. Autrement dit, les étudiants d'origine sociale élevée survivent largement dans le réseau général sauf si leur réussite est en-dessous d'un seuil relativement bas, alors que les étudiants d'origine sociale basse survivent seulement si leur réussite est en dessus d'un seuil relativement élevé, et quoique dans une proportion ne dépassant pas 52%. Or, il faut remarquer simultanément que 15% des étudiants d'origine sociale basse atteignent ce seuil de réussite élevé (première partie du tableau 15).

Ce type d'observation amène Raymond Boudon à formuler une explication plausible : «Les enfants des classes dominantes (et/ou leurs parents) maintiennent un haut niveau d'aspirations excepté si la réussite scolaire est en dessous d'un seuil relativement bas, alors que les enfants des classes dominées maintiennent un niveau d'aspirations élevé seulement si la réussite scolaire est en dessus d'un seuil relativement haut[7]». Cette observation est fondamentale parce que le contrôle de la variable réussite scolaire implique également le contrôle, en grande partie du moins, du processus d'apprentissage des habiletés et des langages de l'univers scolaire. Alors, si à réussite scolaire égale, la sélection est encore fonction de l'origine sociale, cela ne peut-il pas s'expliquer par l'intervention d'une certaine rationalité dont le champ de décision est structuré par des paramètres d'ordre essentiellement économique : coûts, bénéfices, risques. « L'hypothèse est donc que, fondamentalement, certains individus décident de ne pas poursuivre, au delà d'un point donné, leur carrière scolaire, non pas parce qu'ils sont le siège de forces extérieures à eux-mêmes qui leur imposeraient des décisions contraires à leur intérêt, mais parce qu'ils estiment raisonnable de se comporter ainsi[8] ».

Il faut souligner immédiatement que, si décision rationnelle il y a, ce n'est en aucun cas une rationalité qui fonctionnerait « *in vitro* », une sorte de libre choix. Ces champs de décision sont ancrés dans des positions sociales diverses auxquelles est attachée une rationalité propre. Cela revient à admettre, dit Boudon, que « l'éventualité d'obtenir un statut social de niveau cadre supérieur ou équivalent n'est pas évalué de la même manière par le fils (ou la fille) d'un cadre supérieur et par le fils (ou de la fille) d'un ouvrier par exemple. Cela revient à admettre également que les risques encourus en poursuivant ses études à un niveau donné, et avec un niveau de réussite donné, varient selon la position sociale de l'acteur ». L'hypothèse de la rationalité de l'acteur telle que développée par Boudon ne se veut pas exclusive à celle de l'héritage culturel, mais bien complémentaire, en appliquant celle-ci plutôt vers le début du cursus scolaire, alors que la rationalité économique intervient de manière de plus en plus décisive et récurrente à mesure qu'on atteint des niveaux scolaires plus élevés.

Étant donné la position centrale du postulat de la rationalité dans le modèle de Boudon, il est utile d'en reproduire ici les énoncés fondamentaux :

— La réussite scolaire est liée positivement à la position sociale. Cette relation tend cependant à s'affaiblir à mesure que l'on observe un niveau plus élevé du cursus scolaire. Forte à la fin de l'élémentaire, elle devient négligeable à l'entrée de l'université.

— Le système scolaire peut être décrit comme une suite de points de bifurcation.

— On peut associer à chaque point de bifurcation un champ décisionnel caractéristique de chaque position sociale dans lequel intervient la réussite scolaire[9].

Tableau 15 : Réussite scolaire en secondaire V général (T1), secteur francophone public, selon l'origine sociale (partie supérieure) et taux de passage en cégep I général (T2), en fonction de la réussite et de l'origine sociale (partie inférieure)*

Catégorie professionnelle du père	Excellente 1	Moyenne 2	Faible 3	Total
Administrateur et professionnel (C_1)	0,228	0,502	0,270	1,000 289
Cadre moyen et semi-prof. (C_2)	0,196	0,455	0,349	1,000 731
Ouvrier (C_3)	0,154	0,396	0,450	1,000 1615
Total	0,173	0,424	0,403	1,000 2635

$x^2 = 46,87$; d.l. = 4; p 0,001; = 0,09.

	Excellente	Moyenne	Faible
Administrateur et professionnel (C_1)	0,800 (55)	0,631 (111)	0,317 (60)
Cadre moyen et semi-prof. (C_2)	0,626 (115)	0,545 (259)	0,253 (170)
Ouvrier (C_3)	0,523 (209)	0,326 (482)	0,159 (547)

* Les taux de passage se lisent comme suit : 80% des étudiants(es) en secondaire général (T1), d'origine sociale C_1, ayant des résultats scolaires excellents, passent au CEGEP I 1 général (T2), etc.

Source : A. Massot, *op. cit.*, 1981, p. 150.

Le développement longitudinal du modèle de Boudon fait ressortir deux faits majeurs :

1) même si des mesures efficaces parvenaient à atténuer le phénomène des inégalités culturelles, leur effet sur les inégalités sociales devant l'enseignement serait très modéré ;

2) l'origine principale des inégalités devant l'enseignement réside donc dans la différenciation des champs de décision en fonction de la position sociale plutôt que dans les inégalités culturelles[10].

Les effets spécifiés dans le premier énoncé (effet de l'héritage culturel) se dissipent dans le temps, tandis que ceux du troisième énoncé (position sociale) sont récurrents à chaque point de bifurcation. La dépendance du champ de décision par rapport à la position sociale fait que les inégalités devant l'enseignement résultent finalement du système de stratification et de hiérarchisation des compétences. Considérant ces résultats, on se rend compte que «l'explosion scolaire», appelée trop spontanément «démocratisation», ne peut avoir que des répercussions limitées sur le problème des inégalités sociales.

Des inégalités scolaires aux inégalités sociales

Une autre difficulté majeure que présente l'analyse des inégalités est l'intégration, dans une même théorie, des données sur la scolarisation et des effets des inégalités scolaires sur les inégalités sociales.

Or ces données présentent quelques paradoxes : la théorie marginaliste des salaires qui prétend expliquer la variation des salaires par le principe de la concurrence tourne à faux lorsqu'elle est confrontée aux données contemporaines. En effet, elle n'explique pas pourquoi :

1) les distributions de la scolarité et des aptitudes intellectuelles sont plus égales que celles du revenu[11] ;

2) la croissance de la scolarisation n'a pas entraîné une réduction des inégalités de salaires[12] ;

3) la croissance de la scolarisation n'a pas entraîné une augmentation de la productivité[13] ;

4) l'équilibre de l'offre et de la demande d'emploi ne semble pas affecter les salaires. Ainsi, le chômage n'infléchit pas les salaires de ceux qui travaillent[14] :

5) les inégalités scolaires montrent une certaine tendance à la baisse dans les sociétés occidentales depuis la Deuxième Guerre mondiale. Cependant, cela a eu peu d'impact sur la mobilité intergénérationnelle, bien que la scolarisation soit un déterminant du statut.

Si une théorie ne cesse d'être en contradiction avec les faits observés, à moins d'introduire des hypothèses ad hoc pour les surmonter, il devient nécessaire de s'interroger sur les fondements mêmes de la théorie. À cet égard, le renversement de perspective amorcé par Thurow et Boudon projette un nouvel éclairage sur ce qui pourrait bien être de faux paradoxes.

La conclusion majeure de Thurow est que « le marché des emplois se caractérise moins par la concurrence des salaires que par la concurrence des emplois[15] ». C'est-à-dire que le revenu éventuel des individus dépend de leur position dans la « file d'attente » pour entrer sur le marché du travail et de la distribution des places de travail disponibles[16]. Le modèle de la concurrence des emplois apparaît de plus en plus pertinent dans un marché saturé où les candidatures sont ordonnées sur la base des critères de scolarité, d'expérience et d'origine sociale.

Raymond Boudon a formalisé ce processus de « contingentement structurel » et l'exemple présenté à la page suivante en est une illustration fort simple.

L'évolution de la structure d'emploi montre un rétrécissement des emplois manuels du temps 1 au temps 2 (tableau 16). Il y en avait 700 dans la génération des pères, il n'y en a plus que 400 dans la génération des fils. Tous les fils de non manuels occupent des postes de non manuels, tandis que 57% des fils de manuels occupent encore des postes de manuels et 43% se retrouvent dans des postes de non manuels.

Le changement de statut pour 43% des fils de manuels est tout simplement dû à l'élargissement des places de non manuels dans la structure professionnelle. Il ne s'agit donc pas, dans cet exemple fictif, d'une démocratisation du processus de mobilité sociale, ou d'un renforcement du principe d'égalité des chances. Au contraire, il y a encore détermination maximum du statut du fils par le statut du père, étant donné les contraintes structurelles. Ce qui est ici le plus significatif, ce n'est pas les 300 fils de manuels qui se trouvent dans une position de non manuel, c'est les 300 fils de non manuels qui maintiennent leur statut social.

Tableau 16 : Statut professionnel du fils selon le statut professionnel du père

Pères (T1)		Fils (T2)	
Profession	Nombre	Manuels	Non manuels
Manuels	700	400 (57%)	300 (43%)
Non manuels	300	0 (0%)	300 (100%)

Source : R. Boudon, *op. cit.*, p. 91.

Cet exemple illustre un principe fondamental, à savoir que les données relatives aux inégalités scolaires et sociales doivent être manipulées non comme des faits immédiatement lisibles, mais comme résultant d'un processus se développant à l'intérieur de systèmes sociaux déterminés, ou si l'on veut, à l'intérieur d'une structure professionnelle donnée : « Il s'agit en d'autres termes de prendre au sérieux l'évidence sociologique selon laquelle les données de mobilité ne sont compréhensibles que comme produit d'un système social et des processus qui dérivent de ce système social [17] ».

Il ne faut pas confondre le problème spécifique des inégalités scolaires avec celui des inégalités sociales en général, qui sont deux phénomènes se rattachant à une problématique particulière des déterminations. Tenant compte de ces distinctions, le processus de démocratisation de l'enseignement peut avoir comme conséquence une diminution de l'efficacité de la scolarité par rapport à la mobilité sociale. Cela se produisant par le fait que « la proportion des personnes qui, ayant une scolarité élevée, occupent un emploi de catégorie supérieure, est une fonction décroissante de la proportion des personnes qui, dans une société donnée, atteignant ce niveau d'enseignement [18] ». Par effet secondaire, la démocratisation de l'enseignement fait augmenter les exigences de scolarisation pour entrer sur le marché du travail.

Conclusion

Ce chapitre nous a permis de constater la persistance d'inégalités sociales à l'école malgré une plus grande accessibilité. Ceci nous amène à mettre en doute la pertinence de la notion d'égalité des chances. Car cette notion même est équivoque. Certains prétendent que seule une représentation proportionnelle de toutes les catégories sociales (qu'elles soient de nature ethnique, sexuelle, régionale, etc.) à tous les niveaux du cursus scolaire et dans toutes les disciplines constitue le principal objectif de la démocratisation de l'enseignement. D'autres diront que cet idéal défini dans le cadre d'une problématique tronquée de la démocratie, porte en lui-même son contraire (des effets pervers, dirait Boudon), puisqu'il ne contribuerait pas moins à la reproduction d'une élite, reproduction « démocratique » pourrait-on dire, mais tout autant élitiste : « L'idéal n'est pas, en effet, dans une sorte de pseudo-égalité statistique selon laquelle il faudrait qu'une proportion d'enfants d'ouvriers rigoureusement égale à celle d'enfants de professionnels soient inscrits à l'université. Fût-elle plus nombreuse, l'élite n'en demeurerait pas moins une élite ; et on ne voit pas quelle honte s'attacherait aux métiers des ouvriers qui ne pourrait être rachetée que par l'accès d'un plus grand nombre de leurs enfants à l'université. L'égalité des chances ne se confond pas avec le diplôme universitaire distribué à tous ; l'inégalité fondée sur les autres privilèges sociaux ne manquerait pas de s'exprimer par d'autres consécrations culturelles. Et quelle société juste et fraternelle pourrait-on bâtir sur une rigoureuse sélection des intelligences en fonction des dossiers et des diplômes scolaires? [19]».

Toute politique d'égalité des chances implique donc insidieusement le principe d'inégalité sociale. Tous les efforts faits pour égaliser les chances s'inscrivent dans un processus au terme duquel seront reproduites d'autres inégalités sociales. Toute mesure dite compensatoire s'inscrit dans ce cercle.

Ce constat ne justifie nullement une politique de laisser faire à l'école. Bien au contraire. Mais il est clair que les solutions aux problèmes des inégalités scolaires ne peuvent être envisagées indépendamment du problème plus général des inégalités sociales.

«Aujourd'hui, conclut Thorsten Husen, après plus de 25 ans de recherches sur cette question, la nécessité de coordonner les réformes scolaires avec les réformes sociales et économiques est de plus en plus reconnue. En effet, il n'est pas question d'améliorer les chances dans le système d'enseignement sans l'instaurer au préalable, ou simultanément, dans l'ensemble du système social en vigueur. Cette conclusion généralement acquise, il reste à chaque société à la traduire en des observations concrètes sur sa propre réalité [20]».

Il aura fallu un quart de siècle de recherches empiriques pour s'entendre sur cette constatation qui relève finalement de l'évidence!

8

Les stratégies face aux inégalités scolaires

Louis Méthé

Dans un document publié par le gouvernement du Québec au début de 1980[1], les auteurs faisaient observer que les retards scolaires sont de deux à trois fois plus fréquents chez les enfants de milieu pauvre que chez les enfants de milieu aisé, qu'on note chez les premiers une plus grande fréquence d'échecs scolaires, qu'ils sont orientés davantage vers les voies allégées, qu'on les considère plus souvent comme inadaptés et, qu'à ce titre, on les oriente davantage vers les classes spéciales ou on les confie aux spécialistes de l'aide individuelle.

Quant aux causes de ce phénomène, les auteurs notent qu'il est très difficile de faire la distinction entre une déficience réelle et une marginalisation due à un système fait pour la moyenne des individus. Comme le font remarquer les auteurs, le système scolaire n'est pas adapté aux caractéristiques de l'enfant pauvre et la différence entre l'univers de l'enfant et celui de l'école est une des causes des difficultés d'adaptation et d'apprentissage qu'il rencontre. La déficience mentale légère et les retards pédagogiques manifestent très souvent la difficulté d'adaptation de l'enfant de milieu défavorisé face aux normes scolaires conçues en fonction de la moyenne.

Ce constat, joint aux analyses faites dans les chapitres précédents sur les phénomènes de sélection sociale opérés par le système scolaire, conduit naturellement à s'interroger sur les moyens qui pourraient être utilisés pour permettre à tous d'avoir une chance égale à l'école. Avant d'adopter telle ou telle solution, il faut cependant se rendre compte que le choix des mesures correctives dépendra de la façon dont on aura posé le problème.

L'approche élitiste

La première approche, qu'on qualifie d'élitiste, tend à considérer le talent comme principalement ou presque entièrement inné et à interpréter les différences entre les races ou les classes sociales qui se rapportent à l'intelligence, à la participation scolaire ou au succès professionnel comme étant dues en grande partie à des différences génétiques. Selon cette conception les membres des classes inférieures obtiennent les résultats scolaires et poursuivent la carrière professionnelle qu'ils méritent en vertu de certaines qualités héréditaires reçues de leurs parents.

Dans cette ligne de pensée, les solutions proposées vont du laisser faire aux mesures de préservation du matériel génétique. La voie du laisser faire, la plus simple, consiste à considérer l'intelligence comme un don inné qu'on doit mettre en valeur ; si un individu éprouve des difficultés scolaires, c'est qu'il n'est pas doué, ou qu'il manifeste de la mauvaise volonté. C'est peut-être à l'heure actuelle la position la plus généralement répandue.

Les défenseurs de la préservation du matériel génétique préconisent des mesures eugéniques pour éviter la dégénérescence du matériel intellectuel. Certains s'étonneront qu'on parle aujourd'hui d'eugénisme. Ils croient à tort que ce type de réflexion a été relégué à l'oubli de l'histoire avec la fin de la Deuxième Guerre mondiale. Qu'ils se détrompent. À la suite de la publication du rapport Coleman en 1966, rapport qui faisait le constat de l'échec de l'application des mesures dites compensatoires, un fort courant d'interprétation génétique de la détermination de l'intelligence s'est développé aux États-Unis. En 1969, Arthur J. Jensen publiait un article intitulé « How much can we boost I.Q. and scholastic achievement[2] ». Dans ce texte l'auteur passe en revue les principales thèses sur l'héritabilité génétique de l'intelligence. Essentiellement la thèse élitiste peut être résumée de la façon suivante : l'intelligence telle qu'elle est mesurée par les tests d'intelligence est en grande partie (80%) déterminée par des facteurs génétiques. On naît intelligent ou imbécile comme on naît blanc ou noir. On en donne pour preuve le fait qu'il y a une forte probabilité que les enfants aient un quotient intellectuel, une réussite scolaire et une réussite professionnelle semblables à ceux de leurs parents.

Jensen lui-même ne préconise pas de mesure eugénique radicale. Cependant en 1972 William Shockeley, physicien et co-détenteur d'un prix

Nobel, qui s'est par la suite intéressé à l'étude de l'hérédité de l'intelligence, propose le plus sérieusement du monde la solution suivante : « Un programme de primes à la stérilisation volontaire. Le premier amendement nous permet en toute sûreté à nous aux États-Unis de rechercher des mesures eugéniques humanitaires. Comme premier pas dans cette voie, je propose, à titre d'exercice de réflexion, un programme de primes à la stérilisation volontaire. Il s'agirait d'offrir des primes de stérilisation, dont seraient exclus les citoyens qui paient de l'impôt sur le revenu. Les primes s'adresseraient à tous les autres, indépendamment du sexe, de la race ou du fait qu'ils soient ou non des assistés sociaux ; elles seraient établies d'après les meilleures évaluations scientifiques possibles des facteurs héréditaires négatifs, tels le diabète, l'épilepsie, l'héroïnomanie, l'arthrite, etc. Selon un barème de 1 000 $ de prime pour chaque point en dessous de 100 de quotient intellectuel ; une somme de 30 000 $ placée en fiducie pour un faible d'esprit dont le quotient est de 70 et capable en théorie de produire 20 enfants, pourrait générer un abaissement d'impôt pour les contribuables de 250 000 $ en termes d'économies réalisées sur les soins aux arriérés mentaux. Ainsi un placement immédiat de dix pour cent de prime en argent comptant pourrait suffire à stimuler notre talent national pour l'esprit d'entreprise[3] ».

M. Shockeley n'est pas un membre du parti nazi américain qui écrit dans le bulletin semi-clandestin de l'organisation mais un universitaire, détenteur d'un des prix scientifiques internationaux les plus prestigieux qui écrit dans une revue spécialisée qui se définit comme un « *journal for the promotion of leadership in education* ».

L'approche élitiste a été soumise à de nombreuses critiques. La première vise la notion même d'intelligence. Les auteurs, y compris les tenants de l'approche élitiste, semblent s'entendre pour affirmer qu'on ne sait pas très bien ce que les tests mesurent. L'intelligence c'est ce que mesurent les tests d'intelligence. De ce que mesurent les tests on ne sait à peu près rien, si ce n'est que cela se rapporte aux facultés qui permettent d'abstraire et de jouer avec les symboles. Dans le fond, l'intelligence ne semble pas différente de l'habileté à abstraire. Mais en quoi cette habileté est-elle supérieure à celle de se mouvoir dans l'espace ou de jouer avec les couleurs ? Cela tient au fait que, dans notre monde hautement technique et bureaucratique, l'habileté à abstraire et à jongler avec les symboles donne accès aux postes de commandement et aux positions élevées de la hiérarchie sociale. La notion d'intelligence apparaît comme idéologique. On a fait d'une habileté humaine parmi d'autres, l'habileté humaine fondamentale, reléguant toutes les autres à une position secondaire.

La deuxième critique porte sur la façon dont on mesure «l'intelligence». Cette critique comporte deux aspects : le test lui-même et le contexte dans lequel il est appliqué.

— En ce qui concerne *le test lui-même*, il est en effet impossible d'en élaborer aucun qui ne fasse pas appel à des éléments culturels acquis à la suite d'un apprentissage. Même l'identification des couleurs obéit à des normes culturelles.

Il ne s'agit pas en effet d'une simple question de perception. Jean Stoetzel le note dans son manuel de psychologie sociale. «L'expérience ethnologique permet de constater que mis en présence de stimuli qui "physiquement" semblent identiques, les individus appartenant à divers groupes culturels ont des comportements perceptifs différents. C'est ce qui apparaît d'abord très nettement dans le domaine des couleurs. Un voyageur en Afrique noire constate immédiatement, dans le même lieu, que des ethnies différentes ne font pas les mêmes distinctions de couleurs; certaines ne distinguent pas entre les couleurs "claires" (rouge, orangé, jaune), d'autres confondent les couleurs "sombres" et "foncées" (vert, brun, noir). Un auteur qui a rassemblé des documents concernant une soixantaine de tribus américaines, conclut que les systèmes de couleurs par lesquels est conceptualisé le monde visuel, et qui servent par conséquent d'instrument pour la perception dans les différentes cultures, ne doivent rien à la psychologie, à la physiologie, ni à l'anatomie; il n'existe rien de tel qu'une division "naturelle" du spectre. Chaque culture a pris le contenu des couleurs du spectre, et l'a divisé en unités sur une base totalement arbitraire, variable d'une culture à l'autre[4]».

Ce qui est vrai de la couleur l'est également de la perception des formes, des sensations gustatives, de la perception musicale, ou de la perception de l'espace et du temps. Au sujet de la perception des formes Stoetzel dit ceci : «D'une manière très générale, on ne peut dire que la perception des formes, telle qu'elle est fixée, normalisée, institutionnalisée par l'art, a une histoire, et que cette histoire obéit à des lois d'invention et de transmission culturelles, non à celles de la psychophysiologie. Cette histoire commence très tôt, ou plutôt ses origines nous échappent entièrement. L'idée de l'oeil de l'enfant, du regard naïf du primitif, se posant sur un monde tout neuf, est une idée absolument irréaliste. Les peintures de Lascaux, qui ressemblent tellement à celles d'Altamira ou aux oeuvres de Boshimans, sont déjà académiques, c'est-à-dire institutionnalisées[5]».

Ce qui est vrai de la perception non verbale le sera également de la communication linguistique. Tel mot, telle expression aura des significations différentes selon le groupe social auquel on appartient. On imagine devant une telle situation la difficulté que peut présenter la préparation d'un test d'intelligence qui serait indépendant des facteurs culturels, qu'ils soient linguistiques ou non.

— *La situation de test* reproduit la situation d'examen scolaire. De toutes les définitions possibles de l'intelligence, les psychologues ont choisi celle qui est reliée à la réussite scolaire. « Les constructeurs de tests d'intelligence, et Binet tout particulièrement, ne se sont pas embarrassés de problèmes théoriques. Ayant en vue un but très pratique, classer les écoliers, Binet a procédé par tâtonnements, en combinant dans son test des épreuves de compréhension, de consignes, de découvertes de relations (ressemblances, labyrinthes, régularités cachées), de sensibilité à l'absurde et enfin de résolution de problèmes. Le but de Binet n'était nullement de rendre possible une analyse des processus de la pensée. Tout ce qu'il espérait trouver, c'était un classement des individus d'après leurs réussites, de telle manière que ce classement fût sensiblement le même que celui qu'ils obtiendraient dans leurs travaux scolaires. Il a donc en réalité pris une définition sociale de l'intelligence, la réussite scolaire, et a cherché à la retrouver par son instrument. Ayant eu la chance de réussir, Binet a ainsi introduit en psychologie une conception de l'intelligence qui est celle des maîtres de l'enseignement primaire[6] ».

Il n'est donc pas surprenant de trouver une corrélation entre les résultats des tests d'intelligence et les résultats scolaires. C'est que le point de départ de ceux qui ont fait le test consiste à identifier ce qui assure le succès scolaire de l'individu et à construire le test en fonction des variables ainsi identifiées. Le test ne mesure donc pas l'intelligence en général comme faculté mentale mais les aspects de la faculté mentale des sujets qui leur permettront de réussir à l'école. À la limite, ceci revient à dire que celui qui est intelligent, c'est celui qui réussit à l'école. Ceci change radicalement le point de vue selon lequel on envisage généralement l'intelligence. Le caractère arbitraire du test d'intelligence, et donc de la notion d'intelligence, ressort alors clairement. On s'aperçoit que classer les gens en fonction de leur intelligence, c'est poser sur eux un jugement de valeur.

En effet, à partir de l'observation de comportements différents, on situe les individus en fonction d'une échelle de valeurs qui n'est pas explicite. Selon le mot attribué à Binet : l'intelligence c'est ce que mesure le test. Lors du classement des individus c'est tout un système de normes qui est mis en jeu. Or, sur quoi s'appuie le système de normes? Autrement dit, quelle sont les qualités qui sont les plus valorisées dans une société et reconnues comme devant être développées? Fondamentalement ce sont celles qui donnent accès à l'exercice du pouvoir ou qui différencient les serviteurs dociles de ceux qui le détiennent.

Il faut également s'interroger sur la façon dont se développent les qualités qui sont mesurées par les tests d'intelligence ou sanctionnées par la réussite scolaire. Bien sûr les facultés mentales ont leur siège en un endroit localisable du corps humain, et sont donc tributaires de la qualité des organes. Mais on peut supposer que ces facultés mentales, comme toutes les qualités physiques, ne se développeront que si on les sollicite. Certains auront des qualités de coureur mais n'atteindront certaines performances que s'ils s'entraînent. Il en est de même des facultés mentales. Le même enfant qui, élevé dans une famille d'intellectuels, a développé un goût et un talent pour l'étude des langues étrangères, aurait pu dans un autre contexte devenir un remarquable artisan-chaloupier. Ce n'est pas sous la pression d'un acquis inné que se développent les facultés mentales, pas plus que les qualités physiques d'ailleurs. C'est au contraire dans la constante application de ces facultés ou de ces qualités à la résistance que leur oppose le monde extérieur. Or le point d'application de cet effort variera en fonction des origines sociales de l'individu. Celui-ci en effet se développera en fonction de ce qu'il rencontrera sur son chemin. Ceci varie en fonction de l'origine sociale : tel milieu valorisera les activités intellectuelles ; tel autre les activités physiques, le dessin ou la musique. L'école et les tests d'intelligence privilégient les premières. On peut donc s'attendre à ce qu'en moyenne les enfants issus de milieux où sont privilégiées les valeurs intellectuelles seront considérés plus intelligents que ceux qui viennent de milieux où ce sont d'autres qualités qui sont privilégiées.

Enfin la situation de test n'a pas la même signification pour tout le monde. Nous avons vu que la terminologie utilisée lors du passage du test pourra être diversement interprétée par les sujets, mais le fait qu'une même personne fasse passer le test pourra être interprété différemment selon qu'on est blanc ou noir, qu'on a le même accent ou non. Et ceci pourra influencer le résultat du test. Il en est de même pour ce qui est de l'importance accordée au fait de passer le test selon le milieu d'où l'on vient. Celui qui accorde une grande importance au test fera tout pour bien réussir ; un autre, pour qui cela ne veut rien dire, répondra n'importe quoi. Or, l'importance qu'on accorde au passage d'un test peut varier grandement selon les groupes sociaux.

À partir de ces observations sur la notion d'intelligence on peut se rendre compte de la véritable nature de l'opération qui consiste à classer les individus en fonction de résultats à un test. Bien plus qu'une simple opération de mesure, il s'agit de la reconnaissance sociale qu'on accorde à ceux qui dès leur tout jeune âge possèdent les éléments fondamentaux de l'héritage culturel qui leur permettra un jour d'être acceptés dans les cercles supérieurs de la société. Bien sûr, les critères d'évaluation sont définis par ceux qui occupent déjà le sommet de la hiérarchie.

Les approches égalitaires

Une deuxième forme d'approche à la question des inégalités devant l'école, qui englobe ce qu'on peut appeler les approches égalitaires, soutient, que l'intelligence se distribue au hasard dans les classes sociales et que les différences dans le rendement scolaire et la réussite professionnelle sont liées à l'injustice que présente le fait que les parents privilégiés possèdent plus de moyens pour assurer à leurs enfants l'acquisition des mêmes privilèges qu'eux.

Le fort lien entre la réussite sociale des parents et celle des enfants s'expliquerait non pas à partir d'un quelconque héritage génétique mais par le fait que certains enfants bénéficient de meilleures conditions de développement. En nous limitant au facteur de santé et d'hygiène nous pouvons remarquer avec J. de Ajuriaguerra que «c'est dans les classes défavorisées que l'on trouve des facteurs qui peuvent jouer un rôle causal significatif : peu ou pas de soins prénataux et obstétricaux ; plus grande incidence de prématurité ; mères plus susceptibles d'être porteuses d'infections chroniques non détectées qui peuvent endommager le système nerveux central ; malnutrition du foetus et de la mère ; statut nutritionnel de la mère pendant son enfance pouvant influencer la santé et le développement potentiel de ses enfants. On peut dire avec P.H. Wolff que les nourrissons des classes défavorisées sont désavantagés bien avant d'avoir trouvé l'environnement appauvri auquel ils doivent s'adapter[7]».

Bien sûr, ces facteurs de retard dans le développement individuel d'un enfant sont extrêmes, mais montrent combien il faut être méfiant avant d'attribuer les différences observées entre des individus à des facteurs génétiques.

L'approche égalitaire propose comme solution d'assurer un meilleur partage de la richesse collective en termes d'éducation, de biens économiques et de participation politique. L'approche égalitaire se partage en deux tendances. Une tendance conservatrice et une tendance radicale.

L'approche compensatoire

À la tendance conservatrice appartiennent les stratégies dites compensatoires. Il faut chercher l'origine de ce concept aux États-Unis. Au début des années 1960, un intérêt grandissant s'y manifesta pour l'étude des relations entre le système scolaire et le phénomène de la pauvreté. C'est de cette période qu'est né le concept de privation.

Essentiellement l'approche compensatoire se caractérise par le fait de considérer l'échec des enfants pauvres à l'école et dans les tests comme étant dû à un « manque de quelque chose », d'où l'apparition du concept de privation. L'enfant pauvre serait privé de quelque chose et la cause de cette privation se trouverait dans l'environnement d'où il est issu. On parle alors de milieu défavorisé. La notion de privation, bien vague, a permis de faire l'accord des éducateurs, psychologues et sociologues qui l'utilisent, bien qu'ils ne soient pas d'accord sur les causes de la privation[8].

Mais à quels modèles éducationnels le concept de privation a-t-il donné naissance? Essentiellement à un type d'intervention qui s'inspire du modèle médical.

Le diagnostic éducationnel décrit l'enfant comme quelqu'un de malade à partir de symptômes intellectuels faibles, d'un manque d'estime de soi, etc. Ceux qui sont déclarés en « santé éducationnelle » sont ceux qui se classent bien selon ce mode d'évaluation. Bien sûr, c'est dans les milieux dits défavorisés qu'on retrouvera la majorité des enfants en « santé éducationnelle ». Appréhender la situation de cette façon a comme conséquence de mettre en relief les aspects négatifs des enfants qui ont de la difficulté à l'école et à privilégier les méthodes d'intervention qui prennent la forme de « pilules pédagogiques » ayant pour but de faire ressembler l'enfant pauvre à l'enfant de milieu aisé qui constitue la norme[9].

À première vue tout ceci peut sembler bien théorique. Qu'on se détrompe cependant; aux États-Unis, plus d'un milliard de dollars ont été investis dans des projets éducationnels qui s'inspiraient de cette philosophie de la compensation. Ce fut ce qu'on a appelé le projet *Head start*, dont voici les objectifs :

1) améliorer la santé et les aptitudes physiques de l'enfant;

2) favoriser le développement émotif et social de l'enfant en encourageant la confiance en soi, la spontanéité, la curiosité;

3) promouvoir les habiletés et les processus mentaux de l'enfant, particulièrement les habiletés conceptuelles et verbales;

4) établir chez l'enfant une forme de prévision du succès dans le but de créer un climat de confiance pour ses efforts d'apprentissage futurs;

5) accroître les capacités de l'enfant à avoir des relations positives avec les membres de sa famille et les autres; accroître les capacités de la famille à avoir des relations positives avec l'enfant;

6) développer chez l'enfant et sa famille une attitude responsable envers la société et favoriser les occasions pour la société d'aider le pauvre à résoudre ses problèmes ;

7) accroître le sens de la dignité et de la valeur personnelle chez l'enfant et sa famille [10] ».

Il faut remarquer au passage à quelle image négative de l'enfant pauvre et de son milieu renvoient ces objectifs.

En fait, le projet *Head Start*, malgré les sommes d'argent engagées, ne donna pas les résultats escomptés. En 1966 paraissait le rapport Coleman dont la conclusion générale était la suivante : « Les écoles n'apportent à l'enfant presque aucun développement indépendant de son expérience familiale et de son milieu social ; ce manque d'influence indépendante signifie que les inégalités apportées à l'enfant par sa famille, son voisinage et son milieu demeureront et deviendront les inégalités avec lesquelles il devra affronter la vie adulte à la fin de ses études [11] ».

À partir de cette conclusion, deux options s'offrent. Ou bien on conclut qu'il n'y a rien à faire. Ou bien on s'oriente vers des solutions plus globales que celle de l'approche compensatoire.

On peut situer les stratégies proposées par Torsten Husen dans le courant de l'approche compensatoire dans la mesure où les stratégies qu'il propose, malgré un changement de vocabulaire, restent sectorielles et spécifiques à l'école. Husen pose au départ deux principes. Dans l'étude des difficultés scolaires, il faudrait d'abord s'intéresser aux différences individuelles imputables au milieu ; la part qui resterait inexpliquée serait alors attribuée jusqu'à preuve du contraire à l'hérédité. En second lieu, il ne faut pas perdre de vue qu'il n'est pas question d'améliorer l'égalité des chances dans le système d'enseignement sans l'instaurer au préalable ou simultanément dans l'ensemble du système social [12].

L'auteur propose quatre niveaux d'intervention : l'âge préscolaire, l'école en tant qu'institution, la période post-scolaire, la formation des enseignants.

L'intervention au niveau préscolaire est importante dans la mesure où les démarches faites pour instaurer l'égalité formelle des chances dans le cadre du système scolaire sont illusoires, si les enfants, déjà marqués par des différences considérables de leur milieu d'origine, entrent à l'école en présentant de larges écarts de capacités pour affronter un enseignement qui se situe dans un cadre qui laisse peu de place à un traitement individualisé. L'auteur reprend donc à son compte les mesures déjà connues de l'approche compensatoire mais en les appliquant à la période préscolaire. L'auteur ne manque pas de souligner cependant que cette stratégie implique quasi fatalement une coupure presque totale entre l'enfant et sa famille et pourrait conduire à l'abolition de la famille dans certains milieux.

Au niveau de l'institution, Husen recommande d'abord l'assouplissement des procédures d'admission à l'école. Il propose ensuite les mesures administratives visant à atténuer, puis à supprimer les rigidités structurelles du système scolaire, comme le regroupement des élèves par sections et par filières, comme les voies enrichies ou allégées. L'auteur estime en effet que plus le système est souple, au sens où plus le choix définitif de l'élève est retardé, plus il y a égalité d'accès aux niveaux élevés d'enseignement. L'auteur pense également qu'au niveau de l'enseignement secondaire, il faut éviter une démarcation très nette entre un programme d'études générales classiques et un programme de formation professionnelle. L'auteur suggère aussi qu'au niveau de l'enseignement secondaire du deuxième cycle, et surtout au niveau post-secondaire, les programmes d'étude soient plus souples et se composent de modules ou d'unités pouvant aisément être combinés pour former des programmes de préparation aux diverses carrières. Enfin, on devrait, selon lui, prévoir des stratégies pédagogiques destinées à améliorer l'enseignement donné aux enfants défavorisés.

Au niveau de l'éducation récurrente, l'auteur propose de mettre en oeuvre un système qui permettrait de reprendre les études tant pour ceux qui ont abandonné très tôt l'école que pour ceux qui ont déjà une bonne formation de base.

Au quatrième niveau d'intervention, la formation des enseignants, Husen souligne que les enseignants ont généralement bien intériorisé les normes sociales propres à l'idéologie dominante de la réussite individuelle : « À maintes reprises, il a été souligné notamment par les sociologues de l'éducation, que l'enseignement dispensé à l'école est profondément marqué par un esprit "petit bourgeois" dominant chez les maîtres. Cela s'explique en grande partie par l'origine des enseignants, et particulièrement des instituteurs de l'école primaire qui, dans de nombreux pays industrialisés, viennent de la fraction inférieure de la classe moyenne ou de la fraction supérieure de la classe ouvrière, et dont les familles se caractérisent par une mobilité sociale ascendante. Le choix du métier d'enseignant est précisément un symptôme de cette mobilité mais en même temps cette mentalité bourgeoise reflète le caractère de l'école en tant qu'institution qui, par une longue tradition, s'emploie à trier, examiner et diplômer ses élèves, pour les orienter vers les différentes carrières ; or, cette orientation, presque imposée, est souvent inspirée par la perception du maître, en ce qui concerne les chances de réussite d'élèves venant de différents milieux sociaux [13] ».

Pour pallier cette situation, Husen propose d'accorder plus d'importance à la formation sociologique des maîtres et moins à la formation purement didactique. Cette formation permet en effet aux maîtres d'envisager leur activité professionnelle dans une perspective plus large que l'univers de la salle de classe et de la cour d'école, et de voir comment elle s'insère dans l'ensemble des activités sociales. Même au plan pédagogique, une formation sociale pourra être utile aux maîtres en leur permettant de mieux comprendre les problèmes et les qualités des clientèles scolaires qu'ils rencontreront.

En ce qui a trait aux aspects proprement didactiques, Husen suggère d'accorder plus d'importance aux méthodes pédagogiques personnalisées qui prennent en considération les différences individuelles inhérentes à l'origine sociale. Il recommande également de diversifier la composition du corps enseignant, en faisant appel à d'autres personnes que les professeurs diplômés pour donner des cours.

Après avoir passé en revue les niveaux d'intervention possibles, Husen se rend compte cependant qu'il est indispensable de mener de front les interventions de type compensatoire et les interventions sur le régime économique. En effet, pas plus que les mesures compensatoires, l'instauration d'un régime économique nouveau ne serait une mesure suffisante pour donner à tous une chance égale à l'école. C'est pourquoi il insiste sur la nécessité d'adopter la méthode de l'analyse des systèmes pour étudier la question de l'égalité des chances. L'auteur souligne que « l'élaboration de politiques exigerait le concours d'une équipe de spécialistes des sciences sociales, d'orientation très diverses, qui assumeraient la tâche d'examiner les problèmes dans une perspective transdisciplinaire[14] ». Selon lui, seules les autorités militaires disposent d'organismes de coordination et de centralisation de ce genre. Cela donne à réfléchir.

L'approche globale

Le constat d'échec de l'application des mesures compensatoires et la proposition de Husen d'utiliser l'analyse des systèmes nous conduit au courant radical de l'approche égalitaire, approche qu'on pourrait qualifier de globale. Cette approche s'appuie sur l'étude des rapports qui existent entre les classes sociales et J.M. Sokolov en résume le point de vue de la façon suivante. «Comme par le passé, certains chercheurs à l'esprit bourgeois conçoivent encore de nos jours l'intelligence humaine comme une fonction psychologique individuelle. Cette façon de voir reflète les intérêts des classes exploitantes. En maintenant que la réussite individuelle dans la vie est directement tributaire des atouts subjectifs de l'individu et non des conditions socio-économiques, on a recours à une méthode facile pour distraire l'attention des masses laborieuses des causes réelles des inégalités culturelles et socio-économiques qu'engendre le capitalisme [15] ».

En effet, cette troisième voie s'oppose à la fois à la stratégie élitiste et à l'approche compensatoire. Elle s'oppose à la première en ce qu'elle refuse d'attribuer le handicap aux seuls facteurs individuels. Le fait, par exemple, que le retard et les échecs scolaires soient plus fréquents chez les enfants de milieu pauvre que chez ceux de milieu aisé, devrait amener à penser que l'inégalité individuelle n'est que le reflet de l'inégalité fondamentale qui existe entre les classes sociales. Ce n'est pas parce qu'ils ne sont pas intelligents que les enfants pauvres échouent à l'école, mais parce qu'ils sont les enfants des pauvres. Liliane Lurçat résume bien les mécanismes par lesquels, selon cette approche, l'école jour un rôle de sélection sociale au service de la classe dominante : « Dès leur entrée à l'école maternelle, les enfants sont pris dans deux processus contradictoires. D'une part, celui de la scolarisation et son contraire, la déscolarisation. D'autre part celui de la valorisation et de son contraire, la dévalorisation. Nous entendons par déscolarisation l'ensemble des effets d'origine interne à l'école qui ont pour conséquence des attitudes de rejet par l'enfant de ce qui est scolaire. Nous entendons par dévalorisation tout ce qui empêche une personne de prendre conscience de ses qualités et tend à lui donner une mauvaise opinion d'elle-même. L'échec est l'aboutissement de la déscolarisation et de la dévalorisation des enfants des classes populaires. Le processus de déscolarisation et de dévalorisation ne touche pas de façon exclusive les enfants des classes populaires, mais ce sont eux qui sont principalement concernés [16] ».

Pour les tenants de la stratégie globale, l'utilisation qu'on fait aujourd'hui de la biologie dans l'explication des échecs scolaires tient non pas à la qualité d'explication qu'elle apporte mais à la nécessité qu'éprouvent ceux qui jouissent de privilèges de justifier sur des bases pseudo-scientifiques l'inégalité scolaire et l'inégalité sociale.

Le biologisme sert les intérêts précis des classes sociales qui détiennent le pouvoir. Ces intérêts commandent une idéologie qui tente d'élaborer des solutions présentant un visage scientifique et s'appuyant sur un discours biologique pour répondre aux problèmes posés par des conflits sociaux [17].

L'approche globale se distingue des méthodes compensatoires en ce qu'elle ne croit pas que le seul fait d'enrichir l'école et le milieu de vie des enfants pauvres permettra à ceux-ci de mieux réussir. Et de fait, les faibles résultats obtenus jusqu'ici par les essais de la stratégie compensatoire semblent donner raison aux tenants de l'approche globale. Ceux-ci estiment en effet que la cause profonde de l'inégalité scolaire c'est l'iné-galité sociale. L'inégalité sociale se caractérise par le fait que les riches-ses, le prestige et le pouvoir sont inégalement répartis entre les membres des différents groupes sociaux qui composent une société. C'est le simple fait de naître dans l'un ou l'autre des groupes sociaux qui détermine la part de richesse, de prestige et de pouvoir à laquelle une personne peut aspirer. Et la réussite scolaire est l'un de ces privilèges qui, par la suite, conduit à d'autres.

En vue de trouver une solution au problème des inégalités scolaires selon une approche globale, un groupe de professeurs de la faculté des sciences de l'éducation de l'Université Laval a proposé quatre principes généraux[18]. Le premier principe affirme le droit de chaque individu à une éducation qui lui permette d'être un citoyen à part entière. Le degré d'atteinte d'un niveau minimum de réussite étant un droit, il s'ensuit que le système scolaire doit s'engager à utiliser tous les moyens pour que l'étudiant puisse atteindre ce niveau de réussite. Ce principe implique que si un étudiant ne l'atteint pas, ce n'est pas à lui qu'on doive imputer l'échec, mais au régime pédagogique qui n'a pas su s'adapter pour lui permettre de parfaire le cheminement commencé au début de l'apprentis-sage. L'incapacité d'acquérir une éducation qui permette à un individu d'être un citoyen à part entière n'apparaît plus alors comme la responsa-bilité individuelle de l'étudiant mais comme la responsabilité collective du système d'éducation et de l'école elle-même.

Le deuxième principe propose d'attaquer le problème des inégalités sur plusieurs fronts à la fois avec une attitude d'expérimentation. Il ap-paraît en effet nécessaire d'utiliser différentes combinaisons de mesures d'intervention tant au niveau de l'école que du milieu socio-économique. Il faut ensuite expérimenter certaines combinaisons de mesures d'inter-vention au niveau scolaire. Seule une expérimentation contrôlée et systé-matiquement planifiée pourra indiquer quelles sont les stratégies les mieux adaptées au milieu.

Le troisième principe porte sur la nécessité d'évaluer de façon systé-matique les stratégies expérimentées. Il faut à cet égard prévoir un pro-gramme de recherche fondamentale sur la nature des milieux défavorisés et sur les causes de l'insuccès scolaire plus élevé chez les étudiants issus de ce milieu.

Le quatrième et dernier principe propose d'élaborer des stratégies qui soient à la fois systématiques, diversifiées et sélectives. Les interven-tions au niveau scolaire doivent être plus systématiques et témoigner d'une stratégie d'ensemble qui soit davantage cohérente. Les mesures correctives à introduire doivent être justifiées à partir d'un jugement d'ensemble sur l'école, sa clientèle, et adaptées au milieu d'où provient cette clientèle. Les mesures doivent être diversifiées et différentes d'une école à l'autre. Elles doivent être sélectives en ce sens qu'il ne s'agit pas de les appliquer sans discernement à l'ensemble d'une population, ni même d'une population démunie, parce que celle-ci n'est pas homogène et que les besoins sont différents selon le type de familles et de milieux [19].

De telles mesures sont-elles suffisantes pour résoudre le problème des inégalités scolaires? Il faut se demander si la solution peut être trouvée sans que s'établisse une plus grande égalité dans le partage des richesses, du prestige et du pouvoir dans la société.

L'atteinte de l'objectif de l'égalité devant l'école devra passer par la construction d'une société égalitaire. Dans cette société, ce qu'on appelle intelligence, qui n'est autre chose que l'habileté à jongler avec les concepts et les abstractions, ne serait pas plus valorisée que n'importe quelle autre habileté, que ce soit celle de jongler avec les sons, avec les couleurs, avec les formes ou de se mouvoir dans l'espace, ou toute autre habileté. Ici l'analyse des stratégies face aux inégalités sociales rejoint les études sur la stratification sociale et le partage du pouvoir politique et économique.

Quatrième partie :

LES ASPECTS ÉCONOMIQUES DE L'ÉDUCATION

9

L'école comme
agent économique

Jean Moisset

Depuis deux ou trois décennies, les problèmes relatifs à l'éducation ont débordé du champ traditionnellement clos de l'école pour devenir objet de l'attention du public et de l'investigation systématique de toute une série de chercheurs qui ne se reconnaissent et qu'on ne reconnaît nullement comme éducateurs. Qu'on le veuille ou non, l'éducation, aujourd'hui, n'est plus la seule affaire des éducateurs.

Les économistes n'ont pas été les derniers des spécialistes des sciences sociales à s'intéresser à l'activité éducative. Et pour cause. L'observateur le moins averti en effet sait d'une part que cette activité implique des ressources très importantes et d'autre part qu'elle entend répondre à certains besoins individuels et collectifs au sein de la société. Vue sous cet angle, l'éducation tombe directement dans le domaine de la science économique qui «recherche comment les membres d'une société décident, en faisant ou non usage de la monnaie, d'affecter des ressources productives rares à la production à travers le temps de biens et services variés et de répartir ceux-ci à des fins de consommation présente et future, entre les différents individus et collectivités constituant la société[1]». De fait, pour l'économiste, l'éducation est avant tout une activité qui utilise des ressources limitées, susceptibles d'usages alternatifs.

Une littérature plus qu'abondante s'est constituée sur les aspects économiques multiples de l'éducation, de sorte que le défi n'est pas mince, dans les limites d'espace allouées ici, de présenter à travers un choix de questions, une vue synthétique et équilibrée de cette problématique. Mais la science économique vient ici à notre aide, elle qui a su distinguer et développer une double perspective d'analyse : la micro-économique qui se préoccupe d'étudier les individus (unités) dans leur activité de production (la firme) ou de consommation (le consommateur) et la macro-économique qui analyse le processus et les résultats de ces activités au niveau des grands ensembles ou agrégats (la région, la nation, etc.). À l'instar de la science économique, la problématique des dimensions économiques de l'éducation sera présentée en deux chapitres successifs, l'un traitant des aspects micro-économiques de l'éducation — c'est le présent chapitre — l'autre traitant des interrelations entre système d'éducation et système économique au niveau national. Ce sera l'objet du chapitre suivant.

La micro-économique de l'éducation comprendra deux parties. Dans un premier temps, nous montrerons que l'éducation est un bien économique qui fait l'objet d'une demande de la part d'individus-consommateurs qui sont les élèves ou leurs parents. Quelles sont les caractéristiques de ce bien et de sa demande ? Quels sont, du point de vue économique, les facteurs qui motivent un individu à demeurer dix, quinze ou vingt ans à l'intérieur d'un système d'enseignement ou à y revenir après l'avoir laissé pour aller travailler ? Dans un deuxième temps, nous essaierons d'examiner les caractéristiques de l'activité éducative ou de l'école [2] entendue comme entreprise productrice et dispensatrice des services éducatifs. En particulier, on se penchera sur les inputs (ressources) nécessités par cette activité de même que sur son output (produit, résultat).

La demande d'éducation

À l'instar des analyses classiques de l'activité économique, nous disons que l'éducation est un bien économique. D'une part, elle fait intervenir des ressources, ou inputs de disponibilité limitée. Elle a donc un coût. Cette dimension sera analysée de manière systématique dans la deuxième partie de ce chapitre. Mais d'ores et déjà, nous pouvons souligner ici que les dépenses entraînées par l'éducation sont supportées partiellement par l'individu, l'élève ou sa famille. Ainsi, l'achat de matériel scolaire, les frais de scolarité sont directement financés par les individus et font partie du coût privé de l'éducation, supporté par l'individu. D'autre part, si elle fait l'objet d'une demande de la part des individus, des groupes et des collectivités qui sont disposés à en payer le coût, c'est qu'elle répond à un besoin. Il n'est pas inutile de rappeler ici que la science économique se situe et se définit à la jonction de deux réalités : les besoins des hommes qui sont illimités et les biens pour les satisfaire qui, eux, sont limités.

De tout temps et dans toutes les sociétés, les hommes et les femmes ont toujours ressenti la nécessité d'éduquer leur progéniture, c'est-à-dire de transmettre les éléments de base permettant la meilleure intégration possible aux normes et aux valeurs socio-culturelles du milieu. Cette double finalité sociale et culturelle de l'éducation, largement analysée et illustrée dans les chapitres qui précèdent, permet déjà d'entrevoir l'utilité de l'éducation. Mais plus important encore pour notre propos est la finalité proprement économique de l'éducation qui, dans le cadre formel des systèmes d'enseignement modernes, constitue le principal instrument de préparation et de formation des individus à la vie professionnelle et économique. Certes, « toute société doit transmettre à ses membres les connaissances et les aptitudes indispensables pour gagner leur vie, sans quoi toutes les mesures ambitieuses que l'on peut prendre dans le domaine de l'éducation ne sont que rêves inconsistants [3] ».

Si tout le monde est disposé à reconnaître que l'éducation est un bien apte à répondre à des besoins assez précis des individus dans une société, l'unanimité n'est plus du tout acquise quand il s'agit de qualifier la nature économique de ce bien. On a l'habitude dans l'analyse économique de traduire ce phénomène par une question qui prend la forme d'un dilemme : l'éducation est-elle un bien de consommation ou d'investissement? À première vue, la question peut paraître simpliste. Néanmoins dans la perspective économique, la problématique ainsi posée est très importante. Si l'activité éducative et les coûts qu'elle entraîne constituent une activité et des dépenses de consommation, cela signifie, à l'instar d'un repas pris dans un restaurant ou d'un concert auquel on a assisté, que l'éducation, comme bien consommé, n'a pas de lendemain et qu'elle n'apporte qu'une satisfaction directe et immédiate, et cela, au seul individu consommateur d'éducation. Si par contre l'activité éducative et ses coûts constituent des dépenses d'investissement, alors on peut s'attendre à des effets économiques futurs (notamment l'accroissement des revenus) dépassant d'ailleurs le consommateur d'éducation comme seul bénéficiaire.

L'éducation comme bien d'investissement

Investir, c'est acquérir un capital, c'est-à-dire un instrument de production. Cet acte, du point de vue économique, est important : il conditionne en effet les activités de production mais implique un sacrifice dans la mesure où il nécessite « l'échange d'une satisfaction immédiate et certaine à laquelle on renonce, contre une espérance que l'on acquiert et dont le bien investi est le support [4] ».

L'élève qui va à l'école (ou sa famille) effectue un investissement, l'éducation qu'il acquiert est un capital humain. C'est là une proposition qui mérite d'être démontrée. Cela renvoie à la finalité économique de l'éducation.

Même banale, commençons par rappeler une vérité élémentaire de la vie économique, à savoir que l'individu (le facteur travail, disent les économistes) est le pilier de l'activité économique, dont il est à la fois l'agent instrumental (producteur) et l'agent final (consommateur). À ce double niveau, l'éducation joue un rôle particulièrement important.

L'éducation et l'individu consommateur

L'Office de la protection du consommateur est déjà entré dans les moeurs au Québec. Même s'il n'y a pas très longtemps qu'il fonctionne, nombreux sont les citoyens qui ont pu apprécier les effets bénéfiques de ce service. Au moins en ce qui concerne les activités liées à l'information, ce service est en quelque sorte le prolongement (dans certains cas le substitut) de l'école. Certes l'école est au nombre des facteurs qui influencent le plus la capacité de consommation et la qualité de vie de l'individu-consommateur. Pour n'en reprendre ici que ses effets les plus importants disons que :
1) l'éducation élargit les horizons du consommateur ;
2) elle aide le consommateur à rationaliser ses choix et à retirer la plus grande satisfaction possible d'une quantité donnée de ressources ;
3) elle influence son système de valeurs, de sorte que le consommateur éduqué, à travers une variété de produits, recherchera une certaine qualité de vie et sera donc plus exigeant et plus sélectif.

Il s'agit là d'un phénomène que les économistes de l'éducation ont dégagé et analysé depuis fort longtemps. Il est à propos de citer ici John Vaizey qui soulignait déjà au début des années 1960 : «la production satisfait les besoins et les besoins ne sont pas tous donnés ; ils changent et réagissent les uns sur les autres. C'est ici que l'éducation a une double tâche. Elle peut détourner les satisfactions du consommateur : elle peut modifier la jouissance que les gens retirent des biens et des services et le genre de biens et services qu'ils désirent, ce qui retentit sur la qualité de la vie. Ceci est un point d'extrême importance[5]».

À côté des effets de l'éducation sur les comportements du consommateur il y a les effets sur la consommation elle-même. Il existe certes des consommations qui sont associées à l'instruction. Il s'agit des biens que l'on qualifie de culturels, comme les livres, les voyages, les concerts, le théâtre, le cinéma, etc. Il y a déjà longtemps et à juste titre, des auteurs ont souligné que «la poursuite des études a de multiples incidences en raison des complémentarités ou des concurrences entre l'instruction et les autres biens et services ou activités. C'est là une des formes de motricité du développement de l'enseignement[6]».

Mais l'influence de l'éducation sur la vie économique est peut-être encore plus importante lorsqu'elle s'exerce du côté de la production.

L'éducation et l'individu producteur

L'individu, par sa force de travail, constitue avons-nous dit le facteur le plus déterminant de la production, avant les ressources naturelles et le capital financier ou technique. Et tout ce qui contribue à accroître la productivité de l'être humain, c'est-à-dire le rendement de son travail, constitue un facteur économique important. On ne peut nier que l'éducation figure parmi les facteurs les plus puissants qui influencent la productivité de l'individu et la qualité de la production. Mais en outre, et en particulier au niveau supérieur, l'éducation et la recherche qui en est le support, par la création et le transfert de connaissances nouvelles, leur mise en oeuvre dans les activités économiques, contribuent à l'émergence et à la diffusion des innovations. À cet égard, que ce soit par l'action de l'«entrepreneur dynamique» ou par le biais de la «technostructure», l'éducation joue un rôle certain et significatif sur la production. En ce qui concerne le Québec, les chercheurs de la commission Parent soulignaient déjà en 1963 ce fait majeur : «On voit comment les progrès de la science et de la technique et l'évolution socio-économique qui en a résulté confèrent à l'éducation une importance toujours plus grande et constituent de fait le fondement de la société moderne. Il faut donc assurer à l'ensemble de la population un niveau d'instruction assez élevé, préparer des cadres pour tous les secteurs[7]». C'est ce qui a fait dire à certains auteurs que «la qualification professionnelle, lien immédiat entre l'école et le travail, a été l'un des objets privilégiés des réformes de l'éducation au Québec[8]».

Mais même en prenant pour acquis que l'éducation agit sur la productivité, la question reste posée quant à ses autres apports économiques pour l'individu, et en particulier celui de l'influence exercée par l'instruction sur les revenus.

Éducation et revenu

Comme il a déjà été souligné, la vie économique implique l'échange de biens et de services, disponibles en quantités limitées (rareté) en vue de la satisfaction de besoins illimités ; ces échanges dans les sociétés occidentales se déroulent sur un marché, c'est-à-dire un espace daté et localisé. La compétence, entendue comme la capacité à agir avec efficacité (exactitude, précision et rapidité) est un bien demandé par les producteurs économiques : il ne s'agit pas ici uniquement de diplôme ou de niveau de scolarité — qui n'est qu'un indice de compétence (scolaire) qu'il

ne faudrait pas confondre avec *la notion de compétence elle-même*[9].
Dans notre perspective, il s'agit surtout d'une compétence reconnue par
les consommateurs de celle-ci. Les administrateurs, les chefs d'entreprises et les responsables gouvernementaux sont les principaux deman-
deurs économiques de compétence; mais la collectivité toute entière
réclame la compétence de la part de ses fournisseurs de biens et services :
on veut des ingénieurs, des médecins, des avocats, des professeurs...
compétents.

Mais alors, cela signifie que n'importe quel individu n'est pas compétent pour faire n'importe quel travail! La compétence ne court donc
pas les rues! C'est donc un bien rare, c'est-à-dire économique! Si un individu est compétent, il a donc une valeur sur le marché des compétences
— ou marché du travail — supérieure à celle d'un autre individu qui n'en
a pas, ou qui en a moins. Comme aucun être humain ne naît compétent,
chaque individu *devient* donc compétent par apprentissage : *éducation
formelle ou non formelle.*

Ainsi, nous pouvons affirmer que plus on apprend, plus on devient
compétent; et plus on devient compétent, plus la valeur de notre travail
se vend cher sur le marché de l'emploi. Nous pouvons donc conclure que
la qualité, c'est-à-dire la nature et le niveau de formation de chaque individu, détermine son niveau de compétence, autrement dit sa qualification
professionnelle, et influence son niveau de revenu. Cela est illustré dans
les deux tableaux ci-dessous :

**Tableau 1 : Revenus moyens de certaines professions au Québec en 1974
(en $)**

Professions	Revenu annuel moyen
Pêcheurs	6 544
Cultivateurs	7 751
Employés de bureau	9 130
Artistes et exécutants à leur compte	10 912
Vendeurs à leur compte	13 763
Dentistes à leur compte	28 181
Comptables à leur compte	29 683
Avocats et notaires	32 637
Ingénieurs et architectes à leur compte	40 377
Médecins et chirurgiens à leur compte	46 276

Source : Gouvernement du Québec, Ministère du revenu national : Statistiques
        fiscales, *Conjoncture québécoise et comptes nationaux, 1977-78,*
        tableau 13, p. 1364.

Ainsi, le niveau de revenu varie en fonction de la profession qui, elle, est liée au niveau de formation, comme on le verra plus loin. En moyenne, un membre du corps des médecins et chirurgiens gagne plus de six fois le revenu d'un cultivateur, mais ce dernier gagne en moyenne un millier de dollars de plus que le pêcheur. Tout se passe comme si la société avait une échelle des différentes fonctions liée à son système de valeurs auxquelles elle attribue des gratifications variables correspondant notamment à des indices de revenus. C'est là un fait qui a frappé très tôt l'attention de chercheurs, puisque Émile Durkheim à la fin du XIXe siècle soulignait : « Il y a dans la conscience morale des sociétés un sentiment obscur de ce que valent respectivement les différents services sociaux, de la rémunération relative qui est due à chacun d'eux et, par conséquent, de la mesure confortable qui convient à la moyenne des travailleurs de chaque profession [10] ».

Que ce « sentiment obscur » soit la résultante de facteurs multiples et complexes, nous en convenons volontiers. Mais il ne fait pas de doute que le niveau de formation est un de ceux-là, si l'on réfère à une certaine constante observée dans le rapport quasi proportionnel entre le revenu et le niveau de scolarité. C'est ce que fait ressortir le tableau 2 qui suit :

Tableau 2 : Moyennes de revenu au premier emploi (en $ de 1977), selon le niveau de scolarité, le sexe et la langue d'usage, pour les périodes de 1960-1970 et 1971-1978

	Hommes		Femmes		Francophones		Non-franc.	
Scolarité	1960-70	1971-78	1960-70	1971-78	1960-70	1971-78	1960-70	1971-78
0-7 ans	7 391	5 928	5 334	5 205	7 610	5 527	5 428	8 615
8-11 ans	7 238	5 914	6 276	4 922	7 196	5 778	7 599	6 756
12-14 ans	8 339	6 862	7 203	6 335	8 155	6 824	9 841	7 191
15-17 ans	10 739	10 092	10 153	9 697	10 839	10 269	9 870	9 420
18 ans et plus	11 923	13 629	10 663	10 334	11 283	13 599	15 069	13 825
Ensemble	8 499	7 557	7 375	6 874	8 394	7 384	9 320	8 650
Rapport 1971-78/ 1960-70	89,0%		93,2%		88,8%		92,8%	

Source : André Allaire *et al.*, « Qui s'instruit s'enrichit », *Possibles*, 1979, vol. 3, nos 3 et 4, p. 23.

Le tableau qui précède est riche de renseignements. Cependant, pour les fins de notre propos, nous n'en relèverons pour l'instant que le rapport fondamental entre la moyenne de revenu au premier emploi et le niveau de scolarité, sans considération des variations dues au sexe ou à la langue d'usage. C'est ce qui nous est donné dans les deux premières colonnes, respectivement pour les périodes 1960-1970 et 1971-1978.

De façon très nette, nous observons une tendance fondamentale, constante entre les deux périodes, à savoir que le niveau de revenu augmente avec le niveau de scolarité. Pour illustrer à partir des extrêmes, au cours des années 1960-1970, quelqu'un ayant 18 ans et plus de scolarité gagnait au-delà de 60% de plus qu'un travailleur n'ayant que sept années de scolarité; pour la période plus récente de 1971-1978, l'écart s'est même agrandi passant à près de 130%. Ces observations seraient encore confirmées si on comparait d'autres niveaux de scolarité et de revenu. Ainsi entre deux individus ayant respectivement 15 à 17 ans et 12 à 14 ans de scolarité, l'écart entre leurs revenus, respectivement pour les deux périodes, était de 28,8% et de 47%. Cependant, dans une perspective synchronique, où nous comparons différents niveaux de scolarité à l'intérieur d'une même période, le dicton « qui s'instruit s'enrichit » est encore valable, ce qui n'empêche, comme l'ont justement souligné les auteurs de l'article « Qui s'instruit s'enrichit » que si l'on considère la question d'un point de vue diachronique, il y a eu « une baisse des revenus moyens d'ensemble en premier emploi et donc dévaluation de l'éducation[11] ».

Le lecteur aura sans doute remarqué une importante exception à la tendance signalée ci-dessus. Entre le premier (0 à 7 ans) et le deuxième (8 à 11 ans) niveau de scolarité, l'écart des revenus est minime, se contracte entre les deux périodes et est à l'avantage de celui qui a la scolarité la plus faible. On peut avancer que la scolarité, primaire qui rend l'individu apte à lire, à écrire et à acquérir une certaine qualification professionnelle, est à toutes fins pratiques plus importante aux yeux de la société que quelques années supplémentaires d'études qui laisseraient l'individu en cours de route, loin du nouveau seuil (12 à 14 ans) qui lui aurait valu des apports significatifs. C'est là un élément dont les individus doivent tenir compte dans leurs décisions relativement à leur cheminement scolaire. Cela nous amène à considérer les caractéristiques de la demande d'éducation et ses facteurs de variation.

Facteurs qui influencent la demande d'éducation

Étudier les facteurs agissant sur la demande d'éducation dans une perspective micro-économique est particulièrement complexe. Il ne s'agit de rien de moins que d'examiner les motivations d'ordre économique sous-jacentes aux décisions individuelles de pousuite des études. Or cette question est inextricablement liée aux mécanismes par lesquels, de manière générale, une société crée et entretient les aspirations à l'éducation. Le degré d'enchevêtrement entre facteurs économiques et facteurs socio-politiques et culturels d'une part, entre motivations individuelles et phénomènes de société d'autre part, est particulièrement élevé dans la demande d'éducation.

On commencera par rappeler à cet effet que dans la plupart des sociétés modernes la loi fixe un âge où l'enseignement est obligatoire. Au Québec cet âge est de 16 ans présentement. Voilà donc un facteur institutionnel qui a une grande influence sur la demande d'éducation et qui n'a rien à voir avec les motivations individuelles. En d'autres termes, dans la masse des élèves de 16 ans ou moins au Québec, il y en a plusieurs qui ne seraient pas à l'école en l'absence de cette loi.

Parmi les autres facteurs qui influencent la demande d'éducation, il y a les transformations socio-économiques dont les sociétés sont le siège. Ainsi, sans l'industrialisation et l'urbanisation qui ont fait apparaître une multitude de débouchés dans les domaines les plus divers, plusieurs branches de formation n'existeraient même pas, éliminant du même coup des demandes individuelles d'éducation dans ces disciplines. Imagine-t-on un jeune de 17 ans du Québec d'avant 1900 voulant s'inscrire en informatique à l'Université Laval par exemple?

Par ailleurs, il faut souligner que l'existence de débouchés ne serait pas suffisante pour inciter les individus à entreprendre des études, s'il n'y avait une certaine foi dans la garantie d'une distribution plus ou moins équitable des emplois. À quoi servirait-il par exemple à un fils de mineur de poursuivre des études de médecine, s'il ne devait pas pouvoir pratiquer la profession acquise? La répartition des postes en fonction des aptitudes et des compétences constitue donc un facteur important agissant sur les demandes individuelles d'éducation.

Mais même dans les sociétés les plus démocratiques, l'origine sociale ou mieux encore l'appartenance familiale continue d'être le facteur le plus important agissant sur l'aspiration des individus à l'éducation, ce qui fait que « le développement de l'enseignement apparaît cumulatif au travers des générations[12] ».

Certes, maintes études ont montré les relations étroites qui existent entre le milieu socio-familial, la demande d'éducation et la réussite scolaire elle-même[13]. Que la plupart des familles, convaincues des bienfaits de l'instruction, encouragent leurs enfants et leur donnent leur appui à poursuivre des études ne fait aucun doute. Mais on observe que l'insistance mise dans ces démarches des parents auprès des enfants et le degré de leur succès dépendent entre autres facteurs du niveau socio-économique (catégorie professionnelle et niveau de revenu) et du niveau d'instruction des parents eux-mêmes. À cet effet, on pourrait dire que la propension à s'instruire des enfants est une fonction directe de la position socio-économique et du niveau de formation des parents, la tendance étant que le niveau d'instruction des enfants dépasse celui des parents.

Aux effets imputables à la famille sur les demandes individuelles d'éducation on ajoutera sans trop les développer ici trois autres catégories de facteurs, à savoir l'influence des pairs, la disponibilité et la circulation de l'information et les facteurs dits « innés ».

L'influence des pairs s'exerce d'abord dans le quartier où se trouve la résidence familiale, à travers les relations familiales, à l'école de l'enfance et de l'adolescence, etc. Quoi qu'il en soit, il est important de souligner que le jeu de ce facteur est largement filtré par l'appartenance socio-familiale.

Le double facteur de disponibilité et de circulation de l'information est évidemment lié au contexte socio-économique général dans lequel se déroulent les activités de formation. Des études effectuées dans des pays industriels avancés [14] montrent comment les décisions des individus quant à la poursuite des études et du choix de carrière sont très souvent liées à la quantité et l'exactitude de l'information, à son coût, à leurs attentes et préférences propres, au temps dont ils disposent et à l'opportunité de porter des jugements indépendants. Mais une fois de plus, on doit faire observer que ce facteur de l'information est très souvent une fonction des relations socio-familiales des individus. Plus on est placé haut dans la pyramide sociale, plus on dispose facilement des informations relatives aux études et aux débouchés qui y correspondent.

Enfin, les facteurs « innés », comme les prédispositions psychologiques, aptitudes, intelligence, etc, sont les seuls dont on pourrait dire qu'ils sont proprement individuels, parce que liés à la personnalité. Mais on sait, quel que soit le test par lequel on mesure ces facteurs, qu'ils accusent au niveau global de fortes corrélations avec le niveau social des familles [15]. De toute façon, à aptitudes égales, la probabilité de poursuivre certaines études dépend très largement des niveaux de revenu des familles. Ceci est particulièrement dû au coût d'opportunité ou au manque à gagner que représentent les études pour les individus. Cette dernière réflexion nous mène tout droit à l'analyse micro-économique de l'école, « firme » productrice de services éducatifs.

L'offre d'éducation

L'éducation est une industrie [16] dont l'objectif principal est la formation des élèves. Étudier l'offre d'éducation dans une perspective micro-économique revient à analyser l'entreprise éducative sous l'angle des deux catégories de variables qui caractérisent son activité : les ressources qu'elle utilise (*input*) et les produits qu'elle fabrique (*output*). Entre le moment où les ressources entrent à l'école et celui où sort le produit, il y a évidemment tout le processus de production, c'est-à-dire de transformation des ressources en produits (*throughput*). Nous avons précédemment évoqué, en parlant des facteurs de la demande d'éducation, que l'école, pour reprendre l'expression de Claude Pichette, est « comme une période de temps dans un processus de formation et d'évolution d'un agent économique[17] ».

Dans cette partie, on examinera de façon plus particulière les inputs de l'école et le processus de l'activité éducative avant d'en arriver à la problématique de la rentabilité de l'éducation pour les produits de l'école.

Les inputs de l'entreprise éducative

Dans un ouvrage datant de la fin des années 1960, Firestone, traitant des principales caractéristiques de l'industrie canadienne de l'éducation, affirmait que « c'est une industrie où la recherche pédagogique, sociale et économique reliée aux deux catégories de variables que sont les inputs et l'output est essentielle mais pourtant la moins développée en comparaison avec n'importe quel autre secteur important de l'activité économique[18] ».

Même si cette affirmation reste largement valable aujourd'hui, il faut reconnaître que beaucoup d'efforts de recherche ont été consacrés depuis aux aspects économiques de l'éducation[19].

Nature des ressources de l'entreprise éducative

En ce qui concerne les inputs de l'entreprise éducative, l'on sait en particulier qu'à côté des infrastructures de base, des instruments et autres ressources pédagogiques, des frais d'administration et de fonctionnement, il y a le personnel, en particulier les enseignants, et enfin les plus importants de tous, les élèves. Tous ces inputs, dont l'acquisition requiert évidemment des ressources financières, peuvent en définitive être classés en deux catégories : les ressources humaines et les ressources matérielles.

Jusque-là, en apparence tout au moins, l'entreprise du savoir ne semble pas se distinguer des entreprises des autres secteurs de l'activité économique. Ce serait pourtant une erreur que de le penser. En effet, non seulement l'entreprise éducative est différente des autres, mais elle est même singulière, en ce sens que contrairement à toutes les autres entreprises, la matière première sur laquelle elle travaille est l'élève, c'est-à-dire la personne humaine même (enfant, adolescent ou adulte) et que, plus que partout ailleurs, le temps est un élément actif et majeur des activités. Cette singularité a normalement des conséquences importantes sur les « processus et cycle de fabrication » de la firme éducative. Qu'on nous permette de souligner ici que l'application directe des concepts économiques ou industriels à l'activité éducative, choquante en un sens, ne signifie nullement que nous partageons la tendance qui a voulu organiser les écoles sur la base des modèles prévalant traditionnellement dans l'industrie. Cela dit, nous pouvons aller de l'avant dans l'analyse des inputs de l'entreprise éducative en considérant les coûts des ressources consacrées à l'éducation.

Structure des coûts de l'entreprise éducative

La question des coûts de l'éducation est importante, particulièrement dans les périodes de récession économique. Elle peut être abordée sous plusieurs angles, entre autres celui de la nature des dépenses d'une part et celui des agents financiers d'autre part. Il est bon de souligner que dans le domaine de l'éducation comme dans les autres secteurs d'activités, au niveau primaire, secondaire, collégial ou universitaire, on trouve des établissements de dimensions variables. Jusqu'à un certain point on peut même ajouter qu'au Québec en particulier dans le cadre de la « réforme Parent », la recherche d'économies d'échelle[20] n'a pas été absente des préoccupations qui ont poussé à la construction du réseau des « grosses écoles secondaires polyvalentes ». Les coûts peuvent donc varier d'un établissement à un autre. Mais dans une perspective microéconomique qui se place du point de vue des individus (étudiant ou établissement), l'analyse ne pourra être menée qu'à partir de données moyennes.

À supposer qu'il puisse exister, pour chaque niveau de scolarisation, un établissement type, quelle serait la structure des coûts de ces établissements, si l'on considère la nature de leurs dépenses. Si la question posée est claire et comporte un objet simple en apparence, il n'est pourtant pas facile d'y apporter une réponse en dehors d'une recherche empirique spécifique, pour la raison que les statistiques des organismes officiels ne sont pas présentées dans ce sens. Par ailleurs, il y a un input important qui s'appelle le temps étudiant qui ne figure nulle part dans les statistiques relatives au coût de l'éducation. Or une recherche effectuée déjà en 1973, soulignait à ce propos que « le temps étudiant n'est pas gratuit ; il correspond à environ 60% du coût total de l'éducation[21] ».

Cela ne constitue pas cependant un obstacle, puisque nous examinons ici les éléments et la structure de coût pour l'entreprise éducative et non pour l'élève.

Donc, à partir des statistiques globales fournies par le ministère de l'Éducation, nous essaierons de donner quelques indications relatives à la structure des dépenses éducatives au Québec. Il s'agit en fait des dépenses supportées par les institutions. Par ailleurs, ces indications reposent sur l'hypothèse que la composition de ces dépenses à partir des données globales est représentative de celle de l'établissement moyen.

a) *Niveau précollégial.* Le tableau suivant résume la structure des dépenses des commissions scolaires responsables de l'enseignement public au niveau précollégial.

Tableau 3 : Structure des coûts de la firme éducative au niveau précollégial, Québec, 1977-1978

Catégories de dépenses	% du total	
Dépenses d'immobilisation	5,8	
Dépenses de fonctionnement	94,2	
— Salaires		64,6
— Avantages sociaux		3,6
— Frais de voyages		0,5
— Fournitures et matériel		5,7
— Services honoraires et contrats		9,3
— Dépenses de transfert		0,3
— Autres (incluant service de la dette et frais de perfectionnement)		10,2

Source : D'après les tableaux 18 et 25 de *L'éducation au Québec*, rapport des activités du ministère de l'Éducation du Québec, 1979-1980.

Comme on peut le voir, pour un établissement type des niveaux primaire et secondaire public, ce sont les dépenses de fonctionnement qui constituent la quasi-totalité du coût des services éducatifs. On est déjà loin du Québec de la période où « la pierre », pour reprendre une expression bien connue dans le milieu, absorbait la majeure partie des sommes dépensées en éducation. De fait, depuis la fin des années 1960, les dépenses d'immobilisation oscillent entre 5 et 6% du coût total des services éducatifs.

Un autre fait majeur mérite également d'être souligné : dans l'industrie du savoir, c'est le temps-individu qui est l'input le plus important, ce qui en passant classe l'entreprise éducative parmi les industries ayant les valeurs ajoutées les plus élevées. De fait, les salaires directs représentent près de 65% du coût total des établissements du primaire et du secondaire public. Et en réalité, le poids des ressources humaines dans la structure de coût de ces établissements est bien plus important que ce dernier pourcentage, si on tient compte du fait que plusieurs autres chapitres des dépenses de fonctionnement sont directement ou indirectement liés au personnel, les avantages sociaux et les frais de perfectionnement notamment.

Cette importante caractéristique de l'industrie du savoir (primauté de la matière grise) s'accompagne naturellement de son complément, la faiblesse de l'outillage et la stabilité de la technologie (en éducation). Si l'on nous permet d'emprunter un terme au jargon de l'informatique, nous pourrions dire de manière analogique que le « software » prime sur le « hardware » dans l'entreprise éducative. Précisément à cause de cela, ici plus que dans n'importe quel autre secteur de production, l'obsolescence (vieillissement prématuré des connaissances) risque d'être plus agissante et plus dangereuse. D'où l'importance marquée qu'il faut attribuer à la possibilité pour les enseignants de se perfectionner (formation continue).

Les commentaires et réflexions que nous a suggérés l'examen du tableau 3, à quelques nuances près, pourraient s'appliquer aux établissements des deux autres niveaux, collégial et universitaire.

b) *Niveau collégial.* Un établissement type dispensant l'enseignement au niveau collégial public présentait au Québec en 1977-78 la structure des coûts suivante.

Tableau 4 : Structure des coûts de la firme éducative au niveau collégial à Québec, 1977-1978

Catégories de dépenses	% du total
Dépenses d'immobilisation	8,8
Dépenses de fonctionnement	91,2
— Administration générale	9,3
— Enseignement collégial régulier	49,0
— Laboratoires	4,4
— Services auxiliaires à l'enseignement	3,7
— Services aux étudiants	3,0
— Service de l'informatique	1,4
— Transport scolaire	0,2
— Service de l'équipement	12,6
— Service de la dette à court terme	0,1
— Autres	7,5

Source : D'après les tableaux 19 et 25 de *L'éducation au Québec*, rapport des activités du ministère de l'Éducation du Québec, 1979-1980.

Un simple coup d'oeil sur le tableau qui précède montre que, comme pour les niveaux primaire et secondaire, la structure globale des coûts du collégial est nettement dominée par les dépenses de fonctionnement qui représentent 91,2% des dépenses totales contre 8,8% pour les dépenses d'immobilisation.

L'on notera que les dépenses de fonctionnement sont présentées en fonction de groupe budgétaire et non de la nature des dépenses. Il est toutefois possible, à partir de ces données, de penser raisonnablement que ce sont encore les ressources humaines qui constituent l'élément le plus important de la structure de coût de la firme éducative au niveau collégial. En effet, il est clair que la quasi-totalité des 49% que représente le groupe « enseignement régulier » est constituée par les salaires des professeurs. À ces 49%, il faudrait ajouter la moitié environ de ce que représentent tous les autres postes, à l'exception des services du transport, de l'équipement et de la dette. On aboutit à peu près au même pourcentage pour les salaires du niveau collégial, que pour les niveaux précédents, soit environ 68% du total. Bien évidemment, à ce niveau, les fournitures et le matériel de laboratoire, de bibliothèque et d'autres services auxiliaires à l'enseignement ont plus de poids dans le coût total, ce qui ne contredit en rien ce qui a été dit précédemment à propos de la primauté du « software » dans l'industrie du savoir. Cela est encore vrai au niveau universitaire.

c) *Niveau universitaire.* Le tableau ci-dessous résume la structure des coûts d'un établissement universitaire type en 1977-78 au Québec.

Tableau 5 : Structure des coûts de la firme éducative au niveau universitaire, Québec 1977-1978

Catégories de dépenses	% du total
Dépenses d'immobilisation	8,6
Dépenses de fonctionnement	91,4
— Mission générale d'enseignement et de recherche	43,7
— Missions particulières d'enseignement et de recherche	2,2
— Soutien à l'enseignement et à la recherche	8,4
— Soutien administratif	17,5
— Autres activités (non subventionnées)	19,6

Source : D'après les tableaux 21 et 25 de *L'éducation au Québec*, rapport des activités du ministère de l'Éducation du Québec 1979-1980.

Les observations qui se dégagent de l'examen du tableau 5 recoupent largement celles qui ont été exprimées plus haut sur l'entreprise éducative au niveau préuniversitaire, en ce qui a trait à la structure des coûts et aux caractéristiques du processus technologique de la production du savoir. Il importe toutefois de souligner ici que les conséquences découlant de ces caractéristiques jouent encore davantage au niveau universitaire. Ici plus qu'ailleurs, il est par conséquent d'une importance capitale que puissent s'exercer les mécanismes susceptibles de contrer les effets du double processus de vieillissement des connaissances et des corps professoraux.

Au risque de paraître banal, il nous faut souligner pour clore cette question, que les dépenses de la firme éducative, à quelque niveau qu'elle opère, sont génératrices d'activités dans de nombreux secteurs de l'économie, en amont aussi bien qu'en aval. Pensons seulement à toute l'industrie du livre ou du manuel scolaire. En ce sens, la firme éducative peut être considérée comme un pôle même secondaire de croissance, étant donné l'importance de ces dépenses : ainsi, en 1978-79, au Québec, pour les seules dépenses de fonctionnement, le montant par étudiant était de 2 379 $ au niveau précollégial, de 3 525 $ au collégial et de 7 485 $ au niveau universitaire. Il y a lieu de signaler aussi que la tendance a été à la hausse de ces coûts au cours des deux dernières décennies. C'est là un aspect important de la dimension économique de l'éducation sur lequel on reviendra au chapitre suivant. Pour le moment, il nous faut nous pencher sur le « produit » de l'entreprise éducative.

L'output de la firme éducative

Il a été signalé précédemment que l'élève constitue, avec le temps du personnel enseignant, le plus important des facteurs de production de l'entreprise éducative. Si l'on se place maintenant en aval du processus de production de l'école, l'on se rend compte qu'en définitive c'est encore l'élève qui forme l'output de la firme éducative.

Le produit de l'école

Contrairement à ce qu'on pourrait penser de prime abord, le produit de la firme éducative est très différencié. Certes il s'agit essentiellement des sortants du système d'enseignement; mais, il y a parmi eux des détenteurs de diplômes ou de certificats; il y a ceux qui, après un an ou plus dans un cycle d'études, quittent sans avoir achevé et il y a bien évidemment tous les profils d'études qui viennent encore ajouter à la complexité de l'output de l'entreprise éducative.

Ainsi, M. Blaug et M. Woodhall[22], traitant de l'évolution de la productivité des facteurs dans l'enseignement secondaire et supérieur en Grande-Bretagne, ont distingué, en fonction des conceptions du rendement de l'enseignement, cinq types de « produits » :

- le nombre d'étudiants qui terminent un cycle d'études ;
- le nombre d'étudiants qui terminent un cycle d'études d'une durée normalisée, les études plus longues étant considérées comme génératrices d'un supplément de production.
- le nombre d'étudiants qui terminent un cycle d'études d'une durée normalisée dans différentes matières, certaines recevant un coefficient de pondération plus élevé que les autres ;
- le nombre d'étudiants qui obtiennent des notes déterminées aux examens, des notes plus élevées étant considérées comme un supplément de production ; et enfin
- les effectifs d'étudiants classés selon leurs capacités de gains futurs(...), les étudiants dont le potentiel de gains est relativement plus élevé étant considérés comme un supplément de production.

Ces divers types de sortants de l'entreprise éducative indiquent le caractère hétérogène de la formation dispensée et reçue à l'école et expliquent l'utilisation des indicateurs de qualité pour bien différencier les élèves. On comprend dès lors que la productivité ou le rendement d'une entreprise éducative est une question délicate, une réalité difficile, sinon à saisir, du moins à mesurer. C'est là une conséquence de la nature même de l'activité éducative dont les objectifs sont multiples et complexes tout en étant indissociables. De surcroît, à supposer que l'on considère les établissements d'enseignement comme des entreprises qui « vendent » leurs « produits » sur un marché, en l'occurrence le marché du travail, on doit se rendre compte que ce marché n'est pas homogène et que les paiements sont encaissés par les bénéficiaires des services éducatifs et non par les entités qui produisent cesdits services[23].

Cette dernière remarque nous amène à examiner plus directement la question de la rentabilité de l'éducation.

La rentabilité privée de l'éducation

Nous nous plaçons toujours dans la perspective de l'analyse micro-économique de l'éducation ; plus précisément nous considérons la question des gains des personnes instruites qui, en l'occurrence, pourraient être utilisés pour évaluer l'output de la firme éducative. À ce propos, Jacques Hallack écrit : « À la base de toute discussion sur les aspects économiques de l'éducation, on trouve une série de questions simples liées aux préoccupations de chacun :

- Pourquoi poursuivre des études au-delà de la scolarité obligatoire?
- Comment justifier les sacrifices financiers des familles pour l'éducation de leurs enfants?
- Peut-on comprendre la volonté des entreprises de développer le recyclage, la spécialisation et la promotion de leurs salariés?
- Comment expliquer que beaucoup d'étudiants empruntent pour terminer leurs études; que d'autres s'engagent dans l'armée pour acquérir une spécialisation; que d'autres acceptent des emplois à temps plein pour financer leurs études en cours du soir?
- Quelles sont les raisons de l'émergence d'une demande de plus en plus forte en faveur de l'éducation permanente[24] ? »

Cette liste de questions — qui ressemblent à celles d'un jeu télévisé — n'est sûrement pas complète; elle illustre cependant le genre de problèmes que les économistes ont cherché à étudier en construisant la théorie du capital humain.

Le modèle du capital humain, dont la paternité moderne revient à l'américain Théodore W. Schultz[25], indique que les décisions des individus de poursuivre leurs études au-delà de la scolarité obligatoire, à l'instar de celles des investisseurs, reposent sur une espérance de gains supérieurs aux dépenses à engager, en d'autres termes sur l'espérance d'un certain profit monétaire[26].

Sans entrer dans les détails techniques de ce modèle, il est peut-être bon d'en souligner trois points qui nous apparaissent majeurs.

- La rentabilité privée de l'éducation est un résultat qui se dégage de la comparaison entre les coûts des études supportés par les individus et les revenus supplémentaires nets (impôts déduits) attendus par ces mêmes individus, une fois leurs études terminées.
- Les coûts en question sont d'une part les *coûts directs* entraînés par les études, comme par exemple les frais de scolarité, de matériel scolaire, etc, *le coût* d'opportunité, appelé encore manque à gagner, c'est-à-dire le revenu que ces individus auraient gagné s'ils travaillaient au lieu de poursuivre leurs études; (il s'agit du manque a gagner *net*, c'est-à-dire moins les allocations, bourses ou toute autre forme d'aide financière reçue) et les autres coûts privés indirects, comme les dépenses de participation à des colloques par exemple.
- Les revenus supplémentaires attendus sont constitués par les différentiels de revenus observés en moyenne en fonction des niveaux de formation (voir tableau 2), calculés pour toute la période comprise

entre la date de fin des études en question et la date de retrait de la vie active et actualisés pour tenir compte de la dépréciation du futur. L'éducation est rentable pour l'individu lorsque la somme des gains est supérieure aux coûts totaux.

Sur la base du modèle du capital humain, de nombreuses recherches empiriques ont été entreprises dans divers pays en vue de calculer la rentabilité privée des divers niveaux de formation. En ce qui concerne les États-Unis où le mouvement a commencé dans le début des années 1960, le tableau suivant montre la diversité des résultats obtenus.

Tableau 6 : Taux de rendement individuel de l'enseignement aux États-Unis

Auteurs et années	Année sur laquelle porte l'évaluation	Secondaire	Supérieur
Schultz (1961)	1958	10,0%	11,0%
Hamson (1963)	1949	15,3%	11,6%
Becker (1964)	1958	28,0%	14,8%
Hanock (1965)	1959	16,1%	9,6%
Lassister (1965)	1959	—	9,0%
Rogers (1968	1968 *	13,0%	15,0%
Hines (1970)	1959	19,5%	13,6%

* Étude longitudinale
Source : J.-Claude Eicher, « L'éducation comme investissement : la fin des illusions? », *Revue d'économie politique*, no 3, juin 1972, p. 413.

En ce qui concerne le Québec et de manière plus générale le Canada, il ne semble pas que ce type de recherche ait eu la faveur des chercheurs. Nous rejoignons en cela une observation exprimée par Mehmet selon laquelle « chose étonnante, il n'y a eu que fort peu de recherche empirique en vue de mesurer le rendement économique de la formation universitaire depuis 1960[27] ».

Néanmoins, les recherches effectuées[28], à l'instar de celles des États-Unis, débouchent sur des taux de rentabilité variables selon les auteurs mais, dans la plupart des pays, nettement positifs, quel que soit le niveau de scolarité considéré, comme il ressort du tableau 7.

Malgré les différences observées, on constate une convergence fondamentale que l'on peut traduire en disant qu'il existe une corrélation étroite entre le niveau d'éducation et le niveau de gain des individus et que le taux de rendement privé de l'éducation est positif. De fait, en calculant le taux de rendement moyen, sur la base des données du tableau

Tableau 7 : Taux de rendement individuel de l'instruction par niveau pour divers pays, en %

Pays	Années	Primaire	Secondaire	Supérieur
États-Unis	1959	155,1	19,5	13,6
Canada	1961		16,3	19,7
Mexique	1963	32,0	23,0	29,0
Brésil	1962	11,3	21,4	38,1
Colombie	1966	50,0	32,0	15,5
Grande-Bretagne	1966		6,2	12,0
Norvège	1966		7,4	7,7
Pays-Bas	1965		8,5	10,4
Inde	1960	24,7	19,2	14,3
Japon	1961		6,0	9,0
Philippines	1966	7,5	28,0	12,5
Ghana	1967	24,5	17,0	37,0
Kenya	1968	32,7	30,0	27,4
Niger	1966	30,0	14,0	34,0
Nouvelle-Zélande	1966		20,0	14,7

Source : Tiré de George C. Psacharopoulos, *Returns to Education*, « Studies on Education », Elzevier Scientific Publishing, 1959-1969, cité par J. Hallack, *op. cit.*, chap. 4, p. 2.

précédent, on obtient pour le secondaire un taux de 16,3 % et pour le supérieur de 17,5 %, avec cependant des écarts types élevés, respectivement 8,4 et 9,7. Plus intéressant encore : en classant les pays en deux groupes, développés et sous-développés, Psacharopoulos a obtenu les résultats suivants :

Catégorie de pays	Taux de rendement moyen	
	Secondaire	Supérieur
Développés	11,9	11,9
Sous-développés	18,5	22,0

Source : J.-C. Eicher, *op. cit.*, p. 415.

De manière évidente, on voit qu'il existe une relation entre le taux de rentabilité individuelle de l'éducation et le niveau de développement économique, l'instruction étant plus rentable dans les pays à faible niveau de

développement. Ceci doit être rapproché du phénomène de la dévaluation de l'éducation observé au Québec avec la scolarisation et l'élévation
du niveau moyen de scolarité. Dans les deux cas, on peut dire que le «qui
s'instruit s'enrichit» est d'autant plus vrai que le niveau de développement économique du pays est bas et que le diplômé est un produit relativement restreint, donc plus cher.

Ces observations laissent pressentir que la relation entre l'éducation
et le niveau de revenu n'est ni aussi univoque ni aussi exclusive que le
modèle du capital humain le laisse entendre. Ce pressentiment se trouve
renforcé quand, dans un même pays et à la même époque, on observe,
pour des individus de même niveau d'instruction, des différences marquées de gains. Ainsi le taux de rentabilité privée de l'éducation est différent selon qu'on est homme ou femme, blanc ou noir, créole ou indien,
mais aussi selon qu'on est issu de classes sociales différentes[29]. Serait-ce
que la quantité d'investissements ou la qualité de la formation reçue n'est
pas la même ou que l'éducation n'est qu'un facteur déterminant parmi
d'autres du revenu et qu'en particulier le taux de rendement de l'éducation varie selon le groupe auquel on appartient?

Il est inutile de s'arrêter sur la première partie de l'alternative qui, à
l'évidence, est absurde, puisque nous comparons à partir de personnes
ayant un niveau égal de formation. Par contre, tout en admettant que
l'éducation contribue au développement de la capacité productive d'un
individu et exerce une certaine influence sur son niveau de gain, on est
forcé de reconnaître qu'il existe un certain nombre d'autres facteurs qui
ne sont pas à négliger. Pour commencer, on pourrait souligner que «les
individus ne sont pas libres de décider de leur investissement en éducation[30]».

Mais même pour ceux-là qui ont eu la possibilité d'accéder à des niveaux supérieurs d'éducation, il y a lieu de prendre encore en considération les autres facteurs d'accès aux emplois et en particulier la structure
institutionnelle des emplois et des salaires eux-mêmes ainsi que les forces
sociales, politiques et économiques qui déterminent les modifications de
cette structure[31].

Il existe donc des facteurs institutionnels qui interfèrent dans les relations entre l'éducation et le revenu et expliquent les différences de taux
de rentabilité privée. Pour utiliser deux expressions consacrées, nous les
rangerons sous les vocables de discrimination et de rapports de forces
inégales: discrimination sexuelle qui rend quasi impossible l'accès de
certaines professions à des femmes ou qui au contraire les confine dans
certaines professions ou enfin qui fait que, à qualification égale et pour le
même travail, les femmes gagnent moins que les hommes; discrimination
raciale qui joue dans le même sens que la précédente mais au détriment

de certains groupes ethniques. À ces diverses formes de discrimination, il faut aussi ajouter les rapports de forces entre les divers groupes d'une société qui font que certaines catégories socio-professionnelles, sans égard au niveau d'instruction, peuvent se trouver défavorisées par une structure donnée de salaires. L'exemple des enseignants du Québec dont le niveau de salaires était particulièrement faible avant la réforme scolaire est éclairant à cet égard.

* * *

Les considérations qui précèdent relativement aux faiblesses du modèle du capital humain et de la rentabilité privée de l'éducation pourraient être élargies à l'approche micro-économique de l'éducation elle-même.

En effet, tout au long de ce chapitre, on s'est efforcé de présenter et d'analyser les principales dimensions et implications économiques de l'éducation sous l'angle de la demande *individuelle* des services éducatifs ou de l'offre de ces mêmes services par la *firme* éducative. Cette analyse aura eu au moins le mérite de mettre à nu les mécanismes économiques sous-jacents à l'activité éducative et d'en montrer le fonctionnement. De ce point de vue, le lecteur retiendra que l'éducation est une activité économique qui implique l'utilisation de ressources rares aux fins de produire un service susceptible de satisfaire un besoin chez des individus qui en retirent un certain bénéfice.

Cela dit, il faut cependant reconnaître le caractère partiel et peut-être artificiel de cet exercice qui a consisté en quelque sorte à isoler le phénomène éducatif et ses principaux agents, comme si l'éducation (activité, acteurs et résultats) pouvait exister seule. C'est cet aspect partiel des conclusions des analyses micro-économiques de l'éducation qu'il faut compléter en les replaçant dans leur contexte. C'est ce à quoi vise le chapitre suivant qui traitera des interrelations entre système d'éducation et système économique.

10
Système d'éducation et système économique

Jean Moisset

Il est désormais loin le temps où l'éducation était considérée comme une activité autonome et l'éducateur un mage au-dessus des contingences et des contraintes de l'existence des hommes. Que l'on définisse l'éducation comme instrument de transmission des valeurs et de la culture d'une société ou comme «lieu» privilégié de production, d'accumulation et de transfert de connaissances, tout le monde est disposé aujourd'hui à reconnaître que l'éducation est un système inséré dans un environnement multiforme, politique, économique et social, avec lequel il est en interaction.

L'intérêt marqué et croissant pour l'étude en particulier des rapports entre l'éducation et l'économie a de qui tenir. En effet, Adam Smith voyait déjà dans l'éducation un facteur majeur non seulement de l'enrichissement personnel et de la croissance économique mais aussi de l'harmonie sociale. Et Karl Marx lui-même ne négligeait pas dans ses analyses l'éducation qu'il considérait comme une composante importante de l'édifice social aux prises avec les contradictions inhérentes au système capitaliste.

Dans la perspective de la découverte et de la compréhension des liens entre l'école et la société, ce chapitre sur les interrelations entre système d'éducation et système économique a donc sa place et vient compléter en particulier les analyses micro-économiques de l'éducation du chapitre précédent.

La présente étude sera articulée autour de deux axes majeurs, à savoir que :

1) l'idéologie sous-jacente au système économique dans une société et à une époque données se répercute au niveau du système d'éducation ;

2) mais au-delà d'une convergence idéologique observable entre les deux systèmes (différente évidemment suivant l'idéologie dominante), le système d'éducation et le système économique entretiennent un certain nombre de rapports que l'on peut qualifier d'universels.

Relations idéologiques entre système d'éducation et système économique

De manière générale, on définit un système comme un ensemble complexe d'éléments liés entre eux par une série de relations organiques, convergeant vers la réalisation d'un but commun. En ce qui concerne le système économique, il se présente comme « l'ensemble des relations et institutions qui caractérisent la vie économique d'une société déterminée, localisée dans le temps et dans l'espace[1] ». En termes plus concrets, il s'agit « d'une série de règles, de techniques de mesures et de moyens qu'une société se donne pour procéder aux quatre grandes étapes du processus économique, à savoir la production, l'allocation des ressources, la répartition des richesses et la consommation[2] ». En fonction de ces éléments, différents suivant les pays, on distingue deux grands systèmes économiques, le système économique capitaliste libéral et le système économique socialiste collectiviste.

Les systèmes économiques contemporains

De façon très schématique, le système capitaliste libéral se caractérise par : a) une double norme juridique et sociale (le droit à la propriété privée et à la liberté individuelle d'entreprise) ; b) un modèle technico-économique, dans lequel que l'allocation des ressources et la production ainsi que la répartition de la richesse et la consommation sont déterminées par un marché, dont le fonctionnement est régi par la règle de la concurrence, c'est-à-dire le libre jeu des offres et des demandes et le mécanisme des prix. Une des conséquences de cette concurrence est la recherche des meilleures techniques et méthodes de production, des meilleurs modes d'organisation ; c) un mobile économique fondamental ou mieux, une structure psychologique articulée autour d'un mobile fondamental, celui de la recherche du plus grand profit. L'idéologie sous-jacente à ce système ainsi caractérisé est le libéralisme qui accorde la primauté aux individus, l'État se bornant à assurer le bon fonctionnement du système. C'est le système qui prévaut dans les pays occidentaux, dont le Québec.

À l'opposé, le système économique socialiste collectiviste se caractérise par la propriété sociale de tous les biens et sources de production : seule la collectivité est propriétaire ; en deuxième lieu, les phénomènes de la vie économique sont régis par un plan impératif. Le progrès technique et l'efficacité y sont recherchés, comme dans le système précédent, parce qu'ils doivent permettre, pour la répartition du produit social, l'application du principe « à chacun selon ses besoins ». C'est là du reste le mobile économique fondamental du système. L'idéologie sous-jacente à ce second système est le socialisme collectiviste et égalitariste qui accorde la primauté à la collectivité, à l'État. Ce système prédomine dans les pays d'Europe de l'Est, en Chine populaire et dans quelques autres pays.

Il faut cependant souligner que les schémas présentés ci-dessus sont des modèles théoriques qui dans les faits n'ont été nulle part pleinement réalisés. Ainsi l'État intervient de plus en plus dans la vie économique des pays occidentaux, même si la libre entreprise et le marché continuent à être les piliers du système. De même, en URSS par exemple, il est fait de plus en plus appel aux stimulants propres à l'entreprise privée (le profit), ce qui n'empêche pas l'État soviétique et le plan d'être les bases du système. Par ailleurs, entre les deux systèmes, on rencontre des situations intermédiaires : le coopérativisme au Québec et l'autogestion en Yougoslavie en sont des exemples. Ces situations ne seront pas étudiées séparément, parce que nous pensons qu'elles se rattachent pour l'essentiel aux fondements des deux grands systèmes. Il en est de même des systèmes économiques des pays sous-développés. Quoique dominés par l'« économisme » comme discours idéologique global sous-jacent à leur système d'éducation, l'éducation y étant vue comme facteur privilégié de développement, il nous semble que dans leurs fondements comme dans leur fonctionnement ces pays et leurs systèmes appartiennent fondamentalement à la tendance libérale capitaliste ou à la tendance socialo-communiste.

L'éducation en économie capitaliste

Pendant très longtemps, le laisser faire a marqué nettement le système d'éducation des pays où prédomine le système libéral capitaliste. C'est aux individus essentiellement qu'il appartenait de déterminer leur choix par rapport à l'éducation et de supporter les conséquences qui en découlent. Cette conception du système d'éducation, vu comme un marché, où des individus achètent des services éducatifs, a été défendue entre autres par M. Friedman[3] qui, même s'il reconnaît la nécessité pour une

société d'un minimum d'éducation, pense néanmoins que le système d'é-
ducation, en particulier l'enseignement supérieur et professionnel, devrait être financé par les frais de scolarité, quitte à ce que les étudiants bénéficient de prêts, remboursables cependant avec intérêt.

Il découle de cette vision des choses que c'est le pouvoir d'achat des
individus qui constitue le critère majeur d'admissibilité aux bienfaits du
système d'éducation, les individus les plus riches étant évidemment les
plus favorisés. Dans ce contexte, le système d'éducation est basé essentiellement sur des initiatives privées qui assurent des services éducatifs
dont le prix est fonction du jeu de l'offre et de la demande. Du côté de
l'offre les modèles d'organisation sont empruntés au système économique capitaliste où la concurrence pousse à la recherche du maximum
d'efficacité : la spécialisation des établissements scolaires et la hiérarchisation des contenus d'apprentissage, des programmes, ne sont pas loin de
la division du travail industriel. La compétition et la sélection complètent
les modalités de fonctionnement du système d'éducation qui récompense
les mérites des meilleurs par les diplômes et élimine les incapables (drop
out). Enfin, corrélativement à une bureaucratisation de l'administration
du système et à la parcellisation des tâches des enseignants, on a assisté à
un processus de syndicalisation de ceux qui y travaillent.

À bien des égards, cette esquisse des rapports idéologiques entre système économique capitaliste et système d'éducation peut paraître carica-
turale. En effet, si cette esquisse pouvait être reconnaissable dans les systèmes d'enseignement hautement élitistes des pays capitalistes d'avant la
Seconde Guerre mondiale, elle ne tient plus debout aujourd'hui. Certes,
dans la plupart des pays capitalistes avancés, l'État a désormais pris en
charge les problèmes de l'éducation. Il finance en particulier la quasi-totalité des dépenses, rendant du même coup possible l'accès au système à
un plus grand nombre.

En ce qui concerne le Québec, c'est avec la réforme Parent que ce vi-
rage a été pris, l'idéologie de l'égalité des chances pour tous se substi-
tuant à l'élitisme traditionnel. « Une des caractéristiques majeures du
rapport Parent, souligne J. Hohl, est de placer la réforme globale qu'il
préconise sous l'étendard de la démocratisation. En ceci, la réforme
s'inscrit dans un courant qui traverse toutes les sociétés capitalistes avancées au cours des années 1960[4] ». De façon concrète, cela s'est traduit par
un accroissement des dépenses publiques d'éducation (entre 1964/1965
et 1973/1974, en pourcentage du PNB, les dépenses publiques d'éducation sont passées de 6% à 8,9%) et aussi par une scolarisation massive de
la population québécoise (ainsi la proportion des quinze ans fréquentant
l'école secondaire est passée de 75% en 1961 à presque 100%
aujourd'hui).

Il faut souligner ici qu'au Québec comme dans les autres sociétés capitalistes, cette évolution répondait aux besoins de la production économique, plus exigeante au plan de la qualification de la main-d'oeuvre. D'autre part, cette évolution, nécessaire pour une meilleure intégration au nouveau mode de production capitaliste, a laissé fondamentalement inchangés les rapports socio-économiques caractéristiques du système. Ainsi donc la cohérence idéologique entre système d'éducation et système économique capitaliste subsiste à travers cette évolution : au capitalisme concurrentiel de petites et moyennes entreprises à faible technologie a correspondu un système d'éducation élitiste ; au capitalisme monopoliste des entreprises géantes à technologie avancée correspond le droit à l'instruction pour tous, « la valorisation extrême de l'individu-étudiant étant toujours la référence idéologique privilégiée[5] ».

L'éducation en économie socialiste

Dans le programme du Parti communiste d'Union Soviétique, adopté en mars 1919, on retrouve un long développement sur l'éducation socialiste. Nous en reproduisons ci-dessous un large extrait, tellement il nous apparaît illustrer notre propos quant à la convergence idéologique entre système d'éducation et système économique socialiste.

« Dans le domaine de l'instruction publique, le PCR se donne pour tâche d'achever l'oeuvre commencée par la révolution d'octobre 1917 — transformer l'école d'instrument de domination de classe aux mains de la classe bourgeoise en instrument de destruction de cette domination, ainsi que liquider entièrement la division de la société en classes.

Dans la période de dictature du prolétariat (...), l'école doit encore transmettre au niveau idéologique, organisationnel et éducatif, l'influence du prolétariat sur les couches semi-prolétariennes ou non prolétariennes des masses actives, pour éduquer une génération qui soit capable en fin de compte d'édifier le communisme (...) Concrètement, les objectifs suivants seront poursuivis :

1) Instituer l'instruction gratuite et obligatoire, générale et polytechnique (enseignant la théorie et la pratique des principales branches de production) pour les enfants des deux sexes jusqu'à seize ans.

2) Créer un réseau d'institutions préscolaires (...) qui perfectionnent l'éducation sociale et facilitent l'émancipation de la femme.

3) Réaliser totalement les principes de l'école unique du travail (...) une école absolument laïque, débarrassée de toute influence religieuse, où soit réalisée une liaison étroite de l'enseignement et du travail social productif, et qui marque du sceau de l'universalité les membres de la société communiste[6] ».

Suivent huit autres objectifs portant sur diverses mesures visant à favoriser l'accession des « masses laborieuses » à tous les niveaux du système d'éducation et aussi à la diffusion des idées communistes.

Ce texte ne laisse pas de doute quant aux relations idéologiques entre le système d'éducation et le système économique socialiste. Cette convergence se traduit par la recherche dans l'école de l'unité du travail et de l'éducation au sein d'une fonction pédagogique active, la promotion de la polyvalence dans la formation. La fonction idéologique de l'école est ouvertement reconnue, dans la mesure où l'État soviétique proclame que l'éducation doit servir d'instrument privilégié de promotion de la société communiste.

Dans la réalité, les systèmes scolaires des pays d'économie socialiste sont organisés sur la base des principes d'égalité en matière d'éducation et, à l'école, de la jonction à tous les niveaux et pour tous les étudiants de l'enseignement et du travail productif. On reconnaît par ailleurs qu'« un effort de promotion massive spectaculaire a été consenti par les démocraties populaires en faveur des classes laborieuses [7] », avec des résultats proprement impressionnants. L'expérience montre cependant que là aussi le discours idéologique sur le système d'éducation a connu des variations correspondant d'ailleurs aux fluctuations de la vie économique et qu'en particulier les mesures juridiques découlant d'une certaine idéologie peuvent réduire les obstacles confrontés par le système d'éducation et non les supprimer complètement [8].

Quoi qu'il en soit, la cohérence idéologique entre les deux systèmes demeure, puisque le critère d'utilité sociale défini par les autorités du plan, et non le libre choix des individus, continue à orienter leur fonctionnement mutuel.

Somme toute, qu'il s'agisse du capitalisme libéral ou du socialisme collectiviste, les fondements idéologiques opposés des systèmes économiques se reflètent dans le fonctionnement des systèmes d'éducation, qui évoluent cependant de manière convergente vers la reconnaissance universelle du droit à l'éducation pour tous, malgré les embûches et les obstacles qui se trouvent sur le chemin de cet idéal. Cela nous amène à examiner les interrelations universelles entre système d'éducation et système économique.

Relations universelles entre système d'éducation et système économique

Par relations universelles, nous entendons les rapports que système d'éducation et système économique entretiennent entre eux et qui sont typiquement les mêmes, quelle que soit l'idéologie dominante. Ainsi, c'est du système économique que le système d'éducation tire l'essentiel des ressources nécessaires à son fonctionnement et à son développement. En retour, le système d'éducation influe sur le système économique par toute une série de canaux, dont l'un des plus importants est sans doute la formation de la main-d'oeuvre. Au-delà de cet aspect immédiatement utilitaire de sa fonction, le système d'éducation, par la formation à la conscience sociale, au sens des responsabilités et au leadership, contribue puissamment à la création de conditions favorables à la croissance économique, au développement et au bien-être des collectivités.

Ces types de rapports entre système d'éducation et système économique se rencontrent partout, ce qui ne veut pas dire que tel rapport particulier ne puisse être plus marqué ici que là. Négligeant délibérément ces variations, l'analyse qui suit essaiera d'examiner la nature de ces relations, les illustrations concrètes étant choisies là où des données statistiques pertinentes sont disponibles et en particulier au Québec. Même si elles n'épuisent pas la problématique, nous avons choisi d'articuler cette analyse autour des quatre propositions suivantes :

1) C'est du système économique, par l'intermédiaire de l'État, que le système d'éducation tire l'essentiel de ses ressources, lesquelles, après la croissance phénoménale des années 1960-1970, tendent à plafonner ;

2) Les bénéfices que le système d'éducation rapporte à la collectivité nationale compensent souvent très largement pour ce qu'il coûte ;

3) L'output principal du système d'éducation constitue l'input principal du système économique, l'adéquation entre ces deux variables étant quasiment la quadrature d'un cercle ;

4) Le système d'éducation constitue l'un des facteurs les plus importants de la croissance économique et du développement.

Les dépenses d'éducation

Dans le domaine de l'éducation, comme partout ailleurs, les ressources financières sont l'une des conditions indispensables de l'action. Évidemment, ces ressources utilisées pour l'action éducative sont une partie de la richesse créée par les agents du système économique. Il a été noté par ailleurs l'émergence au niveau du monde entier de la reconnaissance du droit à l'éducation pour tous. Or, pour reprendre le mot de Daniel Haag, «plus une population consomme de l'éducation, plus elle en veut[9]». La demande sociale d'éducation, en langage systémique, pourrait ainsi être vue comme une «demande qui alimente sa propre demande par une rétroaction positive», ce qui expliquerait le développement «explosif» qu'ont connu les systèmes scolaires et conséquemment les dépenses d'éducation.

Quelques données chiffrées illustrent cette évolution (voir tableau 1). On constate que les dépenses publiques d'éducation, entre 1960 et la fin des années 1970, ont été multipliées par 7 pour l'ensemble mondial, cette croissance ayant été encore plus forte dans les pays sous-développés où elles se sont multipliées par plus de 10.

Tableau 1 : Les dépenses publiques en éducation dans le monde, en $ US et en % du PNB, 1960-1976

Régions	1960		1970		1976	
	Millions	%	Millions	%	Millions	%
Monde[1]	51 195	3,8	161 590	5,4	366 208	5,8
Afrique	0 781	2,7	2 335	4,2	7 697	5,0
Amérique du Nord	21 018	3,8	71 529	6,6	125 676	6,2
Amérique latine	1 716	2,2	5 326	3,3	13 654	3,4
Asie[2]	3 794	2,9	15 674	4,3	58 102	5,6
Europe et URSS	23 282	4,2	64 743	5,1	153 747	5,9
Océanie	0 603	3,0	1 984	4,5	7 332	6,3
Pays développés	46 728	4,0	146 462	5,6	318 093	6,0
Pays sous-développés	4 467	2,3	15 128	4,0	48 115	4,8

(1) Excluant l'Afrique du Sud, la Chine, le Kampuchea démocratique, la Corée du Nord, le Laos et le Vietnam.

(2) Excluant la Chine, le Kampuchea démocratique, la Corée du Nord, le Laos et le Vietnam.

Source : UNESCO, Office des statistiques, « Tendances et projections des effectifs scolaires par degré d'enseignement et par âge, 1960-1976 », Paris, 1979, p. 55, cité par D. Haag, *op. cit.*, p. 20.

Il apparaît clair, à l'examen du tableau 1, que les dépenses publiques d'éducation ont grugé une partie de plus en plus importante des richesses créées, représentées ici par les PNB des régions. Ainsi, au niveau de l'ensemble mondial, en 1976, 5,8% du PNB était consacré aux dépenses publiques d'éducation contre 5,4% en 1970 et seulement 3,8% en 1960. Même si les pays sous-développés accusent encore en 1976 un large déficit par rapport aux pays développés (4,8% de leur PNB contre 6% pour ces derniers), on notera cependant que leur effort relatif entre 1960 et 1976 a été plus considérable.

En ce qui concerne le Québec, l'effort consenti par la collectivité pour l'éducation a été considérable. On sait qu'avant 1960, suivant le système de financement en vigueur, la part des revenus provenant des sources locales surpassait de beaucoup celle des subventions gouvernementales, ce qui aboutissait à des disparités quant à l'offre des services éducatifs. Néanmoins, des calculs effectués montrent qu'au total les dépenses publiques brutes dans le domaine de l'éducation s'élevaient à

119 000 000$ soit 20,9% du budget total de 569 000 000$ du gouvernement du Québec[10]. En 1977-1978, les dépenses du ministère de l'Éducation du Québec se chiffraient à un peu plus de 3,5 milliards, soit 30,6%
de l'ensemble des dépenses du gouvernement du Québec et 6,9% du produit intérieur brut (PIB). Le tableau 2 donne l'évolution des dépenses
publiques d'éducation au Québec depuis le début des années 1960.

**Tableau 2 : Évolution des dépenses de fonctionnement et d'immobilisa-
tion par niveaux d'enseignement au Québec, 1964-65 à 1978-79 en
milliers de $**

Niveau	1964-65	1967-68	1973-74	1978-79[1]
Maternelle, primaire et secondaire :				
Fonctionnement	495 000	830 000	1 628 509	2 887 700
Immobilisation	144 886	150 564	246 452	164 288
Total :	639 886	980 564	1 874 961	3 051 988
Collégial :				
Fonctionnement	—	15 581	180 000	428 422
Immobilisation	—	—	63 667	33 676
Total :	—	15 581	243 667	462 098
Universitaire :				
Fonctionnement	75 400	142 600	333 265	875 807
Immobilisation	43 200	44 700	32 130	53 942
Total :	118 600	187 300	369 395	929 749
Éducation des adultes :				
Fonctionnement	2 243	19 973	58 721	117 550
Immobilisation	—	—	—	—
Total :	2 243	19 973	58 721	117 550
Ensemble :				
Fonctionnement	572 643	1 008 154	2 200 495	4 309 479
Immobilisation	188 086	195 264	342 249	251 906
Total :	760 729	1 203 418	2 542 744	4 561 385

(1) Les chiffres rapportés dans la dernière colonne sont supérieurs aux seules dépenses
subventionnées. De fait, les dépenses du ministère de l'Éducation du Québec pour
1978/79 et 1979/80 ont été respectivement de 3 527,6, de 3 744,8 et de 3 977,1 millions
de dollars.
Source : Jusqu'en 1973/74, Groupe Économie de l'éducation, MEQ, OCDE, *Revue des politiques d'éducation*, rapport du Québec, mars 1975 et *L'éducation au Québec*, Statistiques de l'éducation, ministère de l'Éducation
du Québec, 1978/79 et 1979/80.

Cet effort financier a donné depuis quelques années certains signes d'essoufflement. Quoiqu'elles soient passées à près de 4 milliards en 1979/80, les dépenses publiques d'éducation ne représentaient en effet plus que 25,9% du budget total du gouvernement du Québec et 6,3% du PIB. Et depuis le début des années 1980, le système scolaire québécois dans son ensemble et l'enseignement universitaire en particulier, est confronté au problème des « restrictions budgétaires », que les responsables gouvernementaux attribuent à la crise économique.

Il semble bien que cette situation ne soit pas spécifique au Québec. Si l'on en croit les experts de l'UNESCO (voir tableau 3), l'élasticité des dépenses publiques d'éducation par rapport au PNB est quasiment égale à 1 au niveau de l'ensemble mondial, ce qui signifie que la portion de la richesse *consacrée à l'éducation* tend à être constante.

Tableau 3 : Élasticité des dépenses publiques d'éducation par rapport au PNB, 1960-1975

Régions	1960-65	1965-70	1970-75
Monde	1,98	1,48	1,04
Afrique	1,80	1,77	1,26
Amérique latine	2,09	1,38	1,79
Asie	1,75	1,04	1,22
Pays développés	1,90	1,46	1,01

Source : UNESCO, Office des statistiques. « Tendances et projections des effectifs scolaires par degré d'enseignement et par âge, 1960-1975 », Paris, 1978, cité par D. Haag, *op. cit.*, p. 21.

D'aucuns tirent parti de ces observations pour affirmer que « l'effort financier consenti à l'éducation semble avoir atteint un palier difficile à dépasser[11] ». D'autres, en termes plus imagés, parlent de la nécessité où se trouveraient divers ministères, et notamment le ministère de l'Éducation, de dégraisser[12] ». Dans tous les cas, au-delà des termes utilisés, on sent le recul de l'idéal « éducation : un droit pour tous », accompagné de la montée d'une certaine tendance à opposer l'éducation, devenue presque un luxe, aux sérieuses et dures réalités de la vie économique.

Ce n'est certainement pas le lieu d'ouvrir un débat sur ce que doit être la part de l'éducation dans l'ensemble de la production d'un pays ou d'une région. Ainsi posé, un tel problème n'aurait d'ailleurs pas de réponse. Nous voulons dire que c'est dans le contexte concret de chaque pays et de chaque époque et en fonction des priorités définies et acceptées par chaque collectivité nationale qu'on peut déterminer quel pourcentage de produit national doit être affecté aux dépenses éducatives. De manière paradoxale, l'élément solide et grossier dans ce domaine n'est pas tant les montants dépensés que les priorités ou le projet de société qu'ils sont censés traduire. Dans cette perspective et dans un contexte de « crise économique », il est bon de rappeler que l'éducation est un bien socio-économique important et que les sommes qui lui sont consacrées peuvent en retour générer des bénéfices supérieurs pour la collectivité.

La rentabilité sociale de l'éducation

À l'instar d'un investissement effectué dans n'importe quel secteur d'activité, on se pose la question à savoir si les dépenses consenties par une collectivité pour l'éducation peuvent être payantes. C'est la problématique de la rentabilité sociale de l'éducation qui est sensiblement la même que celle du capital humain pour l'individu, dont l'analyse a été présentée au chapitre précédent. Bien évidemment, la collectivité représente une réalité globale différente de la somme des individus qui la constituent. Ainsi il serait faux de penser que le bénéfice de l'éducation pour une collectivité est la somme des avantages perçus par les individus du fait de leur scolarité. En effet, outre les avantages que les individus tirent de leur éducation, il y a tous les effets que la formation de ces individus entraîne pour leur entourage. Il y a donc des influences réciproques qui jouent entre les individus, dont la société est le lieu et le bénéficiaire et dont il faudra tenir compte pour l'établissement de la rentabilité sociale de l'éducation. Somme toute, comme pour la rentabilité privée, il s'agit de bien identifier, d'évaluer et de comparer les coûts et les bénéfices qu'entraîne l'éducation pour la collectivité.

Les coûts de l'éducation pour la collectivité

Ils se définissent par toutes les sommes engagées par la société, à un moment donné, pour l'ensemble du système d'éducation. L'évaluation des coûts collectifs de l'éducation tiendra compte d'une part de l'ensemble des coûts directs et indirects supportés par les individus et leurs familles et d'autre part de tous les coûts financés par les gouvernements (provincial et fédéral), les collectivités locales (municipalités) et d'autres sources (fondations et donateurs privés).

Nous avons souligné précédemment l'accroissement phénoménal des dépenses publiques d'éducation au Québec entre le début des années 1960 et la fin des années 1970. Pour l'année 1979-1980, le budget du ministère de l'Éducation du Québec totalisait environ quatre milliards de dollars auxquels il faudrait ajouter toutes les dépenses en matière d'éducation effectuées par les particuliers et par le secteur privé en général.

Mais ces dépenses sont encore plus élevées si l'on ajoute *le coût d'opportunité*, représenté par les salaires qu'auraient gagné les étudiants s'ils avaient été sur le marché du travail au lieu de poursuivre leurs études.

Dans la perspective d'une évaluation de la rentabilité de l'éducation pour la collectivité, on comprend la logique sous-jacente à l'inclusion du coût d'opportunité dans le coût global de l'éducation. On doit souligner cependant qu'il est difficile de calculer ce manque à gagner. Tout d'abord, tous ceux qui poursuivent leurs études trouveraient-ils du travail s'ils n'étaient pas étudiants? En second lieu, quel serait leur taux de rémunération s'ils étaient absorbés par le marché du travail? On comprend pourquoi les statistiques financières officielles de l'éducation ne donnent aucune indication relativement au coût d'opportunité. Pourtant la plupart des chercheurs reconnaissent qu'il s'agit d'un élément important. T.W. Schultz par exemple a calculé que « dans le cas des USA de 1956 ce manque à gagner représentait environ 60% du coût total de l'enseignement secondaire et de l'enseignement supérieur [13] ».

À titre purement indicatif, les données figurant au tableau 4, même périmées, fournissent un ordre de grandeur du poids relatif du manque à gagner dans le coût social de l'éducation qui, comme on le voit, est variable selon les structures économiques et le degré de développement des pays.

Les bénéfices sociaux de l'éducation

Plus encore que les coûts, l'évaluation des bénéfices de l'éducation pour la collectivité pose de sérieux problèmes à l'analyste. En effet, outre les effets monétaires procurés par l'éducation, représentés par les revenus financiers touchés par les individus et leurs familles, auxquels s'ajoutent les bénéfices financiers perçus par la collectivité sous forme d'accroissement du revenu national et des recettes fiscales principalement, il y a encore toute la série d'avantages non monétaires que tire la collectivité de l'éducation de ses membres. Ces avantages portent sur les satisfactions de nature psychologique et sociale des éduqués et sur des éléments comme la stabilité politique et sociale du pays. Or ces éléments font partie du bien-être de la collectivité et constituent des conditions primordiales de l'activité économique. Comme le souligne justement André Page, « un surcroît d'éducation, même inégalement réparti entre les individus, peut affecter l'ensemble des comportements sociaux, modifier les projets collectifs et les moyens de les réaliser, de sorte que pour la collectivité dans son ensemble, l'éducation est génératrice de revenus indirects à côté des revenus directs [14] ».

Tableau 4: Coûts unitaires sociaux par année scolaire, par niveau d'enseignement et par pays, 1956 (en $ US)

Pays	Primaire Directs	Manque à gagner	Secondaire Directs	Manque à gagner	Supérieur Directs	Manque à gagner	Revenu national par tête
États-Unis	582	31	670	1 112	2 128	3 692	2 361
Mexique	33	44	167	273	298	550	374
Venezuela	120		360	1 500	1 500	3 600	776
Colombie	56	11	149	233	1 004	1 119	320
Chili	102		151	298	810	767	365
Grande-Bretagne	167		483	1 269	2 690	2 137	1 660
Israël	86		229	697	1 444	766	704
Inde	14	14	69	89	240	214	73
Malaisie	111		212	133	1 441	349	280
Corée du Sud	58		141	321	318	517	146
Nigéria	25	28	182	266	2 520	966	75
Ghana	25	11	157	260	2 991	958	233
Kenya	22		271	210	3 682	1 100	111
Ouganda	25		358	266	2 898	1 515	84
Nouvelle-Zélande	241		551	1 025	1 717	1 748	1 931

Source : Tiré de G. Psacharopoulos, cité par J. Hallack, *À qui profite l'école?*, Presses universitaires de France, Paris, 1974, p. 20.

En ce qui concerne les revenus directs, c'est la méthode des différentiels de revenus qui est encore appliquée, suivant laquelle, à des différences marquées entre niveaux d'éducation correspondent des différences de revenus, ces revenus étant mis en balance avec les coûts de l'éducation. Une différence toutefois, c'est que dans l'analyse de la rentabilité sociale de l'éducation on tient compte du revenu brut (y compris les impôts), puisqu'il s'agit de toute manière de revenus allant à la collectivité. Les faiblesses qui ont été relevées au chapitre précédent quant à la rentabilité privée de l'éducation sont applicables ici ; elle réfèrent essentiellement à l'hypothèse qui impute à l'éducation les différentiels de revenus observés entre les individus de niveaux différents d'éducation.

Les revenus indirects ne constituent pas des sommes d'argent visiblement perçues par un individu ou par la collectivité, mais tous les avantages que l'éducation d'un individu apporte en termes d'amélioration de la situation économique générale des autres individus ou de la collectivité toute entière. La notion « d'économie ou de déséconomie externes » peut être mise ici à contribution : un investisseur s'implantant dans une région déjà dotée d'un solide réseau d'infrastructures ne perçoit aucun revenu direct et pourtant il est avantagé par rapport au pionnier qui va localiser son activité dans une zone non encore développée. Le premier bénéficie des effets d'entraînement résultant des implantations déjà existantes, contrairement au second. Lorsque le niveau de formation d'une collectivité s'élève, il se produit comme un effet de boule de neige en ce qui concerne aussi bien le sens civique des individus que leur sens des responsabilités vis-à-vis la communauté.

Normalement, les individus éduqués constituent des éléments actifs au sein de la collectivité; de façon parfois bénévole, ils seront enclins à s'impliquer dans l'organisation d'activités socio-culturelles au bénéfice de la communauté. De même, dans un système de démocratie libérale, l'éducation joue un rôle majeur, conditionnant dans une certaine mesure l'efficacité et le bon fonctionnement du système. Mais il faut souligner ici que l'éducation, en formant la conscience critique des bénéficiaires, peut constituer un puissant levier de changement pour la société. C'est là un facteur positif si les classes dirigeantes sont suffisamment ouvertes aux idées et aux désirs de changement exprimés. On voit tout de suite le revers de la médaille: dans une société fermée, où les classes dirigeantes sont réfractaires aux innovations, l'éducation devient une cause de frustration, susceptible d'être à l'origine de troubles sociaux et politiques.

Cela dit, les recherches effectuées montrent que, globalement et à tous les niveaux, l'éducation est rentable pour la collectivité et, comme on le verra plus loin, reste un levier important de la croissance économique et du bien-être de la société en général (voir tableaux 5 et 6 ci-dessous).

Tableau 5 : Taux de rentabilité sociale par niveau d'éducation dans quelques pays, en %

Pays	Années	Primaire	Secondaire	Supérieur
États-Unis	1959	17,8	14,0	9,7
Canada	1961		11,7	14,0
Mexique	1963	25,0	17,0	23,0
Brésil	1962	10,7	17,2	14,5
Colombie	1966	40,0	24,0	8,0
Grande-Bretagne	1956		3,6	8,2
Norvège	1966		7,2	5,4
Pays-Bas	1965		6,8	6,0
Inde	1960	20,2	16,7	12,7
Japon	1961		5,0	6,0
Philippines	1964	8,0	21,0	11,0
Ghana	1967	18,0	13,0	16,5
Kenya	1968	21,7	22,9	8,8
Nouvelle-Zélande	1966		19,4	13,2

Source: G. Psacharopoulos, cité par J. Hallack, *op. cit.*, p. 57.

Tableau 6 : Rentabilité de l'éducation au plan social, par niveau d'instruction et par type de pays, en %

Types de pays	Primaire	Secondaire	Supérieur
En développement [1]	27,0	16,0	13,0
Intermédiaire [2]	16,0	14,0	10,0
Avancé [3]	(*)	10,0	9,0

(1) Notamment Brésil, Chili, Colombie, Ghana, Kenya, Inde, Philippines.
(2) Notamment Espagne, Grèce, Iran, Israël, Turquie, Yougoslavie.
(3) Entre autres Australie, Belgique, Canada, États-Unis, France, Grande-Bretagne, Pays-Bas, Norvège, Nouvelle-Zélande.
(*) Impossible à calculer, du fait de l'absence de groupe-témoin de personnes non scolarisées.
Source : D'après G. Psacharopoulos, « Returns to Education : An Updated International Comparison », *Comparative Education Review*, octobre 1981.

Mais, si ces données montrent bien la rentabilité de l'éducation pour la société, il faut reconnaître en même temps que cet élément majeur du patrimoine collectif des nations, ce capital incorporé à la population active, n'est pas toujours pleinement mis en valeur. Cela nous amène à examiner les interrelations entre système d'éducation et marché du travail.

Système d'éducation et marché du travail

Comme il a déjà été souligné, l'output du système d'éducation constite un des plus importants inputs du système économique : la main-d'oeuvre. Devant le phénomène du chômage qui atteint désormais des personnes instruites, des observateurs et analystes de plus en plus nombreux diagnostiquent une certaine inadéquation entre la formation dispensée par le premier et les besoins du second. De là à affirmer que le système économique devrait dicter ses activités et ses initiatives en matière de développement au système d'éducation, il n'y a qu'un pas que d'aucuns franchissent allègrement. Il y a donc lieu de s'interroger quant à la réalité de l'influence du marché du travail sur le système d'éducation et aux problèmes de l'intégration des produits du système d'éducation au marché du travail.

Influence du marché du travail sur le système d'éducation

L'étude des effets exercés par le marché du travail sur le système d'éducation implique d'examiner dans quelle mesure l'évolution des structures socio-économiques a entraîné des transformations dans le système d'enseignement. Si l'on tient les modifications structurelles de l'emploi comme un critère pertinent de cette évolution des structures économiques, on peut dire que tous les pays industriels avancés ont, à quelques nuances près, connu le même cheminement.

En se référant aux trois secteurs classiques définissant la structure des économies, on observe en effet que l'évolution des économies industrialisées a été marquée par un déclin net du secteur primaire (agriculture, pêche, mines, etc.) au bénéfice du secteur secondaire (industries manufacturières, construction) et du secteur tertiaire (services, commerce, transport, finances), la croissance du secteur tertiaire étant dans ce mouvement la plus rapide. Parallèllement à cette évolution surgissent d'autres phénomènes non moins importants, par exemple l'intensification capitalistique du processus de production, la division accélérée du travail, la disparition ou la transformation de certaines branches d'activités et l'émergence tout aussi régulière de nouvelles.

Le Québec a connu une évolution semblable à celle décrite plus haut. Ainsi selon Statistique Canada, l'emploi par secteur se répartissait comme suit en 1980 : 4,7% pour le secteur primaire, 27,3% pour le secondaire et 68% pour le secteur tertiaire, alors qu'en 1967 ces pourcentages respectivement pour les trois secteurs étaient de 8,4, 33,0 et 58,6. Il y a lieu de souligner le déclin simultané des secteurs primaire et secondaire, phénomène qualifié de «tertialisation» de l'économie québécoise et que certains analystes considèrent comme inquiétant [15].

Indépendamment du jugement qu'on peut porter sur cette évolution, il faut reconnaître qu'elle a marqué l'évolution du système d'enseignement. Nous avons déjà souligné ailleurs que le passage d'un système d'enseignement élitiste à un système ouvert (démocratisation) est une conséquence directe de l'industrialisation et de la transformation des structures économiques, avec les effets que l'on connaît sur l'élévation du niveau général de scolarité. Jusqu'à un certain point, «l'institutionnalisation de l'éducation continue des adultes à l'université [16]», quel que soit le nom qu'on lui donne, est un résultat de cette évolution.

Une autre manière d'appréhender les effets des modifications des structures économiques sur le système d'enseignement est d'examiner l'évolution des programmes d'enseignement et de recherche des universités et des institutions d'enseignement professionnel, ou l'évolution des diplômés par domaine d'études. Sans crainte de se tromper, on peut dire que les transformations de la structure de la production, au Québec comme ailleurs, ont eu une forte incidence sur la structure occupationnelle et en même temps sur le système d'enseignement.

Ainsi, notait Rémi Savard, de 1924 à 1956, avec les nouveaux débouchés créés par l'industrialisation au Québec, les disciplines traditionnellement en honneur, comme les carrières légales ou la médecine, ont connu un déclin relatif au profit de nouvelles branches, comme les sciences pures et les sciences humaines. Pour leur part, G. Daoust ses collègues observent que « si l'on considère la réponse du système d'éducation dans son ensemble aux indications du marché du travail, on constate que les occupations dont le développement est présumément le plus rapide sont d'abord des occupations tertiaires [17] ».

Des données plus récentes analysées par W. Clark et Z. Zsigmond pour l'ensemble du Canada et par provinces confirment la tertialisation de la formation dispensée par les universités et les collèges [18]. Toutefois, au-delà de la correspondance globale observée entre la double évolution des systèmes économique et scolaire, subsistent des problèmes « par rapport à l'équilibre entre l'offre et la demande de travail » illustrés par le chômage et qui peuvent être examinés « dans leur relation à l'éducation [19] ».

Intégration du système d'éducation au marché du travail

Les mécanismes d'intégration du système d'éducation au marché du travail au Québec, comme dans la plupart des pays occidentaux, reposent sur la loi de l'offre et de la demande, respectant le « principe du libre choix » sur lequel est basé le fonctionnement des institutions d'enseignement supérieur ou professionnel. Dans les pays de l'Est, cette intégration est assurée par la planification basée sur « le principe de la main-d'oeuvre » qui consiste essentiellement à « organiser tout le système d'éducation en fonction de la satisfaction des besoins prévus de la production traduits en termes de demande d'éduqués selon l'objectif du plan central [20] ».

Ce n'est pas le lieu ici de discuter du bien-fondé ou de l'efficacité de l'un ou l'autre de ces mécanismes. Sur cet aspect de la question, le lecteur intéressé pourra se référer entre autres à l'excellent article de Howard R. Bowen sur « L'université et les besoins en main-d'oeuvre » [21]. Il nous semble par contre important de nous arrêter au problème du chômage lui-même et à l'impact de l'éducation sur ce phénomène.

En effet, le problème du chômage au Québec a toujours été d'une acuité particulière. Les statistiques officielles montrent que « les taux de chômage dans le Québec, pour la période allant de 1945 à 1969, ont été supérieurs de 30,2% à ceux du Canada [22] » et il ne semble pas que la situation ait changé depuis. Or manifestement, ce sont particulièrement les jeunes de 15 à 24 ans qui sont les plus victimes de ce mal. Certes, alors

Analyse sociale de l'éducation

que ces jeunes représentent autour de 27% de la population de 15 ans et plus, leur part dans l'ensemble des chômeurs du Québec frise les 50% (47,2% en 1977, 49,2% en 1976). Le tableau suivant illustrera encore mieux notre propos.

Tableau 7 : Taux de chômage selon l'âge, Québec, 1977

Groupes d'âges	Taux
15 — 24 ans	17,8
25 ans et plus	7,5
25 — 35 ans	9,0
36 — 44 ans	6,8
45 — 54 ans	6,4
55 — 64 ans	7,4
65 ans et plus	*
Tous âges	10,3

* Estimation trop faible pour être publiée.

Source : Statistique Canada, *La population active*, décembre 1977, cat. 70-001.

Avec la récession que connaît de nos jours l'économie, même ceux qui ont fait des études ne seraient pas épargnés, de sorte qu'on entend de plus en plus souvent exprimer l'opinion que nos établissements d'enseignement ne seraient plus bons qu'à fabriquer des chômeurs instruits. Certains vont même jusqu'à prétendre que l'inadéquation de la formation serait à l'origine d'une bonne partie du chômage de la jeunesse instruite.

On peut difficilement contester le fait que plus personne, quel que soit son niveau de scolarité, n'est à l'abri *absolu* du chômage. Mais on peut aussi difficilement nier le fait que ceux qui ont fait le plus d'études sont ceux qui sont les moins affectés par le phénomène du chômage. Contrairement à un préjugé qui tend à se répandre, la formation universitaire continue d'être le meilleur bouclier contre le chômage, comme il se dégage du tableau suivant.

Comme on peut le voir, le taux de chômage chez les détenteurs d'un diplôme universitaire est plus de deux fois moindre (4,3%) que dans la population active totale (10,3%). Quant à soutenir qu'une mauvaise formation explique le chômage même partiel des jeunes, cette assertion ne tient tout simplement pas compte du fait pourtant évident que ceux qui réussissent à se placer, soit la majorité, — quels que soient leur domaine

Tableau 8: Taux de chômage selon l'âge et le niveau de scolarité, Québec, 1977, en %

Niveau de scolarité	15-24 ans	25 et plus	Tous âges
0 à 8 années	25,7	9,5	10,6
Études secondaires partielles ou complètes	18,9	7,8	11,9
Études post-secondaires partielles	16,5	6,9	11,4
Diplôme universitaire	*	3,6	4,3
Ensemble	17,8	7,5	10,3

* Estimation trop faible pour être publiée.

Source: Statistique Canada, cité par Michel Girard *et al.*, *Les jeunes Québécois et le travail*, OPDQ, Québec, 1978, p. 48.

d'activité ou leur discipline — proviennent du même système d'éducation et ont reçu la même formation que les chômeurs malchanceux.

Il faut le souligner avec force: le système d'éducation n'est pour rien dans les déboires du système économique en général et dans le problème du chômage des jeunes en particulier, sur lesquels il n'a aucune prise. Et le fait qu'un pourcentage appréciable de diplômés d'études supérieures travaillent en dehors de leur spécialisation ne doit pas être interprété comme une lacune du système de formation. D'après Clark et Zsigmond, des emplois n'ayant aucun rapport avec le domaine d'études ont été relevés en 1978 au Canada pour 52 domaines d'études: le plus faible pourcentage de cas (3%) se trouvait chez les diplômés du programme collégial court de sciences infirmières et le pourcentage le plus élevé était enregistré chez les bacheliers en sciences sociales (41%). Dans l'ensemble, la moyenne s'établissait à 17%, les diplômés des collèges étant moins nombreux (11%) que les diplômés des universités (19%) à exercer un emploi sans rapport avec leurs études[23].

Cela dit, personne ne peut mettre en doute la nécessité pour n'importe quel système d'éducation de tenir compte, dans l'établissement de ses programmes d'enseignement, des réalités et des exigences du marché du travail. Mais cela ne doit signifier en aucun cas que l'éducation soit mise étroitement à la remorque de l'économie. Ce serait d'ailleurs extrêmement difficile, pour ne pas dire injustifiable, dans le contexte du Québec ou du Canada, quand on sait que l'horizon temporel de la formation d'un professionnel universitaire est très long (20-25 ans), alors que les variations cycliques des économies rendent quasi impossibles toutes prévisions sérieuses même à moyen terme (au-delà de 5 ans)[24]. Ainsi, tout en tenant compte des réalités et des exigences du système économique, au sujet desquelles il fera de son mieux pour informer les étudiants, le système d'éducation, même à ses niveaux supérieurs, doit continuer à viser non seulement à donner une profession aux étudiants, mais à leur dispenser une formation large et polyvalente qui leur permette de faire face plus efficacement aux aléas des conjonctures économiques. Cette dernière réflexion n'est pas sans rapport avec la question des effets du système d'éducation sur la croissance économique et le développement que nous allons maintenant aborder.

Éducation, croissance économique et développement

En traitant des aspects micro-économiques de l'éducation, au chapitre précédent, il a été souligné que l'éducation agit sur la productivité et sur les gains des individus. Nous avons également montré que les bénéfices découlant de l'éducation débordent largement le cadre des individus et de leurs familles pour atteindre l'ensemble de la collectivité. En bonifiant le travail humain, par l'amélioration des connaissances et des techniques en matière d'organisation et de production, en entraînant des transformations dans les mentalités, les attitudes et comportements sociaux, l'éducation est reconnue de façon unanime comme étant un facteur majeur de la croissance économique et du développement. Ainsi, écrit A. Page, «qu'elle joue un rôle moteur ou de simple accompagnement dans le développement économique, l'éducation est certainement capable d'un apport positif dans ce processus complexe (...)[25]». Nous présenterons brièvement les éléments caractéristiques de deux méthodes qui se sont préoccupées de l'impact de l'éducation sur la croissance économique et le développement.

La méthode globale

L'idée de base sous-jacente à cette méthode est que toute élévation du niveau de scolarisation entraîne une hausse de la productivité et des revenus des bénéficiaires de l'éducation et qu'en conséquence les dépenses engagées dans l'éducation peuvent être des facteurs d'accélération du développement économique.

La démarche consiste à choisir un échantillon diversifié de pays et à les classer en deux ou trois groupes selon leur niveau de développement, défini par le PNB par tête; ensuite à calculer séparément les liaisons statistiques entre le niveau de scolarisation primaire, secondaire et supérieure et le niveau de développement, ces calculs devant être effectués sur plusieurs périodes décalées dans le temps pour pouvoir déterminer si les résultats sont significatifs. Les études entreprises sur cette base, élargies par Harbison et Myers[26] par adjonction d'autres indicateurs de développement au critère de scolarisation, aboutissent à la conclusion qu'il y a des associations très significatives entre le développement des ressources humaines et le développement économique. À ce propos, il peut être intéressant d'examiner le tableau 9 que nous tirons de leur ouvrage. Il révèle qu'il y a une corrélation nettement positive entre le niveau d'éducation et le stade de développement. Encore que cette conclusion mérite d'être pondérée dans le sens que, si l'éducation influe sur le développement, le développement entraîne à son tour une élévation de l'éducation.

Tableau 9 : Indicateurs du développement et des ressources humaines

Indicateur	Stade 1	Stade 2	Stade 3	Stade 4
1. Indice composé*	3,0	21,0	50,0	115,0
2. PNB par tête (en $)	84	182	380	1 100
3. Pourcentage de la population dans l'agriculture	83,0	65,0	52,0	23,0
4. Enseignants (primaire et secondaire) pour 10 000 habitants	17,0	38,0	53,0	80,0
5. Scientifiques et ingénieurs pour 10 000 habitants	0,6	3,0	25,0	42,0
6. Médecins et dentistes pour 10 000 habitants	0,5	3,0	8,0	15,0
7. Taux de scolarisation primaire	22,0	42,0	62,0	73,0
8. Taux de scolarisation secondaire	2,7	12,0	27,0	59,0
9. Taux de scolarisation supérieure	0,15	1,6	5,0	11,0

* L'indice composé sur la base duquel sont classés les pays par stades de développement, est le taux de scolarité dans le secondaire par rapport à la population entre 15 et 19 ans et le taux de scolarité dans le supérieur par rapport à la population entre 20 et 24 ans.

Source : Harbison et Myers, *op. cit.*, p. 55, cité par J.C. Maunoury, *L'économie du savoir*, p. 331.

La méthode des résidus ou de comptabilité de croissance

Cette méthode est ainsi appelée parce que, préoccupés des sources d'expansion de l'économie nationale, ses auteurs se sont rendu compte que la théorie traditionnelle n'épuisait pas tout le phénomène de la croissance et qu'un résidu important restait inexpliqué. Rappelons que selon cette théorie traditionnelle, la croissance économique est fondamentalement due aux variations quantitatives des deux principaux facteurs de production (le capital et la main-d'oeuvre). Le tableau ci-dessous permet de synthétiser cette théorie traditionnelle et l'apport de la méthode des résidus dans l'explication de la croissance économique.

Tableau 10 : Facteurs de la croissance économique en %

Théorie traditionnelle		Méthode des résidus	
Variation quantitative du capital	18	Variation quantitative du capital	18
Variation quantitative de la main-d'oeuvre	30	Variation quantitative de la main-d'oeuvre	30
Résidu inexpliqué	52	Résidu expliqué par :	
		— Éducation	23
		— Progrès technique	12
		— Amélioration de l'organisation et de la gestion	10
		— Économies d'échelle	7

Source : Données arbitraires. Tableau adapté à partir de Edward F. Denison, *The Sources of Economic Growth in the United States and the Alternatives Before US*, New York, The Committee for Economic Development, 1962.

C'est à E.F. Denison que revient le mérite d'avoir systématisé cette nouvelle théorie de la croissance économique en l'appliquant aux États-Unis pour la période allant de 1909 à 1957.

Ce qu'il est important de retenir, sans aller dans le détail des calculs auxquels l'auteur s'est livré, c'est que, grâce à l'éducation, la qualité moyenne de la main-d'oeuvre américaine s'est accrue de 0,93% par année au cours de cette période. Il en découle, selon Denison, que l'éducation a contribué pour 23% à la croissance des États-Unis, dont le PNB a augmenté en moyenne de 3% par an entre 1929 et 1957. Une étude similaire, menée par G.W. Bertram pour le Canada, montre que pour la même période, le pourcentage du taux de croissance imputable à l'éducation aurait été de 20%. Le tableau suivant résume l'apport de l'éducation à la croissance écnomique des États-Unis et du Canada pour certaines périodes.

Tableau 11 : Contribution de l'éducation à la croissance économique au Canada et aux États-Unis

	Taux de croissance du revenu national imputable à une éducation supérieure des personnes employées	Pourcentage de taux de croissance imputable à l'éducation.
Canada		
1929-1957	0,40	20
1950-1955	0,30	9
1955-1962	0,20	11
1962-1967	0,50	19
États-Unis		
1929-1957		23
1929-1948	0,40	28
1948-1952	0,38	12
1953-1964	0,43	19
1964-1969	0,40	19

Source : Extrait du tableau 2.2 établi à partir de diverses sources par Paul Davenport, *L'éducation universitaire au Québec : une perspective économique*, Université McGill, 1981, p. 13.

Des diverses recherches menées en Amérique du Nord et ailleurs, il se dégage une proposition fondamentale, à savoir que l'éducation est un levier important de la croissance économique. Mais elles prêtent le flanc à un certain nombre de critiques qui constitueront les bases de notre conclusion.

Conclusion

Les études réalisées sur les interrelations entre système d'éducation et système économique ont mis en relief, avec données à l'appui, que l'éducation est un facteur important de l'accroissement du PNB. Mais elles ne se sont pas suffisamment arrêtées à une autre hypothèse tout aussi fondamentale, à savoir que l'éducation est peut-être surtout une conséquence, un effet de la croissance économique.

L'histoire économique des pays industriels avancés et l'expérience récente et actuelle des pays du Tiers-Monde sont là pour démontrer que le deuxième volet du diptyque «éducation cause-conséquence du développement économique» est peut-être plus vrai que le premier. De fait, dans les pays industriels avancés, la démocratisation de l'enseignement ou mieux encore l'expansion des systèmes d'éducation a davantage suivi que précédé la croissance économique. De même, dans les pays du Tiers-Monde, la croissance économique n'a pas suivi les investissements parfois énormes effectués dans le domaine de l'éducation. Et dans ce dernier cas, le désenchantement a été d'autant plus amer que les espoirs placés dans l'éducation comme «clef du développement» étaient élevés. Cette double expérience historique suggère d'une part que l'éducation est seulement un facteur permissif de la croissance économique, c'est-à-dire qu'elle agit avec efficacité seulement si d'autres conditions, relatives entre autres aux structures et au fonctionnement de l'économie, sont réalisées. D'autre part, les relations entre éducation et croissance économique sont à double sens, c'est-à-dire que l'éducation est autant une conséquence qu'une condition de la croissance économique.

En second lieu, il est nécessaire de dépasser le problème étroit des effets de l'éducation sur la croissance, définie comme l'expansion des ressources globales et l'accroissement du PNB par tête. En particulier dans les pays industriels avancés, il semble indispensable que le système d'éducation soit en mesure de jouer son rôle de manière autonome dans la recherche d'un cadre de fonctionnement de l'économie qui permette à l'ensemble des membres de la société de bénéficier équitablement des fruits de la croissance et de développer librement leur potentiel. C'est à cette condition que le système d'éducation, dans le cadre de relations réciproques avec le système économique, quel qu'il soit, pourra devenir un facteur véritable de développement.

Cette dernière idée ne préjuge pas que les rapports entre système d'éducation et système économique puissent échapper à l'idéologie et au système de valeurs dominantes à un moment donné dans une société. Elle suggère au contraire que l'éducation est un enjeu important et le système d'éducation le lieu de confrontations et de luttes pour le contrôle de ce dernier.

Cinquième partie :
L'ÉDUCATION ET LA POLITIQUE

11
L'éducation et le système politique

Raymond Laliberté

Ce texte est introductif à plus d'un titre. S'adressant avant tout à des lecteurs qui n'ont en général jamais eu quelque contact que ce soit avec l'analyse politique de l'éducation, il vise essentiellement à tenter de leur faire comprendre cinq grandes généralisations susceptibles de resituer l'école au coeur même de la politique.

1) L'école ne flotte pas dans un espace social libre de toute relation avec les régimes économique et politique environnants. Elle est au contraire fortement orientée par eux et ne peut pas, quoi qu'elle fasse, s'y soustraire ;

2) S'il en est ainsi, c'est que l'école a un rôle très précis à jouer dans la société, celui de transmettre aux générations captives d'étudiants qu'elle reçoit une façon particulière de voir le monde, qu'on appelle l'idéologie ;

3) Cette idéologie est elle-même en relation directe avec les régimes économique et politique dominants dans la société où se trouve l'école ;

4) Vue sous cet angle, l'école est non seulement politique, mais encore ne peut-elle être autrement que politique, quelles que soient par ailleurs les méthodes que l'on y pratique ;

5) Aussi est-elle un lieu où se joue la politique, aussi bien qu'une institution à propos de laquelle les groupes politiques s'affrontent.

C'est par le moyen d'enchaînements déductifs successifs que nous tenterons d'en arriver à ces grandes propositions. Nous utiliserons pour ce faire un langage précis, celui de l'analyse politique, apte à traduire les réalités pédagogiques auxquelles les lecteurs sont habitués, en faits proprement politiques et qui prennent, ce faisant, un relief tout différent. Ainsi l'éducation devient-elle socialisation politique, la formation intellectuelle devient-elle inculcation idéologique, le principal d'école, un gouvernement local, et ainsi de suite.

Aussi, la forme de démonstration déductive que nous utilisons dans ce texte nous amène-t-elle à suggérer aux lecteurs, contrairement à certaines autres qui s'y prêtent plus volontiers, de ne pas procéder par touches choisies dans un ordre qui ne respecterait pas celui-ci; ils risqueraient de s'y perdre et rateraient peut-être l'essentiel de notre projet : initier à une connaissance de base de l'école comme réalité politique profonde.

Nous leur suggérons néanmoins de jeter un regard attentif aux seize propositions-synthèses apparaissant à la fin du texte et de s'en servir, après une première lecture extensive, comme guide détaillé des démonstrations cumulatives ici faites.

Tout comme nous les renvoyons dès maintenant au lexique des principaux concepts utilisés à la fin du texte, qu'ils devront apprendre à maîtriser. Ils trouveront référence à ce lexique des concepts, la plupart du temps, lorsque le texte lui-même les distinguera par l'italique.

Nous n'avons pas la prétention d'avoir tout dit à propos des relations multiples qu'entretient l'école avec le système politique d'une société telle que la nôtre. Mais nous croyons avoir suffisamment défriché le terrain qu'à leur façon d'autres chapitres de la même partie prépareront davantage.

Les lectures proposées seront soit utiles à un approfondissement de la question soulevée, soit encore suggérées comme exemples de travaux concrets en la matière. On s'y référera avec intérêt au moment de la préparation d'un essai, ou encore en vue de mieux cerner tel problème particulier.

Un mot enfin sur le modèle didactique central de ce texte. Nous parlons partout de régime économique et de régime politique et non pas de l'économique ou du politique en général comme s'il ne s'en trouvait qu'une seule forme globale à travers le monde et à travers l'histoire. Cette question est centrale pour comprendre le texte : nous vivons dans un régime économique particulier et ce n'est pas n'importe lequel. Nous vivons également sous un régime politique particulier et ce n'est pas non plus n'importe lequel. L'école que nous connaissons est orientée par ce régime économique particulier, dirigée selon ce régime politique particulier et elle transmet des orientations idéologiques aptes à soutenir et à maintenir ces régimes et non pas à les transformer. Il faudra donc garder en mémoire cette proposition centrale tout au long de la lecture du texte. L'école n'est pas et ne peut pas être neutre.

La Centrale de l'enseignement du Québec (CEQ) produisait, il y a quelques années, un premier manifeste politique critique de l'école québécoise, sous le titre *L'école au service de la classe dominante*[1], texte qui fit grand bruit dans les cercles intellectuels et universitaires de gauche, de même que chez les éditorialistes qui pour la plupart s'y opposèrent, mais laissa les hommes politiques en apparence indifférents. On y affirmait la partisanerie sociale, économique et politique de l'école québécoise, partisanerie allant dans le sens d'une classe dirigeante capitaliste bourgeoise à la recherche de ses seuls intérêts propres.

Les éditorialistes affirmaient généralement pour leur part l'inexistence d'une telle classe bourgeoise dominante et surtout le caractère indépendant et ouvert que l'on disait retrouver au sein de l'école québécoise. À l'inverse des propos de la CEQ, on affirmait que l'école était un formidable facteur de promotion sociale personnelle pour qui s'en donnait vraiment la peine et que les idéologues de la CEQ se trompaient de pays quand ils prétendaient le contraire.

La Fédération des commissions scolaires catholiques du Québec entreprit sa propre étude de la question et conclut dans le même sens que les éditorialistes, affirmant en outre le caractère particulièrement démocratique des structures de gestion du système scolaire québécois : élection des commissaires et représentation permanente des parents à tous les niveaux de la hiérarchie scolaire.

La Centrale de l'enseignement du Québec (CEQ) récidiva en 1973-1974 avec le rapport d'une équipe chargée pendant deux ans de diffuser le premier manifeste, d'animer, de former, de conscientiser et d'enquêter auprès du plus grand nombre possible d'enseignants membres sur les aspects principaux de la sélection sociale que pratique l'école et de l'idéologie particulière qu'elle y transporte auprès de tous les élèves[2]. On y retrouvait les thèmes et les analyses du premier manifeste, mais cette fois-ci très largement sous forme de rapports d'enquêtes et d'analyses concrètes.

Les éditorialistes et autres commentateurs y allèrent de leurs réponses habituelles, mais toujours, les hommes politiques restèrent relativement cois. Le débat politique entourant l'organisation et l'orientation du système québécois était bien lancé, mais il se confinait au cercle restreint des intellectuels en mal de débats théoriques.

Mon expérience auprès des étudiants de la Faculté des sciences de l'éducation démontrait que ces derniers, fussent-ils déjà enseignants de métier, se fichaient pas mal de ce débat et que de toute façon «la péda-gogie de conscientisation des enfants de travailleurs qui forment la majo-rité des étudiants du réseau public» que leur proposait la CEQ leur pa-raissait ou bien inaccessible, ou bien encore dangereuse.

Le débat demeurait donc entre intellectuels de métier. C'est alors qu'en 1975, la CEQ lança son *Manuel du premier mai*[3], constitué de 42 projets d'activités concrètes d'enseignement dans presque tous les domai-nes et pour tous les niveaux, de la maternelle à l'université. Il fit à proprement parler scandale.

Et cette fois-ci les hommes politiques entrèrent dans la danse : de tous les partis représentés à l'Assemblée nationale du Québec fusèrent les protestations les plus vives. «De quel droit la poignée de marxistes de la CEQ osait-elle introduire dans les classes elles-mêmes, auprès d'étudiants sans défense, une telle idéologie, contraire à celle que doit véhiculer l'école officielle du Québec...».

Le ministre de l'Éducation de l'époque se fit fort de déclarer la guer-re à cette initiative inimaginable :

«Ce qui est extrêmement inquiétant dans ce document, c'est qu'il est à la fois (...) subversif et immoral. Subversif, en ce sens qu'étant donné que le document doit être mis entre les mains des militants de la CEQ, (...) je considère qu'il n'est pas normal, dans une société, que les professeurs s'arrogent le droit de préconiser des théories politiques qui sont manifestement repoussées par l'ensem-ble de cette société (...) Immoral, parce qu'à ce moment-là, nous nous trouvons devant une espèce de bris de contrat tacite qui veut que les enseignants aient le pouvoir de former la jeunesse qu'on leur confie et ce contrat tacite s'inspire des grandes orientations de la société.

Le ministère de l'Éducation considère qu'il y a tout intérêt à ce qu'on sensibilise les enfants des écoles à la situation sociale telle qu'elle existe, mais pas dans l'esprit qui est sous-jacent à chaque page de ce document. Je demande qu'on l'étudie avec bonne foi et qu'on s'interroge à savoir si c'est le genre de société que l'on désire avoir et si voulez confier vos enfants à des enseignants qui préconiseraient cette démarche[4]».

«Certains considèrent qu'il n'y a pas de quoi fouetter un chat. C'est faux, c'est extrêmement grave dans une société. Et dans la mesure d'ailleurs où il y a des éléments raisonnables dans les fiches pédagogiques, ce n'en est qu'encore plus dangereux parce qu'il y a là, comme je l'ai expliqué, le bris d'un contrat tacite par les enseignants qui doivent former des enfants qu'on leur confie, à partir de certaines dimensions qui sont celles de la société, et il y a là une démarche qu'aucun pays au monde, qu'aucun gouvernement ne peut tolérer[5] ».

« On peut déplorer qu'une telle initiative ait été prise, mais je vois mal comment, à ce stade-ci, il serait possible d'envisager ou d'entreprendre des mesures d'ordre disciplinaire. Il revient, bien sûr, à chaque commission scolaire de prendre ses responsabilités en ce domaine. Maintenant, je crois que nous sommes en train, actuellement, de sensibiliser une certaine opinion publique et qu'un bon nombre de gens se sont exprimés à ce sujet[6] ».

« Je pense très certainement qu'étant donné l'action, l'existence d'une action concertée de la part d'un syndicat qui, si j'en juge par les réactions que je recueille, ne semble pas rencontrer l'unanimité au Québec, les comités d'école et les comités de parents seraient particulièrement bien placés pour se faire entendre.

Il faut que notre société s'interroge et s'interroge sérieusement sur l'orientation qu'il convient de donner (à l'école). Mais si nous réagissons devant une situation comme celle-là qui ne concerne qu'une minorité, de façon excessive, je crois qu'à ce moment-là nous faisons le jeu d'une certaine stratégie révolutionnaire[7] ».

Le ministre de l'Éducation d'alors était fort clairvoyant, vous en conviendrez avec moi dans les pages qui suivent. Et si j'ai longuement introduit la petite histoire de ce *Manuel du premier mai*, puis longuement cité les propos du ministre, c'est qu'ils présentent à peu près tout ce dont il sera analytiquement question dans ce texte.

Alors, l'école est donc politique ?

Alors, quand j'enseigne la lecture en première année, les mathématiques en cinquième, la physique en secondaire III, les sciences de la santé au CEGEP, ou encore la psychologie à l'université, je ferais donc de la politique ? Voyons, vous voyez bien que le ministre avait raison et que seule la propagande marxiste de la CEQ est partisane. Moi c'est le développement personnel du « s'éduquant » qui m'intéresse, l'aide que je peux lui apporter dans son apprentissage individuel, l'amélioration de ses conditions de vie, l'éveil de sa créativité si petite soit-elle, l'instruction scientifique, la formation à acquérir, la connaissance objective ; au mieux, lui apprendre à être heureux dans la vie et dans le cosmos, l'aider à sortir de son ignorance, ou de son ghetto ; pas faire de la politique.

D'ailleurs la politique n'a pas sa place à l'école, les hommes politiques non plus, ni les propagandistes de tout acabit. L'école, c'est l'école; c'est neutre et ça doit le demeurer! Voyons voir.

Pourquoi le ministre traite-t-il le document de subversif? Parce qu'il est susceptible de pénétrer concrètement dans les classes, comme tout livre autorisé par le ministère; parce que les théories qu'il contient sont l'oeuvre de professeurs et non de producteurs officiels ou professionnels de manuels; mais parce que surtout, ces théories politiques ne sont pas celles de «l'ensemble de la société», «l'esprit sous-jacent à chaque page de ce manuel» n'est pas celui avec lequel le ministère veut que l'on «sensibilise les enfants des écoles à la situation sociale telle qu'elle existe», «le genre de société» que suppose le manuel n'est pas celui que l'on désire avoir, «l'orientation qu'il convient de donner à l'école» n'est pas celle préconisée par la Centrale de l'enseignement du Québec (CEQ).

L'école aurait donc une orientation politique précise et pas n'importe laquelle; elle refléterait et préparerait à un genre particulier de société; elle sensibiliserait les enfants à voir une situation sociale donnée selon un certain esprit; elle existerait en vertu de théories politiques acceptées par la société, mais encore une fois, pas n'importe lesquelles, puisque celles transmises par le manuel de la CEQ ne conviennent pas au ministère.

Peut-on encore affirmer après ça que l'école est neutre politiquement et socialement? Sûrement pas, puisque le ministre parle d'un document «subversif», c'est-à-dire selon les dictionnaires courants, qui vise à «renverser, à détruire l'ordre établi, qui est susceptible de menacer les valeurs reçues». Si l'on est susceptible de renverser «l'ordre établi», c'est qu'il y en a un; si l'on menace «les valeurs reçues», c'est qu'il existe des valeurs particulières et qu'on les reçoit de quelque part.

En termes d'analyse politique, tout ce domaine est celui dit de *l'idéologie*. Ce que le ministre affirme et que confirment les documents de la CEQ, c'est que *l'école fonctionne selon une certaine idéologie*, pas n'importe laquelle et *qu'une idéologie adverse est inadmissible à l'école*. Non seulement l'école ne serait donc pas neutre, mais elle ne serait pas pluraliste non plus. C'est-à-dire qu'elle ne transmettrait pas plusieurs idéologies sociales, mais une seule, ou en tout cas, si elle en proposait plusieurs, aucune ne devrait être adverse à une centrale en particulier: cette idéologie centrale de l'école, on l'appelle justement *l'idéologie dominante*, c'est-à-dire celle qui l'emporte sur toutes les autres.

Mais revenons au ministre. Il se scandalise des théories politiques du *Manuel du premier mai* non seulement en soi, mais parce qu'elles sont susceptibles d'atteindre tous les enseignants par le biais des «militants de la CEQ». Tant que la CEQ produisait pour son propre compte seulement ses analyses politiques de l'école québécoise, d'autres idéologues applaudissaient ou rispostaient, mais le ministère ne bougeait pas. C'est quand ces analyses rejoignent les enseignants qu'elles deviennent subversives, nous dit le ministre; surtout qu'il y a «des éléments raisonnables dans les fiches pédagogiques et ce n'en est qu'encore plus dangereux».

Autrement dit, tant que les idéologies adverses demeurent inefficaces, on peut toujours les tolérer dans une société libérale, ou en tout cas nier leurs fondements et leur opposer d'autres idéologies, que l'on affirme plus réalistes, plus conformes «à la situation sociale telle qu'elle existe»; c'est là le champ des luttes idéologiques théoriques. Mais sitôt que de telles idéologies adverses risquent de devenir concrètement efficaces, il faut les combattre. Un moyen généralement privilégié par les hommes politiques est justement de les déclarer subversives, ce qui autorise toutes les interventions politiques fondamentales éventuelles: répression disciplinaire et morale aussi bien que policière.

C'est ainsi qu'au moment de la crise d'octobre 1970 au Québec, le ministère de l'Éducation nomma un commissaire-enquêteur chargé de vérifier les accusations de pratique idéologique felquiste, péquiste ou communiste chez les enseignants du Québec; qu'un département d'éducation de l'Université de Montréal était depuis plusieurs années aux prises avec un vigoureux conflit idéologique qui s'est traduit par des non-renouvellements de contrats d'enseignement; et ainsi de suite pour le Québec. Dans le cas qui nous sert de données de base jusqu'ici, le ministre avoua son impuissance à «réglementer les consciences», mais n'en rappela pas moins aux commissions scolaires qu'il leur revenait «de prendre leurs responsabilités en ce domaine». Il misa quant à lui sur «une certaine opinion publique», surtout celle «des comités d'école et des comités de parents» qu'il appela plusieurs fois à intervenir et qu'il opposait chaque fois à «l'action concertée de la part d'un syndicat», prenant soin toujours de ne pas réagir «de façon excessive», ce qui selon lui aurait fait «le jeu d'une certaine stratégie révolutionnaire».

Il faut donc en conclure que les enseignants n'ont pas toute liberté de manoeuvre sur le plan idéologique; qu'il est une idéologie dominante qu'ils doivent transporter et des idéologies adverses qu'ils doivent réprimer. C'est à cette fin justement que les manuels scolaires sont approuvés par le ministère de l'Éducation et les comités catholique et protestant du Conseil supérieur de l'éducation, que les programmes sont issus des mêmes sources et que les objectifs de l'éducation publique sont déterminés par les *appareils politiques* eux-mêmes.

N'entre pas à l'école publique qui veut, n'y pénètre pas d'emblée toute idéologie que l'on puisse concevoir. Il existe un filtre central qui fut longtemps au Québec la hiérarchie catholique et qui est devenu, depuis la création du ministère de l'Éducation en 1963-1964, le *gouvernement régnant. C'est le contrôleur de l'inculcation idéologique centrale*, c'est le maître d'oeuvre de *la reproduction idéologique dominante.*

Revenons encore une fois aux propos du ministre. Non seulement, déclara-t-il, le manuel était subversif, mais encore l'action projetée par la Centrale de l'enseignement du Québec était-elle immorale. « Immorale parce qu'à ce moment-là, nous nous trouvons devant une espèce de *bris de contrat tacite qui* veut que les enseignants aient le pouvoir de former la jeunesse qu'on leur confie et ce contrat tacite s'inspire des grandes orientations de la société » (...) Les enseignants doivent former des enfants qu'on leur confie, à partir de certaines dimensions qui sont celles de la société, et il y a (dans le projet de la CEQ) une démarche qu'aucun pays au monde, qu'aucun gouvernement ne peut tolérer (...) Si j'en juge par les réactions que je recueille, (l'action concertée de ce syndicat) ne semble pas rencontrer l'unanimité au Québec, (...) elle ne concerne qu'une minorité ».

Immorale donc, parce qu'elle serait minoritaire, en même temps que révolutionnaire, alors que les orientations de l'école s'inspireraient des *grandes orientations de la société.* On fait ici appel à une règle fondamentale de toute *démocratie parlementaire, la règle de la majorité* ; les minorités n'ont qu'à s'incliner.

Mais on fait aussi appel par la même occasion à une règle d'or de toute idéologie dominante, « les grandes orientations de la société », *la société toute entière*, prise comme un tout *homogène* et que viennent perturber les minorités. L'idéologie dominante est toujours présentée comme *reflétant parfaitement le bien commun* de la société toute entière. Ainsi, les adversaires de cette idéologie dominante sont-ils des révolutionnaires, « qu'aucun pays au monde, qu'aucun gouvernement ne peut tolérer ». Ils sont toujours présentés comme une poignée *d'ennemis du bien commun*, comme des *séditieux.*

En démocratie libérale, la société est présentée comme homogène ; c'est le résultat de la mise en commun de tous les besoins et de toutes les volontés en un rassemblement mixte que l'on appelle le bien commun. Le tout est constitué de la somme des parties ; les parties ce sont les millions d'individus ; le tout c'est la société, *indivise* et *universelle.* Il n'y a pas de place dans ce *schéma idéologique*, pour les tendances *d'intérêts*, pour les *groupes* d'orientation et encore bien moins, il va sans dire, pour les *classes sociales.* L'on passe directement des individus à l'ensemble de la société. Aussi les *groupes d'intérêts* sont-ils toujours plus ou moins suspects : les groupes sont égoïstes, la société du bien commun est toujours juste et équitable. C'est « le peuple », « la population », « l'opinion publique», toujours au singulier général; «les citoyens» «les contribuables», «les parents», «les enfants», «les enseignants», toujours au pluriel uniforme; «la société», «l'école», «l'État», «l'université», toujours au neutre homogène.

Et qui interprète les besoins et les volontés de cette société indivise du bien commun? L'État il va sans dire; c'est-à-dire, en *démocratie parlementaire* de type britannique (la nôtre) : le *gouvernement* et ses propres *appareils administratifs* internes; en théocratie, le gouvernement de Dieu en ligne directe; en dictature, le gouvernement de quelques-uns; en monarchie, le gouvernement du Roi; en structures hiérarchiques diverses, le chef; dans le champ des connaissances, celui qui fait autorité; dans un rapport de forces, le plus puissant; à l'école locale, le principal; en classe, l'enseignant; dans une commission scolaire, le Conseil des commissaires; dans le système d'éducation du Québec, le ministère et ses hauts fonctionnaires. En somme, celui qui détient le plus de *pouvoir*: puissance, autorité, force, connaissance, fonction, etc.

Le bien commun est donc la *norme générale*, celle qui s'impose à tous, par la force ou la persuasion. Et l'interprète du bien commun est donc le détenteur du *pouvoir*.

C'est avec ce bien commun-là, c'est-à-dire, pour reprendre nos propos du début, avec cette idéologie dominante-là que l'on impose comme *norme générale*, que les enseignants ont ce «contrat tacite» dont parle le ministre et dont il est *immoral* de dévier. Et c'est ce détenteur de pouvoir-là, ce gouvernement, qui en est *le seul interprète légitime*; encore une fois, dans l'ordre hiérarchique du système scolaire québécois, le Conseil des ministres, le ministère de l'Éducation, le Conseil des commissaires, la direction de l'école, l'enseignant dans sa classe.

Ce sont eux, chacun à son niveau propre, les *définiteurs de normes*, les interprètes éclairés du bien commun, les *gouvernements légitimes*. L'école est donc on ne peut plus politique, que vous le vouliez ou non.

Instrumentons-nous un peu

Quittons le ministère et ses propros clairvoyants. Il nous ont l'un et l'autre été suffisamment utiles jusqu'ici. Et ajoutons un peu de rigueur à ce que nous avons introduit en désordre et que nous reprendrons maintenant de façon plus méthodique.

Nous avons en fait, en prenant un tas de raccourcis méthodologiques et en puisant à pleines mains dans des résultats de démonstraions déjà faites par d'autres, à partir de certains concepts et d'une certaine grille théorique, analysé les propos du ministre de la façon que je vous présenterai maintenant[8].

Nous avons en tout premier lieu parlé d'idéologie. C'est que le cas pris comme exemple se situait à ce niveau même des luttes entre groupes sociaux adverses au sein de la société québécoise. Il ne faut d'ailleurs pas s'en surprendre, puisque l'un des rôles premiers de l'école, à travers son contenu comme à travers son fonctionnement, se situe d'emblée à ce carrefour idéologique des luttes sociales. Nous y reviendrons plus tard.

Mais qu'est-ce donc qu'une idéologie? Il serait relativement facile mais peu utile de recenser maintenant une bonne dizaine de définitions distinctes de l'idéologie, qui parfois se voisineraient et parfois se contrediraient l'une l'autre[9].

C'est que, pour faire un jeu de mots qui traduit quand même sa large part de vérité, chaque définition de l'idéologie est elle-même fortement teintée d'idéologie.

Au fond, en simplifiant à l'extrême, une idéologie est une façon de voir, de comprendre et d'expliquer le monde qui nous entoure à partir d'un certain nombre de croyances reliées les unes aux autres en un tout cohérant capable de situer la catégorie sociale à laquelle on appartient, les autres catégories sociales qui nous sont associées ou adverses, de même que les rapports de soutien ou de conflit entre tous ces groupes. Lorsqu'elle concerne l'ensemble de la société et touche les orientations générales de la culture de cette société, elle fournit en outre habituellement une certaine explication du passé, propose une certaine façon de se comporter dans le présent et de préparer le futur. C'est une certaine philosophie de vie, cependant *centrée sur les rapports sociaux* plutôt que sur la vie personnelle.

L'idéologie dominante en Amérique du Nord nie par exemple l'existence de classes sociales dont l'une, la bourgeoisie, serait dominante. L'idéologie nationaliste dominante au Québec met l'accent sur l'existence d'une nation québécoise francophone homogène dominée par une nation canadienne anglophone dont il faut politiquement se départager; et ainsi de suite.

Ma prétention ici c'est que l'école, c'est-à-dire l'ensemble du réseau institué d'enseignement, a comme fonction sociale de transmettre une certaine idéologie sociale spécifique. C'est ce que j'ai voulu démontrer dans la section précédente.

Mais pourquoi en est-il ainsi? Est-ce un caprice de notre système d'enseignement, ou est-ce toujours ainsi dans tous les pays sous tous les régimes politiques? C'est évidemment le deuxième élément de cette alternative qui est vrai[10]. Nous tenterons maintenant d'en faire la démonstration théorique à l'aide des instruments spécialisés de l'analyse politique.

Je pense que vous admettrez sans peine que toute société moderne fonctionne selon un certain régime économique particulier: étatique ou libéral, capitaliste ou socialiste, etc. Ce régime économique repose sur une certaine façon de concevoir et d'organiser la propriété des entreprises de production, de transformation, de distribution et de services, la propriété et la gestion des moyens de production, la structure des relations entre ceux qui contrôlent et ceux qui exécutent le travail de production. Or ce régime économique ne fonctionne pas dans l'abstrait; la propriété, la gestion et le contrôle des entreprises économiques sont entre les mains d'une catégorie sociale particulière, sous tous les régimes. Ce qui donne comme résultat non seulement des biens que l'on consomme, mais aussi des avantages particuliers directement issus de cette propriété, de cette gestion et de ce contrôle. Le fait donc d'avoir tel régime économique plutôt que tel autre n'est pas du tout indifférent à ceux qui bénéficient de ces avantages spécifiques.

Sous tous les régimes, ces grands contrôleurs de l'économie d'une société chercheront à maintenir les avantages qu'ils retirent de ce régime particulier. Comment peuvent-ils y parvenir? En contrôlant d'aussi près les structures de direction de la société politique qu'ils le font pour la société économique.

Car sous tous les régimes modernes la collectivité se donne un mode particulier d'autorité, un gouvernement quelconque, dont le rôle central est de décider au nom de la collectivité de ce qui doit être (les législations, les règlements et les politiques) et de ce qui doit ne pas être (les interdits, les jugements et les sanctions qui en résultent). Ce domaine est celui du politique comme le précédent était celui de l'économie.

Je définis le champ couvert par le politique comme incluant trois grands domaines directement reliés entre eux: le processus conflictuel de définition, puis d'adoption d'orientations générales posées comme communes à tous les membres de la société; la mise en place et le maintien du support d'autorité apte à traduire ces orientations générales en objectifs, en politiques, en actions et en décisions; et finalement, ce qui est une caractéristique unique au politique, le pouvoir d'imposer le tout comme obligatoire aussitôt que décrété par la gouverne instituée. Il est aussi évident ici que ce l'était plus haut pour l'économique, que plusieurs régimes politiques existent et ont historiquement existé à travers le monde: la monarchie et la république, l'aristocratie directe, la monocratie et l'oligarchie, l'empire et la commune, etc.

Or, pour revenir à notre thème précédent, est-il concevable qu'un régime politique particulier soit en contradiction fondamentale permanente avec le régime économique en place dans une société donnée? Vous conviendrez aisément, j'imagine, qu'une telle situation aboutirait à un blocage social complet et que cette société serait ingouvernable, tant sur le plan économique que sur le plan politique. Essayez d'imaginer par

exemple un régime économique capitaliste de libre échange sous un
régime politique de démocratie directe; la contradiction serait telle entre
le contrôle économique de quelques-uns et le contrôle politique direct de
tous les citoyens, que l'un devrait tôt ou tard céder le pas à l'autre. Autrement ce serait la crise permanente et la stagnation sociale la plus complète.

Selon l'exemple précédent, ou bien le contrôle politique direct de
tous les citoyens l'emporterait sur les objectifs du fonctionnement
économique contrôlé par quelques-uns et ce serait la révolution; c'est-à-
dire que les objectifs économiques finiraient par être concrètement
définis par les contrôleurs politiques, les avantages deviendraient finalement tournés vers l'ensemble des citoyens, ce qui ferait ultimement
disparaître et la structure de base dudit régime économique et la catégorie
économique dirigeante elle-même. Ou bien encore l'inverse se produirait
et ce serait la contre-révolution; c'est-à-dire que les objectifs politiques
finiraient par être concrètement définis en fonction du maintien des
caractéristiques de fond du régime économique capitaliste et ce serait le
régime politique lui-même qui disparaîtrait.

C'est ce que savent depuis longtemps ceux qui contrôlent l'économie
et c'est pourquoi ils s'assurent d'un régime politique qui conviennne
tout à fait, au moins à moyen terme, avec les structures, les objectifs et le
mode de fonctionnement du régime économique qu'ils gèrent. En ce
sens, le régime politique d'une société vise à maintenir et à développer, de
façon harmonieuse et fonctionnelle, un certain régime économique
particulier.

Quand il y a blocage entre les deux régimes naît un rapport de forces
fondamental, se produisent une série de heurts majeurs et il en résulte le
pouvoir hégémonique de l'un sur l'autre: l'économie capitaliste qui l'emporte sur le régime socialiste d'Allende avec le coup d'État de Pinochet;
la dictature étatique d'URSS qui l'emporte sur le régime bourgeois avec
la révolution de 1917.

L'idéal de fonctionnement pour toute classe dirigeante, c'est donc
que les deux régimes aillent spontanément dans la même direction. Et
c'est ici qu'intervient le plus fondamentalement le domaine de l'idéologique. Mais pour en expliquer la raison d'être, il nous faut revenir au
préalable aux particularités du politique. Je disais que ce qui dans toutes
les sociétés était unique au politique, c'était de pouvoir rendre
obligatoires les objectifs, les actions et les décisions des organes
directeurs de cette société. Dans le jargon de l'analyse politique que
j'utilise, nous appelons cette capacité le *pouvoir de contraindre*.

On peut imaginer de toutes petites collectivités où ce pouvoir de contraindre est réduit à sa plus stricte expression: le consensus, l'entente na-

turelle. Mais même dans ce cas, quand le consensus est atteint, l'entente réalisée, les actions et décisions qui faisaient l'objet de la discussion deviennent exécutoires; elles doivent être produites, sinon la décision n'a plus de sens. On peut donc affirmer que même dans les toutes petites collectivités, sur les questions les plus simples, quand une décision est arrêtée, elle s'impose d'emblée aux membres de la collectivité.

Ceci est d'autant plus spontané que les actions et décisions découlent naturellement d'objectifs qui font déjà l'objet d'entente entre les membres de la collectivité. Et ces derniers font d'autant plus l'objet d'entente que les grandes orientations de la collectivité sont elles aussi bien arrêtées et acceptées. Ces grandes orientations découlent de la philosophie de vie sociale dont je parlais plus haut, de l'idéologie centrale de la collectivité : liberté, égalité, fraternité de la révolution démocratique française; liberté d'entreprise, individualisme et promotion sociale aux États-Unis; renversement de domination de classe, socialisme, puis communisme intégral de la dictature prolétarienne, etc.

Quand ces grandes orientations, quand cette idéologie centrale va pour ainsi dire de soi, les agents, les institutions et les structures sociales fonctionnent également de soi, dans l'harmonie la meilleure. Il y a homogénéité sociale; les comportements s'y déroulent sans heurts majeurs. Mais sitôt que se développent des choix à faire, des options à prendre, des intérêts particuliers à défendre, naît l'opposition et se met en branle le processus de contrainte autoritaire. Car la caractéristique centrale de la *gouverne politique* c'est justement d'imposer une option parmi plusieurs, telle solution plutôt que telle autre, tels objectifs spécifiques, telles orientations particulières, telle idéologie donnée. Le gouvernement, tout gouvernement, dispose à cette fin propre du *monopole exclusif de la contrainte par la force* : physique, matérielle, administrative, judiciaire, policière, militaire; monopole du savoir, de la technique, du poste détenu, etc. C'est ce que l'on appelle la *coercition*, la contrainte coercitive, que les adversaires appellent la *répression* et les supporteurs la *justice*.

On voit bien, dans ce contexte, que *la persuasion*, l'harmonie, le consensus, sont plus idéalisés dans une société que la coercition; l'homogénéité, plus que le conflit; l'unanimité, plus que le pluralisme. On dit d'ailleurs d'une société qu'elle est *civilisée* quand les éléments fondamentaux de sa *culture politique* propre sont bien assimilés et respectés; d'une société civilisée qu'elle a d'autant moins besoin de police, qu'elle est suffisamment bien policée.

L'idéal social de fonctionnement c'est donc que tel régime économique particulier, que vise à maintenir tel régime politique associé, soit vu idéologiquement comme allant de soi, ou à tout le moins comme étant le meilleur. Et que les régimes économiques et politiques adverses soient en même temps vus idéologiquement comme étant mauvais et même dangereux. Le rôle social fondamental de l'idéologie centrale dans ce contexte c'est donc d'imposer, par la persuasion, une vision spécifique favorable au régime économique et politique en place et défavorable aux régimes adverses. Et donc d'imposer par la même occasion une vision spécifique favorable au mode dominant de distribution des avantages particuliers issus de tel régime économique donné.

L'idéologie est donc aussi importante pour les contrôleurs de l'économie que le régime politique lui-même. Fonctionnellement, plus l'idéologie dominante civilise la société, moins on aura besoin de faire appel à la contrainte coercitive de l'État.

Or, quels sont les appareils ou les institutions les plus aptes dans une société à civiliser ainsi les membres de la collectivité ? Tous ceux qui agissent directement sur la *culture politique* de la société : l'Église, la presse, les bibliothèques et musées, mais aussi, bien sûr, la famille et, évidemment, l'école[11]. On dit alors de l'école qu'elle est une *agence de socialisation politique*.

Mais de toutes ces agences de socialisation politique, que l'on appelle aussi *d'inculcation idéologique*, il en est deux seulement qui rejoignent à un moment ou l'autre, directement, l'ensemble des membres de la société : ce sont la famille et l'école, la famille créant des « habitus » en très bas âge qu'elle surveille et renforce pendant une période relativement longue et l'école prenant la relève assez tôt tout en intervenant pour une période de plus en plus prolongée. Il faut noter d'ailleurs que les autres agences *d'enculturation* sont souvent intégrées à la famille et à l'école et prennent à leur tour la relève de ces dernières.

Mais de ces deux agences premières de socialisation, il en est une seule qui soit *homogène socialement* et dont on peut directement orienter les objectifs, les projets, les décisions et les actions; c'est évidemment l'école en tant que réseau institutionnel de formation, ce que l'on appelle le système d'éducation[12]. Aussi est-il possible d'affirmer, dans les sociétés modernes, que l'école est devenue la principale agence de socialisation politique collective de la société[13].

Faut-il se surprendre dans ce contexte que l'État accorde une si grande importance à l'école dans ses programmes d'intervention et qu'il surveille de si près la forme d'inculcation idéologique qui y est produite ? Surtout dans une période où des oppositions fondamentales se manifestent au sein de la société.

Aussi l'école est-elle l'objet *d'enjeux politiques* : qui contrôle l'école contrôle l'inculcation idéologique dominante de la société[14].

Nous avons de beaux exemples de ce phénomène dans l'histoire politique du Québec. La tentative de l'Institution royale britanique de 1801, la querelle entourant le contrôle des subsides en 1836-1837, la création des commissions scolaires en 1845, les diverses tentatives de création d'un ministère de l'Instruction publique entre 1867 et 1875, l'inexistence d'un enseignement secondaire public jusqu'en 1929, la gratuité de l'enseignement secondaire public à partir de 1960 seulement, la création du ministère de l'Éducation du Québec en 1963-1964, les débats entourant l'existence et le financement des écoles privées depuis 1968-1969, la résurgence du contenu confessionnel des écoles, sont tous des moments qu'il vaudrait la peine d'analyser sous l'angle d'enjeux politiques de contrôle de l'inculcation idéologique [15].

Il apparaît par ailleurs normal que ces enjeux entourant le contrôle direct de l'école comme agence de socialisation politique, au bénéfice du régime politique associé à un certain régime économique particulier, ne se manifestent pas toujours en toute limpidité. Les conflits y seraient souvent trop vifs, mais surtout les *forces en présence* y seraient trop clairement identifiées : classe sociale dominante d'une part, classes sociales dominées de l'autre [16].

Aussi est-ce le propre de toute idéologie de se présenter sous le jour le plus favorable ; ce sera au nom du bien commun, de la volonté générale, du peuple en démocratie, du salut éternel en théocratie, du bonheur matériel, de la joie intrinsèque de connaître, de la préhension du cosmos, ou de tout autre nirvâna, de préférence spiritualiste, qu'elle s'imposera le plus souvent. L'idéal veut en somme que soient camouflés, occultés, transcendés les principaux rapports de forces qu'elle sous-tend : la société organique dans le corporatisme, la nation dans le nationalisme, la communauté des saints dans le catholicisme, parce que supérieures à chacun des groupes égoïstes d'intérêts qu'elles dépassent en magnitude, servent ainsi à canaliser les affrontements et à *légitimer* l'ordre établi. L'école joue ici encore un rôle particulièrement important, surtout en ses strates intellectuelles hiérarchiques supérieures : elle contribue directement à définir et à maintenir, à créer et à adapter, de façon constamment raffinée, les idéologies fonctionnelles dont l'ordre établi a besoin pour se maintenir. L'université joue alors, avec l'ensemble des intellectuels associés, un rôle de toute première importance ; et elle le joue d'autant mieux qu'elle se donne comme neutre, comme désintéressée, comme libérale.

Mais l'école joue encore d'autres rôles sociaux de toute première importance pour l'analyse politique. Sélectionnant et orientant les clientèles très largement captives qu'elle reçoit et forme (comme d'autres chapitres en feront la démonstration) en fonction de rôles spécifiques et de statuts diversifiés au sein de la société moderne, elle contribue ainsi à la production d'un partage particulier des pouvoirs au sein de cette société. Dans la mesure où cette production de partage des pouvoirs est en conformité avec ce qui existe déjà sous les régimes économiques et politiques dominants, elle *reproduit* cette même hiérarchisation sociale. Fonctionnellement, l'État voit à ce que l'école reproduise et ne produise pas de partages adverses; c'est la garantie qu'il se donne en subordonnant le système scolaire à sa propre autorité.

L'État moderne occidental est cependant beaucoup plus complexe qu'il ne le fut jamais dans l'histoire politique des pays occidentaux. Les rouages de son fonctionnement, en se multipliant et en se spécialisant, ont donné naissance à des réseaux d'intervention de plus en plus complexes, dont la trame centrale est aujourd'hui principalement constituée de *groupes d'intervention politique*: groupes de pression, groupes d'intérêts, associations volontaires, corps intermédiaires, mais aussi partis et mouvements politiques, mouvements idéologiques de diverses catégories et ainsi de suite. On les appelle, dans le langage des sciences politiques, des *agents politiques*, et ils ont pris la place très largement laissée vacante par la masse des citoyens, dont continue pourtant de se réclamer la démocratie parlementaire.

Or l'école sélectionne aussi et hiérarchise donc en fonction de ces statuts politiques privilégiés que donne l'accès au membership, puis à la direction de ces groupes d'intervention politique. En ce sens précis, l'école produit et reproduit les principaux agents politiques de la société, y compris dans une large mesure les *personnels politiques* eux-mêmes.

Sous tous ces aspects, le système scolaire du Québec est profondément politique. Il n'est ni plus ni moins qu'un des *appareils spécialisés* de la gouverne politique.

L'école est aussi une communauté politique

Le système scolaire du Québec, en tant qu'appareil spécialisé de la société politique, est structuré en multiples réseaux reliés les uns aux autres par un même sommet pyramidal, le ministère de l'Éducation.

Ces réseaux sont ou bien à structure verticale, sous l'angle de la décentralisation — déconcentration et du partage des pouvoirs qui en découle entre strates administratives distinctes; ou bien à structure horizontale, sous l'angle du parallélisme linguistique, confessionnel, de même que public-privé; ou bien encore à structure fonctionnelle, sous l'angle des niveaux successifs de spécialisation professionnelle. En ce sens, le système scolaire québécois est fort complexe et chacun de ces angles mériterait une analyse particulière.

Qu'il nous suffise pour l'instant de souligner que ce n'est pas dans cette multiplicité de réseaux que le système scolaire se révèle le plus comme *communauté politique*. Nous employons ici l'expression en référence

à ce que nous avons dit de la société politique globale. Le système scolaire pris comme un tout est une communauté politique, subordonnée
mais quand même relativement autonome, en ce triple sens : a) qu'il
poursuit des objectifs politiques généraux dominants, ce dont nous avons
longuement parlé précédemment ; b) mais surtout, qu'il détient le contrôle de deux grands réseaux spécialisés de contrainte (monopole de la
force et enculturation interne), ceux-là même qui sont l'apanage des appareils politiques ; c) qu'il a suffisamment d'autorité pour traduire et imposer ces objectifs en actions et décisions rendues obligatoires pour tous
les membres de cette communauté scolaire [17]. Des analyses de ce type
pourraient prendre pour objet, par exemple, la fréquentation scolaire
obligatoire, l'assignation géographique des étudiants à une école de quartier, ou encore le croisement des fréquentations scolaires géographiques
(le « bussing » américain), mais aussi l'âge minimum d'entrée, l'ancienne
école de réforme, le renvoi de l'école, le retour conditionnel et ainsi de
suite, pour la contrainte physique ; l'impact de la compétition scolaire, le
mode des classements statistiques infaillibles, les examens et ainsi de
suite, pour l'enculturation interne ; la hiérarchisation des administrations
successives, les lois et règlements de tous les paliers du réseau, pour le
support d'autorité. Toutes ces questions relèvent de l'autorité proprement politique, fractionnée et donc multipliée, que l'on retrouve aisément dans le système scolaire.

En somme, en tant qu'institution, l'école est une petite société politique. Aussi est-il normal d'y trouver un domaine idéologique qui lui soit
propre, de même qu'un domaine économique. C'est-à-dire qu'elle produit, socialise et sélectionne non seulement en fonction de l'ensemble de
la société, mais également en fonction de son propre ensemble de rôles et
de statuts internes ; qu'elle compte ses propres agents et organismes d'intervention interne et qu'elle est d'autant l'objet d'enjeux politiques particuliers. Une comparaison, par exemple, entre enseignants vivant depuis
l'âge de six ans dans le système scolaire sans en être pratiquement jamais
sortis et enseignants issus d'autres sources professionnelles, serait à cet
égard utile à une connaissance plus approfondie de l'idéologie particulière qui est véhiculée dans le système. Ainsi que toute la gamme des
questions directement reliées aux phénomènes de participation — contestation, ou encore celles ayant trait au contenu des enseignements économiques, au partage des ressources, etc.

Il en est de même, à un niveau de moins en moins complexe, de l'institution politique qu'est la commission scolaire, de l'institution politique
comme emplacement scolaire particulier, de l'institution politique comme classe donnée d'enseignement ; chacun de ces trois niveaux peut être à
son tour analysé sous l'angle d'une communauté politique.

Le jeu politique et les quatre grandes fonctions de la gouverne

Nous avons l'habitude de voir *la politique* comme ayant trait à la seule recherche du pouvoir de gouverner les appareils étatiques de la société : Assemblée nationale et Conseil des ministres. Ce raccourci habituel n'est pas faux dans la mesure où le pouvoir étatique prend effectivement de plus en plus d'ampleur dans les sociétés que nous connaissons. Mais il laisse en plan ces autres niveaux tout aussi politiques et dont nous venons de parler sous l'appellation de communautés politiques.

Où se situe par exemple le pouvoir de gouverner dans une classe et comment s'exerce-t-il ? Est-ce la même situation que l'on rencontre dans le cas d'une classe dite coopérative ? Où se situe le gouvernement dans une école ? Est-ce la même chose quand le principal est choisi par et parmi le corps professoral de l'école ? Qui détient le contrôle de la gouverne dans une commission scolaire : les hauts fonctionnaires, les parents, le président, le directeur général, l'exécutif, ou l'ensemble des commissaires ?

S'en tenir au raccourci que je rappelais tout à l'heure serait trop peu nuancé pour répondre adéquatement à des questions comme celles que je viens de poser. Mais nous pouvons y parvenir en utilisant à nouveau les instruments de l'analyse politique. En fait, ce que l'on appelle le pouvoir gouvernemental, le pouvoir étatique, est plus complexe que ne le laisse entendre l'expression.

Les analystes politiques, depuis Montesquieu, parlent des trois pouvoirs de l'État : l'exécutif, le judiciaire et le législatif ; c'est-à-dire grosso modo, l'administration, l'adjudication et la législation. Mais des théories plus récentes ont fait ressortir l'importance d'en reconnaître plutôt quatre : l'*administratif*, le *gouvernemental*, le *judiciaire* et le *législatif*[18], l'administratif et le gouvernemental tenant lieu de l'ancien exécutif. Ce qui nous importe ici ce n'est pas le nombre de fonctions en tant que tel, mais le fait fort important que le *pouvoir* gouvernemental soit devenu concrètement plus puissant que la fonction dont se réclame tout régime de démocratie parlementaire, la *fonction législative*.

Démêlons-ça un peu. Les citoyens élisent non pas un gouvernement, mais des députés ; ces derniers votent les lois qui nous régissent tous. Ils sont nos représentants, donc nous vivons en démocratie parlementaire, dit l'idéologie officielle. Mais ce ne sont pas, ce ne sont plus, depuis fort longtemps, les députés qui préparent les projets de loi ; ce sont des hauts fonctionnaires, sous la direction du Conseil des ministres. Quand le projet de loi est adopté par ce dernier, il est présenté aux députés, nos représentants, qui alors en disposent à la majorité. Jusque-là pas de problème, la majorité de nos représentants joue toujours.

C'est la même majorité qui a déterminé le choix du parti gouverne-mental dans un régime comme le nôtre. Déjà, le parti gouvernemental ne jouera plus que d'une seule tendance; les diverses oppositions n'auront plus rien à dire dans la préparation des projets de loi. Et comme en outre le Conseil des ministres est assuré, par ce que l'on appelle la discipline du parti, de la majorité parlementaire, les oppositions joueront surtout un rôle publicitaire et n'auront guère voix au chapitre dans le domaine dit primordial de la législation[19]. Et s'envole alors le prétendu pluralisme parlementaire. C'est le Conseil des ministres qui contrôle la préparation et l'adoption des projets de loi[20], même si le parti gouvernemental n'a re-cueilli que la minorité la plus importante des voix des citoyens et même parfois la minorité la plus importante seulement des sièges de députés.

C'est ce que l'on appelle la dictature de la majorité, qui se transforme parfois en dictature de la plus grosse minorité et qui devient concrètement, dans la plupart des partis, le pouvoir du seul Conseil des ministres. Aussi est-il faux de dire du Conseil des ministres qu'il est l'Exécutif de l'Assemblée nationale. Il n'exécute pas, il dirige et contrôle.

La délégation successive des pouvoirs procède donc, dans un régime comme le nôtre, comme suit : des citoyens aux députés; de la majorité parlementaire au Conseil des ministres qui, lui, contrôle ensuite et la législation et l'administration et l'adjudication par le choix des juges et l'adoption des lois contraignantes.

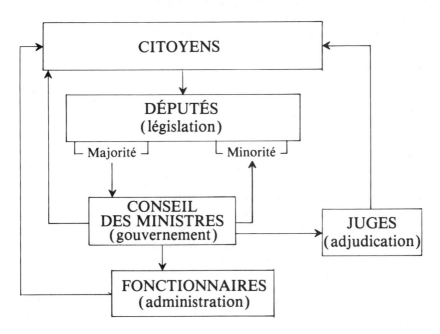

C'est cette priorité de la fonction gouvernementale que les analystes veulent faire ressortir en la distinguant de la fonction administrative. Il reste néanmoins que dans un régime qui n'est pas à parti unique, les oppositions parlementaires ont une tribune privilégiée de propagande et qu'elles peuvent mettre le parti gouvernemental sur la défensive, le forcer parfois à recourir à des élections et ainsi à rendre compte de son mandat dans un contexte de lutte où la réalité est le plus susceptible d'être mise à jour. C'est sans doute, fondamentalement, le principal mérite du pluralisme parlementaire : révéler la réalité des conflits par le développement d'enjeux politiques particuliers.

De même la fonction judiciaire, quand elle n'est pas servile, force-t-elle le parti gouvernemental à respecter les lois fondamentales du pays, ou à les transformer au vu et au su des citoyens. De même la fonction administrative, quand elle est alerte, peut-elle proposer de meilleures politiques, humaniser l'administration des lois et règlements, aussi bien qu'elle peut, en certaines circonstances de crise, bloquer ou même renverser le gouvernement par un coup d'État interne [21].

Aussi bien, même si l'État domine et même si le parti gouvernemental exerce la fonction la plus puissante, il reste que les trois autres fonctions sont susceptibles de jouer, au minimum un rôle d'éclaireur, de promoteur d'enjeux politiques qui contribuent d'autant à une démocratisation du jeu politique. C'est en raison de cette diversité réelle des fonctions étatiques que les historiens politiques analysent entre autres l'évolution et le développement de la démocratie de représentation : plus les fonctions sont distinctes les unes des autres et aptes à évoluer de façon relativement autonome face à la suprématie du parti gouvernemental et moins la démocratie sera monolithique.

Mais l'inverse est également vrai : moins les fonctions sont spécialisées et relativement autonomes et plus la gouverne sera autoritaire. La dictature comme forme de régime ne se mesure pas tant à l'intervention bloquée des citoyens, qu'à la centralisation des quatre fonctions étatiques et à leur contrôle monolithique par les soins de quelques-uns seulement. Ainsi la gouverne d'un professeur autoritaire en sa classe unifie-t-elle volontiers les fonctions législative et gouvernementale (adoption de politiques et de règles de fonctionnement et de conduite), centralise-t-elle sous la même autorité la fonction judiciaire (évaluation, jugement, sanction), de même que la fonction administrative (application des règles et surveillance). En ce sens, l'autorité de ce professeur en sa classe est dictatoriale.

Il en est de même pour chacune des communautés politiques dans la sphère propre qui lui est réservée. Aussi l'accès des agents politiques au pouvoir de contraindre, au moins à l'une des quatre fonctions de la gouverne, si possible à la plus puissante et encore mieux à toutes les quatre, est-il en fait l'objet constant d'enjeux politiques virulents. Car c'est par lui que l'on acquiert *l'autorité politique* et que l'on est dans la même mesure en position de contrôler l'inculcation idéologique proprement dite.

Aussi les agents politiques sont-ils multiples. Les uns sont du *personnel politique* proprement dit et dirigent les appareils, aspirent à les diriger, ou défendent collectivement les intérêts de leur groupe face aux structures, aux décisions et au personnel politique de la gouverne instituée. D'autres sont des *agents sociaux* ou professionnels qui se trouvent occasionnellement en situation de lutte politique. D'autres enfin sont des agents de l'administration politique de la communauté. C'est entre tous ces agents politiques que se fait la politique, dans la confrontation, mais aussi dans le soutien.

Les syndicats, les associations de parents ou de commissaires, les groupes d'étudiants sont à ce titre des agents politiques, en lutte ou en accord avec les personnels politiques eux-mêmes. Mais c'est également le cas, au moins occasionnellement, des chambres de commerce, des confédérations patronales et syndicales, des comités de citoyens, etc., pour les divers niveaux de communauté politique scolaire. Chacun d'eux défend des intérêts particuliers... généralement au nom du bien commun.

Synthèse des principales propositions

1) À moyen terme, le régime politique d'une société vise à maintenir et à développer, de façon harmonieuse et fonctionnelle, un certain régime économique particulier.

2) Le pouvoir politique a comme caractéristique centrale d'imposer ses décisions à tous les membres de la collectivité.

3) Le rôle social fondamental de l'idéologie dominante est d'imposer, par la persuasion, un fonctionnement harmonieux entre un régime économique donné et sa contrepartie politique.

4) Plus l'idéologie dominante harmonise le fonctionnement social, moins il sera nécessaire de faire appel à la contrainte coercitive de l'État.

5) L'école est devenue la principale agence de socialisation politique collective de la société, d'inculcation idéologique dominante.

6) L'école est l'objet d'enjeux politiques majeurs : qui contrôle l'école contrôle l'inculcation idéologique principale.

7) L'école produit aussi et raffine les idéologies fonctionnelles dont l'idéologie centrale a besoin pour se maintenir hors du courant des rapports de forces directs ; ces idéologies varient dans le temps, selon les circonstances, les équipes au pouvoir et les objectifs à atteindre.

8) Plus l'école sera vue comme neutre, plus les idéologies fonctionnelles qu'elle produit auront de chance de s'implanter dans l'harmonie et l'homogénéité.

9) L'école contribue à reproduire le partage dominant des pouvoirs au sein de la société.

10) L'État voit à ce que l'école continue à bien jouer ce rôle.

11) L'école contribue aussi à produire et à reproduire les principaux agents politiques de la société.

12) À tous ces titres, l'école est un des appareils spécialisés de la gouverne politique centrale.

13) L'école est aussi une communauté politique particulière, jouissant des attributs propres à toute gouverne politique : définition d'objectifs dominants, pouvoir de contraindre et support institutionnel d'autorité.

14) Aussi est-il toute une catégorie d'enjeux qui lui sont propres : sélection interne, socialisation scolaire, hiérarchisation propre, rapports de forces, etc.

15) En ce sens, la classe, l'école, la commission scolaire sont aussi des communautés politiques.

16) L'État compte quatre grandes fonctions relativement autonomes : la gouvernementale, la législative, l'administrative et la judiciaire. Plus ces fonctions sont centralisées et contrôlées par un même personnel

politique, plus la gouverne est autoritaire. L'école, en tant que communauté politique, compte aussi ces quatre fonctions; mais moins la communauté scolaire est complexe et diversifiée et plus ces fonctions y sont centralisées et exercées de façon autoritaire.

Lexique des principaux concepts

La plupart des définitions qui suivent sont simplifiées pour n'en donner que le sens principal. Elles visent ici surtout à permettre de mieux comprendre la portée de l'enchaînement déductif de ce texte général d'introduction à l'éducation dans le système politique. Leur utilisation en termes d'opérations de recherche mériterait donc le raffinement exigé de l'analyse rigoureuse.

Le politique	: totalité de l'action sociale dans une communauté ayant trait aux relations d'autorité dans le processus de préparation des décisions, dans la prise de décision elle-même, et son exécution.
Agents politiques	: groupes ou personnes jouant un rôle direct dans le fonctionnement des appareils politiques, de l'intérieur, ou à la périphérie, tels les groupes d'intervention politique.
Appareils politiques	: organismes de l'institution politique assurant son fonctionnement interne et le pouvoir de contraindre qu'elle exerce sur l'ensemble de la collectivité.
Autorité politique	: capacité de faire exécuter les décisions auxquelles l'institution en est arrivée.
Bourgeoisie	: classe sociale détenant le contrôle et la propriété des entreprises économiques.
Capitalisme	: régime économique fondé sur la propriété privée du capital et le contrôle des entreprises économiques par ceux qui possèdent le capital.
Classes sociales	: groupes d'agents sociaux définis principalement par le rapport que chacun entretient avec le régime économique dominant, de même que l'un vis-à-vis l'autre : la bourgeoisie et le prolétariat en régime capitaliste.
Classe dominante	: classe sociale exerçant le contrôle de l'ensemble du régime économique.

Classe dirigeante	: classe sociale assurant la direction des appareils politiques de la société, généralement sous le contrôle d'une classe dominante.
Coercition	: imposition autoritaire des décisions des appareils politiques.
Communauté politique	: toute collectivité organisée de façon systématique sous la gouverne d'appareils politiques; de la moins complexe à la plus vaste.
Culture politique	: ensemble intériorisé et conçu comme allant de soi d'orientations générales et de normes de comportement des citoyens à l'égard des relations qui existent entre régime économique, régime politique et idéologie sociale; fondements normatifs d'une civilisation politique donnée.
Enculturation	: formation systématique des citoyens à une culture particulière.
Socialisation politique	: formation systématique des citoyens à l'égard des orientations générales et des normes de comportement dans le domaine politique.
Empolitisation	: formation systématique des citoyens à une culture politique spécifique.
Démocratie parlementaire	: régime politique structuré à partir de la représentation (géographique) de l'ensemble des citoyens en une assemblée chargée d'adopter les lois.
Enjeu politique	: objet pour lequel deux ou plusieurs groupes ou catégories sociales luttent en vue d'en acquérir un certain contrôle.
Gouverne	: ensemble des institutions et actions détenant ou exprimant l'autorité politique instituée.
Fonction gouvernementale	: autorité en matière de gestion des décrets et règlements généraux, de même qu'en matière de relation avec d'autres appareils politiques.
Fonction législative	: autorité en matière d'adoption de lois, de même qu'en matière de politiques générales.
Fonction administrative	: autorité en matière d'exécution des décrets et règlements.
Fonction judiciaire	: autorité en matière d'exécution des lois et des politiques générales.
Groupes d'intérêts	: groupes agissant dans le domaine politique en fonction d'intérêts propres à leurs membres.

Idéologie	: orientations normatives des groupes sociaux leur permettant d'expliquer la position qu'ils occupent, celle des groupes qui leur sont associés ou adverses,de même que les rapports de soutien ou de conflit entre chacun d'eux selon un ensemble cohérent de croyances qui leur soit favorable, ou qui puisse le devenir.
Idéologie dominante	: idéologie de la classe sociale dominante produisant par socialisation politique les éléments fondamentaux de la culture politique.
Inculcation idéologique	: formation systématique des citoyens à l'égard de telle idéologie particulière.
Reproduction idéologique	: transmission intégrale, d'une génération sociale à la suivante, d'une idéologie particulière.
Idéologues	: producteurs et transmetteurs d'idéologies particulières.
Légitimité politique	: autorité politique acceptée comme juste et équitable.
Norme	: mode de comportement s'imposant naturellement comme obligatoire et contraignant.
Jeu politique (la politique)	: rapports courants entre les agents politiques.
Pouvoir de contraindre	: moyens assurant une autorité politique coercitive.
Monopole de la contrainte	: autorité réservée en exclusivité à l'appareil central de la gouverne politique.
Pouvoir hégémonique	: moyens prépondérants d'assurer sa suprématie sur d'autres types de pouvoir.
Répression	: violence matérielle exercée par les détenteurs de l'autorité politique.
Subversion	: tentative de renverser le monopole de la contrainte ou de l'autorité politique.
Sédition	: révolte concertée contre les détenteurs de l'autorité politique.

12
Essai sur l'éducation et le pouvoir[*]
Pierre Dandurand

«Et quand nous regardons quels ont été les premiers usages de
l'écriture, il semble bien que ces usages aient été d'abord ceux du
pouvoir: inventaires, catalogues, lois et mandements; dans tous les
cas, qu'il s'agisse du contrôle des biens matériels ou de celui des êtres
humains, manifestations de puissance des hommes sur d'autres hommes et sur les richesses[1].» (Claude Lévi-Strauss)

Dans le domaine de la sociologie de l'éducation, l'analyse, qui jusqu'à maintenant s'articulait autour des fonctions de socialisation et de
sélection des institutions scolaires, se renouvelle dans la mesure où on en
vient à définir l'école comme le lieu de l'exercice d'un pouvoir et, en dernière instance, le pouvoir pédagogique comme un mode spécifique de
l'exercice du pouvoir dans une société. Cette nouvelle perspective conduit à une redécouverte de l'objet ou plus exactement à une récupération
d'une partie de l'objet. Elle prend forme et s'impose à la fois comme une
rupture avec les approches familières et comme l'aboutissement de recherches antérieures.

---

[*] Ce texte a été extrait de la publication «Essai sur l'éducation et le pouvoir»
par Pierre Dandurand, *Sociologie et sociétés*, vol. III, no 2, nov. 1971, p.
209-227 et est reproduit avec la permission de l'auteur et des Presses de
l'Université de Montréal.

L'exploration de cette nouvelle approche est une tâche d'envergure. Nous nous limiterons ici d'une part à en souligner les conditions d'émergence et d'autre part à vérifier, en un premier temps, sa validité, en appliquant des notions théoriques du pouvoir au domaine de l'éducation[2].

Conditions d'émergence d'une nouvelle perspective

On peut distinguer pour des raisons analytiques deux ordres de conditions qui pourraient conduire à définir l'éducation dans une nouvelle perspective, soit comme l'exercice d'un pouvoir. Distinction purement analytique puisque ces deux ordres de conditions sont intimement liés selon un mode de relation dialectique.

Le premier ordre se rapporte à la dynamique elle-même des institutions éducatives et des définitions de cette évolution à travers le prisme des idéologies. Le second ordre relève du développement propre d'une discipline qui se veut particulière des sciences sociales et plus encore d'un domaine appliqué de la sociologie, qui échappe aux conditions sociales de son exercice. Cependant il serait aussi faux de croire que le monde des sciences sociales ne possède pas un certain degré d'autonomie dans son effort d'explication et de compréhension des phénomènes sociaux.

Place et définition nouvelles de l'éducation

Depuis la fin de la Deuxième Guerre mondiale, le phénomène de la scolarisation a pris un nouveau départ, s'affirmant dans la décennie 1950-1960 pendant laquelle la population scolaire mondiale a plus que doublé[3]. On pourrait accumuler les chiffres montrant ce que l'explosion scolaire implique comme canalisation des énergies vers cette activité qu'est l'éducation. C'est une entreprise relativement futile ici dans la mesure où l'on peut trouver ailleurs les éléments de ce bilan comptable. Cependant, il est important de retenir la place nouvelle qu'occupe l'éducation dans l'organisation sociale des sociétés contemporaines, plus spécifiquement la place du système scolaire, ne serait-ce pour le moment qu'en termes d'investissements, de personnel employé, de clientèle atteinte. Ces ressources constituent déjà en soi les bases d'un pouvoir accru du monde scolaire à l'intérieur d'une société, bien qu'elles n'en soient que des indices « bruts ». En effet, cette simple croissance matérielle laisse déjà entrevoir que des aménagements nouveaux quant au partage du pouvoir, tant à l'intérieur du système lui-même que dans ses relations avec d'autres sphères institutionnelles, devront s'établir, si ce n'est déjà fait.

Par ailleurs si l'«explosion scolaire» était de nature à retenir l'attention, à montrer le poids nouveau que peuvent avoir les institutions scolaires, différents éléments de l'idéologie, qui justifient encore cette croissance, se réfèrent directement au problème du pouvoir dans une société.

On peut poser, sans grand risque d'erreur, que le mouvement de scolarisation a été activé et légitimé par un système idéologique, se structurant autour de deux axes principaux, deux concepts centraux : démocratie et développement. À quoi il faut ajouter que la démocratisation et le développement sont le plus souvent situés à l'intérieur d'une entité nationale. La nation ne fixe pas seulement les limites à l'intérieur desquelles doivent se réaliser ces objectifs mais constitue elle-même un objectif, une valeur primordiale. La démocratisation et le développement ont alors une valeur plus instrumentale.

Le lien entre démocratisation de l'enseignement et pouvoir est assez évident. Ce mouvement implique également une distribution égalitaire d'un bien, l'éducation, bien qui lui-même permet l'accès à d'autres privilèges. Démocratiser l'enseignement peut signifier le recrutement des élites dans des milieux nouveaux, un éclatement dans le système de classes sociales avec ce que cela peut entraîner quant à la structure du pouvoir dans une société. Le mouvement vers la démocratisation de l'enseignement, par les oppositions qu'il rencontre lorsqu'il est assez radical, indique l'importance des enjeux impliqués. Comme nous le constaterons plus loin, la réflexion sociologique sur ce point est demeurée dans l'ensemble assez courte, axée qu'elle était en bonne partie sur le problème de la mobilité sociale, l'étude des facteurs d'appartenance sociale et les facteurs institutionnels qui peuvent jouer sur la mobilité ou la non-mobilité.

L'autre volet de cette idéologie qui justifie la croissance de la scolarisation est le rôle important attribué à l'éducation dans le développement économique d'une société. Cette conception nouvelle de l'éducation postule que la scolarisation conduit à une plus grande productivité ; que le relèvement du niveau d'instruction dans une société traditionnelle est nécessaire à l'implantation d'une organisation industrielle ; que par ailleurs dans les sociétés industrielles et post-industrielles, l'apport de l'éducation est stratégique, fondamental pour maintenir ou accélérer le rythme de croissance dans ces sociétés. Il semble qu'une telle conception constitue un élément d'une culture mondiale, un peu à la façon de l'idée de participation dans le domaine politique, selon les observations d'Almond et Verba[4]. En effet on pourrait affirmer qu'elle se retrouve tant dans les pays «socialistes» que dans les pays «capitalistes», tant dans les sociétés «pauvres» que dans les sociétés «riches», c'est-à-dire quel que soit le stade de développement économique ou le mode d'organisation économique d'une société.

Ce rapprochement de l'école et de l'économie souligne les potentialités de l'éducation comme agent de pouvoir dans une société, ou tout au moins rappelle comment le système scolaire reste près de la sphère économique, laquelle dispose, on le sait, d'une des ressources fondamentales du pouvoir. La question demeure de savoir si cette proximité est aussi grande qu'on l'affirme et à quel degré la sphère scolaire est dans une relation de dépendance vis-à-vis du système économique. Nous reviendrons sur ce point.

Si l'éducation voit la place qu'on lui attribue actuellement justifiée par le rôle qu'on pense qu'elle doit et peut jouer dans le développement économique, ce n'est pas là l'unique contribution qui la rende particulièrement importante. Elle a aussi été définie comme un instrument, un facteur primordial du développement politique. Derrière cette attribution apparaît la fonction potentielle de l'école comme agent efficace d'intégration sociale, comme agent de mobilisation vers des objectifs sociétaux, et par là l'aptitude du système scolaire à exercer un contrôle social sur l'ensemble de la population d'un territoire national. Cette fonction est exprimée avec plus de netteté dans les sociétés dites en voie de développement ou dans les sociétés passant par des périodes révolutionnaires. Alors la dimension politique de l'éducation n'est plus autant masquée qu'elle l'est dans les démocraties libérales stables. Dans celles-ci, il existe une longue tradition de socialisation politique : on y apprend le respect des institutions politiques, la légitimité du pouvoir. Mais cet enseignement est ritualisé, garanti par une tradition et se poursuit le plus souvent sans éclat : les enfants sont soumis à des rites qui sont familiers aux parents eux-mêmes. Ce n'est qu'en des périodes de crises (et particulièrement de crises qui remettent en cause la légitimité du pouvoir politique) que cette dimension du rôle de l'éducation se révèle le mieux. Par ailleurs le rattachement direct de ce domaine à l'appareil politique, à l'État, confirme, sur le plan structurel, une proximité plus ou moins avouée, selon les sociétés et les circonstances, entre la politique et l'éducation.

Aperçus d'une nouvelle perspective en sociologie de l'éducation

Le deuxième ordre des conditions d'émergence d'une problématique nouvelle dans l'analyse de l'éducation relève du développement de la sociologie comme discipline scientifique et plus spécifiquement ici, du champ de la sociologie de l'éducation.

Nous nous limiterons à montrer comment des recherches se rapportant à quatre thèmes majeurs à l'intérieur du territoire de la sociologie de l'éducation ont amené effectivement ou tendent à amener une redéfinition de la perspective première. Ces quatre thèmes sont les suivants : a) l'étude de l'éducation dans ses relations avec les classes sociales et le processus de mobilité sociale; b) l'étude du rôle de l'école dans la socialisation politique; c) l'analyse des relations entre l'éducation et l'économie; d) l'analyse des institutions d'enseignement sous leurs aspects bureaucratique et organisationnel.

Éducation et classes sociales. Le premier de ces thèmes est sans doute celui qui a jusqu'à maintenant le plus retenu l'attention des sociologues. Cet intérêt particulier s'explique d'une part par la place importante qu'occupent en sociologie les phénomènes de classes et de stratification sociale. Mais il s'explique aussi par le mouvement de démocratisation de l'enseignement dont on pouvait prévoir les conséquences non négligeables, que ce soit dans une perspective théorique ou dans une perspective pratique, sur les phénomènes de classes ou de strates sociales.

Dans ces études, le problème tel qu'il est posé se réduit le plus souvent à vérifier la réalisation des idéaux d'une société. C'est l'occasion d'un procès de la démocratisation de l'enseignement aux États-Unis, en URSS, en France et ailleurs. Ces entreprises ne manquent pas d'apporter des informations révélatrices sur l'écart entre les idéaux professés et leur réalisation, et permettent la mise à jour d'un ensemble de facteurs qui expliquent en partie cette situation. Rarement cependant nous entraînent-elles au-delà d'un certain niveau d'analyse. Par exemple Patricia Sexton Mayo[5], dans son étude des inégalités scolaires en fonction du revenu des parents dans de grandes villes américaines, bien qu'elle fasse ressortir l'action de différents facteurs qui jouent dans ce système des inégalités, expliquera le manque de politique corrective par l'indifférence de la population et des responsables des politiques scolaires locales. Ainsi l'analyse étant limitée à l'étude des facteurs immédiats qui paraissent expliquer ces phénomènes, des facteurs plus éloignés mais non moins importants demeurent dans des zones d'ombre. Perçus comme révélant l'exercice d'un pouvoir, les phénomènes d'inégalité prennent une autre dimension et se chargent d'une signification accrue. Intéressante à cet égard est cette remarque d'Olsen : « L'exercice du pouvoir n'a pas été une préoccupation prédominante de la plupart des écrits sociologiques traitant de la stratification sociale ou des relations raciales. Au cours des dernières années cependant, un nombre croissant de sociologues ont commencé à faire valoir que ces deux phénomènes ne peuvent être pleinement compris si on ne reconnaît pas le pouvoir comme un facteur crucial de leur détermination[6] ».

Dans le domaine propre d'une sociologie de l'éducation, ceci signifie qu'il faut dépasser une perspective qui voit le système scolaire comme un simple agent de sélection sociale pour le considérer comme un agent de pouvoir. C'est le mérite et l'intérêt de l'analyse de Bourdieu et Passeron de montrer comment ce passage est possible. Leur démarche est en ce sens exemplaire[7].

L'une des raisons qui a nui à une analyse poussée dans cette direction est l'attention portée au processus de mobilité sociale en tant que préalable fonctionnel d'une société industrielle. L'un des postulats concernant ce type de société pourrait se formuler de la façon suivante : étant axée sur la productivité, la division du travail doit s'y faire en fonction des aptitudes propres à chacun des membres ; et la position sociale doit être acquise, non reçue. De là un intérêt tout particulier pour l'école comme instrument impartial d'une sélection basée sur des critères rationnels. L'une des questions pertinentes devient alors celle de savoir si le système scolaire réussit effectivement à jouer ce rôle d'instrument d'une mobilité sociale appropriée au contexte d'une société industrielle. Cette question, est-il nécessaire de le souligner, contient une reconnaissance implicite d'un pouvoir de l'école dans la société, dans la mesure où l'on voit, logée dans cette structure, une capacité ou une potentialité dans la régie d'une distribution de biens.

Il nous semble en définitive que les études sur le thème des relations entre l'éducation, les classes sociales et par conséquent la mobilité sociale contenaient implicitement une approche en terme de pouvoir et que, tant l'observation d'Olsen, citée plus haut, que l'analyse de Bourdieu et Passeron sur le système universitaire français montrent qu'on est parvenu à opérer une rupture avec les perspectives plus familières pour adopter une nouvelle problématique.

Fonctions politiques de l'école. Récemment s'est développé un intérêt nouveau pour l'étude des fonctions politiques de l'école et par là, un rapprochement avec la science politique. En 1965, Coleman écrivait : «En dépit de quelques exceptions notables et de travaux récents qui ont commencé à combler le vide dans ce domaine, il est un fait que les analystes politiques ont accordé en général très peu d'attention au caractère global de la politique d'éducation et que très peu d'études empiriques ont été effectuées, portant explicitement sur les manières spécifiques dont les systèmes éducatifs affectent le fonctionnement des systèmes politiques[8]». Notons que cette remarque à l'endroit des politicologues pourrait aussi bien s'appliquer aux sociologues. Quoi qu'il en soit, un ensemble de facteurs ont favorisé une prise de conscience plus vive de la socialisation politique à l'école. Parmi ces facteurs on relève, entre autres, les conflits idéologiques qui opposent les démocraties libérales aux pays socialistes, le phénomène de la décolonisation et concurremment l'apparition de nombreux États indépendants qui ont à construire ou à réorienter une culture politique, les mouvements de contestation à l'intérieur même de plusieurs sociétés et qui se manifestent dans les milieux scolaires (universités, collèges et écoles secondaires).

Ce sont ces mouvements de contestation qui ont particulièrement retenu l'attention des sociologues ces dernières années et qui ont sans doute le plus contribué à dévoiler les implications politiques de la formation qui se donne dans les institutions scolaires et les liens structuraux de celle-ci avec l'appareil politique et le système économique.

Les universités, entre autres, ont repris avec un éclat particulier un rôle traditionnel de remise en question de l'ordre social. Le fait que cette action se soit soldée dans certains cas par un renversement du personnel politique en place ou qu'on ait réussi à infléchir des politiques gouvernementales, a dramatisé le potentiel politique de la classe étudiante. Il est intéressant de signaler, par exemple, cette enquête datant des années cinquante, *What College Students Think*[9], où ressortait le caractère conservateur des étudiants américains, qui ne semble pas avoir provoqué un grand intérêt pour la formation politique ou plus exactement pour la socialisation politique qui s'opérait en milieu scolaire. Il semble que la dimension politique de l'éducation et plus précisément de l'éducation scolaire, soit demeurée une préoccupation bien secondaire tant que cette socialisation allait dans le sens prévu, tant qu'elle demeurait une socialisation « réussie ». Par ailleurs dans les démocraties libérales, on masquait le caractère politique de l'éducation en proclamant le principe que les questions scolaires devaient demeurer à distance des problèmes politiques, que l'école devait être protégée des pressions politiques. Ce qui n'empêchait pas de lui confier la responsabilité de transmettre les valeurs des principales institutions nationales et de professer un humanisme transcendant les frontières et les époques historiques. La situation se présente de façon différente dans les pays dits totalitaires où l'idéologie, la pensée politique est de façon explicite celle de l'école, où il existe une orthodoxie dont le système scolaire est l'instrument avoué.

Que ce soit autour de l'étude du processus de socialisation politique, du rôle des institutions scolaires dans le recrutement et la formation de l'élite politique, de l'analyse des relations structurelles entre l'appareil politique et le système scolaire, ces aires nouvelles d'intérêt et de recherche constituent une approche, un terrain favorable à une étude de l'éducation comme exercice d'un pouvoir, ne serait-ce qu'en précisant et dévoilant les liens du système scolaire avec les instances politiques.

Éducation et économie. De tout temps, la connaissance, le savoir-faire a été lié à l'activité économique. Et cela dans la mesure où cette connaissance, ce savoir-faire permet un contrôle sur l'environnement et sur les biens matériels qu'on peut en tirer. Cependant on s'entend pour juger que dans les sociétés contemporaines, compte tenu du développement de la technologie et de la science, compte tenu aussi du caractère de l'organisation économique, jamais les rapports entre connaissance et économie n'ont été aussi étroits.

L'un des points tournants dans la réévaluation de ces rapports a été la nouvelle perspective que certains économistes[10] ont adoptée dans l'étude du rôle de la connaissance, de l'éducation. L'éducation, qui dans l'analyse économique avait jusqu'à récemment été définie uniquement comme un bien de consommation, est considérée comme un investissement, comme un facteur productif. On a montré le caractère productif de la connaissance et par conséquent de l'éducation en tant que distributrice de cette connaissance. C'était, on le constate, reconnaître une fonction nouvelle à l'éducation, et cela dirions-nous à trois niveaux : au niveau sociétal, dans la mesure où l'éducation devenait un instrument important dans le développement économique des sociétés ; au niveau de l'entreprise, dans la mesure où son développement, sa productivité dépendaient d'une technologie avancée exigeant une main-d'oeuvre hautement qualifiée, une connaissance des développements technologiques les plus récents et même une participation directe aux innovations technologiques pour en conserver le contrôle ; au niveau des individus, en montrant comment leur éducation, augmentant leur productivité, pouvait leur donner accès à des revenus plus élevés, donc une participation accrue aux biens économiques, sociaux et culturels.

Cette qualité économique nouvellement attribuée à l'éducation se retrouve dans les analyses sociologiques des caractéristiques de la société industrielle et surtout post-industrielle[11]. On y présente la connaissance comme une ressource rare et stratégique et par conséquent, potentiellement, comme la base d'un pouvoir nouveau, celui de l'homme de science, des institutions scientifiques et scolaires[12].

Ces redéfinitions du rôle de la connaissance et de l'éducation, les implications qu'elles ont sur l'économie et en définitive sur la structure du pouvoir dans une société sont des questions qui s'imposent dans le champ d'une sociologie de l'éducation. Cependant on n'a pas encore réussi à véritablement les intégrer à une problématique et à en faire l'objet de recherches systématiques.

Caractère bureaucratique, organisationnel de l'école. Une autre voie par laquelle la sociologie de l'éducation pouvait en venir à définir l'éducation comme l'exercice d'un pouvoir est l'étude de l'école dans la perspective des théories de l'organisation. En effet, voir l'école comme une organisation et une organisation complexe amène entre autres à dégager la structure de l'autorité à l'intérieur du système scolaire et par là à faire ressortir certains phénomènes de pouvoir dans l'organisation pédagogique. Il apparaît alors qu'une institution scolaire comprend une structure politique, selon l'expression de Waller, et est le lieu de conflits de pouvoir entre les différents agents d'éducation à l'intérieur d'un système scolaire[13]. Un pas de plus dans cette direction peut conduire à reconnaître que ce ne sont pas uniquement les «contingences» organisationnelles de l'école qui font que l'étude des structures d'autorité et de pouvoir y est importante mais le fait que l'action pédagogique en elle-même renvoie aux notions d'autorité et de pouvoir, que l'éducation, comme l'a déjà exprimé Durkheim, «doit être essentiellement chose d'autorité[14]».

Par ailleurs, toujours dans la même perspective mais à un autre niveau, celui où une institution scolaire est resituée dans un contexte plus large, se pose la question de savoir comment elle a recours à des instances «exogènes» pour s'assurer du pouvoir et de l'autorité nécessaires à son fonctionnement interne. Il est intéressant de noter à ce propos comment aux États-Unis des sociologues et particulièrement des politicologues ont mis en évidence au cours des dernières années les aspects politiques des appareils scolaires parallèlement à leurs aspects bureaucratiques. Ce mouvement nous apparaît intéressant dans la mesure où l'éducation, de cette façon, est située dans un système politique plus large. Ceci peut être vu comme un incitation à poursuivre l'analyse des liens entre le pouvoir scolaire et les instances politiques. Par ailleurs l'exploration à ce niveau semble de nature à apporter un éclairage neuf sur la pratique pédagogique[15].

L'analyse de ces quatre thèmes de recherche de même que la place et les définitions nouvelles de l'éducation ont permis de voir comment, de différentes façons et de manière plus ou moins explicite, l'utilisation de la notion de pouvoir devenait présente et dans certains cas semblait s'imposer comme condition d'un renouvellement de l'analyse en sociologie de l'éducation. Ces développements, qui se sont poursuivis parallèlement dans la plupart des cas, conduisent donc à une reconsidération des rapports entre les notions de pouvoir et d'éducation.

Théorie du pouvoir et nature de l'éducation

Notre hypothèse ici est que le rapprochement entre les théories concernant l'exercice du pouvoir dans la société et ce qu'on pourrait appeler la nature de l'éducation telle qu'elle se présente dans un contexte sociétal conduit à une redéfinition de l'éducation, celle-ci se révélant alors comme l'exercice d'un pouvoir. Cette caractéristique de l'éducation ne nous apparaît pas une fonction seconde de l'activité éducative mais, par définition, un de ses éléments essentiels.

C'est délibérément que dans la suite de ce travail nous ne reviendrons pas de façon systématique sur les thèmes de recherche retenus à titre exemplaire dans la première partie. Le projet ici est davantage d'établir une rupture que de s'assurer d'une continuité dans les recherches en sociologie de l'éducation.

Considérations sur le pouvoir

Le pouvoir est un concept central en sociologie, qu'on s'arrête à l'étude de grands ensembles ou que l'observation porte sur de petits groupes. Il est un élément fondamental de l'organisation sociale. Malgré son importance, on reconnaît que sa conceptualisation pose des difficultés particulières. Ainsi les définitions du pouvoir diffèrent d'un auteur à l'autre, ses composantes varient et leur hiérarchie est sujette à de grandes fluctuations. La structure et la dynamique du pouvoir dans la société sont l'objet d'interprétations divergentes selon qu'on se situe par exemple dans la perspective d'une théorie marxiste, élitiste ou pluraliste. Liée et s'ajoutant à ce premier handicap est la difficulté de définir de façon opérationnelle le pouvoir et d'en venir ainsi à une analyse plus empirique de ce processus social.

On ne peut penser résoudre ici ces problèmes. Là n'est pas d'ailleurs notre ambition. Nous nous contenterons d'extraire de la réflexion théorique sur cette question les éléments qui nous semblent les plus importants et qui sont par ailleurs suffisants pour notre propos [16].

Une définition du pouvoir. Avant d'en venir à une définition plus spécifique, nous nous proposons de considérer le pouvoir comme la capacité d'un agent [17] social d'agir, malgré une résistance possible, sur un ou plusieurs autres agents de telle sorte que celui-ci ou ceux-ci en soi(en)t affecté(s).

De cette première formulation on peut d'abord dégager que le pouvoir s'exerce à l'occasion d'une relation sociale : il n'y a pouvoir que lorsque des agents sont en relation les uns avec les autres [18]. C'est donc dire qu'un des aspects essentiels du pouvoir est son caractère relationnel. Par ailleurs dans cette relation, le rapport est établi entre la capacité réciproque des agents. Cette capacité est généralement conçue comme la résultante de deux éléments. Il y a d'abord les ressources dont dispose un agent et qui constituent en quelque sorte une base objective du pouvoir. C'est par ailleurs à partir du caractère de ces ressources que l'on définira des modes d'exercice du pouvoir. Ainsi selon la ressource dominante utilisée, on parlera de coercition (force physique), d'utilitarisme (ressources matérielles) ou de persuasion (ressources normatives et symboliques). Il y a ensuite une autre base, moins objective celle-là, qui est une évaluation de la capacité d'un agent, non pas en référence à ses ressources réelles mais en fonction de l'évaluation que d'autres agents en font. Ainsi la capacité d'un agent peut apparaître et être en définitive plus grande ou moins grande que ne le laisseraient supposer ses ressources réelles. C'est ce qu'on désigne souvent comme l'aspect symbolique du pouvoir.

D'autre part la notion de pouvoir proposée et qui spécifie qu'un des agents a la capacité d'agir sur un ou plusieurs autres agents malgré une résistance, souligne que la relation de pouvoir est une relation asymétrique, que la capacité d'un agent devrait en définitive l'emporter sur la capacité d'un autre. Mais il est aussi important de rappeler que cette capacité de l'«autre», qui peut se traduire en résistance, est un des éléments qui font aussi que le pouvoir est relatif. Par exemple, ce qui dans une situation se présente comme une incapacité, devient en d'autres circonstances une capacité. C'est cet aspect du pouvoir qu'illustre le proverbe «On a souvent besoin d'un plus petit que soi».

À la suite de ce que nous venons de dire, peut-on maintenir, comme le souligne Hawley[19], que toute relation sociale est potentiellement une relation de pouvoir? Elle l'est dans la mesure où des agents sociaux qui entretiennent des rapports sont susceptibles d'être changés dans ce qu'ils sont, de par la dynamique même de la relation qui s'établit entre eux. À la limite donc, le pouvoir recouvre le champ des relations sociales, des rapports sociaux. Mais il faut immédiatement ajouter que cette dimension de l'espace théorique du pouvoir ne se maintient dans sa totalité que si nous continuons à le concevoir comme un processus potentiel et non projeté.

Le passage d'un processus potentiel et non projeté à un processus réel et projeté s'opère donc à deux conditions qui spécifient la relation entre agents : la première est qu'un agent entretienne le projet d'en changer un ou plusieurs autres. Ainsi sont éliminés les rapports sociaux où n'entrent pas de tels projets. La seconde condition est qu'un agent réussisse à surmonter les résistances du ou des agents soumis à son action. Ainsi il n'y a plus une simple capacité mais une capacité qui s'affirme en brisant une résistance en vue de la réalisation d'une action. Dans cette perspective, le pouvoir est redéfini comme le projet et la capacité effective que peuvent opposer ce ou ces agents, de telle sorte que celui-ci ou ceux-ci en soi(en)t affecté(s) dans le sens voulu par le premier agent.

La première définition du pouvoir, qui se dilue presque dans la notion de relation sociale, et celle que nous venons d'énoncer, qui est beaucoup plus spécifique, constituent nous semble-t-il deux pôles extrêmes d'un continuum, les limites où théoriquement peut se situer le pouvoir.

S'en tenir comme on le fait le plus souvent à une conception limitative du pouvoir peut être rassurant dans la mesure où le phénomène observé est plus circonscrit et peut être identifié plus aisément. Cependant de cette façon, des phénomènes de pouvoir échappent à l'observation ou sont éliminés. Ainsi par exemple, on ne peut minimiser les tentatives non réussies d'un agent d'affecter l'action d'un autre agent. De même on ne peut écarter les cas où un agent, sans en avoir le projet spécifique, réussit à changer de quelque manière un autre agent. Ce sont là des relations de pouvoir, même si elles ne correspondent pas au type «pur».

Aspects structuraux et dynamiques du pouvoir. L'exercice du pouvoir qui se réalise à l'intérieur d'un système social s'appuie particulièrement sur deux éléments de ce système. Ce sont pour une part la structure de distribution des ressources et d'autre part, les appareils politiques.

Étant donné, comme nous l'avons vu précédemment, l'importance des ressources dans l'exercice du pouvoir, on comprend la nécessité dans l'étude de ce processus de s'arrêter à l'analyse des modes et structures de distribution des biens aux différents agents d'un système social. Ceci signifie, au niveau sociétal, les phénomènes de stratification sociale et ethnique et aussi la monopolisation plus ou moins grande de certaines ressources par des sous-systèmes. (grandes corporations, institutions académiques ou scientifiques, institutions religieuses).

L'autre élément du système social qui se rapporte de façon directe à l'exercice du pouvoir est l'appareil politique qu'on peut définir comme un organisme de coordination de l'action sociale en vue d'objectifs collectifs. Ce qui caractérise pour une part l'appareil politique, c'est son monopole de la légitimité[20], donc la possibilité de transformer un pouvoir en autorité[21] ; d'autre part, c'est sa fonction même dans un système social d'exercer un contrôle sur l'ensemble et d'en constituer la dernière instance en terme de pouvoir légitime.

Ainsi Lehman[22] parlera du pouvoir politique comme d'un pouvoir «systémique» par opposition au pouvoir entre les membres d'une société, celui-ci signifiant que les membres, qui disposent de façon inégale de ressources particulières, se trouvent en compétition pour ce qui est du partage des biens.

Comme la plupart des phénomènes sociaux, le pouvoir n'est pas uniquement un fait social qui existe et qu'on peut analyser dans ses aspects structuraux. Il a aussi une mouvance, il est aussi dynamique.

La permanence dans la structure des inégalités et le maintien de l'hégémonie de certains groupes sociaux peuvent donner à croire que le pouvoir est particulièrement stable dans une société, à une période historique donnée. Théoriquement on peut aller plus loin et poser que le pouvoir, par sa nature même, tend à se reproduire, que la place acquise par un groupe dans le système des privilèges d'une société est une garantie de sa permanence. La différenciation entre dominants et dominés ne peut que s'accroître, ou tout au moins se maintenir, dans la mesure où la tendance des dominants est d'assurer de la façon la plus complète leur domination et aussi où l'accès privilégié à une ressource permet ou facilite l'accès privilégié à d'autres ressources. La structure du pouvoir est donc une structure qui offre une résistance particulièrement grande aux changements[23].

Par ailleurs, force est de reconnaître qu'au cours de l'histoire, certains groupes sociaux ont perdu ou gagné du pouvoir (aristocratie et bourgeoisie, par exemple), que certaines institutions sociales ont déjà possédé une situation plus centrale et un pouvoir social plus grand qu'elles n'en ont actuellement (institutions religieuses). À l'intérieur d'un système social, il y a des déplacements de pouvoir qui font l'objet de conflits entre des groupes. De même un système social, sous l'effet de changements sociaux, est investi d'un nouveau pouvoir ou départi d'un pouvoir qu'il détenait.

Pour nous la dynamique du pouvoir recouvre ces phénomènes de déplacement de pouvoir, soit au niveau d'un groupe social particulier, soit au niveau d'une société. Mais par ailleurs elle ne se limite pas à ces phénomènes. En effet la relation de pouvoir étant un rapport de forces entre agents sociaux, un processus s'engage où les agents s'affrontent dans une lutte plus ou moins reconnue comme telle, plus ou moins institutionnalisée, une lutte dont l'issue est également le plus souvent prévue, étant donné l'asymétrie des ressources dont disposent les agents. Il y a donc dans la relation de pouvoir un conflit au moins latent. Et on peut considérer que le pouvoir d'un agent social a constamment à s'affirmer, à se confirmer, à s'imposer contre les ressources de ceux sur lesquels s'exerce son action. Ceci implique que le déplacement de pouvoir n'est en un sens que l'aspect le plus visible et l'expression la plus radicale de la dynamique de ce phénomène social.

L'éducation comme exercice d'un pouvoir

Reprenant les éléments théoriques que nous avons présentés antérieurement, nous les rapprocherons du processus d'éducation. Notre démarche sera en un sens analogue à celle que nous avons adoptée à propos de la notion de pouvoir, c'est-à-dire que partant d'une définition plus large de l'éducation, nous en viendrons à une définition plus spécifique.

Notion d'éducation et notion de pouvoir. Le point de départ le plus approprié est une définition de l'action pédagogique dans ses formes les plus simples et les plus générales. Qu'est-ce qu'éduquer ? Quelles sont les dimensions fondamentales de l'action pédagogique? Vue dans une perspective sociologique, l'action pédagogique se définit d'abord comme un processus de socialisation, c'est-à-dire l'acquisition par des individus d'une manière de penser, d'agir, de sentir, en somme d'une manière d'être telle qu'elle s'affirme dans un groupe social[24]. Nous avons là une première définition très générale de l'éducation mais qui permet déjà une analyse de l'action pédagogique en terme de pouvoir.

Le phénomène de la socialisation n'est ordinairement pas présenté de façon à faire ressortir les liens qu'il a indéniablement avec le phénomène du pouvoir. On s'arrête le plus souvent à noter les prérequis biologiques, les conditions sociales qui permettent, favorisent ou non la réalisation, à énumérer et décrire les stades ou étapes dans un processus d'intériorisation de rôles sociaux, de valeurs et de normes propres à la culture d'un milieu social. Dans la perspective qui est la nôtre maintenant, la socialisation se révèle sous un autre de ses aspects.

En premier lieu, on retient que la socialisation s'effectue à l'occasion d'une relation sociale, de contacts entre agents sociaux. Déjà là, dans la perspective d'Hawley[25] on pourrait croire qu'il y a dans la socialisation potentiellement une relation de pouvoir. Mais c'est surtout à partir d'un second indice que cette observation peut se confirmer. Il appert en effet que la socialisation ne se réalise pas sans que, sous l'effet d'une plus ou moins grande contrainte, ne tombe la résistance de celui qui est l'objet de l'action socialisatrice. On peut constater comment, vu dans cette optique, le processus de socialisation correspond à l'exercice d'un pouvoir tel que nous l'avons défini précédemment.

Peut-être est-il bon de s'arrêter quelque peu à ce caractère de contrainte lié à la socialisation, étant donné qu'il n'est que rarement souligné[26]. Le processus de socialisation suppose la mobilisation d'énergies, le passage par une période plus ou moins longue, plus ou moins pénible d'apprentissage. C'est Durkheim qui a peut-être le mieux fait voir cet aspect de contrainte lié à l'éducation, à la socialisation, particulièrement chez les enfants : « Quand on regarde les faits tels qu'ils sont et tels qu'ils ont toujours été, il saute aux yeux que toute éducation consiste dans un effort continu pour imposer à l'enfant des manières de voir, de sentir et d'agir auxquelles il ne serait pas spontanément arrivé. Dès les premiers temps de sa vie, nous le contraignons à manger, à boire, à dormir à des heures régulières, nous le contraignons à la propreté, au calme, à l'obéissance; plus tard, nous le contraignons pour qu'il apprenne à tenir compte d'autrui, à respecter les usages, les convenances, nous le contraignons au travail, etc. Si, avec le temps, cette contrainte cesse d'être sentie, c'est qu'elle donne peu à peu naissance à des habitudes, à des tendances internes qui la rendent inutile, mais qui ne la remplacent que parce qu'elles en dérivent[27] ».

Une telle observation s'applique aussi, dans ses lignes essentielles, à la socialisation qui se poursuit après l'enfance. Qu'on se réfère aux phénomènes de professionnalisation, à ce que peuvent signifier en ce sens le « reality shock » dont parle Hughes[28], les considérations sur les difficultés, le stress des individus en mobilité sociale. Nous pensons aussi à la conversion comme processus social qui est un type extrême ou plus exactement un modèle particulier de socialisation. Il n'est pas indifférent que la conversion s'accompagne souvent d'une crise où apparaît la violence physique.

Là où la socialisation manifeste de la façon la plus visible son caractère de contrainte, c'est lorsqu'elle doit opérer une modification profonde chez des agents sociaux et en même temps réaliser son action de façon rapide. Les exemples classiques sont les grands séminaires, les écoles militaires, certaines institutions psychiatriques ou pénitentiaires. Il y a aussi des méthodes plus récentes comme le « brainwashing » ou encore la thérapie de groupe. Dans cette perspective nous semblent particulièrement intéressantes les expériences des sociétés révolutionnaires, sociétés où dans un court laps de temps on a cherché à resocialiser une partie importante de la population. Mais ce qui prend plus de relief dans une conjoncture particulière n'en existe pas moins lorsque la socialisation se réalise selon des voies plus lentes.

Jusqu'ici nous avons parlé indifféremment de socialisation et d'éducation et insisté particulièrement sur le caractère contraignant qui accompagne l'un et l'autre de ces processus. L'éducation telle qu'on la conçoit dans nos sociétés, telle aussi qu'elle s'est institutionnalisée dans des pratiques pédagogiques, en est venue à revêtir un caractère qui spécifie le processus de socialisation qu'elle indique. L'éducation se présente comme un projet conscient d'imposition d'une façon de penser, d'agir ou de sentir. Rappelons qu'un des éléments qui permette d'identifier qu'un processus social est un processus de pouvoir consiste justement dans la présence d'un projet chez un agent social d'en arriver à produire un changement désiré chez un autre agent.

Dans un court article, Margaret Mead, comparant les conceptions de l'éducation dans les sociétés primitives et dans les sociétés modernes, dégage le prosélytisme comme une caractéristique de l'action éducative dans nos sociétés : « Il y a plusieurs différences frappantes entre notre concept actuel d'éducation et celui de n'importe quelle société primitive contemporaine ; mais peut-être la plus importante de toutes est le passage du besoin pour un individu d'apprendre quelque chose que tout le monde accepterait volontiers qu'il sache à la volonté de quelques individus d'enseigner quelque chose que personne ne désire connaître[29]». Cette idée d'imposition se rend jusqu'au prosélytisme dans la mesure où l'éducation devient le moyen pour certains groupes de se gagner des adeptes. Et comme le remarque Mead, un des facteurs historiques qui a contribué à donner ce caractère à notre conception de l'éducation est sans doute le développement des religions et l'apparition des clercs, c'est-à-dire de groupes se définissant comme possédant la vérité. Durkheim par ailleurs a montré les liens étroits entre l'Église et l'éducation en France et le rapport non fortuit entre l'action de prêcher et celle d'enseigner.

Par ailleurs si on se reporte au phénomène de socialisation dans les sociétés primitives, une division du travail simple et un haut degré d'homogénéité culturelle créent une situation qui limite les possibilités de compétition, tant au niveau des rôles sociaux qu'au niveau des modèles culturels. La socialisation y est peut-être plus contraignante dans la mesure où elle est davantage l'action de tout le groupe. Par contre elle ne se présente pas explicitement comme une volonté de gagner à soi des individus.

Pour poursuivre notre analyse, il nous reste à vérifier entre autres si le concept de capacité, central dans la notion de pouvoir, se retrouve dans l'action pédagogique. L'idée de capacité est, croyons-nous, implicitement comprise dans la notion d'éducation, du moment où celle-ci apparaît comme une relation entre agents sociaux. La relation pédagogique peut être considérée en un sens comme une équation entre les ressources réciproques des agents qu'elle met en contact[30].

Par exemple, l'analyse de Friedman sur l'école parallèle est en définitive une comparaison entre les ressources de l'école et celles des moyens de communication de masse en rapport avec la clientèle des jeunes[31]. On y fait l'hypothèse que les jeunes sont plus vulnérables à l'action des moyens de communication qu'à l'action scolaire. C'est une évaluation du même ordre qui est faite lorsqu'on considère l'action pédagogique de telle ou telle institution auprès d'étudiants de classes sociales différentes. De même que le pouvoir, pour s'exercer effectivement, suppose qu'un agent soit capable de surmonter les résistances qu'entraîne son action, de même l'éducation, pour s'actualiser, exige qu'un agent éducateur ait la capacité de surmonter les résistances de l'agent éduqué.

À partir des distinctions rapides que nous avons faites antérieurement entre différents modes de pouvoir, soit la coercition, l'utilitarisme et la persuasion, on peut maintenant préciser que le pouvoir pédagogique, dans la mesure où les ressources essentielles à son action sont d'ordre normatif et/ou symbolique, est d'abord un pouvoir de persuasion.

On peut toujours imaginer qu'un agent éducateur poursuive son action sans recours à la force, sans utiliser de ressources matérielles, mais non sans disposer et user de biens symboliques, croyances, connaissances, savoir-faire, tous éléments appartenant à la culture. Il est acquis par ailleurs que l'action pédagogique s'appuie fréquemment sur la force et qu'elle s'accompagne le plus souvent de l'utilisation d'importantes ressources matérielles.

Nous avons noté que la capacité ne dépendait pas uniquement des ressources objectives des agents mais aussi de l'évaluation qu'ils peuvent faire de leur ressources réciproques. C'est l'aspect symbolique du pouvoir, sa «poker face», selon l'expression d'Etzioni[32]. Cette dimension de la relation de pouvoir se retrouve dans la relation pédagogique, et cela à différents niveaux de l'univers pédagogique. Ainsi elle apparaît de façon remarquable dans la recherche de Robert Rosenthal et Lenore Jacobson, *Pygmalion in the Classroom*[33]. On y voit en clair le pouvoir du professeur et comment son action pédagogique s'exerce par une évaluation «fautive» de la capacité de certains étudiants, évaluation qui, par la suite, conditionne son action auprès de ces mêmes étudiants. Et aussi paradoxal que cela puisse paraître, en même temps que le professeur nous révèle son pouvoir, par le même mouvement, il nous révèle sa dépendance, par sa soumission au jugement évaluatif qui se présente revêtu de la légitimité de la science. Et le caractère de sa soumission n'est pas seulement marqué par le fait de son acceptation d'un verdict scientifique. Il faut bien voir en effet que ce dernier s'appuie sur une science particulière, la psychologie, qui jouit d'un statut privilégié dans le discours pédagogique : elle en constitue une instance de légitimation de premier ordre. De plus le système scolaire, en institutionnalisant certaines pratiques qui empruntent à ce corpus scientifique (les tests de différentes natures, par exemple), en s'adjoignant des psychologues comme membres de son «staff», a consacré le statut de la psychologie dans le monde scolaire. Le professeur, en se laissant «abuser» par l'évaluation scientifique de la capacité de certains élèves, ne fait que se révéler partie prenante du système idéologique qui s'impose dans un milieu de travail[34].

Dans cette perspective de l'aspect symbolique du pouvoir pédagogique, il serait aussi intéressant d'analyser la demande de scolarisation. On peut supposer en effet que cette demande est en partie fonction de la capacité qu'on attribue à la scolarisation de donner accès à des positions lucratives et prestigieuses dans la société. Il semble y avoir eu, en ce sens, une surévaluation des biens que dispense l'école. Celle-ci se verrait alors attribuer un pouvoir qui dépasserait ses capacités réelles[35].

On ne peut s'arrêter maintenant aux analyses possibles que pourrait permettre l'adoption d'une problématique où on s'attacherait à l'étude des bases réelles ou symboliques du pouvoir pédagogique. Les quelques indications données précédemment laissent cependant entrevoir, nous semble-t-il, l'intérêt d'une recherche poursuivie dans cette direction.

À la suite de ces précisions sur les ressources des agents engagés dans une relation pédagogique, il est peut-être plus facile d'aborder les deux dernières questions que pose le rapprochement des notions de pouvoir et d'éducation : la relation pédagogique est-elle une relation asymétrique et peut-on parler de la relativité de l'action pédagogique comme on l'a fait à propos du pouvoir ?

À la rigueur, il est sans doute possible qu'une relation pédagogique soit symétrique, comme la relation du pouvoir d'ailleurs. Cependant si l'éducation, comme nous l'avons souligné, est une action qui se réalise dans la mesure où un agent réussit à surmonter les résistances que rencontre son action auprès d'un autre agent, ceci implique que cette relation est asymétrique. L'un des agents possède des ressources, une capacité plus grande que l'autre. D'autre part, dans la mesure où le processus d'éducation, comme le processus de socialisation, ne s'exerce pas sans une certaine contrainte (qu'elle soit ou non perçue comme telle), il suppose chez l'agent socialisateur un pouvoir qui s'affirme même si l'action pédagogique implique une relation asymétrique entre agents sociaux. Il est évident par ailleurs que dans la pratique pédagogique on puisse relever des cas où cette relation est plus ou moins asymétrique.

Cela nous conduit nécessairement à la question de la relativité de l'action pédagogique ou peut-être plus exactement à la relativité du pouvoir pédagogique. Si l'éducation est un pouvoir, comme nous avons tenté jusqu'ici de le démontrer, ce pouvoir, comme tout pouvoir, devrait en théorie être relatif. Ce dernier aspect est important à souligner car il rappelle que l'éduqué ne subit pas d'une manière nécessairement passive l'action de l'éducateur. Tant dans les milieux familiaux que dans les milieux scolaires, il est d'expérience commune d'observer les échecs plus ou moins flagrants d'une action éducative. Les phénomènes d'abandon scolaire témoignent de la résistance « réussie » à l'inculcation d'une culture scolaire. Même à l'intérieur des institutions d'enseignement, ce qu'on désigne comme la culture étudiante constitue une opposition organisée aux demandes de l'institution et forme aussi la base d'un pouvoir que les étudiants peuvent utiliser pour s'imposer auprès des professeurs et des administrateurs. Il faut même, croyons-nous, aller plus loin et voir dans la relation pédagogique le lieu d'un conflit le plus souvent latent dont le chahut, par exemple, n'est qu'une forme d'expression, comme peuvent l'être, en d'autres temps et circonstances, le retrait et l'abandon.

Il existe dans un système d'éducation des affrontements entre agents disposant de ressources différentes ou plus ou moins importantes, agents dont le pouvoir peut s'appuyer sur diverses instances extérieures au système; c'est là un aspect essentiel de la dynamique des institutions pédagogiques.

Cette dimension du pouvoir et ses implications quant à la dynamique des institutions pédagogiques n'apparaissent pas dans une des analyses théoriques les plus intéressantes de l'action pédagogique, soit celle élaborée par Bourdieu et Passeron[36]. Nous essaierons d'indiquer brièvement comment il se fait que cet aspect du pouvoir pédagogique échappe à leur analyse.

Bourdieu et Passeron définissent l'action pédagogique comme une violence symbolique exprimant les rapports de forces d'une formation sociale donnée et plus spécifiquement contribuant de par sa propre action à maintenir la classe dominante dans sa position de domination. Sans que ceci soit explicitement souligné, les rapports de forces dans une formation sociale seraient si disproportionnés que l'arbitraire culturel, qui correspond aux intérêts objectifs des classes dominantes, s'imposerait par l'action pédagogique sans rencontrer de résistance organisée. Il n'y a donc pas, dans cette perspective, les éléments nécessaires à l'apparition de conflits. D'autre part, une dimension importante de la théorie de l'action pédagogique de Bourdieu et Passeron, sinon son axe essentiel, est que cette action ne s'exerce que si elle parvient à dissimuler les rapports de forces qui la sous-tendent. Son aspect arbitraire doit disparaître, demeurer caché, et l'action pédagogique doit se présenter vêtue de la légitimité. Par là encore il est facile de comprendre que théoriquement on minimise les possibilités que l'action pédagogique s'exprime sous la forme d'un conflit de pouvoir.

Ils en arrivent ainsi à une analyse où l'exercice du pouvoir dans le domaine scolaire se présente comme une mécanique presque parfaite: les sujets soumis à ce pouvoir obéissent avec une docilité telle qu'ils apparaissent comme privés d'existence. Telle peut être ou apparaître la réalité dans certains cas, mais elle se manifeste différente en d'autres occasions et une exigence théorique oblige à tenir compte de ces manifestations différentes.

En conclusion à cette mise en parallèle des notions de pouvoir et d'éducation, il ressort que l'éducation est l'exercice d'un pouvoir et que la relation pédagogique est une relation de pouvoir[37]. C'est donc au coeur même des institutions éducatives que nous conduit cette approche.

Conclusion

En terminant, nous retiendrons quelques implications d'une conception de l'éducation qui fait de celle-ci l'exercice d'un pouvoir. On s'arrêtera en particulier à montrer comment cette redéfinition de l'éducation, premier moment d'une analyse, devrait se continuer dans l'étude des aspects structuraux de l'action pédagogique.

Comme le pouvoir, l'action pédagogique s'exerce dans un contexte structural. Il importe de la resituer dans ce contexte qui la marque, la spécifie, et d'abord dans le système scolaire qui en constitue un lieu privilégié, un peu à la façon dont le système politique peut aussi se voir comme un lieu privilégié de l'étude du pouvoir. À ce niveau d'analyse, l'attention se porte sur l'appareil politique du système scolaire pour dégager la hiérarchie et la nature des instances qui sanctionnent en définitive le pouvoir pédagogique de base, pouvoir qui s'exprime dans la relation professeur-étudiant. D'autre part, une autre dimension importante est la structure de distribution des ressources à l'intérieur du système, dans la mesure où elle nous éclaire sur le pouvoir respectif des agents impliqués dans le système scolaire.

Au niveau sociétal, la question est de savoir jusqu'à quel point le système scolaire réussit à exercer un contrôle sur la production et la distribution des biens symboliques. Pour cela, il devient nécessaire d'étudier, d'une part, s'il entre (et de quelle façon) en compétition (qui à l'occasion prend la forme d'un conflit) avec d'autres institutions sociales qui, elles aussi, tendent à monopoliser, à exercer un contrôle soit sur des biens de même nature, soit sur des biens d'autre nature, (les biens économiques, par exemple). D'autre part, il est aussi essentiel de situer son action en fonction des phénomènes de stratification sociale et ethnique et de préciser ses liens avec le système politique.

De tous ces découpages analytiques présentés dans les paragraphes précédents, peut-être le plus dangereux sur le plan épistémologique est-il celui qui distingue l'analyse au niveau du système scolaire de l'analyse au niveau sociétal, dans la mesure où cette distinction peut rassurer sur l'opportunité de poursuivre la recherche à un seul niveau et donner l'impression de pouvoir ainsi fermer une boucle; dans la mesure aussi où la ligne dans les étapes de la délégation de pouvoir peut être brouillée pour laisser croire que c'est un pouvoir purement scolaire, qui s'impose selon les critères de sa propre rationalité (par exemple, il faut un quotient intellectuel de tant pour accéder au niveau secondaire).

Il est important aussi de retenir, des autres distinctions faites, que ce sont bien des distinctions analytiques et que si elles permettent d'identifier différents éléments, ces éléments mis ensemble constituent une structure, car les relations qu'ils ont entre eux ne sont pas aléatoires. Autrement dit, ce n'est pas le hasard qui détermine le rapport qui existe entre, par exemple, la distribution des ressources dans un système scolaire et cet autre mode de distribution des ressources dans une société qui s'exprime par le phénomène de la stratification sociale. Pour exprimer à l'aide d'images comment se présente le champ d'analyse de l'éducation dans la perspective proposée ici, on peut concevoir ce champ à la façon d'un triangle renversé dont le sommet est la relation pédagogique, qui devient ainsi le point de convergence de tout un ensemble d'éléments, triangle dont la base d'autre part, est la structure du pouvoir dans la société.

En définissant l'éducation comme exercice d'un pouvoir, non seulement nous récupérons une dimension essentielle de l'action pédagogique, comme nous avons tenté de le prouver, mais nous pouvons aussi procéder à une analyse systématique de la relation pédagogique dans le cadre du système scolaire, analyse qui va du pouvoir qui s'exerce au niveau des relations professeur-étudiant jusqu'aux plus hautes instances d'une société. Les théories sur la structure du pouvoir fournissent un appareil conceptuel utilisable dans cette démarche. Ainsi apparaissent des voies qui pourraient permettre de poursuivre la recherche de la nature du pouvoir pédagogique et de la détermination du pouvoir pédagogique comme mode spécifique de l'exercice du pouvoir dans la société.

13
Les affrontements politiques
en éducation

Antoine Ambroise

L'élaboration et la mise en oeuvre des décisions dans un système d'éducation soulèvent, de nos jours, de plus en plus de problèmes qui se cristallisent tantôt en simple tension susceptible de provoquer une détérioration du climat social ou organisationnel, tantôt en conflit ouvert perturbant directement — bien qu'à des degrés divers — le fonctionnement du système ou en affrontements qui entraînent, règle générale, un arrêt complet des activités. Contrairement aux apparences, l'affrontement n'est pas la suite logique du conflit qui lui-même serait l'aboutissement d'une tension exacerbée. Il n'y a pas nécessairement une relation linéaire entre ces trois situations en ce sens que l'affrontement n'est pas obligatoirement précédé d'un conflit ouvert qui, lui-même, trouverait ses antécédents dans une quelconque tension. Il s'agit plutôt de phénomènes différents qui peuvent, dans certains cas, s'ajouter les uns aux autres selon la dynamique de l'escalade et, dans d'autres cas, se manifester directement sous l'une de ces trois formes, dépendant de l'enjeu en cause. Tension, conflit ouvert ou affrontement constituent donc trois façons différentes de faire face à la prise d'une décision et, quand c'est déjà fait, à son application.

Ce chapitre ne traitera pas du contenu des décisions qui ont donné lieu à des affrontements politiques en éducation. On s'intéressera de préférence aux acteurs impliqués dans le processus décisionnel et aux relations qu'ils entretiennent entre eux dans les différentes étapes de ce processus.

Lorsque l'éducation était réservée à une élite, les problèmes à résoudre étaient relativement simples, les enjeux définis spécifiquement en fonction de la classe dominante, et, de ce fait, le nombre des acteurs mis en cause limité et leur qualité incontestable.

De nos jours, tout en demeurant au service de la classe dominante, l'éducation est rendue accessible aux citoyens de toutes les couches sociales pour satisfaire aux exigences de la technologie moderne qui requiert de plus en plus de savoir. Depuis que l'éducation est devenue un phénomène de masse, les décisions sont de plus en plus complexes et difficiles à prendre, mettent en présence des acteurs aux intérêts divergents et accordent une place prépondérante à l'État, dispensateur des biens et services et planificateur de ressources limitées.

La complexité et la difficulté des décisions se renforcent du fait que, d'une part, l'État moderne ne peut pas se permettre de décider seul et de façon unilatérale en matière d'éducation et que d'autre part, les citoyens organisés ou non ont décidé de ne plus ignorer l'évolution de ce secteur névralgique de leur devenir. L'État a donc besoin du monde extérieur pour réunir les informations nécessaires, doit tenir compte des réactions des administrés et doit associer les catégories sociales intéressées à un nombre de plus en plus croissant de décisions d'ordre éducationnel. C'est ainsi que les différents énoncés de politique éducative que le ministère de l'Éducation nous a livrés ces dernières années ont été précédés de vastes consultations et ont été l'aboutissement de rapports de commissions d'étude où siégeaient, en tant que membres à part entière, les groupes directement intéressés[1]. Il faut aussi mentionner la place de plus en plus grande qui est faite aux parents dans l'orientation et la gestion des institutions scolaires chargées de dispenser une éducation de qualité à leurs enfants[2].

Cette idéologie de la participation à laquelle les textes officiels du ministère de l'Éducation du Québec font largement écho ne constitue nullement une garantie contre toute forme d'affrontement politique. Au contraire, l'hétérogénéité des acteurs impliqués entraînera inévitablement une diversité des pratiques qui mettra en relief les contradictions profondes entre les acteurs eux-mêmes ou entre ces derniers et un appareil d'État qui demeure, en dernière instance, celui à qui on demandera des comptes.

La grille de lecture des affrontements politiques qui sera proposée ici s'articulera autour de quatre grands axes interreliés : la configuration de l'ensemble des acteurs susceptibles de s'affronter, la prise en considération du processus décisionnel au cours duquel peut survenir un affrontement, le caractère temporel de l'affrontement dans ce processus et le mode d'utilisation des moyens et des ressources dont disposent les différents interlocuteurs au cours d'un affrontement politique.

La configuration des acteurs

L'identification des acteurs qui interviennent aux différentes phases du processus décisionnel en matière d'éducation n'est pas chose aisée. C'est en quelque sorte l'enjeu en cause qui, entre autres, détermine la présence ou l'absence d'un acteur social précis. S'agit-il de la fermeture d'une école primaire de quartier ou de la disparition de la seule école secondaire d'une municipalité, on verra apparaître en première ligne de front un groupe de parents déterminés à poser des gestes spectaculaires en vue de battre en brèche la vision réductionniste de rentabilité financière trop souvent avancée par les bureaucrates, à quelque niveau qu'ils se situent (ministère de l'Éducation ou commission scolaire), pour justifier leurs décisions. S'il s'agit de faire disparaître certains droits acquis, l'on assistera à des alliances des plus inattendues. Les commissions scolaires francophones et anglophones du Québec n'hésiteront pas à faire front commun pour lutter contre tout projet gouvernemental de déconfessionnalisation de leurs structures. Propose-t-on de prolonger l'année scolaire au-delà des deux cents jours du calendrier actuel, on risque de voir étudiants, professeurs et administrateurs scolaires s'unir comme les doigts d'une main pour contrer un tel projet, mais pour des raisons peut-être fort différentes !

Il n'est donc pas possible de tracer une fois pour toutes la carte des acteurs en tenant compte de leurs positions respectives par rapport à l'acte décisionnel en éducation. Tout au plus pourrons-nous dresser une liste non exhaustive des acteurs qui interviennent le plus souvent ou dont l'intensité des interventions, bien que sporadiques, a été déterminante à certaines occasions. Ainsi on n'oubliera pas de sitôt le rôle joué par l'Assemblée des évêques du Québec lors du débat sur le bill 60[3] et il n'est pas surprenant de constater que certains organismes voués à la défense des intérêts de leurs membres (CEQ, Fédération des associations de principaux d'écoles, etc.) oeuvrant en milieu scolaire débordent le cadre apparemment étroit des relations de travail pour étendre leur action à tout ce qui, dans la société, touche à l'éducation.

Nous pouvons d'entrée de jeu distinguer trois groupes d'acteurs qui participent de gré ou de force aux nombreux affrontements politiques dont le système d'éducation est régulièrement le théâtre : les organismes décisionnels, les groupes de pression et les individus.

Les organismes décisionnels

Au sein de ces organismes décisionnels, on retrouve les principaux responsables à qui un mandat d'orienter et d'administrer le système d'éducation a été donné par la population soit directement (suite à une élection) ou indirectement (par délégation de pouvoir). Ces organismes se répartissent aux trois paliers du système. Au palier central, citons le Conseil des ministres et le ministère de l'Éducation; au palier intermédiaire, le conseil des commissaires et les services administratifs de la commission scolaire ou de la commission scolaire régionale et, au palier local, la direction de l'école à qui il convient d'ajouter l'enseignant dans la salle de classe, dernier niveau où certaines décisions se répercutent et où d'autres se prennent. Toutes ces instances constituent des segments ou des ramifications d'un appareil d'État qui pèse lourd dans la balance tant au niveau de l'élaboration que de l'implantation des décisions en éducation. C'est en effet à l'État que revient, par le truchement de ses nombreux agents politiques, administratifs ou pédagogiques, la responsabilité d'orienter et de gérer le système d'éducation. Ce qui implique souvent l'introduction de changements plus ou moins importants. La décision de créer, en 1965, un ministère de l'Éducation et un Conseil supérieur de l'éducation a été prise par un gouvernement qui ne s'attendait sûrement pas à ce que son fameux bill 60 passe comme une lettre à la poste, compte tenu des intérêts alors en jeu. Ce ne fut d'ailleurs pas le cas. On assista au contraire au premier affrontement sérieux en matière d'éducation de l'histoire moderne du Québec. C'est encore le gouvernement qui, en 1967, a décidé de dessaisir les commissions scolaires de leur compétence en matière de négociation de conventions collectives de travail avec les syndicats d'enseignants. Cette décision a donné lieu au deuxième grand affrontement dont le point culminant fut une grève générale des enseignants qui ont été forcés de retourner au travail à la suite de la promulgation du désormais célèbre bill 25. C'est ce même gouvernement qui récidiva deux ans plus tard en 1969 avec la loi 63 sur la langue officielle et la langue d'enseignement, en dépit de la farouche opposition des nationalistes québécois. Par ailleurs et plus près de nous, ce sont les assemblées de commissaires, en tant que partie intégrante de l'appareil d'État, qui décident, au terme de chaque année scolaire, de la survie ou de la disparition des écoles de quartier frappées par le phénomène de la dénatalité. C'est donc l'action ou l'inaction de l'État, de ses appareils ou de ses serviteurs qui est généralement cause d'affrontements politiques en éducation.

Les groupes de pression

Ce sont des associations de personnes — permanentes ou temporaires — qui s'efforcent par leur action d'inciter les organismes décisionnels à agir dans le sens de leurs intérêts propres ou dans le sens d'une conception de l'intérêt général qui ne coïncide pas avec celle que les organismes décisionnels ont initialement mise de l'avant.

Pour désigner certains groupes de pression très étroitement associés au système d'éducation, il serait préférable d'utiliser le vocable de groupes d'intérêt. Ce sont les groupes, associations ou syndicats dont le rôle est beaucoup moins d'assurer la promotion de l'éducation que de défendre les intérêts de leurs membres. À tous les autres groupes nous réservons l'appellation de groupes de pression. Ce sont tous ceux qui se situent dans l'environnement immédiat du système scolaire et avec qui ce dernier est amené à effectuer toutes sortes d'échanges et de transactions (le Conseil du patronat, les groupes de citoyens, etc.).

Les groupes de pression ou d'intérêt ont pris l'habitude d'intervenir massivement depuis la Révolution tranquille dans toutes les grandes décisions qui concernent le monde de l'éducation. C'est ainsi qu'en 1964, lors du fameux débat sur le bill 60, le professeur Léon Dion en a recensé soixante-dix dont vingt-huit étaient en faveur du projet de loi et quarante-deux en désaccord avec la création d'un ministère de l'Éducation flanqué d'un Conseil supérieur de l'éducation. Il n'est pas superflu de rappeler le clivage idéologique qui s'est alors opéré entre ces groupes. Léon Dion a constaté que « à l'intérieur d'une même catégorie d'associations, les vues pointèrent parfois dans la même direction, comme chez les étudiants et les syndicalistes qui furent en prépondérance d'orientation positive et chez les administrateurs et associations religieuses qui furent surtout d'orientation négative [4].

Il faut signaler cependant que l'action de l'Assemblée des évêques a été déterminante dans ce débat. « La campagne du bill 60 se présente comme un affrontement entre l'Église et l'État [5] » au cours duquel ce dernier a dû jeter du lest, puisqu'il y eut retrait provisoire du projet de loi et respect intégral des positions de l'Assemblée des évêques sur la confessionnalité des écoles et l'enseignement chrétien. On se rappellera aussi le rôle joué par le Mouvement du Québec français à l'occasion des différentes étapes du débat linguistique au Québec et par la Ligue pour l'intégration scolaire qui a fait provisoirement de Saint-Léonard, dans la banlieue de Montréal, le point de mire de la province. Suite à l'adoption de la loi 63 par le gouvernement de l'Union nationale en 1969, il y eut dans cette localité tout un débat concernant la fréquentation des écoles françaises plutôt qu'anglaises par les jeunes Québécois d'origine italienne. La ligue était le groupe de pression ad hoc qui prônait, entre autres choses, l'intégration de ces jeunes dans le système scolaire francophone.

Pour rendre compte de la diversité des groupes qui ont des intérêts liés au monde de l'éducation, qu'il nous suffise de reproduire la liste des intervenants qui ont été mêlés à des degrés divers à la dernière ronde de négociation collective (1978-1979)[6] :

Ces intervenants, comme on pouvait s'y attendre, se répartissent en deux grandes catégories. D'un côté, on retrouve l'État-patron et les autres employeurs du secteur de l'éducation et de l'autre, l'ensemble des travailleurs de ce secteur représentés par des associations et syndicats les plus divers :

État-patron et autres employeurs :
— Conseil des ministres et Conseil du trésor
— Ministères de l'Éducation et de la Fonction publique
— Fédération des commissions scolaires catholiques du Québec (FCSCQ)
— Quebec Association of Protestant School Board (QAPSB)
— Fédération des collèges d'enseignement fédéral et professionnel (FCEGEP)

Associations et syndicats
— AAPSQ : Association des animateurs de pastorale scolaire du Québec
— AIMA : Association internationale des machinistes en aéronautique
— APNEQ : Association des professionnels non enseignants du Québec
— APOQ : Association des professionnels de l'orientation du Québec
— APSACSQ : Association des professionnels des services administratifs des commissions scolaires du Québec
— APSPCSQ : Association des professionnels des services pédagogiques des commissions scolaires du Québec
— APSQ : Association des psychologues scolaires du Québec
— CEQ : Centrale de l'enseignement du Québec
— CSD : Centrale des syndicats démocratiques
— CSN : Confédération des syndicats nationaux
— FEC : Fédération des enseignants des cégeps
— FEMSQ : Fédération des employés municipaux et scolaires du Québec
— FESP : Fédération des employés des services publics
— FIACCPEA : Fraternité internationale d'Amérique des camionneurs, chauffeurs, préposés d'entrepôts et aides
— FNEEQ : Fédération nationale des enseignantes et des enseignants québécois
— FPSCQ : Fédération des professionnels salariés et cadres du Québec
— FPSE : Fédération des professionnels des services éducatifs
— FPSECSQ : Fédération des professionnels des services aux étudiants des commissions scolaires du Québec
— FTQ : Fédération des travailleurs du Québec

- GES : Groupe élémentaire-secondaire
- MUA : Métallurgistes unis d'Amérique
- PACT : Provincial Association of Catholic Teachers
- PAPT : Provincial Association of Protestant Teachers
- PNE de CEGEP : Professionnels non enseignants de cégeps — groupes de soutien
- QPGA : Quebec Personal and Guidance Association
- SCFP : Syndicat canadien de la fonction publique
- UCOMCC : Union des chauffeurs et ouvriers des métiers connexes de la construction et de l'approvisionnement local
- UES : Union des employés de services
- UIEPB : Union internationale des employés professionnels et de bureau.

Cet exemple montre que dans une société moderne et pluraliste les groupes de pression sont fort diversifiés. Tous, des « Bérets blancs » à la Centrale de l'enseignement du Québec (CEQ), en passant par les chambres de commerce, prétendent à un moment ou à un autre avoir leur mot à dire sur l'orientation et/ou le fonctionnement du système national d'éducation. On comprend dès lors qu'il soit difficile d'établir une classification qui ne se ramène pas en définitive à une simple nomenclature des groupes susceptibles d'intervenir en éducation. Pour les fins de cet exposé, nous pourrons les regrouper selon leur appartenance aux types d'activités auxquelles ils contribuent de façon prioritaire.

Les groupes de pression ou d'intérêt du milieu scolaire :

Syndicats d'enseignants (CEQ, FNEQ), les associations ou fédérations de commissaires (FCSCQ), de principaux, de cadres scolaires et de parents, les associations d'étudiants, l'association des institutions d'enseignement secondaire (AIES), les groupes de pression ad hoc comme la Ligue d'intégration scolaire à Saint-Léonard, etc.

Les groupes de pression à vocation socio-économique :

Chambres de commerce, associations professionnelles, Conseil du patronat, les entreprises, les syndicats, etc.

Les groupes de pression à vocation socio-culturelle :

Les clubs sociaux (Kiwanis, Richelieu, Lions...), le Mouvement Québec français (MQF), la société Saint-Jean-Baptiste, les media, etc.

Les groupes de pression à vocation socio-politique :

Les groupes de citoyens, les partis politiques (ex. le Parti Québécois face au gouvernement péquiste sur l'épineux problème du réseau d'enseignement privé au Québec), etc.

Les groupes de pression à caractère religieux :
L'Assemblée des évêques, l'Association des parents catholiques du Québec, etc.

Est-il nécessaire de rappeler qu'il ne faut voir aucun exclusivisme dans l'énumération qui précède. Un organisme classé dans la catégorie des groupes de pression à vocation socio-culturelle peut intervenir et intervient effectivement à l'occasion sur des dossiers à caractère socio-économique ou politique. C'est le cas par exemple de la société Saint-Jean-Baptiste qui intervient dans tout débat où le Québec est partie prenante.

Les individus

Dans toute société, certains individus sont susceptibles d'exercer une influence non négligeable par leurs prises de position dans les grands dossiers qui agitent l'opinion publique. Certains éditorialistes exercent à l'occasion ce rôle. Il en est de même d'universitaires, d'anciens personnages politiques, d'écrivains connus... Lors du débat sur le bill 60, Léon Dion a relevé quarante-quatre interventions individuelles, dont l'impact semble cependant avoir été négligeable sur l'évolution du dossier. Plus près de nous, lors de la campagne de consultation du livre vert sur l'enseignement primaire et secondaire, on a pris connaissance dans les colonnes du quotidien *Le Devoir* d'une véritable polémique dont les protagonistes furent le Père Lambert, les membres de l'équipe-école de la CEQ (Berthelot, Huot et Roy), le théologien Maurice Ferland et le chanoine Grand'Maison[7]. Les chapitres du livre vert traitant des finalités de l'éducation et du rôle de l'école étaient l'enjeu de ce débat. S'il ne convient pas d'exposer ici les thèses en présence, il n'est pas difficile d'imaginer la position des intervenants dans ce débat.

Les ressources dont disposent ces différents acteurs (organismes décisionnels, groupes de pression, individus) diffèrent considérablement. Certains, forts de leur prestige, n'hésitent pas à se jeter dans la mêlée avec toute la dignité qui les caractérise. « L'Assemblée des évêques, nous dit Léon Dion, a fait un usage optimum de ses ressources en vue d'amener le gouvernement à conformer son projet de loi aux objectifs et aux intérêts de l'Église en éducation »[8]. D'aucuns utilisent le pouvoir qui leur a été conféré (le Conseil supérieur de l'éducation sur de nombreux dossiers traitant de l'éducation) et qui découle de leur appartenance à un segment non négligeable de la population (l'Association des parents catholiques du Québec sur le dossier de l'éducation sexuelle dans les écoles). D'autres enfin tenteront d'influencer le cours des choses sans grand espoir d'être écoutés (la position de l'équipe-école de la CEQ lors de la consultation sur le livre vert de l'enseignement primaire et secondaire).

Les modes d'action que ces acteurs sont prêts à envisager pour faire valoir leurs idées diffèrent aussi considérablement. Certains interviennent tout au long du processus décisionnel et n'hésitent pas à faire flèche de tout bois pour modifier le processus en cours. D'autres concentrent leurs efforts à certaines phases du processus et n'utilisent que les voies d'accès officielles. Ce n'est pas un fait banal que de voir les chambres de commerce participer à une manifestation populaire devant l'Assemblée nationale!

La prise de décision

Une décision est un choix délibéré. C'est l'acte de choix qui détermine les moyens pour atteindre l'objectif fixé en fonction des éléments d'une situation de départ donnée[9].

Quatre éléments majeurs découlent de cette définition : a) il doit y avoir un choix, c'est-à-dire que le décideur se trouve en présence d'un éventail d'alternatives possibles ; b) le choix doit être conscient, c'est-à-dire précédé d'une délibération ; c) le choix doit être orienté vers un ou plusieurs buts ; d) le choix doit déboucher sur l'action. Ce qui signifie que les seules déclarations d'intention ne sauraient être considérées comme des décisions[10].

Phases

De la définition qui précède, nous pouvons identifier trois phases, quel que soit l'objet de la décision :
— la phase pré-décisionnelle où s'élaborent les projets d'action alternatifs ;
— la phase décisionnelle proprement dite caractérisée par le choix du projet d'action précédé d'une négociation ;
— la phase post-décisionnelle qui se résume essentiellement à l'application de la décision débouchant sur l'action.

La démarche suivie par le ministère de l'Éducation du Québec depuis 1977 pour définir et implanter une nouvelle politique éducative permet d'illustrer les trois phases susmentionnées. L'élaboration, le lancement d'un livre vert et tout le processus de consultation qui s'ensuivit constituent des éléments correspondant à la phase pré-décisionnelle alors que la période de traitement de données recueillies, de la rédaction et de la publication de *L'école québécoise : énoncé de politique et plan d'action* renvoient aux caractéristiques de la phase décisionnelle. Quant à la phase post-décisionnelle, elle se résume à la mise en oeuvre des nombreuses décisions du plan d'action et à l'évaluation des résultats qui permettra d'effectuer, s'il y a lieu, les correctifs qui s'imposent.

On comprend aisément que ce cheminement idéal ne soit pas toujours respecté. Dans la pratique, il arrive que la phase pré-décisionnelle soit escamotée à cause d'une part de l'urgence du problème — on n'a pas le temps d'entreprendre des recherches! — ou à cause, d'autre part, des pressions auxquelles sont soumis les responsables politiques placés dans des situations de confrontation où ils (elles) n'ont pas d'autre choix que de s'engager dans un sens ou un autre pour faire baisser la tension ou la colère populaire. Certains prétendent qu'il ne s'agit dans ces cas que de pseudo-décisions puisqu'elles sont « prédéterminées par une série de facteurs indépendants de la volonté du décideur[11] ». Il arrive aussi qu'à la phase post-décisionnelle on oublie ou on néglige de « boucler la boucle » par le processus combien important de l'évaluation des résultats[12].

Typologies

Divers agents — politiques ou administratifs — interviennent aux différentes phases du processus décisionnel, tantôt pour définir des orientations générales, tantôt pour traduire ces orientations en séquences en vue de l'action, tantôt pour poser des gestes concrets par des opérations qui transforment la décision en action et tantôt pour fournir les ressources et les moyens nécessaires qui sont étroitement interreliés et interdépendants. Ces divers éléments nous amènent à considérer quatre types de décisions; les décisions stratégiques (des décisions d'orientation, d'élaboration d'objectifs, de formulation de finalités éducatives, de choix entre différentes alternatives), les décisions tactiques (des décisions de programmation des décisions stratégiques), les décisions opérationnelles (de mise en oeuvre de l'action proprement dite) et les décisions logistiques (de fourniture de moyens tant matériels, humains, financiers qu'informationnels en vue de la réalisation des trois types de décisions).

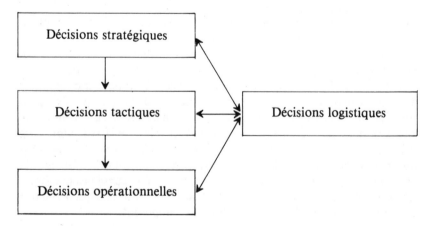

Lorsqu'une telle grille décisionnelle concerne les décisions publiques, il est possible de regrouper les quatre types de décisions en deux grandes catégories : les décisions politiques (décisions stratégiques) et les décisions de gestion (décisions tactiques, opérationnelles et logistiques).

Par décision de gestion, il faut entendre « toute mesure arrêtée dans l'intérêt public par une autorité revêtue d'un pouvoir réglementé, que cette autorité ait ou n'ait pas le caractère d'une autorité politique[13] ». Nous voguons ici principalement dans le royaume des administrateurs, gestionnaires et fonctionnaires d'un certain niveau hiérarchique. Ces décideurs qui n'ont pas à rendre compte et à faire accepter par le public les décisions qu'ils prennent sont relativement à l'abri des pressions des associations et des groupes. Cela est particulièrement vrai dans le cas des décisions tactiques et logistiques dans leurs dimensions de programmation et d'allocation. Ce sont alors des décisions qui affectent la bureaucratie dans son fonctionnement interne. On sait que depuis la publication de *L'école québécoise : énoncé de politique et plan d'action*, de nombreux comités d'élaboration de programme s'affairent au sein du MEQ, relativement à l'abri de toute forme de contestation[14]. Il n'en est pas de même des décisions opérationnelles dont la mise en oeuvre se fait toujours à l'avantage ou au détriment des administrés. Ces derniers n'hésiteront pas, quand ils se croient lésés dans leurs droits ou dans leurs privilèges, à contester avec vigueur l'application de telles décisions. On remarquera cependant que les pressions et contestations seront adressées au niveau politique même si la décision a été prise par l'appareil administratif. Nous en avons une illustration dans les dernières manifestations (printemps 1982) des étudiants du secondaire pour le maintien, en septembre 1982, de la note de passage à 50%. On se souviendra que le règlement concernant le régime pédagogique au secondaire, rendu public en 1981, prévoyait hausser la note de passage à 60%. Les affrontements politiques lors de la mise en oeuvre de décisions opérationnelles sont maintenant de plus en plus courants au Québec alors qu'on était plutôt habitué à voir les associations et les groupes intervenir massivement en amont du processus décisionnel, là où les choix stratégiques s'effectuent.

Les décisions politiques concernent aussi au premier chef l'intérêt collectif ; mais, contrairement aux décisions de gestion, elles sont particulièrement sensibles à la réalité sociale ambiante. Réservées aux élus qui doivent rendre compte à la population de la façon dont ils ont exercé le pouvoir et l'autorité qui leur ont été conférés, les décisions politiques s'enracinent dans ce qu'il est convenu d'appeler l'intérêt général dans ses ramifications les plus concrètes avec l'environnement social et politique. La plupart du temps annoncée sur le podium — quand ce n'est pas sous forme de fuite calculée pour prendre le pouls de la population — la

décision politique fait rarement l'unanimité, même lorsqu'elle est précé-
dée d'une campagne d'information et de consultation. À titre d'exemple,
signalons la position de la CEQ concernant l'énoncé de politique sur l'enseignement primaire et secondaire (livre orange). Le moins que l'on
puisse dire, c'est que cet organisme a voulu garder ses distances par rapport à cet énoncé de politique qui prétend faire des enseignants les « artisans essentiels de la réalisation du projet éducatif», placés qu'ils sont
«au cœur même de l'acte pédagogique[15]. C'est à la phase pré-
décisionnelle que les fuites sont utilisées pour tester l'accueil qui sera
réservé à telle ou telle option. Cette voie semble avoir été utilisée dans
l'élaboration de la politique de restructuration scolaire actuellement en
gestation.

La position temporelle de l'affrontement dans le processus décisionnel

Même si les deux types de décisions prétendent assurer «la bonne
marche de la société» et garantir l'intérêt commun, c'est principalement
au niveau des décisions politiques que les acteurs sociaux (groupes et individus) interviennent le plus facilement et avec le plus d'efficacité. Le
manque de « visibilité» pour le public des décisions de gestion retarde
l'intervention de ce dernier jusqu'au moment où les conséquences de telles décisions se font sentir. Certaines décisions de gestion se prêtent d'ailleurs mieux à l'affrontement que d'autres. Il est plus facile d'intervenir
lors de l'application d'une décision opérationnelle qu'au moment de l'allocation des ressources (décisions logistiques) entre les agents décisionnels. Il s'avère encore plus difficile de percer «le mystère» qui entoure
parfois la programmation (décisions tactiques) des décisions stratégiques
en décisions opérationnelles. L'engagement du ministère de l'Éducation
dans *L'école québécoise : énoncé de politique et plan d'action*, de préparer « des programmes plus précis et comportant des objectifs et des contenus essentiels obligatoires, des contenus facultatifs (...)[16]» ainsi que des
guides pédagogiques se concrétise ou s'est concrétisé dans les officines
bureaucratiques à l'abri des interventions intempestives des groupes et
des individus. Pour que la répartition des ressources entre les différentes
missions de l'État dégénère en affrontement sur la place publique, il faut
que les décisions qui sont prises mettent en danger l'existence même de
certaines institutions. Les coupures annoncées par le ministère de l'Éducation en 1981, dans les subventions accordées aux universités, sont de
cet ordre.

C'est donc au niveau de la décision stratégique et de la décision opérationnelle que les actions concertées ou non concertées des groupes et des individus ont plus de chance de se métamorphoser en affrontements politiques. Dans le premier cas, on veut orienter le choix que le décideur doit effectuer entre les différentes alternatives qui s'offrent à lui. Bref, on espère modifier la décision avant qu'elle ne devienne effective (par exemple, les manifestations des étudiants et d'autres groupes contre la défunte loi 63 alors en deuxième lecture à l'Assemblée nationale du Québec; les manifestations préventives devant le Parlement canadien contre les coupures dans les programmes sociaux à frais partagés et dans le financement de l'enseignement supérieur). Dans le second cas, on met tout en branle (jusqu'à l'occupation des lieux) pour empêcher l'application de la décision prise antérieurement (occupation par des parents des bureaux d'une commission scolaire pour empêcher l'application de la décision de fermeture d'une école de quartier, par exemple.)

Il arrive aussi que les groupes prennent l'initiative et décident de provoquer un affrontement comme mesure incitative à la prise d'une décision (manifestation d'étudiants pour la gratuité scolaire au niveau universitaire). Ils agissent alors comme catalyseurs pour déclencher chez les décideurs une action qui soit favorable à la défense de leurs intérêts et à la promotion de leur idéologie.

Les canaux de l'affrontement

Selon que l'affrontement est provoqué lors de la décision stratégique ou opérationnelle, selon qu'il constitue un stimulant visant à secouer l'inertie des décideurs ou selon l'appartenance sociale des individus et des groupes qui décident d'y recourir, son lieu d'exercice et ses voies d'accès varient considérablement. Lors de la prise de décision stratégique, les affrontements susceptibles d'avoir lieu sont, dans leurs premières manifestations, de type essentiellement verbal et idéologique, utilisant les canaux de communication formels et/ou officiels :
— commission d'enquête (dépôt d'un rapport par la SSJB ou par la Chambre de commerce de la province de Québec sur l'orientation de l'enseignement collégial);
— commissions parlementaires (audition de l'Association des institutions d'enseignement privé à l'occasion des modifications qu'on veut apporter à la loi du financement de ces institutions);
— lobbying auprès des membres de l'Assemblée nationale;
— utilisation des media (radio, télévision, journaux) par des campagnes publicitaires ou autrement;

— utilisation de sondages faits sur mesure (commandites);
— distribution de tracts.

Quand ces moyens se sont révélés inopérants, on assiste alors de la part de certains groupes (particulièrement ceux qui sont idéologiquement bien orientés) à une escalade de l'affrontement aussi bien lors de la décision stratégique qu'opérationnelle qui aboutit ultérieurement à l'utilisation de la violence comme moyen d'action pour arriver à leurs fins. On assiste alors aux batailles rangées «à la Sergio Leone» opposant d'un côté la police harnachée des dernières découvertes de la technologie policière et de l'autre, des manifestants qui, malgré leur grande nombre, font difficilement face à la musique. Les théâtres d'opérations à ce stade sont des plus diversifiés et ne sont limités que par les possibilités de l'esprit imaginatif des manifestants. Citons entre autres : défi de la loi (la loi 101 et les commissions scolaires anglophones), occupation des locaux de telle commission scolaire (Saint-Léonard en 1969), retenue des enfants à la maison pour lutter contre la fermeture d'une école de quartier (mesure devenue courante au Québec avec la baisse de la clientèle scolaire), marche sur le Parlement, défilé dans les rues, occupation des locaux dans certains départements universitaires, etc.

* * *

Les affrontements qui ont agité l'opinion publique québécoise en matière d'éducation se sont déroulés aux trois paliers du système. Au cours des années soixante et au début des années soixante-dix, le palier central était nettement privilégié en termes d'affrontements politiques. Depuis 1975, si l'on fait exception de la dernière ronde de négociation de 1979-1980 dans le secteur de l'éducation, il semble que ce soient les paliers régional (commissions scolaires) et local (les écoles) qui ont eu à faire face à de multiples affrontements. Un retour du balancier, au cours des prochaines années, ne serait pas étonnant. Les déclarations des politiciens (discours inaugural et mini-budget de novembre 1981, les dépôts des offres salariales et normatives en septembre 1982) qui sont devenus les nouveaux promoteurs d'une gestion de l'austérité ne peuvent qu'amener les syndicats et associations diverses à affûter leurs armes en vue de douloureux affrontements dont le secteur de l'éducation sera à coup sûr l'un des théâtres privilégiés. Les occasions pour tester cette grille de lecture des affrontements politiques ne manqueront donc pas à ceux qui sont intéressés par ce sujet!

Notes

Chapitre 1
Sciences de l'éducation et sciences sociales

1. Émile Durkheim, *Les règles de la méthode sociologique*, PUF, 1968.
2. Paulo Freire, *Pédagogie des opprimés*, Paris, Maspero, 1974. Centrale de l'enseignement du Québec (CEQ), *Pour une école de masse à bâtir maintenant. Proposition d'école,* 1978. Groupe « La maîtresse d'école », *Le projet de pédagogie progressiste*, Faculté des sciences de l'éducation, Université de Montréal, mars 1979.
3. O. Klineberg, *Traité de psychologie sociale*, PUF, Paris, 1964.
4. *Ibid.*, p. 143.
5. Guy Rocher, *Introduction à la sociologie générale*, tome I : *l'action sociale*, Montréal, HMH, 1969, p. 11.
6. Claude Pichette, *Analyse sociale de l'école : une approche économique*, texte ronéotypé, Faculté des sciences de l'éducation, Université Laval, déc. 1974.
7. Mao Tsé-Toung. « De la contradiction », *Cinq essais philosophiques*, Éditions en langues étrangères, Pékin, 1971.
8. Voir, à ce sujet, C.W. Backman et P.F. Secord, *A Social Psychological View of Education*, New York, Harcourt, Brace and World, 1968, chap. 4.
9. Voir à ce sujet des études comme celle de B. Jackson, *Streaming : An Educational System in Miniature*, London, Routlege and Kegan Paul, 1964 et celle de W.R. Borg, *Ability Grouping in The Public Schools*, Madison, Wis., Demkar Pub., 1966.
10. B. Jackson, *op. cit.*

Chapitre 2
Éléments de méthodes de recherche en sciences sociales

1. Albert Brimo, *Les méthodes des sciences sociales*, Paris, Montchrestien, 1972, p. 11.
2. Les résultats de recherche en sciences sociales atteignent une valeur explicative de degré très variable en raison tant de la complexité de l'objet étudié que

de l'état d'avancement des sciences sociales elles-mêmes (Pierrette Rongère, *Méthodes des sciences sociales*, Paris, Dalloz, 1972, p. 41).

Cependant, si les études de description et de classification qui cherchent à identifier systématiquement les phénomènes constituent des niveaux de recherche préalables à l'explication, elles ne sont pas moins destinées à engendrer des études explicatives. Quant à la complexité de l'objet en sciences sociales, on peut préciser qu'elle tient au fait qu'en sciences humaines le sujet est constitutif de l'objet qu'il étudie dans le double sens qu'il participe à la formation sociale à laquelle appartient son objet d'étude et qu'en plus, comme c'est aussi le cas en sciences naturelles, l'expérimentateur peut interférer sur l'objet qu'il étudie.

3. Marcel Mauss et M. Fauconnet, «La sociologie objet et méthode», dans Marcel Mauss, *Essais de sociologie*, Paris, Seuil, 1968, p. 29.

4. Madeleine Grawitz, *Méthodes des sciences sociales*, Paris, Dalloz, 1976, p. 365 et Jean-Pierre Cot et Jean-Pierre Mounier, *Pour une sociologie politique*, tome I, Paris, Seuil, 1974, p. 46.

5. Jean-Pierre Cot et Jean-Pierre Mounier, *op. cit.*, p. 27.

6. Madeleine Grawitz, *op. cit.*, p. 368.

7. On retrouve des exemples plus élaborés sur la façon de formuler un problème de recherche dans Claire Selltiz, Lawrence Wrightsman et Stuart W. Cook, *Les méthodes de recherche en sciences sociales*, Montréal, HRW, 1977, p. 55-58 et Jean-Pierre Cot et Jean-Pierre Mounier, *op. cit.*, p. 52-58.

8. Claire Selltiz *et al.*, *op. cit.*, p. 17.

9. Pour plus de précisions sur la définition opérationnelle des concepts (ou leur traduction sous forme de variables) voir Raymond Boudon, *Les méthodes en sociologie*, Paris, PUF, Collection Que sais-je? 4e éd., 1976 (1969), p. 48-58 et André Ouellet, *Processus de recherche. Une approche systémique*, Sillery, Québec, Presses de l'Université du Québec, 1981, p. 123-127.

10. Cette dernière façon d'opérationnaliser la notion de classe sociale réfère plus directement à la conception marxiste de ce concept.

11. Pierrette Rongère, *op. cit.*, p. 23.

12 Voir Claire Selltiz *et al.*, *op. cit.*, p. 45-49. Ce type d'analyse ou de discussion sera repris plus en détail au moment où nous parlerons de la lecture de tableaux dans la dernière section de ce chapitre.

13. Jean-Pierre Cot et Jean-Pierre Mounier, *op. cit.*, p. 46.

14. Claire Selltiz *et al.*, *op. cit.*, p. 13

15. *Ibid.*, p. 2.

16. *Ibid.*, p. 3.

17. Marc-Adélard Tremblay, *Initiation à la recherche dans les sciences humaines*, Montréal, McGraw Hill, 1968, p. 30.

18. «Les traditions sont des cadres de réflexion et d'expérience transmis de génération en génération. Elles représentent des solutions permanentes aux pro-

blèmes dont on hérite à la naissance, perpétuées par les techniques de sociali-sation. Ces traditions sont plus ou moins fixées. Souvent on les maintient même lorsqu'elles sont devenues dysfonctionnelles — c'est-à-dire *qu'elle ne remplissent plus les buts pour lesquels elles ont été créées.*» (Marc-Adélard Tremblay, *op. cit.*, p. 16)

19. Les données du sens commun, «ce sont les connaissances que l'on acquiert durant la vie et qui nous paraissent certaines». *Ibid.*, p. 16.

20. *Ibid.*, p. 17.

21. Claire Selltiz *et al.*, *op. cit.*, p. 6.

22. Jean-Pierre Cot et Jean-Pierre Mounier, *op. cit.*, p. 41. Au sujet de ces dis-tinctions entre la démarche scientifique et le sens commun, on peut aussi con-sulter Yan Robertson, *Sociology*, New York, Worth Publishers, 1977, chap. I.

23. Alain Massot, «Le livre vert et la récupération tranquille», *Le Devoir*, 29 mars 1978, p. 5.

24. Ministère de l'Éducation du Québec, *L'enseignement primaire et secondaire au Québec*, livre vert, Québec, Éditeur officiel, 1979, p. 11.

25. Pierre-W. Bélanger et Guy Rocher, *Analyse descriptive des données de la pre-mière cueillette,* Université de Montréal et Université Laval, 1974, les cahiers d'ASOPE, vol. I.

26. Émile Durkheim, *Le suicide. Étude sociologique*, Paris, PUF, nouvelle édi-tion, 1960. Pour un résumé de ce cas, voir Guy Rocher, *Introduction à la so-ciologie générale*, tome I, Montréal, HMH, 1969, p. 46-47.

27. Guy Rocher, *op. cit.*, p. 46.

28. Voir la distinction que fait Max Weber entre «jugement de valeur» et «juge-ment de réalité» et qui apparaît plus loin dans ce chapitre.

29. Émile Durkheim, *Les règles de la méthode sociologique*, 15e édition Paris, PUF, 1963, ch. 2.

30. Cette question de la double signification de l'objet en sciences humaines a été très bien exposée par Abraham Caplan, *The Conduct of Inquiry. Methodology for Behavioral Sciences*, San Francisco, Chandler Publishing Co., 1964, p. 282-284.

31. De cette caractéristique des sciences humaines, on en a déduit que les sciences de l'homme avaient un avantage sur les sciences de la nature, soit celui de pouvoir comprendre «de l'intérieur» les phénomènes ou les faits étudiés: «L'historien, le sociologue, le psychologue, l'économiste peuvent interpréter les phénomènes en prenant mentalement la place des sujets, en s'associant à leurs sentiments ou en adoptant leur représentation des faits. Le physicien n'a pas à se demander ce que ressent la pierre qui tombe; l'historien doit entrer dans les sentiments du général vaincu et l'accompagner dans sa chute». (Guy Rocher, *op. cit.*, p. 22).

32. K. Keniston cité par Claire Selltiz *et al., op. cit.,* p. 54.

33. Madeleine Grawitz, *op. cit.*, p. 500. Voir aussi Jean-Pierre Cot et Jean-Pierre Mounier, *op. cit.*, p. 44-46.

34. Guy Rocher, *op. cit.*, p. 56.

35. La notion de causalité à laquelle nous référons ici est toute relative au sens où, à l'intérieur d'un système relativement fermé, il est possible d'identifier selon une certaine probabilité l'influence d'un facteur sur un autre tout comme il est possible d'imaginer que cette influence puisse s'exercer autrement que selon un modèle linéaire.

36. Theodore Caplow, *L'enquête sociologique*, Paris, Armand Colin, 1970, p. 163.

37. Jean-Pierre Cot et Jean-Pierre Mounier, *op. cit.*, p. 59.

38. « Par contrôle d'une variable, on veut dire que l'on tient constantes d'un moment à un autre, toutes les variables à examiner à l'exception de celle dont on veut étudier l'influence sur le phénomène sous observation. Si l'on désire connaître les influences respectives des variables A, B, C, D et E sur un phénomène P, on les tiendra toutes constantes tour à tour à l'exception d'une que l'on fera varier, et on constatera les modifications produites sur le phénomène P. » (Marc-Adélard Tremblay, *op. cit.*, p. 51)

39. De plus, l'expérimentateur peut s'imaginer qu'il ne manipule qu'un facteur alors qu'en réalité il peut en manipuler plusieurs à la fois et il peut arriver que ces facteurs inconnus soient justement ceux qui produisent les différences. Voir Hubert Blalock, *Introduction à la recherche sociale*, Gembloux, Duculot, 1973, p. 42.

40. Jean Piaget, « La situation des sciences de l'homme dans le système des sciences », dans *Tendances principales de la recherche dans les sciences sociales et humaines*. Première partie, Sciences sociales. Paris, Mouton/Unesco, 1970, p. 28.

41. Madeleine Grawitz, *op. cit.*, p. 396. « La psychologie sociale reste la seule branche de la recherche sociale contemporaine où l'expérimentation en laboratoire constitue la méthode dominante ». (Selon Théodore Caplow, *op. cit.*, p. 166).

42. Ernest Nagel, *The Structure of Science. Problems in The Logic of Scientific Explanation*, New York, Harcourt, Brace & World, 1961, p. 504-505.

43. Pierrette, Rongère, *op. cit.*, p. 38.

44. Un exemple de ce type d'analyse serait l'étude de Pierre-W. Bélanger, « L'école polyvalente : ses incidences sociales », dans Pierre-W. Bélanger et Guy Rocher, *École et société au Québec*, Tome 2, Montréal HMH, 1970, p. 339-366.

45. Pour une brève critique de la tradition empiriste, voir Jean-Pierre Cot et Jean-Pierre Mounier, *op. cit.*, p. 41-51 et C. Wright Mills, *L'imagination sociologique*, Paris, Maspero, 1968, chap. 3.

46. Pitirim Sorokin, *Tendances et déboires de la sociologie américaine*, Paris, Aubier, 1959, p. 132.

47. Jean Poupart, «La méthodologie qualitative en sciences humaines: une approche à redécouvrir», *Apprentissage et socialisation*, Vol. 4, no. 1, 1981, p. 44.

48. Jean Poupart, *ibid.*, p. 45-46. Pour une vue synthétique de l'évolution de l'approche qualitative, on peut référer à Alvaro P. Pirés, «La méthode qualitative en Amérique du Nord: un débat manqué (1918-1960)», *Sociologie et sociétés*, vol. XIV, no 1, avril 1982, p. 15-29. Pour une bonne description sur la méthodologie qualitative, voir l'article de Daniel Bertaux, «L'approche biographique, sa validité méthodologique, ses potentialités». *Cahiers internationaux de sociologie*, vol. 69, p. 197-225.

49. Voir en particulier Madeleine Grawitz, *op. cit.*, p. 388 et Pierrette Rongère, *op.cit.*, p. 27.

50. Marc-Adélard Tremblay, *op.cit.*, p. 27.

51. Claire Selltiz *et al., op. cit.*, p. 12.

52. La fiabilité d'un instrument désigne «son aptitude à fournir une mesure constante d'un phénomène constant» (Theodore Caplow, *op. cit.*, p. 121).

53. Pour un exposé plus élaboré sur la position du problème, voir Claire Selltiz *et al., op. cit.*, ch. 3.

54. Pour plus de précisions sur ces notions, on pourra consulter Raymond Boudon, *op. cit.*, ch. 2.

Chapitre 3
L'école et et la culture

1. CEQ, «Du bulletin aux tests normalisés», *Ligne directe,* vol. 5, no 3, février 1977, p. 13-24.

2. Guy Rocher, *Introduction à la sociologie générale*, tome I, Montréal, Hurtubise HMH, 1969, p. 88.

3. *Ibid.*, p. 88.

4. *Ibid.*, p. 89.

5. *Ibid.*, p. 90.

6. *Ibid.*, p. 91.

7. Traduit de: Charles A. Valentine, *Culture and Poverty*, Chicago, University of Chicago Press, 1968, p. 3.

8. Guy Rocher, *op. cit.*, p. 65.

9. *Ibid.*, p. 34.

10. *Ibid.*, p. 69.

11. *Ibid.*, p. 69.

12. *Ibid.*, p. 69.

13. Louise Duval, «Quelques thèmes idéologiques dans la revue l'*Enseignement primaire*», *Recherches sociographiques*, IV, 1963, p. 201.

14. Guy Rocher, *op. cit.*, p. 100-101.

15. *Ibid.*, p. 100-101.

16. *Ibid.*, p. 102.

17. Denis Monière, *Le développement des idéologies au Québec, des origines à nos jours*, Montréal, Québec/Amérique, 1977, p. 13.

18. Jean-Pierre Cot et Jean-Pierre Mounier, *Pour une sociologie politique*, tome 2, Paris, Seuil, 1974, p. 57-58. Nous ne traitons pas ici du rôle de l'école dans la transmission de cette idéologie dominante puisque cette argumentation sera reprise dans des chapitres ultérieurs.

19. Joseph H. Fichter, *La sociologie. Notions de base*, Paris, 1960, Éditions universitaires, p. 224.

20. Au sujet des attentes contradictoires auxquelles sont soumis les éducateurs, voir Guy Rocher, «Éducation et révolution culturelle», Pierre W. Bélanger et Guy Rocher, *École et société au Québec. Éléments d'une sociologie de l'éducation*, Montréal, HMH, 1975, p. 127-128.

21. Un exemple de cette approche : Francine Descarries-Bélanger, *L'école rose... et les cols roses. La reproduction de la division sociale des sexes*, Albert Saint-Martin, Centrale de l'enseignement du Québec (CEQ), 1980.

22. Thérèse Hamel, *L'obligation scolaire au Québec : lieu et enjeu de la lutte des classes*, thèse de doctorat, Sorbonne, Paris, 1981.

23. Max Figueroa, Abel Prieto et Raoul Gutierrez, *L'école secondaire de base à la campagne : une innovation pédagogique*, Bureau international de l'éducation de l'UNESCO, Paris, Les Presses de L'UNESCO, 1974.

24. À ce sujet, voir entre autres Pierre Furter, «Les dimensions politiques d'une éducation libératrice», *Orientations*, no 44, octobre 1972, p. 83-94; Paulo Freire, *L'éducation : pratique de la liberté*, Paris, Les Éditions du Cerf, 1973, et du même auteur, *Pédagogie des opprimés*, Paris, Maspero, 1974.

Chapitre 4
Le processus de socialisation à l'école

1. Cette caractéristique de la culture s'étend aussi aux idéologies, dont on peut dire qu'elles constituent un des éléments de la culture.

2. Guy Rocher, *Introduction à la sociologie générale*, tome 1, Montréal, Hurtubise HMH, 1969, p. 105.

3. *Ibid.*, p. 110.

4. *Ibid.*, p. 135-136.

5. Pour une analyse de ces deux types de sociétés, voir Guy Rocher, *op. cit.*, tome 2, ch. VII.

6. Nous nous inspirons largement pour ce faire d'un document de travail, «Les fonctions du système d'éducation et de l'école dans la société contempo-

raine», rédigé par nous-mêmes à l'intention du Conseil supérieur de l'éducation du Québec, miméo., Québec, 1967.

7. Guy Rocher, *op. cit.*, tome 1, p. 122-129.

8. Émile Durkheim, *Éducation et Sociologie*, Paris, PUF, 1966; Talcott Parsons, « La classe en tant que système social : quelques-unes de ses fonctions la société américaine», dans A. Gras (éd.), *Sociologie de l'éducation. Textes fondamentaux*, Paris, Larousse, 1974, p. 57-66; Burton Clark, *Educating the Expert Society*, San Francisco, Chandler, 1962; Robert Dreeben, *On What is Learned in School*, Reading, Mass., Addison-Wesley, 1968.

9. Pierre Bourdieu et Jean-Claude Passeron, *La reproduction*, Paris, Minuit, 1970; Christian Baudelot et Roger Establet, *L'école capitaliste en France*, Paris, Maspero, 1971; Louis Althusser, «Idéologie et appareils idéologiques d'État», *La Pensée*, no 151 (juin), 1970, p. 3-38; Nicos Poulantzas, «Les classes sociales», *L'homme et la société*, no 24-25, 1972, p. 23-55; Martin Carnoy, *Education as Cultural Imperialism*, New York, David McKay, 1974; Samuel Bowles et Herbert Gintis, *Schooling in Capitalist America : Educational Reform and the Contradictions of Economic Life*, New York, Basic Books, 1976.

10. C'est cette perspective d'analyse qui a inspiré les auteurs du manifeste de la Corporation des enseignants du Québec, *L'école au service de la classe dominante*, Québec, 1972.

11. Christopher Hurn, *The Limits and Possibilities of Schooling. An Introduction to the Sociology of Education*, Boston, Allyn and Bacon, 1978.

12. Aimée Leduc, avec la collaboration de Pierre-W. Bélanger et André Juneau, *Les manuels d'histoire du Canada*, Québec, École de pédagogie et d'orientation de l'Université Laval, 1963, p. 35, 43 et 55.

13. On trouvera sur le même sujet un article de Marcel Trudel et Geneviève Jain, «L'histoire du Canada : enquête sur les manuels», p. 105-122, Pierre W. Bélanger et Guy Rocher, *École et société au Québec. Éléments d'une sociologie de l'éducation au Québec*, 2 tomes, Montréal, Hurtubise HMH, 1970. L'analyse que les auteurs font des objectifs de l'enseignement de l'histoire, de certains thèmes généraux, de certains thèmes spéciaux et de l'idéal de vie proposé aux jeunes Canadiens met en relief les orientations culturelles et les idéologies dont s'inspirent les manuels français et les manuels anglais, de même que l'écart considérable qui sépare les deux types de manuels.

14. Lise Dunnigan, *Analyse des stéréotypes masculins et féminins dans les manuels scolaires du Québec*. Conseil de statut de la femme, Québec, 1975.

15. Marielle Durand, «La relation adulte-enfant dans la littérature enfantine», *Revue des sciences de l'éducation*, vol. II, no 3, 1976, p. 223-248.

16. Nicole Gagnon, «L'idéologie humaniste dans la revue *L'enseignement secondaire*, Pierre-W. Bélanger et Guy Rocher, *op. cit.*, p. 59-90.

17. Le concept d'idéologie réfère, comme on l'a vu au chapitre 3, à un ensemble d'idées, de jugements qui servent à interpréter la situation d'un groupe ou

d'une collectivité en s'inspirant des valeurs de la culture, en vue de justifier une action à entreprendre ou à continuer. S'il est possible dans cette perspective d'identifier des idéologies globales servant à définir la situation de l'ensemble d'une collectivité en vue de l'action, le concept d'idéologie peut aussi référer à des définitions de situations relatives à un secteur plus limité d'une collectivité ou d'une de ses institutions ou de ses mouvements sociaux. C'est dans ce sens qu'on peut parler d'idéologies scolaires.

18. Pierre-W. Bélanger et André Juneau, «Les maîtres de l'enseignement primaire: étude socio-culturelle», Pierre-W. Bélanger et Guy Rocher, *op. cit.*, p. 91-104.

19. On trouvera des données sur certaines orientations sociales et politiques des enseignants québécois, de même que sur leur conception des fonctions sociales de l'éducation et sur leurs attitudes face aux inégalités en éducation, dans Pierre-W. Bélanger et Guy Rocher, *ASOPE, Analyse descriptive des données de la première cueillette: les enseignants*, Québec, Université Laval, Faculté des sciences de l'éducation, 1974. On trouvera aussi des données sur certaines caractéristiques socio-culturelles des enseignants québécois, de même que sur les valeurs qu'ils privilégient dans R.-A. Cormier, C. Lessard, P. Valois et L. Toupin, *Les enseignants et les enseignantes au Québec, une étude socio-pédagogique*, volumes 3 et 4, Québec, ministère de l'Éducation, Service de la recherche, 1979 et 1981.

20. Claude Trottier, «Les enseignants comme agents de socialisation politique au Québec», *Revue canadienne de l'éducation*, vol. 7, no 1, 1982, p. 35.

21. Robert Dreeben, *On What is Learned in School*, Reading, Mass., Addison-son Wesley, 1969.

22. Urie Bronfenbrenner, *Enfants russes, enfants américains*, Paris, Éditions Fleurus, 1970.

23. *Ibid.*, p. 55.

Chapitre 5
L'éducation: facteur de mobilité
ou de reproduction sociale?

1. Sociologie, *Les dictionnaires Marabout Université*, tome 2, Paris, 1970, p. 414-415.

2. Paul Virton, *Les dynamismes sociaux*, tome 1, Paris, Les Éditions ouvrières, 1964, p. 206.

3. Raymond Boudon, *L'inégalité des chances; la mobilité sociale dans les sociétés industrielles*, Paris, Armand Colin, 1973, p. 7.

4. Émile Pin, *Les classes sociales*, Paris, Spes, 1962, p. 132.

5. Paul Virton, *op. cit.*, p. 208-209.

6. On entend ici par éducation l'ensemble des connaissances, habiletés, attitudes, etc., que l'on acquiert à l'école pendant la scolarité obligatoire et / ou post-obligatoire.

7. Christopher J. Hurn, *The Limits and Possibilities of Schooling*, Toronto, Allyn and Bacon, 1978, p. 32; Torsten Husén, *Origine sociale et éducation: Perspectives de recherches sur l'égalité devant l'éducation*, Paris, OCDE, 1972, p. 34-41 et *Influence du milieu sociale sur la réussite scolaire*, Paris, OCDE, 1975, p. 32-33; Pierre Roberge, *Le nombril vert et les oreilles molles: L'entrée des jeunes Québécois dans la vie active dans le second tiers des années 1970*, ASOPE, Université Laval, 1979, p. 56.

8. Robert Havighurst, «Education and Social Mobility in our Society», A.H. Halsey *et al.*, *Education, Economy and Society*, New York, Free Press, 1961, p. 120.

9. Pierre Roberge, *op. cit.*, p. 5-6.

10. Pierre Roberge, *op. cit.*, p. 47.

11. D'autant plus que ce 4% de diplômés universitaires ont plus de chances de changer de statut au cours de leur carrière.

12. Plusieurs études confirment ce résultat. Voir, par exemple, Christopher Jencks, *L'inégalité: influence de la famille et de l'école en Amérique*, Paris, PUF, 1979, p. 180 et suiv.; Burton R. Clark, *Educating the Expert Society*, San Francisco, Chandler, 1962, p. 70.

13. Torsten Husen, 1975, *op. cit.*, p. 37.

14. W.H. Sewell et V.P. Shah, «Socioeconomic Status, Intelligence and Attainment of Heigher Education», J. Karabel et A.H. Halsey, *Power and Ideology in Education*, New York, Oxford University Press, 1978, p. 204.

15. Raymond Breton, *Le rôle de l'école et de la société dans le choix d'une carrière chez la jeunesse canadienne*, Ottawa, Main-d'oeuvre et Immigration, 1972, p. 153-158.

16. Christopher Jencks *op. cit.*, p. 143-151 et 163-166.

17. *Ibid.*, p. 151-153 et 166-169.

18. *Ibid.*, p. 153.

19. *Ibid.*, p. 157-163; voir aussi Mohammed Cherkaoui, *Les paradoxes de la réussite scolaire*, Paris, PUF, 1979, notamment p. 43-48.

20. Pierre Bourdieu et Jean-Claude Passeron, *Les héritiers: les étudiants et la culture*, Paris, Minuit, 1964 et *La reproduction*, Paris, Minuit, 1970.

21. Daniel Bertaux, *Destins personnels et structure de classe*, Paris, PUF, 1977.

22. Basil Bernstein, «Social Class, Language and Socialization», dans J. Karabel et A.H. Halsey, *op. cit.*

23. Christian Baudelot et Roger Establet, *L'école capitaliste en France*, Paris, Maspero, 1971, p. 49-123 et *L'école primaire divise*, Paris, Maspero, 1975, p. 87-107; voir aussi Alain Massot, *Cheminements scolaires dans l'école québécoise après la réforme*, ASOPE, Université Laval, 1979.

24. Raymond Breton, *op. cit.*

25. Christopher Jencks, *op. cit.*, p. 156; Raymond Breton, *op. cit.*, p. 149-153; Michel Tort, *Le quotient intellectuel*, Paris, Maspero, 1975.

26. Raymond Breton, *op. cit.*, p. 127-129.

27. Mohammed Cherkaoui, *op. cit.*, p. 63-66.

28. Roger Girod, *Mobilité sociale*, Genève, Droz, 1971, p. 123; voir aussi Richard Rosenthal et Lenore F. Jacobson, *Pygmalion à l'école: l'attente du maître et le développement intellectuel des élèves*, Paris, Casterman, 1971.

29. Muriel Garon-Audy *et al.*, *Mobilités professionnelles et géographiques au Québec 1954-64-74*, Montréal, CRDE, 1979.

30. *Ibid.*, p. 378, voir, pour une description plus complète de l'échantillon, notamment p. 28-50 et 116-120.

31. Sur la façon dont sont calculées les chances relatives comparées, voir Muriel Garon-Audy *et al.*, *op. cit.*, p. 180-182 ou Leo A. Goodman, «How to Ransack Social Mobility Tables and Other Kinds of Cross-Classification», *American Journal of Sociology*, vol. 75, juil. 1969, p. 1-40. Par ailleurs les chances relatives se lisent comme suit: par exemple, pour l'année 1954 (tableau 5), les chances d'un fils de professionnel de rester dans sa catégorie sociale plutôt que de se trouver dans toute autre catégorie étaient de 3,882 et ses chances de descendre dans la catégorie de manoeuvre plutôt que de se destiner à toute autre catégorie étaient de 0,398 et ainsi de suite. Autrement dit, si les places de destination étaient réparties de façon égalitaire entre les fils de toutes les catégories d'origine, on aurait eu, dans chacune des cellules du tableau 5, un taux de chances relatives égal à 1,00, ce qui aurait signifié une égalité de chances d'appartenance socio-professionnelle indépendamment de l'origine sociale. Mais tel n'est pas le cas.

32. Muriel Garon-Audy *et al.*, *op. cit.*, p. 185-186, voir aussi p. 60-61 et p. 70.

33. Ces chiffres indiquent ce qu'on appelle, dans les études de mobilité sociale, les taux d'hérédité ou de reproduction sociale.

34. Il faut remarquer l'absence de la catégorie PP de ce tableau, car, on l'a noté auparavant, cette catégorie cesse d'attirer la clientèle des différentes couches sociales.

35. Muriel Garon-Audy *et al.*, *op. cit.*, p. 188.

36. *Ibid.*, p. 195 et 358.

37. Les conclusions de Muriel Garon-Audy *et al.* concordent avec les résultats de beaucoup d'autres études sur la mobilité sociale. Voir, par exemple, Daniel Bertaux, 1977, *op. cit.*, notamment p. 33-39 et 71-72; voir aussi du même auteur, «Questions de stratification et de mobilité sociale», *Sociologie du travail*, no 2, avril-juin 1972, p. 116-135 et «Pour sortir de l'ornière néo-positiviste», *Sociologie et sociétés*, vol. VIII, no 2, octobre 1976, p. 119-134; Seymour M. Lipset et Reinhard Bendix, «La mobilité socialedes sociétés industrielles», dans Alain Gras, *Sociologie de l'éducation*, Paris, Larousse, 1974, p. 283-297; Christopher Jencks, *op. cit.*, p. 179; Christopher Hurn, *op. cit.*, p. 91; Melvin Tumin, *La stratification sociale: les formes et les fonctions de l'inégalité*, Duculot, 1971, p. 85; Raymond Boudon, *L'inégalité des chances: la mobilité sociale dans les sociétés industrielles*, Paris, Armand Colin, 1973, p. 175.

38. Pierre Roberge, *op. cit.*, p. 62, 65 et 66.

39. Ces deux résultats contredisent ceux obtenus par Roger Girod sur une population un peu plus âgée. Roger Girod, *Inégalité, inégalités: analyse de la mobilité sociale*, Paris, PUF, 1977, p. 66-68 surtout.

40. Pierre Roberge, *op. cit.* Ce résultat a déjà été mis en évidence par d'autres recherches portant sur l'ensemble des Canadiens français et anglais du Canada; voir Hugh A. McRoberts *et al.*, « Différence dans la mobilité professionnelle des francophones et des anglophones », *Sociologie et sociétés*, vol. 8, no 2, octobre 1976, p. 61-79.

41. Ce résultat semble être inversé lorsqu'on compare les deux ethnies à l'échelle de tout le Canada et non pas seulement au Québec. Voir Hugh A. McRoberts *et al.*, *op. cit.*, p. 78.

42. C'est ce que Roger Girod désigne par le terme de « contre-mobilité ». Voir Roger Girod, 1971, *op. cit.*, p. 44 et suiv; aussi « Typologie séquentielle de la mobilité et analyse causale », *Sociologie et sociétés*, vol. 8, no 2, octobre 1976, p. 116-117; également *Inégalité, inégalités...*, *op. cit.*, p. 165-166; voir aussi Paul Bernard et Jean Renaud, « Contre-mobilité et effets différés: une réflexion sur la transmission des biens inclusifs et des biens exclusifs », *Sociologie et sociétés*, vol. 8, no 2, oct. 1976, p. 81-97.

43. Seymour M. Lipset, « La mobilité sociale et les objectifs socialistes », *Sociologie et sociétés*, vol. 4, no 2, novembre 1972, p. 194-224.

44. Christopher Hurn, *op. cit.*, notamment p. 100-102.

45. Raymond Boudon, *op. cit.*, p. 211-220; Henri Mendras, *Éléments de sociologie*, Paris, Armand Colin, 1975, p. 207-208.

46. Christopher Jencks, cité par Raymond Boudon, « Avant-propos », dans C. Jencks, *op. cit.*, p. 9.

47. Christopher Jencks, *op. cit.*, p. 194.

48. Christopher Jencks, cité par Raymond Boudon, *op. cit.*, p. 9-10.

Chapitre 6
Stratification, classes sociales
et fonction de l'école

1. Voir par exemple Kingsley Davis et Wilbert Moore, « Some Principles of Stratification », *Class, Status and Power in Comparative Perspective*, Reinhard Bendix et Seymour M. Lipset, New York, Free Press, 1966, p. 47-52; Melvin Tumin, *Stratification sociale*, Belgique, Duculot, 1971.

2. Voir Claude Trottier, chapitre 4, dans cet ouvrage, pour une comparaison entre les sociétés traditionnelles et les société technologiques. Voir aussi Guy Rocher, *Introduction à la sociologie générale*, tome II, Montréal, HMH, 1968, p. 200-231.

3. Nous ne donnons ici qu'une présentation schématique, à titre d'exemple, de l'analyse de Talcott Parsons, *Éléments pour une sociologie de l'action*, Paris, Plon, 1955; « La classe en tant que système social », Alain Gras, *Sociologie de l'éducation*, Paris, Larousse, 1974, p. 57-66. Voir aussi François Bourricaud,

L'individualisme institutionnel, Paris, PUF, 1977; Robert K. Merton, *Éléments de théorie et de méthode sociologique*, Paris, Plon, 1965; G. Rocher, *op. cit.*, tomes I, II et III. Pour une lecture critique de l'analyse fonctionnelle, voir, par exemple, Nicole Laurin-Frenette, *Classes et pouvoir: les théories fonctionnalistes*, Montréal, PUM, 1978; Jean Cazeneuve, *Dix notions de la sociologie*, Paris, Seuil, 1976.

4. Guy Rocher, *Talcott Parsons et la sociologie américaine*, Paris, PUF, 1972, p. 88.

5. Abraham H. Maslow, *Motivation and Personality*, New York, Harper, 1954; *Toward a Psychology of Being*, Princeton, Van Nostrand, 1962.

6. Guy Rocher, *op. cit.*, tome II, p. 298.

7. *Ibid.*, p. 297.

8. Pour la définition du concept de rôle et des notions connexes, voir le texte de Renée Cloutier sur «L'école et la culture» dans cet ouvrage.

9. Certains auteurs soutiennent cependant que l'occupation constitue l'indicateur le plus pertinent des positions sociales; voir à ce sujet Peter Blau et Otis V. Duncan, *The American Occupational Structure*, New York, Wiley, 1967; Kaare Svalastoga, *Social Differenciation*, New York, David McKay, 1965. D'autres affirment que le «capital culturel» présente l'élément fondamental de la division sociale; voir, par exemple, Pierre Bourdieu, «Condition de classe et position de classe», *Archives européennes de sociologie*, VII, 1966.

10. Bernard Blishen et Hugh McRoberts, «A Revised Socioeconomic Index for Occupations in Canada», *Revue canadienne de sociologie*, vol. 13, no 1, 1976, p. 71-79.

11. Melvin Tumin, *op. cit.*, p. 35.

12. Les mécanismes de socialisation ont été décrits par Claude Trottier, au chapitre 4 de cet ouvrage.

13. L'analyse qui suivra étant fondamentalement inspirée de la théorie parsonienne de la socialisation, le lecteur qui voudra voir une autre variation de l'approche fonctionnaliste et de son application à l'interprétation du rôle que joue l'école dans la société canadienne pourra consulter Raymond Breton, *Le rôle de l'école et de la société dans le choix d'une carrière chez la jeunesse canadienne*, Ottawa, Main-d'oeuvre et Immigration, 1972. Pour la province de Québec, Pierre-W. Bélanger et Guy Rocher, *École et société au Québec*, Montréal, HMH, 1975, 2 tomes; Sergio M. Arzola, *Situation de classe et idéologie éducationnelle chez les étudiants du secondaire V au Québec*, thèse de doctorat, Université Laval, 1980.

14. Talcott Parsons, *op. cit.*, (1974), p. 64.

15. *Ibid.*, p. 65.

16. Voir Raymond Murphy, *Sociological Theories of Education*, Toronto, McGraw-Hill Ryerson, 1979; Christopher Hurn, *The Limits and Possibilities of Schooling*, Boston, Allyn and Bacon, 1978; Jerome Karabel et A.H. Halsey, «Education Research: A Review and an Interpretation», *Power and Ideology in Education*, New York, Oxford University Press, 1978, p. 1-85.

17. Raymond Murphy, *op. cit.*

18. Voir à ce sujet Christopher Jencks, *Influence de la famille et de l'école en Amérique*, Paris, PUF, 1979; Pierre Bourdieu et Jean-Claude Passeron, *La reproduction*, Paris, Minuit, 1979; Basil Bernstein, «Social Class and Linguistic Development», A.M. Halsey *et al.*, *Education, Economy and Society*, New York, Macmillan, 1961, p. 288-314; Jacques Lautrey, *Classe sociale, milieu familial, intelligence*, Paris, PUF, 1980.

19. Voir les ouvrages suivants de Raymond Boudon: *L'inégalité des chances*, Paris, Armand Colin, 1973; *Effets pervers et ordre social*, Paris, PUF, 1977; *La logique du social*, Paris, Hachette, 1979; Mancur Olson, *Logique de l'action collective*, Paris, PUF, 1978; Roger Daval, *Logique de l'action individuelle*, Paris, PUF, 1981; Mireille Lévesque et Louise Sylvain, *Après l'école secondaire: étudier ou travailler, choisit-on vraiment?*, Québec, Conseil supérieur de l'éducation, 1982.

20. Friedrich Engels, *Socialisme utopique et socialisme scientifique*, Paris, Éd. sociales, 1971, p. 36-37.

21. Martha Harnecker et Gabriela Uribe, *Exploiteurs et exploités*, Cahier de formation no 1, Montréal, Québec-Amérique latine, 1973, p. 5. Voir aussi Karl Marx, *Le capital*, livre premier, tome 1, Paris, Éd. sociales, 1975, p. 181.

22. Martha Harnecker et Gabriela Uribe, *Exploitation capitaliste*, Cahier de formation no 2, Montréal, Québec-Amérique latine, 1973, p. 9. Voir aussi Karl Marx, *op. cit.*, p. 55 et 59.

23. *Ibid.*, p. 11.

24. B. Marx, *L'économie capitaliste*, Paris, Éd. sociales, 1979, p. 48.

25. Étymologiquement, le mot «salaire» (de salarium, de sal: le sel) signifiait littéralement «la rémunération qui permet d'acheter le sel, le sel indispensable à la vie». Pierre Goguelin, «L'évolution du travail de l'année 1000 à l'année 1700», *Que va devenir le travail?*, Paris, Entreprise moderne d'éditions, 1978, p. 22.

26. Qu'on appelle profit ou bénéfice dans le langage quotidien.

27. Martha Harnecker, *Les concepts fondamentaux du matérialisme historique*, Bruxelles, Éd. Contradictions, 1974, p. 241; voir aussi p. 238-241 pour une démonstration plus approfondie sur la formation de la plus-value. Voir également Friedrich Engels, *Sur le capital de Marx*, Moscou, Éd. du Progrès, 1978, p. 113-117 et p. 132-134.

28. Voir à ce sujet, par exemple, Nicos Poulantzas, *Les classes sociales dans le monde d'aujourd'hui*, Paris, Seuil, 1974, p. 224-232 et Céline Saint-Pierre, «De l'analyse des classes sociales dans le mode de production capitaliste», *Socialisme québécois*, no 24, 1974, p. 16-17.

29. Voir Karl Marx, cité par Céline Saint-Pierre, *op. cit.*, p. 17.

30. Céline Saint-Pierre, *op. cit.*, p. 20.

31. Pour un approfondissement, voir Martha Harnecker, *op. cit.*, p. 35-37.

32. L'exploitation existait dans des modes de production antérieurs, mais elle prend des formes spécifiques dans le mode de production capitaliste. Voir, par exemple, Martha Harnecker et Gabriela Uribe, *op. cit.*, cahier no 2.

33. Karl Marx, *Contribution à la critique de l'économie politique*, Paris, Éd. sociales, 1957, p. 4.

34. Voir à ce sujet Charles Bettelheim, «Rapports d'exploitation et luttes de classes en URSS». *Les cahiers du socialisme*, no 5, 1980, p. 137-142.

35. La structure économique n'a pas toujours eu le rôle de dominance et de détermination. Ainsi, on peut donner l'exemple du mode de production féodal où les seigneurs n'avaient pas la propriété des moyens de production, mais les lois et l'idéologie religieuse obligeaient les serfs à travailler pour les seigneurs.

36. Karl Marx, cité par Martha Harnecker, *op. cit.*, p. 158.

37. On appelle ce mode de production *le mode de production marchand simple*.

38. Pour une application du matérialisme historique à l'analyse des classes sociales au Québec, voir par exemple, Anne Legaré, *Les classes sociales au Québec*, Montréal, Presses de l'Université de Montréal, 1977 et Paul R. Bélanger et Céline Saint-Pierre, «Dépendance économique, subordination politique et oppression nationale», *Sociologie et sociétés*, vol. 2, octobre 1978, p. 123-147.

39. Martha Harnecker, 1974, *op. cit.*, p. 111. La formation de l'État comme État de classe a accompagné, historiquement, l'apparition de la propriété privée et la division sociale du travail; voir à ce sujet Friedrich Engels, *L'origine de la famille, de la propriété et de l'État*, Paris, Éd. sociales, 1975, p. 165-186.

40. Cette appellation nous apparaît plus appropriée que celle de «classes laborieuses» adoptée par Céline Saint-Pierre, 1974, *op. cit.*, p. 20. En fait, la classe ouvrière est aussi une classe laborieuse. «Classe des salariés exécutants» nous donne du même coup la fonction économique de ces travailleurs (travail salarié) et la fonction politique (exécution) qui les différencie d'autres salariés que l'on verra plus loin. Mais nous ne pensons pas que la classe des salariés exécutants compte uniquement les travailleurs improductifs (voir collectif de recherche, *La division en classes sociales*, Québec, Université Laval, département de sociologie, 1974, p. 25-27). Car les salariés indirectement productifs n'ont pas, non plus, le contrôle du travail.

41. La brièveté de cet exposé ne devrait pas laisser l'impression qu'il n'existe pas de contradictions secondaires entre les fractions constitutives de chaque classe. Voir à ce sujet Paul R. Bélanger et Céline Saint-Pierre, *op. cit.*, p. 124-136; Anne Legaré, *op. cit.*, notamment p. 165-177; Revue *Faire*, «Crise et avenir de la classe ouvrière», Paris, Seuil, 1979, p. 91-98.

42. Céline Saint-Pierre, *op. cit.*, p. 28.

43. *Ibid.*, p. 27.

44. Cependant la nouvelle petite bourgeoisie ou certaines de ses fractions peuvent promouvoir certaines réformes et entrer en contradiction avec la classe capitaliste (exemple de la révolution tranquille au Québec). Mais ces réformes ne visent pas nécessairement l'abolition de l'exploitation et l'instauration de

nouveaux rapports sociaux. Voir, par exemple, Paul-R. Bélanger et Céline Saint-Pierre, *op. cit.*

45. Nicos Poulantzas, *op. cit.*, p. 354.

46. Martha Harnecker et Gabriela Uribe, *Les classes sociales*, Cahier de formation no 3, Montréal, Québec-Amérique latine, 1973, p. 12; Daniel Bertaux, *Destins personnels et structure de classe*, Paris, PUF, 1977, p. 79-83; Nicos Poulantzas, *op. cit.*, p. 354.

47. Martha Harnecker, *op. cit.*, p. 151-152.

48. Martha Harnecker et Gabriela Uribe, *op. cit.*, cahier no 1, p. 8.

49. Ces luttes économiques ont pour objet l'amélioration / détérioration des conditions de travail, l'augmentation / baisse du salaire et la réduction / augmentation (ou maintien) de la durée de la journée de travail.

50. Maintien de l'exploitation (classe capitaliste); abolition de la propriété privée des moyens de production, de l'exploitation et de la domination, etc. (classe ouvrière).

51. Martha Harnecker et Gabriela Uribe, *op. cit.*, cahier no 3, p. 17.

52. Si les agents s'identifient aux intérêts de leur classe objective, on dira qu'il y a concordance entre leur appartenance de classe et leur position de classe; dans le cas contraire on dira qu'il y a contradiction.

53. Nous devons cette distinction à Robert Fossaert, *La société*, tome 1: *Une théorie générale*, Paris, Seuil, notamment p. 128-132, et tome 4: *Les classes sociales*, p. 24-35.

54. Voir à ce sujet Pierre Ansart, *Idéologie, conflits et pouvoirs*, Paris, PUF, 1977, surtout p. 84-88; Michel Voisin, *Approche de l'idéologie*, Presses universitaires de Liège, 1974, p. 32; Louis Althusser, «Idéologie et appareils idéologiques d'État», *Positions*, Paris, Éd. sociales, 1976, notamment p. 94.

55. L'histoire passée et présente bouillonne d'exemples où, toutes les fois où la classe dominante politiquement est autre que celle qui domine économiquement, s'établit une alliance entre les deux classes ou une domination de l'une sur l'autre. Voir à ce sujet le chapitre 12 du présent ouvrage. D'autre part, la domination politique peut aussi résulter d'une alliance entre la bourgeoisie (ou certaines de ses fractions) et d'autres classes ou fractions de classe. Voir, par exemple, Nicos Poulantzas, «Les classes sociales», *L'Homme et la société*, nos 24-25, Paris, 1972, p. 43-49.

56. Antoine Baby, «Le thème du maître idéal et l'idéalisme pédagogique», communication présentée dans le cadre du colloque «L'enfant et son environnement», Université de Sherbrooke, juin 1979, p. 12-14.

57. Le concept d'idéologie prend, dans le matérialisme historique, un sens différent de celui que lui donnent habituellement les théories fonctionnalistes (voir chapitre 3). Ici, nous ne définissons l'idéologie que dans son rapport avec l'appareil scolaire. Pour un approfondissement, voir, par exemple, Karl Marx et Friedrich Engels, *L'idéologie allemande*, Paris, Éd. sociales, 1977; Louis Althusser, *op. cit.*, p. 97-125; Nicos Poulantzas, *Pouvoir politique et classes sociales*, tome 2, Paris, Maspero, 1971, p. 15-47; Martha Harnecker,

op. cit., p. 85-98; André Tosel, « Idéologisation et théorie de l'idéologie », *Les idéologies dans le monde actuel*, Desclée De Brouwer, 1971, p. 220-229; Gérard Mendel et Christian Vogt, *Le manifeste éducatif*, Paris, Payot, 1973, p. 13-44 et Michel Voisin, *op. cit.*, p. 4-30.

58. Pour une application de l'approche matérialiste historique à l'analyse de l'école au Québec, voir, par exemple, Centrale de l'enseignement du Québec (CEQ), *École et luttes des classes au Québec*, Québec, CEQ, 1974 et Claude Escande, *Les classes sociales au CEGEP*, Montréal, Parti Pris, 1973.

59. Louis Althusser, *op. cit.*, p. 94-95; Gérard Mendel et Christian Vogt, *op. cit.*, p. 130.

60. Marc Riglet, « L'école et la révolution », *Revue française de science politique*, vol. 28, no 3, juin 1978, p. 489-490.

61. Christian Baudelot et Roger Establet, *L'école capitaliste en France*, Paris, Maspero, 1976, p. 276.

62. Nicos Poulantzas (1972), *op. cit.*, p. 50.

63. Futurs ouvriers, petits bourgeois, capitalistes.

64. Voir chapitre 8 de cet ouvrage; voir aussi Claude Escande, *op. cit.*, et CEQ, *op. cit.*

65. Nicos Poulantzas (1972), *op. cit.*, p. 51; Christian Baudelot et Roger Establet, *op. cit.*, p. 284; Christian Vogt, *L'école socialiste*, Paris, Scarabée, 1979, p. 50.

66. Certes, l'école permet à une minorité d'enfants de la classe ouvrière de « monter » socialement, de changer de classe. Mais il s'agit là, dans bien des cas, d'une mobilité structurelle dont l'origine réside fondamentalement dans les transformations conjoncturelles que subit périodiquement la structure professionnelle et les institutions qui lui sont liées. Voir, par exemple, Pierre Dandurand *et al.*, « Développement de l'enseignement supérieur, classes sociales et luttes nationales au Québec », *Sociologie et sociétés*, vol. 12, no 6, avril 1980, p. 101-131 et Muriel Garon-Audy *et al.*, *Mobilités professionnelles et géographiques au Québec: 1954-1974*, Montréal, CRDE, 1979.

67. Daniel Bertaux, *op. cit.*, p. 59.

68. *Ibid.*, p. 65-66.

69. C'est pour cette raison que l'école « dispose pendant autant d'années de l'audience obligatoire (...) 5 à 6 jours sur 7 à raison de 8 heures par jour, de la totalité des enfants de la formation sociale capitaliste ». Louis Althusser, *op. cit.*, p. 95-96.

70. Louis Althusser, *op. cit.*, p. 95. C'est nous qui soulignons.

71. Christian Baudelot et Roger Establet, *op. cit.*, p. 274.

72. *Ibid.*, p. 275.

73. L'occultation des rapports d'exploitation a pour but de créer l'illusion d'une cohésion ou solidarité sociale imaginaire. Voir à ce sujet Nicos Poulantzas, (1971), *op. cit.*, notamment p. 29-33 et Pierre Ansart, *L'occultation idéologique*, 1972, p. 214-215.

74. C'est aussi de cette manière que l'école contribue à créer chez les enfants d'ouvriers, par exemple, une position de classe qui ne correspond pas aux intérêts de leur classe d'appartenance.

75. Car il faut se rappeler que les deux catégories : « bons / pas bons », renvoient en définitive au duo : travail intellectuel / travail manuel. Or, qui peut soutenir réellement que l'un est bon et l'autre pas ?

Chapitre 7
Les inégalités sociales dans l'école québécoise des années soixante-dix

1. C. Jencks *et al.*, *Inequality. A Reassessment of the Effects of Family and Schooling in America*, New York, Basic Books, 1972, p. 4.

2. Conseil du statut de la femme, *L'accès à l'éducation pour les femmes au Québec*, Québec, 1976, p. 10.

3. D. Dufour, *La fréquentation scolaire au Québec, 1966-1986,* Direction générale de la planification, Québec, ministère de l'Éducation, mai 1974, p. 12.

4. D. Dufour, *Perspectives de clientèles scolaires pour le Québec et ses régions administratives scolaires de 1981 à 2001*, Direction des études économiques et démographiques, Québec, ministère de l'Éducation, 1981, p. 13.

5. Ces données proviennent du projet ASOPE (Aspirations Scolaires et Orientation Professionnelle des Étudiants), Université de Montréal.

6. P. Bourdieu, *La reproduction*, Paris, Minuit, 1970, p. 144.

7. Raymond Boudon, « Comment on Hanser's Review of Education. Opportunity and Social Inequality », *American Journal of Sociology*, vol. 81, no 5, 1976, p. 1180.

8. Raymond Boudon, communication présentée lors de la réunion du comité de recherche sur la stratification sociale de l'Association internationale de sociologie, Genève, 1975, (non publié), p. 15 et 17.

9. Raymond Boudon, *L'inégalité des chances*, Paris, Armand Colin, 1973, p. 108.

10. *Ibid.*, p. 116-117.

11. L. Thurow, « Education and Economic Inquality », *The Public Interest*, no 28, (1972), p. 68.

12. *Ibid.*, p. 68.

13. *Ibid.*, p. 70.

14. *Ibid.*, p. 71.

15. *Ibid.*, p. 68.

16. *Ibid.*, p. 71.

17. R. Boudon, « Essais sur la mobilité en utopie », *Quantity and Quality*, vol. IV, no 9, (1970), p. 237.

18. *Ibid.*, p. 238.

19. C. Laurin, *La politique québécoise du développement culturel*, vol. 2, Québec, Éditeur officiel, (1978), p. 437.

20. Cité par C. Laurin, *op. cit.*, p. 434.

Chapitre 8
Les stratégies face aux inégalités scolaires

1. Ministère de l'Éducation, *L'école s'adapte à son milieu*, Québec, 1980, 133 p.

2. Réédité dans Arthur R. Jensen, *Genetics and Education*, Londres, Methuen, 1972, p. 69-203.

3. William Shockeley, «Dysgenics, Genticity, Radiology: a challenge to the intellectual responsibility of educators» *Phi, Delta, Kappa*, vol. LIII, no 5, janvier 1972, p. 297-312. La traduction est de nous.

4. Jean Stoetzel, *La psychologie sociale*, Paris, Flammarion, 1978, p. 115-116.

5. *Ibid.*, p. 126.

6. *Ibid.*, p. 147.

7. Julian de Ajuriaguerra: «Place des déterminants biologiques dans l'échec scolaire», CRESAS (Centre de recherche de l'éducation spécialisée et de l'adaptation scolaire), *Le handicap socio-culturel en question*, Paris, Éditions ESF, 1978, p. 17.

8. Maurice Bélanger, *L'expérience américaine dans l'éducation des enfants de milieux défavorisés: les leçons que l'on peut en tirer pour le Québec*, document ronéotypé, Centre de recherche en didactique, Université du Québec à Montréal, 1974, traduit de l'anglais par Alain Contant.

9. *Ibid.*, p. 3-4.

10. *Ibid.*, p. 5.

11. James S. Coleman *et al.*, (*Coleman Report*) *Equality of Educational Opportunity*, Washington, D.C., US Government Printing Office, 1966, cité par Maurice Bélanger, *op. cit.*, p. 13.

12. Torsten Husen, *Influence du milieu social sur la réussite scolaire.* Paris OCDE 1975, p. 182-191.

13. *Ibid.*, p. 190.

14. *Ibid.*, p. 191.

15. Cité dans Thorsten Husen, *Talent, Equality and Meritocracy*, La Haye, Martinius Nijholl, 1974, p. 9-10.

16. Liliane Lurçat «*Le rôle de l'école maternelle dans l'échec des enfants des classes populaires*», CRESAS, *op. cit.*, p. 140-141.

17. Juan Senent, «*Le biologisme aujourd'hui: vers un nouveau contrôle social*», CRESAS, *op. cit.*, p. 32-39.

18. Claude Trottier, Valérien Harvey, Pierre W. Bélanger et Aimée Leduc, «Un travail inachevé» *Éducation Québec,* vol. 6, no 6, 1975, p. 34-39.
19. *Ibid.*

Chapitre 9
L'école comme agent économique

1. Paul Samuelson, *L'économique*, tome 1, Armand Colin, Paris, 1968, p. 23.
2. Prise ici dans le sens générique d'établissement où est dispensé un enseignement formel, quel qu'en soit le niveau, primaire, secondaire collégial ou universitaire.
3. Richard S. Peters, «La notion de qualité en éducation: sa signification», Clarence E. Beeby, *Les aspects qualitatifs de la planification de l'éducation,* UNESCO, Paris, 1970, p. 174.
4. Pierre Massé, *Le choix des investissements*, Dunod, Paris, 1964, p. 1.
5. John Vaizey, *Économie de l'éducation*, Éditions ouvrières, Paris, 1964, p. 183.
6. Jacques Delcourt, *Investir en hommes: la motricité de l'enseignement dans les sociétés scientifiques et techniques*, Éd. Vie Ouvrière, Bruxelles, 1965, p. 34.
7. Commission Parent, *Rapport de la Commission royale d'enquête sur l'enseignement dans la Province de Québec*, tome 1, Éditeur officiel, Québec, 1963, p. 64.
8. Jean Renaud *et al.*, «Éducation, qualification professionnelle et carrière au Québec», *Sociologie et sociétés*, vol. XII, no 1, avril 1980, p. 51.
9. Cette notion de compétence recoupe celle de «qualification professionnelle», dont une analyse détaillée et approfondie est présentée dans l'article déjà cité de J. Renaud *et al.*, *op. cit.*, p. 27 et 55.
10. Émile Durkheim, *Le suicide*, Félix Alcan, Paris, 1897, p. 276.
11. André Allaire *et al.*, «Qui s'instruit s'enrichit», *Possibles*, 1979, vol. 3, nos 3 et 4, p. 22.
12. Jacques Delcourt, *op. cit.*, p. 49.
13. Voir, dans cet ouvrage même, les chapitres précédents traitant des rapports école-société.
14. Voir entre autres: Richard B. Freeman, *The Market for College Trained Manpower: A study in the Economics of Career Choice*, Cambridge, Mass., Harvard University Press, 1971; Claude Lemelin et J.-C. Otis. «La théorie économique des choix de carrière: une interprétation et une vérification empirique», *Actualité économique*, 1978, vol. 54, no 3, p. 337-354; Douglas M. Windham, *Economic Dimensions of Education*, National Academy of Education, Washington, D.C., 1979.
15. Voir dans cet ouvrage les chapitres précédents sur la «sélection sociale».

16. À cet égard, quelques titres pertinents : Otto J. Firestone, *Industry and Education: a Century of Canadian Development*, University of Ottawa Press, 1969. *L'industrialisation de l'enseignement*, OCDE, Canada, revue des politiques d'éducation, 1976.

17. Claude Pichette, *Analyse sociale de l'école, une approche économique*, Faculté des sciences de l'éducation, Université Laval, 1974.

18. Otto J. Firestone, *op. cit.*, p. 171.

19. En ce qui concerne le Québec, signalons l'étude de Claude Lemelin, *La pratique de l'économie de l'éducation dans le Québec francophone de la dernière décennie (1970-1980): une présentation bibliographique*, cahier no 8101, département de science économique, Université du Québec à Montréal, juin 1981.

20. Il s'agit d'économies qui résultent de la production de masse ou en série d'un bien ou d'un service donné : le volume de production augmentant, les coûts unitaires baissent.

21. André Braun, *Analyse de certains modes d'organisation scolaire sur les coûts des services éducatifs*, thèse de maîtrise, Université Laval, 1973, p. 27.

22. Mark Blaug et Maureen Woodhall, *The Rate of Return on Investment in Education in Great Britain*, The Manchester School of Economic and Social Studies, 1965.

23. Voir à ce propos, Martin Carnoy, « Une politique d'éducation peut-elle égaliser la répartition du revenu ? » *Perspective*, revue de l'UNESCO, vol. VIII, no 1, 1978, p. 7 et 55. Et Mark Blaug, « The Rate on Investment in Education », M. Blaug, ed., *Economics of Education*, tome 1, Penguin Books, 1968.

24. Jacques Hallack, *À qui profite l'école?*, Presses universitaires de France, Paris, 1974, p. 43.

25. Nous disons « paternité moderne » parce que l'intuition de la rentabilité de l'éducation se retrouve chez Adam Smith, qui, dans sa « Richesse des Nations », soutenait déjà en 1776 que « un homme instruit peut être comparé à une de ces coûteuses machines(...) Le travail qu'il a appris à exercer, avec un salaire supérieur à celui du travailleur ordinaire, lui permettra de rembourser la totalité des coûts de son éducation avec au moins le même profit qu'il pourrait attendre d'un capital de même valeur », cité par J. Hallack, *op. cit.*, p. 44.

26. Ce modèle postule que les différentiels de revenus correspondant à divers niveaux de scolarité s'expliquent par l'augmentation de la productivité qui résulte d'une formation accrue.

27. Ozay Mehmet, « Economic Returns on Undergraduate Fields of Studies in Canadian University, 1961-1972 », *Relations industrielles*, vol. 32, no 3, 1977, p. 322.

28. Entre autres études, on pourra se référer à : Valérien Harvey, « Rentabilité de l'investissement en éducation au Québec », P.W. Bélanger et G. Rocher, *École et société au Québec*, HMH, Montréal, 1975 ; R.A. Holmes, *La ren-*

tabilité économique de l'éducation au Canada, 13-556 F. hors série, Statistique Canada, Ottawa 1974; Claude Lemelin et J.-C. Otis, *op. cit.* Jenny Podoluk, *Earnings and Education*, Bureau fédéral de la statistique, Ottawa, 1965.

29. Pour plus de détails sur cet aspect particulier, voir entre autres : Martin Carnoy et D. Marenbach, *The Returns to Schooling in U.S. 1939-1966*, Stanford University Press, 1973.

30. Jacques Hallack, *op. cit.*, p. 64.

31. Martin Carnoy, «Une politique d'éducation peut-elle égaliser la répartition des revenus?», *op. cit.*, p. 10.

Chapitre 10
Système d'éducation et système économique

1. André Marchal, *Systèmes et structures économiques*, coll. Thémis, Presses universitaires de France, Paris, 1969, p. 115.

2. Claude Pichette, *Analyse de l'école : une approche économique*, ronéo, Faculté des sciences de l'éducation, Université Laval, 1974.

3. Milton Friedman, *The Role of Government in Education*, Robert A. Solo, *Economics and the Public Interest*, New-Brunswick, N.J., 1955.

4. Janine Hohl, «Les politiques scolaires à l'égard des milieux défavorisés et l'émergence d'un nouveau mode de production pédagogique», *Sociologie et sociétés*, vol.XII, no 1, Montréal, avril 1980, p. 137.

5. *Ibid.*, p. 134.

6. Théo Dietrich, *La pédagogie socialiste : fondements et conception*, Maspero, Paris, 1975, p. 214-215.

7. Janina-M. Lagneau, «Éducation, égalité et socialisme : les pays de l'Est», cité par Alain Gras, *Sociologie de l'éducation*, Larousse, Paris, 1974, p. 97.

8. Voir à ce propos également Mikolaj Kosakiewicz, «L'égalité devant l'éducation dans les pays d'Europe de l'Est», *Perspective*, revue de l'Unesco, vol. X, no 2, Paris, 1980, p. 189 et suiv.

9. Daniel Haag, *Pour le droit à l'éducation : quelle gestion?* Bureau international de l'Éducation, UNESCO, 1981, p. 77.

10. Chiffres tirés du *Magazine McLean*, «Éducation : bilan d'une réforme. Entre 1958 et 1968, que s'est-il fait? Des chiffres», vol. 8, no 10, octobre 1968.

11. Daniel Haag, *op. cit.*, p. 21 et 76.

12. Jacques Parizeau, *Discours sur le budget*, Gouvernement du Québec, 18 avril 1978.

13. Théodore Schultz, cité par André Page, *L'économie de l'éducation*, Presses universitaires de France, Paris, 1971, p. 117-118.

14. André Page, *op. cit.*, p. 104.

15. Pierre Lamonde, «Une politique économique québécoise: commentaire», *Actualité économique*, oct.-déc. 1974, p. 561.

16. Jean-Marie Labelle, *Université et éducation des adultes*, Éditions d'Organisation, Paris, 1977, p. 21.

17. Gaétan Daoust *et al.*, *Éducation et travail, un projet d'éducation pour le Québec d'aujurd'hui*, Éditions HMH, Montréal, 1978, p. 58.

18. William Clark et Zoltan Zsigmond, *Les diplômés du post-secondaire sur le marché du travail*, Statistique Canada, cat. 81-572 F, Ottawa, 1981.

19. Gaétan Daoust *et al.*, *op. cit.*, p. 59.

20. Jean-Louis Maunoury, *L'économie du savoir*, Armand Colin, Paris, 1974, p. 234.

21. Voir dans la revue *Dialogue*, vol. 8, no 4, Washington, 1977.

22. Gaétan Daoust *et al.*, *op. cit.*, p. 59.

23. William Clark et Zoltan Zsigmond, *op. cit.*, p. 154-155.

24. Sans compter le fait que les industriels et hommes d'affaires ne sont pas du tout enclins à faire connaître leurs prévisions et leurs projets en matière de développement de leurs entreprises.

25. André Page, *op. cit.*, p. 63.

26. Frédéric Harbison et Charles Myers, *La formation, clé du développement*, traduit de l'anglais, Éditions Ouvrières, Paris, 1968.

Chapitre 11
L'éducation et le système politique

1. Dossier adopté au 23ᵉ congrès de la Centrale de l'enseignement du Québec, juin 1972.

2. Il s'agit de *École et luttes de classes au Québec*, document du 25ᵉ congrès annuel de la Centrale de l'enseignement du Québec (CEQ), 1974.

3. Centrale de l'enseignement du Québec, *Pour une journée d'école au service de la classe ouvrière*, avril 1975.

4. François Cloutier, ministre de l'Éducation, extraits d'une déclaration à l'Assemblée nationale le 15 avril 1975.

5. *Ibid.*, le 16 avril 1975.

6. *Ibid.*, le 17 avril 1975.

7. *Ibid.*, le 18 avril 1975.

8. Le fait d'utiliser ces concepts et cette grille théorique plutôt que d'autres nous fait voir la réalité d'une certaine façon, qui n'est pas celle que nous aurions avec d'autres modèles analytiques; ce n'est pas la réalité qui change, c'est la perception que nous en avons qui se trouve directement conditionnée par les instruments que nous utilisons.

9. Fernand Dumont, sociologue de l'Université Laval, a fait école avec une série importante de travaux théoriques et de monographies en ce domaine. Citons l'étude de Vincent Ross, « La structure idéologique des manuels de pédagogie québécois », *Recherches sociographiques*, vol. X, no 2-3, 1969. Nous trouverions à l'opposé de nombreux travaux marxistes ou marxisants empruntant une tout autre définition de la fonction sociale de l'idéologie, dont celui de Louis Althusser, « Idéologie et appareils idéologiques d'État », *La pensée*, no 151, juin 1970.

10. Il est intéressant à ce sujet de regarder ce que font tous les nouveaux régimes à changement radical ou révolutionnaire : ils s'emparent très tôt de l'école et tentent de lui donner une nouvelle orientation en éliminant les adversaires, en introduisant massivement de nouveaux alliés, de nouvelles doctrines, de nouveaux manuels, de nouveaux gestionnaires, une nouvelle idéologie ; par exemple les brigades d'alphabétisation cubaines sous Castro, les brigades rouges de la révolution culturelle chinoise, mais aussi la censure des universités chiliennes sous Pinochet, les orientations très particulières de l'école des kibboutz israéliens, les débats québécois entourant l'enseignement de l'histoire et même à un degré différent, la loi 101. Deux écrits fort intéressants traitent de cette question pour Israël : Bruno Bettelheim, *Les enfants du rêve*, Robert Laffont, Paris, 1969 ; de même qu'une section du volume du Conseil franco-québécois pour la prospective de l'innovation en éducation, *École de demain ?* HMH, Montréal, 1976.

11. Louis Althusser, *op. cit.*, p. 13, donne l'énumération suivante : les églises, le droit, les partis politiques, les syndicats, les agences d'information, les agences culturelles, la famille et l'école.

12. Louis Althusser, *op. cit.*, p. 18-20, parle plus précisément du couple école-famille, mais insiste sur la prédominance politique de l'école.

13. Les sociétés aménagent leurs agences de socialisation de diverses façons dans le temps et dans l'espace : pensionnats, garderies, jardins d'enfants, longue cabane indienne, « bussing » américain, éloignement scolaire, maisons de gardiennage infantile des kibboutz israéliens, sont toutes des formules expérimentées et qui prolongent en fait la durée ou le contenu de la socialisation par l'école, parfois en jouant l'école directement contre l'influence potentiellement adverse de la famille. L'enculturation blanche des aborigènes est par exemple très nette au Canada. Les institutions de rééducation et de réhabilitation tentent de jouer le même rôle auprès des « mésadaptés » sociaux, etc.

14. Un essai de Mohamed Cherkaoui sur les conflits à propos du contrôle de la socialisation par l'école est ici à souligner : « Socialisation et conflit : les systèmes éducatifs et leur histoire selon Durkheim », *Revue française de sociologie*, vol. XVII, no 2, avril-juin 1976, p. 97-212.

15. Voir L.-P. Audet et A. Gauthier, *Le système scolaire du Québec*, Beauchemin, 1967 ; Gérard Filteau, *Organisation scolaire de la province de Québec*, Centre de psychologie et de pédagogie, Montréal, 1954 ; Patrice Garant, *Le contrôle de l'administration provinciale sur les administrations*

décentralisées au Québec, Presses de l'Université Laval, 1967; Léon Dion, *Le bill 60 et la société québécoise*, HMH, 1967; Fernand Ouellet, « L'enseignement primaire : responsabilité des églises ou des États? (1801-1836)», *Recherches sociographiques*, vol. II, no 2, 1961.

16. C'est parce que ces enjeux se camouflent souvent, qu'il est important d'utiliser des concepts précis et de pratiquer des analyses rigoureuses, si nous voulons percer la réalité telle qu'elle est vraiment et non pas telle qu'elle se présente. Le langage des protagonistes est souvent trompeur, sciemment ou non ; il faut toujours le dépasser et voir ce qui se cache derrière : l'intérêt particulier derrière la prétention de bien commun par exemple. C'est à ça que servent les concepts, quand ils sont eux-mêmes rigoureux ; c'est en cela que l'analyse dépasse le simple reportage.

17. Il y aurait beaucoup à dire de ces deux caractéristiques centrales de la communauté politique scolaire, mais peu d'études ont été réalisées à ce jour en ces domaines.

18. Gérard Bergeron les distingue, dans les ouvrages suivants : *Le fonctionnement de l'État*, Armand Colin, Paris, 1965, et *La gouverne politique*, Mouton, Paris, 1977.

19. Aussi lutteront-elles souvent l'une contre l'autre, plus que contre le gouvernement, pour s'assurer d'avoir plus de chance que les autres, de former à leur tour le parti gouvernemental.

20. Il est entendu que d'autres régimes fonctionnent parfois différemment, dont aux États-Unis et dans plusieurs pays d'Europe de l'Ouest. Mais ce que je viens de décrire est ce que nous avons comme régime au Canada et au Québec.

21. Les policiers et militaires sont aussi des fonctionnaires, on l'oublie parfois ; c'est à eux que je me réfère ici en parlant de coups d'État internes.

Chapitre 12
Essai sur l'éducation et le pouvoir

1. Propos recueillis par Georges Charbonnier, *Entretiens avec Lévi-Strauss*, Paris, Union générale d'édition, 1961, p. 32-33.

2. Les éléments d'analyse présentés dans cet article sont en partie le résultat d'une réflexion qui, au cours des dernières années, s'est poursuivie à l'occasion de séminaires en sociologie de l'éducation. Ils constituent par ailleurs une partie d'un ouvrage en cours.

3. Lê Thành Khôi, *L'industrie de l'enseignement*, Paris, Éditions de Minuit, 1967.

4. Gabriel A. Almond et Syndey Verba, *The Civic Culture : Political Attitude and Democracy in Five Nations*, Princeton, Princeton University Press, 1963.

5. Patricia Sexton Mayo, *Education and Income*, New York, The Viking Press, 1961.

6. M.E. Olsen, *Power in Societies*, New York, The MacMillan Company, 1970, p. 296.

7. P. Bourdieu et J.-C. Passeron, *Les héritiers*, Paris, Éditions de Minuit, 1964 et *La reproduction*, Paris, Éditions de Minuit, 1970. Il est certain que ce renouvellement n'est pas sans lien avec la résurgence des analyses sociologiques dans la tradition marxiste. À ce point de vue, on peut constater que l'oeuvre de Bourdieu et Passeron se situe, dans certains aspects du moins, dans la tradition du marxisme classique : le principe de l'organisation sociale est la structuration de la société en classes sociales (classes dominantes et classes dominées) et l'éducation est définie comme une superstructure dont la fonction essentielle devient celle de maintenir la division des classes par une action idéologique mise au service de la classe dominante.

8. James S. Coleman, *Education and Political Development*, Princeton, Princeton University Press, 1965, p. 8.

9. R. K. Goldsen *et al.*, Princeton, Van Nostrand, 1960.

10. Parmi eux citons en particulier Stroumiline (URSS), Vaizey (Angleterre), Denison, Schultz et Becker (États-Unis), Debeauvais et Lê Thành Khôi (France).

11. Voir entre autres sur ce sujet : Daniel Bell, «Notes on the Post-Industrial Society», Olsen (édit.), *op. cit.*, p. 394-402 ; Alain Touraine, *La société post-industrielle*, Paris, Denoël, 1969 ; Amitai Etzioni, *The Active Society,* New York, Free Press, 1968.

12. Les analyses de Galbraith sur cette question révèlent assez bien les difficultés et les ambiguïtés qui accompagnent les tentatives de juger du pouvoir «nouveau» de la connaissance. D'une part, il compare le rôle des financiers à une première époque du capitalisme industriel au rôle actuel des professeurs et hommes de sciences. D'autre part, il dira que la connaissance n'est qu'une source potentielle de pouvoir. Et en définitive son jugement semble être que l'école reste subordonnée au système industriel et l'une de ses craintes est de voir les communautés scolaires s'accommoder trop facilement des besoins spécifiques du système industriel. J.K. Galbraith, *The New Industrial State*, Boston, Houghton Mifflin, 1967.

13. Willard Waller, *The Sociology of Teaching*, New York, The New York American Library, 1967.

14. Émile Durkheim, *Éducation et sociologie*, Paris, Presses universitaires de France, 1966, p. 56.

15. Ainsi il est significatif de relever qu'à propos des programmes mis sur pied pour tenter de remédier aux carences de l'enseignement en milieux défavorisés, le problème, d'abord posé en termes psychosociologiques (formulé autour du concept de «déprivation»), est actuellement défini de plus en plus dans une autre perspective, celle de la structure du pouvoir, des appareils politiques et bureaucratiques de l'organisation scolaire. Voir entre autres : David Rogers, *110 Levingson Street : Politics and Bureaucracy in the New York*

School System, New York, Vintage Books, 1970; Henry M. Levin (édit.), *Community Control of Schools*, New York, Clarion Books, 1970.

16. Voici quelques-uns des ouvrages consultés sur ce sujet : A. Etzioni, *The Active Society*, New York, Free Press, 1968; T. Parsons, *Sociological Theory and Modern Society*, New York, Free Press, 1967; N. Poulantzas, *Pouvoir politique et classes sociales de l'État capitaliste*, Paris, Maspero, 1968; M. Weber, *The Theory of Social and Economic Organization*, New York, Free Press, 1947; R. A. Dahl, « The Concept of Power » *The Behavioral Science*, vol. 2, juillet 1957, p. 201-215; M. E. Olsen (édit.), *op. cit.* ; E. W. Lehman, « Toward a Macro-Sociology of Power », *American Sociological Review*, vol. 34, no 4, août 1969, p. 453-465; G. Balandier, *Anthropologie politique*, Paris, Presses universitaires de France, 1967.

17. Par le terme agent, nous nous référons essentiellement à des groupes sociaux (classe sociale, professeurs, étudiants) et à leur action telle qu'elle est marquée par le contexte structurel dans lequel elle se poursuit. On trouve dans la suite, en particulier dans la conclusion, des éléments qui permettront de préciser ce dernier point.

18. Comme la relation sociale met en rapport des agents au sens précisé dans la note précédente, on comprendra qu'elle ne se réduit pas à l'interaction entre deux ou plusieurs personnes.

19. A.H. Hawley, « Power as an Attribute of Social Systems », Olsen (édit.), *op. cit.*, p. 10.

20. En ce sens, on peut d'ailleurs considérer la légitimité comme une ressource.

21. Au niveau sociétal, on reconnaît que sa spécificité lui vient de l'utilisation (légitime) d'une ressource, la force. Cependant à d'autres niveaux d'analyse, par exemple dans l'étude de système sociaux comme l'Église, l'école, l'entreprise, si on y distingue des appareils politiques, ceux-ci utilisent comme ressources soit des biens symboliques (valeurs, normes, idéologies), ou des biens matériels, soit à la fois les uns et les autres. D'eux-mêmes, ils ne peuvent recourir légitimement à la force. Ils n'en sont pas moins des appareils politiques.

22. « Toward a Macro-Sociology of Power », *American Sociological Review*, vol. 34, no 4, août 1969, p. 455-456.

23. C'est ainsi que, dans le projet révolutionnaire, la violence est conçue comme inévitable pour que s'opère un changement dans la structure du pouvoir.

24. Théoriquement, on pourrait soutenir qu'éducation et socialisation sont des termes équivalents dans le sens où tout milieu social peut se concevoir comme un milieu socialisant qui, en modifiant nos façons de penser, d'agir ou de sentir, contribue à notre éducation.

25. « Power as an Attribute of Social Systems », Olsen (édit), *op. cit.*

26. Ceci peut s'expliquer par deux raisons entre autres. La première est que le pouvoir qui s'y exerce est avant tout un pouvoir normatif. L'agent socialisateur cherche d'abord à convaincre et s'il a recours à la coercition et à l'utilita-

risme, ceux-ci ne sont justifiés que par référence aux fins de persuasion. Ce qu'il demande, c'est un consentement de l'intérieur qui masque la contrainte et est même incompatible avec un sentiment de contrainte. Ceci s'applique particulièrement aux conceptions récentes de l'action socialisatrice. Nous y reviendrons. Une seconde raison relève d'une conception très individualiste des rapports de l'homme à la société, conception qui a cours dans les sociétés libérales et qui ne manque pas de s'imposer chez les sociologues.

27. É. Durkheim, *Les règles de la méthode sociologique*, Paris, Presses universitaires de France, 1956, p. 7-8.

28. E.C. Hughes, *Men and Their Work*, Toronto, Collier-Macmillan, 1958.

29. «Our Education Emphasis in Primitive Perspective», cité par G.D. Spindler, *Education and Culture*, New York, Holt, Rinehart and Winston, 1963, p. 311.

30. La science pédagogique, comme rationalisation de l'action pédagogique dans ses efforts pour rendre efficace l'action pédagogique, cherche à évaluer certaines capacités de l'éduqué, à déterminer qu'elles devraient être les ressources de l'éducateur et, d'une certaine façon, se vend comme une ressource que peut acquérir l'éducateur.

31. G. Friedman, «Enseignement et culture de masse», *Communications*, vol. 1, 1961, p. 3-15, et «L'école parallèle», *le Devoir*, 8 et 11 février 1965.

32. *The Active Society, op. cit.*, p. 338.

33. New York, Holt, Rinehart and Winston, 1968.

34. Ces quelques notes sont insuffisantes pour rendre compte du système idéologique qui préside à l'action pédagogique, de la place qu'y tient la psychologie ainsi que des articulations de ce système avec les pratiques pédagogiques, en particulier celles qui sont institutionnalisées. Ce point sera développé dans des travaux ultérieurs.

35. Une des dimensions de la crise scolaire est souvent définie comme le manque de débouchés pour les finissants des institutions scolaires. Les étudiants réclament le capital qu'ils ont investi dans l'éducation et le système économique refuse de rembourser. Le diplôme devient une monnaie qui se dévalue. C'est en quelque sorte une crise financière qui a pour centre l'école, et celle-ci apparaît comme le vendeur malhonnête, accusé de fausse représentation.

36. *La reproduction, op. cit.*

37. On en arrive ainsi à percevoir la relation pédagogique dans une perspective bien différente de celle que proposent les courants pédagogiques récents qui mettent l'accent sur l'autonomie, l'auto-éducation de l'agent éduqué et/ou sur la non-directivité de l'agent éducateur. L'adoption de techniques plus subtiles de persuasion n'enlève pas à l'éducation son caractère coercitif ou peut-être plus exactement son pouvoir d'imposition.

Chapitre 13
Les affrontements politiques en éducation

1. Comme on le sait, la consultation sur le livre vert portant sur l'enseignement primaire et secondaire (1977) a débouché sur *l'École québécoise : Énoncé de politique et plan d'action* (1979) et sur *l'École s'adapte à son milieu : Énoncé de politique sur l'école en milieu économiquement faible* (1980). Les résultats de cette même consultation ajoutés aux nombreuses recommandations du rapport COPEX (comité provincial de l'enfance exceptionnelle) (1976) et de celles du Conseil supérieur de l'éducation (1977) ont permis la publication, en 1978, d'un énoncé de politique et d'un plan d'action traitant de «L'enfance en difficulté d'adaptation et d'apprentissage».

2. Loi 71, modifiant la loi sur l'instruction publique, art. 51.1 et 52.1

3. Léon Dion, *Le bill 60 et la société québécoise*, HMH, Montréal, 1967, 197 p.

4. Léon Dion, «Le bill 60 et la société québécoise» cité par P.-W. Bélanger et G. Rocher, *École et société au Québec*, HMH, 1970, p. 306.

5. *Ibid.*, p. 307.

6. Cette liste a paru dans le quotidien *Le Soleil* du 9 septembre 1978, p. B-3.

7. Ministère de l'Éducation, Service général des communications, *Synthèse des résultats de la consultation*, Québec, 1978, p. 29-38.

8. Léon Dion, *op. cit.*, p. 308.

9. Louis Boulet, «Le processus de décision», *Bulletin de l'Institut international d'administration publique*, avril-juin 1968; *L'administration publique. Recueil de textes*, Armand Colin, Paris, 1971, p. 216.

10. B. Gournay, *Introduction à la science administrative*, Armand Colin, Paris, 1970, p. 254-255.

11. Louis Boulet, *op. cit.*, p. 214.

12. On se rappellera que l'une des principales critiques adressées au livre vert sur l'enseignement primaire et secondaire disait qu'il n'était pas la conséquence d'une évaluation systématique de la réforme scolaire issue du rapport Parent.

13. Michel Massenet, «Les sciences sociales et la décision politique», *L'administration publique, Recueil de textes*, Armand Colin, Paris, 1971, p. 220.

14. Le cas du programme d'éducation sexuelle fait exception.

15. Ministère de l'Éducation, Service général des communications, *Le projet éducatif de l'école*, Québec, 1980, p. 61.

16. Ministère de l'Éducation, Service général des communications, *L'école québécoise : énoncé de politique et plan d'action*, Québec, 1979, p. 93.

Bibliographie sélective

Althusser, L., «Idéologie et appareils d'État», *La pensée*, no 151, juin 1970, p. 3-38.

Ansart, P., *Idéologie, conflits et pouvoir*, Paris, Presses universitaires de France, 1977, 275 p.

Asope, *Aspirations scolaires et orientations professionnelles des étudiants* vol. 1 à 16, Université Laval et Université de Montréal.

Baudelot, C. et R. Establet, *L'école capitaliste en France*, Paris, Maspero, 1971.

Bélanger, M., *L'expérience américaine dans l'éducation des enfants défavorisés : les leçons que l'on peut en tirer pour le Québec*, document ronéo, Centre de recherche en didactique, Université du Québec à Montréal, 1974.

Bélanger, P.-W., Rocher, G., *École et société : éléments d'une sociologie de l'éducation au Québec*, 2 tomes, Montréal, Hurturbise HMH, 1970, 465 p.

Boudon, R., *L'inégalité des chances : la mobilité sociale dans les sociétés industrielles*, Paris, Armand Colin, 1973, 237 p.

Boudon, R., *Les méthodes en sociologie*, Paris, P.U.F., coll. Que sais-je?, 1976, 126 p.

Bourdieu, P. et J.-C. Passeron, *Les héritiers*, Paris, Minuit, 1964, 189 p.

Bourdieu, P. et J.-C. Passeron, *La reproduction*, Paris, Minuit, 1970, 279 p.

Bowles, S. et H. Gintis, *Schooling in Capitalist America*, New York, Basic Books, 1971, 134 p.

Bronfenbrenner, U., *Enfants russes, enfants américains*, Paris, Éditions Fleurus, 1970, 219 p.

Caplow, T., *L'enquête sociologique*, Paris, Armand Colin, 1970, 267 p.

Carnoy, M., *Education as Cultural Imperialism*, New York, David McKay, 1974, 378 p.

Cherkaoui, M., « Socialisation et conflits : les systèmes éducatifs et leur histoire selon Durkheim », *Revue française de sociologie*, vol. XVII, no 2, avril-juin 1926, p. 97-212.

Coleman, J.S., *Education and Political Development*, Princeton University Press, 1968, 620 p.

Cormier, R.-A., C. Lessard, P. Valois *et al.*, *Les enseignantes et enseignants du Québec. Une étude socio-pédagogique*, vol. 3 et 6, Québec, ministère de l'Éducation du Québec, 1979-1980.

Corporation des enseignants du Québec, *L'école au service de la classe dominante*, dossier adopté au XXIIe congrès de la CEQ, Québec 1972, 39 p.

Corporation des enseignants du Québec, « Du bulletin aux tests normalisés », *Ligne directe*, vol. 5, no 3, février 1977, p. 13-24.

Cot, J.-P. et J.-P. Mounier, *Pour une sociologie politique*, 2 tomes, Paris, Seuil, 1974, 249 p. et 196 p.

Daoust, G. *et al.*, *Éducation et travail, un projet d'éducation pour le Québec d'aujourd'hui*, Montréal, HMH, 1978, 335 p.

Davenport, L. « L'éducation universitaire au Québec : perspective économique », rapport commandité par la FAPUQ, doc. ronéo, Université McGill, 1981, 148 p.

Dalcourt, J. *Investir en hommes : la motricité de l'enseignement dans les sociétés scientifiques et techniques*, Bruxelles, Éd. Vie ouvrière, 1965, 366 p.

Dion, L. *Le bill 60 et la société québécoise*, Montréal, HMH, 1967, 192 p.

Dreeben, R. *On What is Learned in School*, Reading, Mass., Addison-Wesley, 1968, 160 p.

Dunnigan, L. *Analyse des stéréotypes masculins et féminins dans les manuels scolaires du Québec*, Gouvernement du Québec, Conseil du statut de la femme, 1975, 188 p.

Durkheim, E. *Éducation et sociologie*, Paris, Presses universitaires de France, 1966, 130 p.

Dufour, D., Lavoie, J.-Y., *La fréquentation scolaire au Québec, 1966-1986*, Québec, ministère de l'Éducation du Québec, 1974, 112 p.

Fauvet, C., *Traiter les tensions et les conflits sociaux*, Paris, Éd. Organisation, 1975, 238 p.

Firestone, O.-J., *Industry and Education : A Century of Canadian Development*, University of Ottawa Press, 1969, 296 p.

Freire, P., *Pédagogie des opprimés*, Paris, Éd. du Cerf, 1974, 202 p.

Gras, A., *Sociologie de l'éducation, textes fondamentaux*, Paris, Larousse, 1974, 382 p.

Garon-Audy, M. *et al.*, «Mobilités professionnelles et géographiques au Québec, 1954 — 1964 — 1974», Montréal, Centre de recherche en développement économique (CRDE), 1979, 61 p.

Hallack, J., *À qui profite l'école?* Paris, Presses universitaires de France, 1974, 261 p.

Harnecker, M., *Les concepts fondamentaux du matérialisme historique*, Bruxelles, Ed. Contradictions, 1974, 258 p.

Hurn, C.-J., *The Limits and Possibilities of Schooling*, Toronto, Allyn and Bacon, 1978, 292 p.

Husen, T., *Influence du milieu social sur la réussite scolaire*, Paris, OCDE, 1975, 209 p.

Husen, T., *Talent, Equality and Meritocracy*, La Haye, Martinuis Nijholl, 1974, 157 p.

Institut belge et français des sciences administratives, *L'administration publique*, recueil de textes, Paris, Armand Colin, 1971, 526 p.

Jencks, C. *et al.*, *Inequality, A Reassesment of the Effects of Family and Schooling in America*, New York, Basic Books, 1972, 399 p.

Karabel, J. et A.H. Halsey, *Power and Ideology in Education*, New York, Oxford University Press, 1978, 670 p.

Lautrey, J., *Classe sociale, milieu familial, intelligence*, Paris, Presses universitaires de France, 1980. 283 p.

Lemelin, C., «La pratique de l'économie de l'éducation dans le Québec francophone de la dernière décennie (1970-1980) : une présentation bibliographique», cahier no 8101, Département de science économique, UQAM, juin 1981, 43 p.

Marx, B., *L'économie capitaliste*, Éditions sociales, Paris, 1979, 281 p.

Massot, A., «Cheminements scolaires dans l'école québécoise après la réforme», Cahiers ASOPE, vol. 5, Université Laval, 1981, 296 p.

Page, A., *L'économie de l'éducation*, Paris, Presses universitaires de France, 1971, 270 p.

Rocher, G., *Introduction à la sociologie générale*, 2 tomes, Montréal, Hurtubise HMH, 1969, 223 p.

Selltiz, C. *et al.*, *Les méthodes de recherche en sciences sociales*, Montréal, HRW, 1977, 606 p.

Sociologie et sociétés, vol. 12, no 1, «Éducation, économie et politique», Les Presses de l'Université de Montréal, avril 1980, 168 p.

Sociologie et sociétés, vol. 14, no 1, «La sociologie : une question de méthodes», Les Presses de l'Université de Montréal, avril 1982, 132 p.

Table des matières

Ce sixième tirage à été
achevé d'imprimer en
février 1992 sur les presses des
Ateliers Graphiques Marc Veilleux Inc.
à Cap-Saint-Ignace, Québec.

Photocomposition et montage:
Les Ateliers Chiora Inc.,
Ville Mont-Royal